协商的力量

全国政协常委朱永新2021年履职实录

朱永新 著

团结出版社

图书在版编目（ＣＩＰ）数据

协商的力量：全国政协常委朱永新 2021 年履职实录 /
朱永新著 . -- 北京：团结出版社，2023.3
ISBN 978-7-5126-9999-1

Ⅰ . ①协… Ⅱ . ①朱… Ⅲ . ①中国人民政治协商会议
－工作－文集 Ⅳ . ① D627-53

中国版本图书馆 CIP 数据核字 (2023) 第 012308 号

出　版：团结出版社
　　　　（北京市东城区东皇城根南街 84 号　邮编：100006）
电　话：（010）65228880　65244790（出版社）
　　　　（010）65238766　85113874　65133603（发行部）
　　　　（010）65133603（邮购）
网　址：http://www.tjpress.com
E-mail：zb65244790@vip.163.com
　　　　tjcbsfxb@163.com（发行部邮购）
经　销：全国新华书店
印　装：三河市东方印刷有限公司

开　本：160mm×230mm　　16 开
印　张：33.5
字　数：511 千字
版　次：2023 年 3 月　第 1 版
印　次：2023 年 3 月　第 1 次印刷

书　号：978-7-5126-9999-1
定　价：86.00 元

2021 年 1 月 15 日，朱永新参加《人民政协报》、新华社"委员议事汇"活动

2021 年 1 月 26 日，朱永新参加《中国教育报》"两会 E 政录"节目

2021 年 3 月 26 日，朱永新在人民文学出版社成立 70 周年座谈会上，与吉狄马加（左）冯骥才（中）合影

2021 年 3 月 27 日，朱永新出席首届《人民政协报》新媒体论坛并讲话

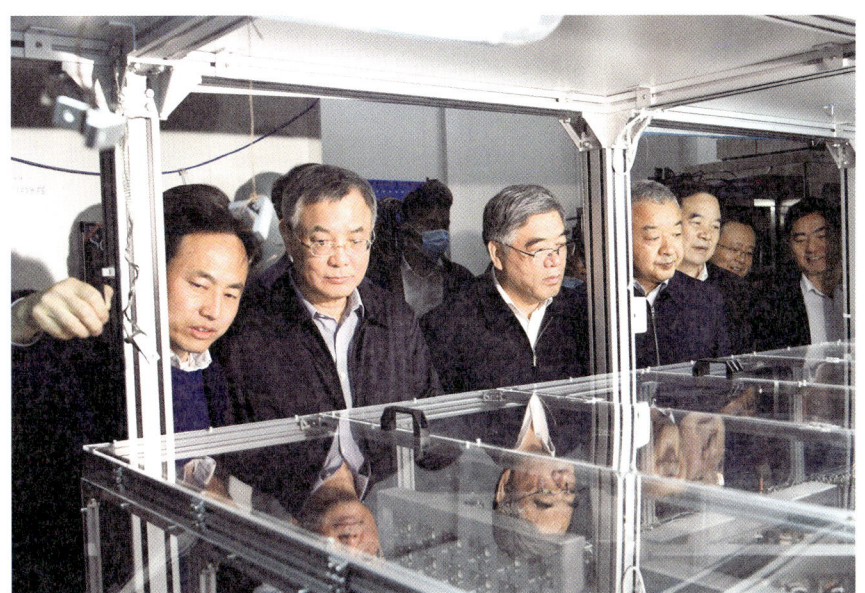

2021 年 4 月 9 日，朱永新陪同蔡达峰主席（左二）在合肥开展民进中央年度重点考察调研

2021 年 4 月 19 日，朱永新率队在陕西西安开展"文旅融合助推乡村振兴"主题调研

2021 年 4 月 29 日，朱永新出席常熟政协讲堂活动

2021 年 6 月 18 日，朱永新出席中国教育学会中小学整体改革委员会成立大会

2021 年 7 月 20 日，朱永新出席《人民政协报》"政协助力基层治理和服务界别群众研讨会"

2021 年 9 月 11 日，朱永新陪同蔡达峰主席（左二）在敦煌开展"加强敦煌文化保护研究"专题调研

2021 年 9 月 15 日，朱永新率队在九江开展长江生态环境保护民主监督调研

2021 年 10 月 12 日，朱永新参加全国政协委员读书活动线下交流会暨政协委员读书笔记图书出版座谈会

2021 年 10 月 21 日，朱永新带队在盲文出版社考察

2021 年 12 月 27 日，朱永新陪同蔡达峰主席（右二）在江西南昌开展长江生态环境保护民主监督调研，图为调研组考察鄱阳湖南矶湿地自然保护区

目 录

提案与信息

调研手记

参政之声

议政网事

媒体关注

序

人文日新
——感动于朱永新常委履职

　　一年365天，对每个人都公平。不同的是，如何利用这个"定数"，体现一个人的理想与情操、事业与价值的追求。如果把有限的时间投入到中华民族伟大复兴的中国梦理想中，并以自己不懈的努力和艰辛的求索、积极的实践和显著的成就而"量化"时间，则这个"定数"便以几何倍数增长。一位学者，著书立说，以言立功立德，薪火相传；一位政协委员，以勤政为民的履职为新时代奉献，将会生发出无穷的智慧和精神力量。

　　读《协商的力量：全国政协常委朱永新2021年履职实录》文稿，可谓感慨万千。朱永新常委把自己定位为伟大时代亲历者、伟大成就见证者、伟大事业的建设者。正因为亲历，所以对党充满无限感恩，由内心深处涌动出对人民的热爱；正因为见证，所以感动于祖国各项事业所取得的卓越成就，由此对国家前途、民族命运怀着极强的自信，并满怀期望；正因为是建设者，所以，他勤恳耕耘，在教育、管理、参政议政方面不断取得新成果，获得了首届"全国政协委员优秀履职奖"。他通过调研、提案、发言，撰写调查报告，组织、参与读书活动，并以丰富而高品质的学术研究向世界讲述中国教育故事，为民族地区教育建言献策，是有责任、有担当、有情怀的人。

　　我与永新先生是"神交"。所谓"神交"，是精神交往，我读他的书，参加他组织的学术活动，听他孜孜不倦地谈论教育观点。他予人的印象是内心饱蕴热情，通体蓄聚能量，对朋友真诚，对工作尽职，儒雅不乏激情，讲原则又重情义。让我感动的是，每次参加全国政协常委会的活动，他总是将发表我文章和新闻报道的报纸杂志收集、整理好，放在我的座位上，有不少我自己都未看到过，足见他阅读之广泛。他的用心、细心令我惊讶。这既是对朋友春天般的温暖，也体现了他对同道的尊重。

我与永新先生是同乡，在盐阜大地上——广阔的苏北平原、厚重的历史人文、红色的革命文化是我们成为知音的重要因素。我们常常以家乡话交流，谈论乡贤：民族英雄陆秀夫、文学家施耐庵、翻译家戈宝权、书法家高二适，以及"二乔"——胡乔木、乔冠华……有一年春节我回老家过年，在飞机上我们不期而遇，穿着朴实、戴着眼镜的永新先生俨然一副朴素的人民教师形象，适意地就坐在经济舱。很显然，这位部级干部"放弃"了头等舱待遇，以平常心回故里省亲。这种作风也体现在他的政协履职中，正如他获"优秀履职奖"的赞词："调研途中，笔耕不辍，记录下泥土芳香的基层民情……"。他在群众中，成为众中一员。当飞机着陆后，他与我道别，便独自打车离开。

我与永新先生在政协有着共同关注的话题。可贵的是，永新先生不仅关注、关心民生，更重要的是他深入实际，足遍大江南北，不仅到经济发达地区，还到当时未摘帽脱贫的地区、革命老区、民族地区等；为科研队伍建设、科技发展举荐人才，对文旅融合的措施、长江生态文化保护、敦煌文化保护、职业教育、劳动教育等民生问题进行科学调研……其中，"科研队伍建设的调研"得到中央领导的批示。他的调研有理有据，提出了许多建设性建议，为各不同部委采纳并落实到工作中。他在广泛深入调研的基础上写政协提案，拟大会发言，提社情民意，在政协履职的各种平台发声，"不求说了算，但求说得对"。

2019 年，习近平总书记在庆祝人民政协成立 70 周年大会上强调，人民政协要倾听群众呼声，反映群众愿望，抓住民生领域实际问题做好工作，协助党和政府增进人民福祉。永新先生铭记在心，每一篇提案都接地气，并把履职的点滴心得集合成册，成为政协委员履职的参考书。

　　我与永新先生都同时加入"全国政协委员读书群"，他是群主。汪洋主席倡导建设"书香政协"使我们受益良多，凝聚共识，增强了核心意识、看齐意识，不断深入学习习近平新时代中国特色社会主义思想，坚定文化自信，丰富精神食粮。永新先生是学者，曾任大学教授，在任政府副市长期间又主抓教育，目前还担任中国陶行知研究会会长，理论与实践的相互作用，使得他在民办教育、课程改革、师资建设、全民阅读以及未成年人关怀保护等方面的学术研究具有现实指导意义。作为第十三届全国政协常务委员兼副秘书长，民进中央副主席，永新先生把政协理论研究看作学术的重要部分。他结合线下、线上品读红色经典，组织党史学习教育读书交流活动，表达了党领导下的人民政协委员对党的事业的忠诚。因此，永新先生担任"群主"实至名归。当然，我们还要看到，近年来永新先生的《当代中国教育：走在教育强国的路上》《中国古代教育思想史》等多部著作被译成了28种语言，70多部书发行于世界，讲述着一个智慧中国的故事。

　　永新先生的名字，本身就有暗示和激励的作用，我们当以永不停歇的创新思维和创新实践回报伟大的新时代！孔子为宣传其思想周游列国，陶行知为推行平民教育脱下皮鞋穿草鞋……当今时代，信息化、数字化超越传统媒介的传播方式，但理想与精神则是恒久的。永新先生一直坚守的是"努力过一种幸福完整的教育生活"。他的幸福与完整，寄托于不断工作。最近，有不少画家、书法家就永新先生关于阅读的文字，用画配文的形式表现出来，用书法抄录。这既有丰子恺护生画的味道，也有弘一法师以书法弘道的意趣。只不过今天更多的人围绕永新先生的文字而画、而写，这是何等的幸福！

　　《大学》有云："苟日新，日日新，又日新。"我们愿和永新先生一起在不断创新中砥砺前行。

吴为山

2022年4月

前　言

　　2021年,是"十四五"的开局之年,也是中国共产党成立100周年。中国共产党第十九届中央委员会第六次全体会议审议通过的《中共中央关于党的百年奋斗重大成就和历史经验的决议》,全面总结了中国共产党百年奋斗的重大成就和历史经验,发出了实现第二个百年奋斗目标、实现中华民族伟大复兴中国梦的集结号与动员令。

　　这一年,我们沉着应对百年大变局和世纪大疫情,构建新发展格局迈出新步伐,高质量发展取得新成效,经济社会发展稳中有进,"十四五"开局态势良好,"中国之治"在全球治理中备受瞩目、独领风骚,"中国号"巨轮在时代洪流中劈波斩浪、稳健前行。

　　作为伟大时代的亲历者,伟大成就的见证者,伟大事业的建设者,一年来,面对疫情反复等情况,我们克服困难,采取线上线下结合的方式,组织和参与政协和民进的日常工作。据不完全统计,这一年我参与或负责开展的履职活动共200余项。同时,我坚持阅读写作,在本职工作和学术研究上取得了双丰收。

一

　　作为全国政协常委兼副秘书长,我一直积极参加全国政协各类会议、活动,同时充分发挥桥梁纽带作用,推动民进中央在全国政协的协商平台高效履职。一年来,我参加了常规性的全国政协常委会议、主席会议、秘书长会议、专题协商会、远程协商会等,以及全国政协机关党组民主生活会,全国政协主席会议组成人员务虚会,全国政协宣传思想工作会议,政协委员学习七一讲话精神交流会,全国政协常委专题座谈会,全国政协中非友好小组第四次、第五次全体会议,以及全国政协提案委员会、文化文史和学习委员会等召开的多次会议,共计 60 余次。我把每次会议都视为学习、履职的宝贵机会，认真参加，积极发言。此外，今年我还为全国政协北戴河培训中心开展的各类培训班授课三次，主要内容涉及如何当好政协委员、《中国新型政党制度》白皮书解读等。

2021 年，全国政协委员读书活动仍在如火如荼地开展。作为委员读书指导组成员，我积极参加了委员读书的各项工作。我先后参加了全国暨地方政协委员读书经验网上交流会，全国政协"委员读书漫谈群"线下交流会，委员读书活动指导组全体会议（三次），第六期委员读书活动群主工作交流会，全国政协书院"品读红色经典，汲取奋进力量"线下讲读会，政协委员读书活动线下交流会暨政协委员读书笔记图书出版座谈会，读书指导委员会考察阅文集团、全国政协委员读书活动群主座谈会等十余次会议活动，积极为委员读书活动的更好开展出谋划策，贡献自己的智慧和力量。第二季度，我和吕世光委员一起担任了第四期"委员读书漫谈群"的群主。我们制订了详细的活动计划，设置相应主题，发动委员们表达观点，鼓励开展互动讨论。同时，按照全国政协党组开展党史学习教育部署和《网上"全国政协书院"开展"党史学习"读书交流活动总体方案》要求，紧扣党史学习重点内容开展讲读解读和学习研讨。除了常规的读书学习栏目，我们特别开设了"委员风采"栏目，共邀请六十余名委员进行主题分享，为委员们开阔视野、普及知识；还围绕加强科研队伍建设、民办教育、京剧等相关问题组织开展了三次委员辩论活动，取得了良好的效果。同时，应《人民政协报》邀请，我开设了"一言难忘"专栏，连载我的读书笔记，受到了委员和读者的好评。全国政协委员读书活动指导组对 2021 年度 144 位委员读书积极分子进行了表扬，本人也有幸位列其中。此外，我 2020 年 12 月在读书群组织开展的关于家庭教育大讨论的成果汇编《家庭教育何为——全国政协委员谈》（朱永新、贺春兰主编）一书，也于今年正式出版。

这一年，我一如既往地在政协大会、常委会、专题协商会等议政性会议上认真撰写提交提案、发言，积极报送社情民意信息，倾力履职建言。在全国政协十三届四次会议上，我以个人名义及联名的方式提交了 11 份提案和 1 篇大会发言，内容涉及民办教育、课程改革、教师、全民阅读、未成年人关怀等方面。其中，《关于妥善解决中小学教师队伍性别结构失衡问题的提案》《关于制定未成年人游戏国家标准，家校企协同履行监护责任的提案》《关于提高青少年心理健康水平、预防自杀自残高发的提案》等受到媒体的广泛关注和报道。全国"两会"期间，各类媒体关于我提案的报道有 40 余篇。提案也得到了中宣部、教育部等相关办理部门的高度重视和认真答复。在全国政协十三届十七次、十八次、十九次常委会上，我分别提交了《优化科研环境，激发科技人才创新活力》《强化国家战略科技支撑　提高公共安全保障能力》《从百年党史中汲取教育改革发展不竭动力》《深入学习贯彻中共十九届六中全会精神为全面建设社会主义现代化国家贡献力量》等 4 篇大会发言，并多次在小组会上发言。在全国政协与民进中央合办的"全面加强新时代中小学劳动教育"等远程协商会议上，我也提交了书面材料，并作了现场交流发言。在反映社情民意信息方面，先后报送了关于《管控国家级媒体发布应试型教育培训类广告行为》《深入学习贯彻中共十九届六中全会精神，为全面建设社会主义现代化国家贡献力量》等方面的信息 5 篇。

此外，我还积极参与政协理论研究，撰写了政协民主监督方面的理论文章，参与了政协教科卫体委员会组织的"全面加强新时代中小学劳动教育"调研，参加了庆祝中国共产党成立 100 周年大会和文艺演出，烈士纪念日向人民英雄敬献花篮仪式，纪念辛亥革命 110 周年大会，以及纪念中国人民抗日战争暨世界反法西斯战争胜利 76 周年座谈会等重要活动。

这一年，我与其他 19 名委员一起，获得了首届"全国政协委员优秀履职奖"。评委会给我的颁奖词是："耕好读书田，书香伴履职。他是全国政协委员读书活动的探索者、首位群主，引导委员投身'书香政协'建设；调研途中，笔耕不辍，记录下泥土芳香的基层民情。他把履职的点滴心得集合成册，成为政协委员履职的参考书。" 3 月 8 日，在全国"两会"上，全国政协主席汪洋亲自为我们隆重颁奖，这既是对我们尽责履职精神的高度肯定，也进一步激励我们强化自身的责任担当意识。

2021 年全国"两会"前夕，我的《使命与担当：全国政协常委朱永新 2019 年履职实录》由团结出版社出版发行。春节期间，我又完成了《书香政协满庭芳：全国政协常委朱永新 2020 年履职实录》一书，在 2022 年全国"两会"前夕正式出版。

二

2021 年，作为民进中央分管参政议政、民主监督和政治协商工作的副主席，我和部门的同志们齐心协力，认真落实民进中央各项工作部署，扎实开展"反映社情民意信息主题年"建设，在履行职能的工作中不断开创新局面，展现新气象，取得新成绩。民进中央提出的 14 份建议，全部得到中共中央有关领导同志批示。向全国政协十三届四次会议提交党派提案 46 件、民进界别提案 28 件、个人提案或联名提案 195 件，16 件提案入选《全国政协十三届四次会议重点提案题目和督办方式》，4 件提案入选全国政协 2020 年度好提案。反映社情民意信息继续在各民主党派、工商联中名列前茅。在对口江西省开展长江生态环境保护民主监督工作等方面，也取得了明显成效。

这一年，围绕全国政协和民进中央中心工作，我参加了多次调查研究工作。在上海、安徽开展的"加强科研队伍建设，为强化国家战略科技力量提供人才保障"主题年度重点调研，并在北京作了三次预调研，带队赴陕西西安开展"文旅融合助推乡村振兴"专题调研，赴广西柳州就"西部欠发达地区职业教育发展面临的困难和问题"开展调研，参加蔡达峰主席带队开展的"加强敦煌文化保护研究"调研，参加民进中央在江西九江、南昌开展的长江生态环境保护民主监督调研，参加全国政协在海南等地的劳动教育调研。这一年的重点调研，我们共形成调研报告 37 份、"直通车"建议 1 份、全国政协议政性常委会大会口头发言 1 份、平时提案 1 件，以及一批相关社情民意信息。其中，《关于加强科研队伍建设，为强化国家科技战略力量提供人才保障的建议》得到中共中央领导批示，《关于加强基础研究支撑科技自立自强的提案》得到科技部、财政部高度重视和积极办理。每次调研我都认真准备，并坚持撰写调研手记，记录调研路上的所见所思。

这一年，是民进中央"反映社情民意信息主题年"，我们先后就主题年工作开展了专题调研及相关调研 7 次；起草制定了《中国民主促进会反映社情民意信息工作条例》，对社情民意信息报送平台进行了功能升级，编印了《民进信息工作手册》《民进优秀社情民意信息选编》；举办了民进全国反映社情民意信息工作培训班，同时支持省级组织开展研讨和培训 13 次。全年共接收社情民意信息 6952 份，选编报送《民进信息》1158 期，比上年同期分别增长了 12.8% 和 10.5%。全年反映社情民意信息工作总得分和采用率在各民主党派工商联均位列第一。

这一年，扎实开展长江生态环境保护民主监督工作是民进中央的重点工作。为此，我们组织力量对长江生态环境保护民主监督的依据、渠道、方式、主要问题进行梳理研究；广泛听取会内外专家意见，形成了 9 万余字的政策文件资料，研究制订了《民进中央开展长江生态环境保护民主监督工作实施方案》；走访生态环境部、水利部，就了解长江水污染防治有关情况、建立知情明政和沟通联系机制等交换了意见；组织召开了民进中央对口江西省开展长江生态环境保护民主监督工作启动会；举办了长江生态环境保护民主监督工作培训班，并拓展到 609 个地方组织、基层组织、专委会，共计 2824 人参加线上参训；先后赴 4 市 10 县（市区）开展了调研活动，在 11 个地市建立了定点调研工作机制，顺利完成了年度调研工作。

这一年，我还主持召开或参加了参政议政、民主监督领域的各类会议、论坛等。如中国教师发展论坛、基础教育改革座谈会、开明出版传媒论坛、黄河保护与发展论坛、民进中央—上海社会科学院经济形势分析务虚会、粤港澳大湾区生态环境高端论坛、参政议政年会、上海民进教育论坛等，并且赴民进海南省儋州市委会开展基层联系点活动。

这一年，根据蔡达峰主席的要求和机关制度建设的总体部署，我分管的参政议政部加强学习、认真研究，制度建设取得了新成果。正式印发《中国民主促进会参加中国共产党领导的政治协商工作条例》《中国民主促进会参政议政工作条例》，并做好条例解读、配套学习等工作，完成《民进中央政协大会发言产生办法》《民进中央提案形成办法》《民进中央参政议政特邀研究员工作规则》等条例配套制度建设工作；制定《中国民主促进会反映社情民意信息工作条例》，研究起草《中国民主促进会专门委员会工作条例》，进一步提升工作的制度化、规范化、程序化水平。

三

2021年，我参加了多次全国政协的协商活动，也多次到基层考察"民生议事堂"等协商民主活动，对协商民主有了更加深刻的认识。

协商民主是实现中国共产党领导的重要方式，是我国社会主义民主政治的特有形式和独特优势。在庆祝人民政协成立70周年大会上，习近平总书记指出要"努力寻求最大公约数，画出最大同心圆"，以凝聚人心和力量。具体而言，要做到"相互尊重、平等协商而不强加于人，遵循规则、有序协商而不各说各话，体谅包容、真诚协商而不偏激偏执，形成既畅所欲言、各抒己见，又理性有度、合法依章的良好协商氛围"。

中国协商民主，是在新民主主义革命时期，中国共产党与各革命阶级联合建立的、在统一战线中孕育并发展而来的，有着深厚的历史渊源和现实根基，这决定了社会主义协商民主从诞生之初就有着厚实的土壤，因此即使时代变迁，也能开出和谐发展的理论之花。

从党的十八大报告提出要"健全社会主义协商民主制度"，到十八届三中全会提出要"坚持协商于决策之前和决策实施之中"；从庆祝人民政协成立65周年大会上提出"社会主义民主不仅需要完整的制度程序，而且需要完整的参与实践"，到党的十九大报告指出"人民政协是具有中国特色的制度安排，是社会主义协商民主的重要渠道和专门协商机构"，都强调了要把社会主义协商民主落至实处的坚定信念和政策指引。

相比之下，西方协商民主理论是建立于对代议制民主所造成的负面社会现象的基础上的，因此缺少了经验的土壤和有利的政治环境。社会学家吉登斯、政治学家罗尔斯都为西方协商民主理论的发展贡献了推动之力，但在西方社会政治环境中收效甚微。直到哲学家哈贝马斯提出了"交往理性"和"主体间性"的概念，将协商民主的主体从精英阶层拓展到了大众层面，西方协商民主才逐渐有了快速发展之势。

中西方协商民主理论的发展境遇表明，离开了实践，再美好的理论设想都只能沦为乌托邦臆想。实践是协商民主理论发展的第一要义，社会主义协商民主务必要在未来社会发展中继续保持和发展实践优势，并为全球协商民主发展提供理论依据和经验借鉴。

"人民当家作主"是社会主义民主的核心价值理念。政协成立65 周年大会上，习近平总书记提出"在中国社会主义制度下，有事好商量，众人的事情由众人商量，找到全社会意愿和要求的最大公约数，是人民民主的真谛"。

2019 年，在庆祝人民政协成立 70 周年大会上，习近平总书记再次强调人民政协要"坚持一致性和多样性的统一"，"要把不断满足人民对美好生活的需要、促进民生改善作为重要着力点，倾听群众呼声，反映群众愿望，抓住民生领域实际问题做好工作，协助党和政府增进人民福祉"。这说明，在协商民主的服务对象上，最广大人民群众的利益永远是第一位的，弱势群体的权益不会被忽视，如此才能"寻求最大公约数，画出最大同心圆"，积聚起团结奋进、凝聚人心的民族复兴之磅礴力量。

以浙江省的"请你来协商"和"民生议事堂"为例，前者是协商于民、协商为民的载体，后者则是把政协协商平台搭建在广袤的土地上，搭建在群众的家门口。在浙江北仑，"民生议事堂"活动结束后，春晓街道小区一周清理 100 多吨建筑垃圾，带走了脏乱，换来了居民们的清朗心情；在龙港，"民生议事堂"上提出"停车场收费贵，要以便民为主"等建议，不到 3 天停车费应声而降；在南浔，"民生议事堂"活动结束第二天，10 多家"小散乱"厂房企业集中拆移，群众拍手叫好。我曾经在浙江乌镇参加过一次他们的"民生议事堂"活动，专题研讨如何通过互联网解决医疗资源配置的问题，留下了深刻印象。

再以江苏省常熟市为例，2019 年以来，该市政协组织开展各级各类协商议事活动 890 多场次，参与人员 16000 多人次，推动问题解决 1200 多项，着力将"有事好商量"协商议事室打造成为党委政府的"好帮手"、人民群众的"连心桥"、委员履职的"新平台"。

协商的力量体现在解决群众的身边事的过程中。

有事好商量，协商有力量，正在成为中国人政治生活的一道亮丽风景。

四

2021 年，在坚持把本职工作放在首位的前提下，我利用业余时间进行的学术研究也有一些新的进展，为弘扬民进的主界别特色做了一些力所能及的工作。汇集民进作家作品的《开明儿童文学书系》第二辑由安徽少儿出版社顺利出版，《开明教育书系》进展顺利。

这一年，新教育实验继续以行动悄然改进着一些区域和学校的教育生态。新教育年会（甘肃兰州）、新教育国际高峰论坛（江苏吴江）等各个工作会议在线上成功举行，各位新教育同仁在线下辛勤耕耘。截至 2021 年底，共有 176 个县级实验区、8326 所实验学校、约 836 万名师生参与，努力过一种幸福完整的教育生活。这一年，新生命教育研究所和新科学教育研究所分别获得了广东省和江苏省基础教育优秀教学成果奖特等奖。

这一年，我撰写的《中国共产党与中国教育百年》《新教育二十年：回顾、总结与展望》等论文先后在《教育研究》和《华东师范大学学报》发表，《未来因你而来——我和新教育人的故事》《生活与教育——朱永新对话陶行知》《每朵乌云背后都有阳光——朱永新自选集》等分别由华东师范大学出版社、商务印书馆和人民文学出版社出版。《每朵乌云背后都有阳光》被评为"致敬创造力·腾讯读书 2021 年原创十大好书"和《中国教育报》"教师最喜爱的 100 本好书"。

这一年，英语版的《当代中国教育：走在教育强国的路上》《教育的对白：朱永新对话麦克法兰》，阿拉伯语、希伯来语、印度尼西亚语版的《新教育实验：为中国教育探路》，波兰语、哈萨克语版的《致教师》，希腊语版的《中国古代教育思想史》和《外国教育观察》，乌克兰语、乌兹别克语、阿尔巴尼亚语版的《朱永新教育小语》、日语版的《中国当代教育思想史》等著作陆续出版，迄今我有 28 种语言的 70 多本书被译介海外。

作为一名教育学者，为中国教育的改革发展在理论和实践方面都做出了一点力所能及的贡献。

在 2022 年即将到来的时刻，我写下了这样一首小诗：

> 群山虎啸卷潮急，
> 沃野牛耕自奋蹄。
> 教育花开因有梦，
> 行知路上展旌旗。

新的一年，我会一如既往勤奋努力，积极主动履职建言，力争不负委员使命，争取为我国新型政党制度、为多党合作事业做出更大的贡献！

"两会" 手记

　　由于疫情的原因，2021 年全国"两会"的
会期缩短了将近一半的时间，但是主要的议程
没有减少，只能够向时间要效率。会议的节奏
加快了，写作的时间也更紧张了。

　　我知道，我的手记，不仅仅是记录每年
"春天的约会"，本身就是讲好中国故事的重要
内容，本身就是讲好中国共产党领导的多党合
作与政治协商制度故事的组成部分。我的记录，
在某种意义上而言，也是一部民间"两会"史。

又是一年新春会

3月1日，北京雨雪，星期一

　　又是新春，全国"两会"再次如约而至。生物钟也很灵敏地提前报时，4点半就醒了。

　　以往的"两会"，每天早晨要发微博、头条，加上写手记，特别忙碌，所以就挤占了一些休息时间。今年年初开始，早晨的黄金时间不再发微博、头条，而是专注于读书、写作、思考工作，就比以往从容了许多。

　　本来每天早晨还有一项工作，就是在"委员读书漫谈群"写专栏。为了让大家聚精会神开好"两会"，政协领导决定在两会期间关闭读书群。这样又多了一点时间。昨天为此还在读书群里写了一首打油诗：

> 聚精会神开两会，
> 漫谈群里暂休业。
> 履职尽责议国是，
> 忙中偷闲不释卷。

　　去年此时，正是举国抗疫的关键时刻。"两会"也推迟到5月召开。时隔不到一年，能够顺利召开如此规模的大会，这是全国人民共同努力的成果，"每个人都了不起"，真不是一句空洞的赞美。

　　与去年一样，今年的"两会"驻地仍然采取全封闭管理。昨天下午到达以后，就立即做了核酸检测。晚上对会议的提案等进行了最后的修订，参加了一个家庭教育的视频会议。

早晨起来，窗外的屋顶上已经有一层厚厚的积雪了。郊外的气温也比城里低一些。读完了德国作家托本·库曼的《深海传奇》。这是他继《飞鼠传奇》之后又一部充满想象力的作品。

早晨 8 点，乘车去全国政协参加常委会。今年我们的驻地是华北宾馆，距离政协较远，所以出发的时间也比较早。一路前行，积雪也越来越少。

上午九点半，参加全国政协十三届常委会第十五次会议开幕式，仍然是全国政协副主席张庆黎主持会议。按照常规，这次常委会主要是为全会做准备的。会议审议通过了本次常委会会议议程、关于召开政协第十三届全国委员会第四次会议的决定，听取全国政协副秘书长潘立刚《关于政协全国委员会常务委员会工作报告（草案）》起草情况的说明、提案委员会主任李智勇《关于政协全国委员会常务委员会关于政协第十三届三次会议以来提案工作情况的报告（草案）》起草情况的说明、副秘书长金学峰《关于政协全国委员会协商工作规则（草案）》起草情况的说明、副主席李斌和副秘书长张裔炯关于人事事项的说明，以及各个专门委员会 2020 年度工作报告等。

上午的会议安排得比较紧凑，把以往两个半天的议程合并成一个单元。各个专门委员会的工作汇报介绍了 2020 年的许多亮点。如经济委员会围绕"'十四五'期间优化营商环境的重点"，对全国 130 家企业进行调研，涉及 31 个省区市企业、大中小微企业、国企民企外企，汇总形成了《百家企业反映的百个问题》，并在此基础上梳理出"新经济包容审慎监管""灵活就业人员的法律保障"等 12 个重点问题，组织委员跟进研究，形成了综合调研报告和 10 篇政协信息素材稿，得到了中央有关领导的重要批示。

农业和农村委员会聚焦乡村振兴重点任务协商议政，先后承办了"关爱农村留守老人儿童""解决农产品销售难问题""促进生猪产业转型升级""推进农业农村现代化"等多个协商议政会、情况通报会，在稳定社会预期，凝聚社会共识方面发挥了重要作用。

人口资源环境委员会 122 位委员，全年上报社情民意信息 300

多条，参与率达 100%，同时提交了视察调研书面意见建议 50 余篇。

教科卫体委员会围绕"重大疫情下高校毕业生就业创业问题"专题开展民主监督调研，深入高校、用人单位实地考察，与地方政府主管部门、高校和用人单位负责人、应届毕业生代表、毕业生家长代表等开展深入交流，在广泛征求意见的基础上形成调研报告，其中多条建议被相关部门采纳。

社会和法制委员会发挥视频调研、书面调研不受时间空间限制的优势，"'十四五'规划中提升社会治理体系和治理能力现代化水平的重点问题"专题调研采用视频形式，与 56 个党政部门、基层单位、社会组织深入交流，调研报告和信息获得有关领导批示肯定。社法委在读书群推出的学习民法典主题，先后推送了 34 万字，48 个短视频，累计阅读量超过了 5000 万人次。

文化文史与学习委员会组织责任单位分三期开设了 35 个读书群，1800 余名委员登录网上书院，1500 余名委员参与交流发言 12 万人次，浏览量超过了 95 万人次，形成了线上线下相结合，读书履职相促进的良好局面。

民族和宗教委员会、港澳台侨委员会、外事委员会等，也注重创新工作方式，围绕中心，服务大局，有效运用各种协商方式，发挥网络议政优势，确保在疫情防控常态化条件下履职活动"不松、不乱、不断"，取得了很好的成效。

中午稍事休息。

下午 1 点 50 分出发去全国政协，3 点参加分组会议。审议讨论常委会工作报告和提案委员会工作报告。这次常委会的工作报告没有采取上次的"全本"（文字版）与"简本"（报告版）的做法，只有一篇 6200 余字的工作报告，是历届最简短的。这次常委会报告也是征求意见次数较多的。此前，我就先后参加过在京常委会议、秘书长会议，列席主席会议，讨论常委会工作报告。经过多次修改，报告已经比较成熟。常委们对两份报告给予了充分肯定，也对报告的修改提出了一些意见和建议。

会议结束后回到驻地，审读小组秘书送来的联组会议材料。

晚上 8 点，在腾讯会议空间参加新教育理事会理事长的工作会议。每月 1 日晚上 8 点，是新教育理事会理事长工作会的固定时间，就新教育实验发展中的重要问题，大家沟通交流。

会议开到 10 点多。我接着浏览报刊和媒体关于"两会"的新闻。

这几天，"两会"的报道已经紧锣密鼓地开始了。上个星期，我代表民进中央接受了人民网、中新社、《光明日报》《人民政协报》《团结报》《南方都市报》、红星新闻等媒体的联合采访。

周末，我和全国人大代表张志勇教授在中国教育报刊社作了"家庭教育立法意味着什么？"的"两会 E 政录"视频直播访谈，已经有超过 50 万人在线上收看。

昨天，人民网"人民资讯"栏目发表记者陈锐海报道 2021 全国"两会"看点——《全国政协常委朱永新：建议制定未成年人网游非理性消费退费标准》。未来网旗下新媒体"未眼观察"发表记者李盈盈报道《生命至上，全国政协常委朱永新建议出台〈中小学生命教育指导纲要〉》。《21 世纪经济报道》发表记者的报道《民进中央副主席朱永新：中小学教师男女比例失衡》等。

忙完这些，不知不觉已经 11 点了，赶紧洗漱休息。

我的提案我的梦

3月2日，北京晴，星期二

早晨5点15分起床，把昨天的"两会"手记最后定稿。

读日本儿童文学作家大石真的《205号教室》。这本书讲述了学校体育馆里一间秘密地下室中，四个小学生之间的友谊。他们在现实生活中渴望尊重、理解和爱，在这间被他们称为"205教室"的地下室中寻找心灵的慰藉和力量的故事。不知何故，读这本书的时候，想起了另外一本日本儿童文学名著《窗边的小豆豆》以及新教育午读"新孩子"丛书中的《萤火虫教室》、美国雷夫老师的《第56号教室的奇迹》。这几本书有儿童读物、有教师读物，书中不同的"教室"之间看似没有什么关系，实则都记录着人们对于理想教育的追求。

早晨7点50分，乘车去全国政协。

上午9点，参加分组讨论，讨论人事事项和《政协协商工作规则（草案）》。我们小组由民进、共青团和特邀界别组成，13位政协常委先后发言，就政协协商及工作规则进行了认真的讨论。我注意到，我身边的刘卓明常委，不仅在文本上密密麻麻做了记号，而且用电脑写了发言提纲。民进中央常务副主席刘新成就大家发言中提出的有关问题做了解释。作为专门的协商机构，这个工作规则是人民政协成立70年来第一个有关协商工作规则的专门文件，带有一定的探索性质。尽管还有不少需要完善的地方，但是已经实现了0到1的突破。

上午11点，列席参加政协主席会议，听取各组讨论情况的汇报。这一次改变了以往每个组分别汇报的做法，由副秘书长潘立刚综合各组意见统一汇报，节约了不少时间。以往需要一个小时左右的会议，不到半个小时就结束了。许多习以为常的事情，细节上小小的改变，就能够提高效率。

下午 3 点，在驻地参加分组交流。民革与民进组的政协常委们就边境地区防疫、人口政策、华侨华人疫苗接种、医院废水处理、中小学生课业负担等问题反映社情民意信息。我在发言中谈到了央视等主流媒体课外辅导广告泛滥的问题。现在央视等媒体在黄金时间段大量播出课外补习机构的广告，在一定程度上助长了父母的焦虑，增加了学生学习的成本，建议严加控制。

下午四点半，分组讨论结束以后，接受新华社记者刘开雄关于全民阅读的采访。就阅读的意义与方法、书香政协与书香中国等问题进行了交流。

由于"两会"会期缩短，今年的提案提交时间提前到 3 月 5 日，我将建立阅读节、保证残疾人阅读权益等几个需要联名的提案发给联名委员。

根据全国政协控制数量、保证质量的要求，我今年的提案数量与前两年持平，关注的重点仍然是全民阅读与教育问题。

我个人排在第一位的提案，仍然是关于全民阅读的《关于弘扬中华优秀传统文化　将孔子诞辰日设立为国家阅读节的提案》。我一直认为，以"国家阅读节"为庆典，十分重要。这是因为，一方面，举行各种形式多样、内容丰富的全民阅读活动，有助于在全社会大力营造爱读书、读好书、善读书的良好氛围，引导人民群众提升阅读兴趣、养成阅读习惯、提高阅读能力，不断增强思想道德素质和科学文化素质。另一方面，孔子诞辰日的这个时间节点，能够让人们更清晰、更鲜活、更持久地感受到优秀传统文化的精神力量，提醒人们对此的传承与发展。而且，强化阅读可以加强精神的力量、智慧的力量，能够为实现"两个一百年"奋斗目标和中华民族伟大复兴的中国梦提供强大精神动力和智力支持。

和阅读相关的还有两个提案，一个是《关于推动高校学术期刊高质量发展的提案》。针对我国高校学术期刊中存在的"全、散、小、弱"，趋同性高、整体影响力弱、核心竞争力和学术影响力不强的情况，提出了推动高校综合性学报向专业性、学科性刊物转型，通过股份制改革、集团化发展和数字化转型，打造具有全国甚至世界影响力的、全新的学术论文发表平台、学术期刊数字出版平台及学术交流监管平台。这个提案是我观察研究了多年的问题。我们几乎所有的大学都有一个以"学校名字＋学报"命名的综合性刊物，发表的大部分是本校教师的文章，这样的学报无法成为有影响力的学术性期刊。

另一个是《关于保障盲人和视力障碍者阅读权益的提案》。这个提案最初是由中国科学院大学的杨佳教授呼吁的，作为联合国残疾人权利委员会副主席和中国阅读 30 人论坛成员，她对保障残疾人阅读权益的问题高度重视，多次建议我关注盲人和视力障碍者的阅读问题，尽快督促有关部门批准加入《关于为盲人、视力障碍者或其他印刷品阅读障碍者，获得已出版作品提供便利的马拉喀什条约》（简称《马拉喀什条约》）的程序，对于我国著作权法规定的关于已发表的作品改为盲文出版无须经过著作权人许可并付费等条款，进一步细化为可操作的具体措施，予以推动。提案完成以后，杨佳教授和中国残疾人联合会理事长张海迪等给予了充分肯定和支持。我期待，这个提案能帮助盲人和视力障碍人群认识到阅读的重要作用，通过阅读掌握更多自食其力的本领，丰富自己的精神生活，让身体的障碍不再成为贫困的根源；同时也让全社会更多了解盲人和视力障碍人群，对这个群体给予更多关注和关怀。

《关于完善"学前学会普通话"行动，强化中华民族共同体意识的提案》，也是我这次提交的一个非常重要的提案。看似一件学习普通话的"小事情"，却是一个牵一发而动全身的大问题。前些年在脱贫攻坚调研的过程中，我就亲眼所见少数民族地区的青年人因为听不懂、不会说普通话，而无法走出大山。去年我也听民进的同志介绍了他们在四川省凉山彝族自治州开展的"学前学会普通话"试点经验。目前，凉山彝族自治州学前三年毛入园率超过了 85%，受益的儿童进入小学后语言发展水平抽样测评合格率达到 99.03%，学业成绩平均分、合格率分别比未接受过学前教育的学生高 10.99 分、15.6%。我在提案中提出，"学前学会普通话"，不仅是对少数民族地区儿童的要求，也应该是对全国儿童的普遍要求。建议将"学前学会普通话"

行动上升为奠基中华民族共同体建设的国家战略并写入国家后脱贫攻坚、乡村振兴、民族工作和教育事业发展"十四五"规划。

《关于妥善解决中小学教师队伍性别结构失衡问题的提案》，源自上海师范大学国际教育研究所的两份研究报告。民进中央一直关注教师队伍建设的问题，为教师节、教师法的出台提出过重要的建议，也在关注教师队伍男性比例不断下降的问题。据统计，2018 年我国小学、初中和高中男教师的比例分别为 31.25％、43.22％和 46.11％，较 20 年前累计降低了近 20 个百分点。尤其是北京、上海、天津、杭州、武汉等发达城市的男教师比例急剧下降。上海初中男教师比例（28％）已经低于经合组织成员国平均值（32％），低于日本（58％）、澳大利亚（38％）、新加坡（37％）、英国（36％）等国家。为此，上海师范大学国际教育研究所所长张民选先生等做的研究报告中介绍的美国、英国、日本等国家提高男性教师比例的做法引起了我的兴趣，从而撰写了这个提案。这个提案这两天"曝光度"很高，还上了百度的热搜榜。

《关于加强我国国际组织人才界定、选拔与管理的提案》，来自生活中的事件。学术研究的成果可以转化为提案，同样，生活中的事件也是提案的素材。有一位民进会员，在一个著名的国际组织中担任重要的协调人，但由于是业余时间的"兼职"，在本单位没有得到相应的重视。由此诞生了这个提案。提案分析了我国在国际组织人才的界定、国际组织人才的选拔与管理方面存在的不足，提出了完善国际组织人才的界定标准、国际组织人才选拔与管理方式的具体建议。

《关于加强中小学项目学习课程建设的提案》，是我和苏州大学教授、新科学教育研究所副所长王伟群博士共同完成的。前年在写《未来学校：重新定义教育》的时候，我阅读了大量项目学习的文献，后来和美国苹果公司的总裁库奇、高科技高中（HTH）的校长拉里等对话的过程中，也听他们详细地介绍了项目学习的有关情况，深感项目学习不仅是一种教学方法的革命，更是未来教育的一种基本模式。与此同时，王伟群教授与郝京华教授正在研发中国特色的项目学习课程，有不少亲身体会。我们在提案中呼吁，要让项目学习进入正常的学校课表，确保每一位学生有机会从中受益；设计真实情境问题解决的项目学习课程，实现跨学科知识的整合和运用；建设国家、地方和学校课程，形成完整的项目学习课程体系；加强项目学习的师资培训，促进项目学习课程开发等。

《关于鼓励中国民办学校"走出去"的提案》记录了最近这几年，我对民办教育如何健康发展问题的思考。如何面对各地对于基础教育阶段民办学校数量的规定？如何满足中国外派机构工作人员子女华文教育的需要？如何为"一带一路"建设的深入推动注入教育的力量？如何发挥民办学校"走出去"的独特优势？我在提案中就规划民办学校在海外的办学布局和给予民办学校"走出去"相关的政策指导和支持等提出了相关建议。

还有两个提案，与新冠肺炎疫情密切相关。

2020年疫情期间和复学后，全国很多地区，尤其是一线城市出现了青少年厌学、自我伤害呈现恶化趋势的现象。生命教育在学校中被弱化、在家庭中被软化、在社会中被淡化的情况比较严重。为此，我与新教育研究院新生命教育研究所执行所长袁卫星和副所长卢锋博士等进行了深入讨论，提出要制定出台《中小学生命教育指导纲要》，完善生命教育课程体系，将生命教育纳入教师教育内容和通识培训，整合利用生命教育社会资源，积极构建生命教育共同体等具体建议，撰写出了《关于在中小学系统开展生命教育的提案》。

《关于提高青少年心理健康水平　预防自杀自残高发的提案》是在北京大学心理咨询中心徐凯文博士和苏州大学心理咨询中心陶新华博士两位专业人员的协助下共同完成的。我们多次连线讨论青少年轻生的社会、心理原因，探讨解决方案，提出了加强青少年权益保护，加强心理普查和摸底科研，帮助每个学校建立常态化危机预防和干预体系，在各级各类学校开设心理卫生和生命教育课程，建立学生心理健康管理体系，提供全方位、多层级的资源进行综合治理，加强学生工作专业化队伍建设和社会支持资源建设，加强基础教育改革，缓解社会焦虑等具体建议。

最后一个是《关于制定未成年人游戏国家标准　家校企协同履行监护责任的提案》。去年"两会"期间，我曾经就中小学生游戏分级问题提交了提案，引起了较大的社会反响。去年12月26日，腾讯携手中国日报社、新教育研究院，在北京宋庆龄青少年科技文化交流中心举办了"青少年网络素养与教育创新论坛"，共同发出了《青少年网络素养教育倡议》。在论坛上，腾讯公司副总裁、DNA 计划发起人姚晓光等介绍了他们在未成年人健康游戏防护机制建设方面所做的工作与面临的困难，当时就考虑就这一问题提出解决方案。所以，在这次"两会"期间，提出了前置防护，为父母提供易操作的统一监护工具，加强家庭层面网络素养教育；事中保护，游戏中按照标准设立统一的自动管控系统；事后服务，要求所有企业建立并公开投诉和举报渠道，制定统一清晰的退费标准，并给有需要的家庭特别关怀等三方面的具体建议。

自去年全国"两会"以后，就开始"备战"今年"两会"的提案了。还有一些自己一直关注的问题，如针对社会上"丑字"泛滥的问题，海外新一代华侨的祖国认同问题，特殊中等职业学校的建设与发展问题，家庭教育资源建设问题，启动新一轮课程改革的问题，发展数字经济的问题等，都在持续关注中，需要进一步深入研究，适时提出相应的建议。

每一个提案，都在心中萦绕良久。每一个提案，都是一个梦想。每一个提案，都是对于美好教育、美好生活的向往。我知道，有些提案，可能不一定能够立案；有些提案，可能得不到理想的解决。但是，知无不言、言无不尽的勇气，坚持真理、不断努力的韧性，应该是政协委员的基本素养。

晚上 7 点，对幼儿至高中的家庭教育主题进行了思考和梳理，并整理出若干条家庭教育理念，和相关研究人员进一步交流。

晚上读完韩启德院士送我的《医学的温度》。这本书一直放在我的床头。陆陆续续看了不少章节，很有感触和共鸣。作者结合从事医疗工作与医学研究多年的经历，对医学的哲学、医学的历史以及叙事医学、精准医学等进行了深入的人文思考，阐述了作者对癌症、传染病、中医、死亡等问题的独特看法，批评了"技术至上"的观念。他提出，不能把衰老当作疾病，不能把追求长生不老作为医学的目标，不能给生命无望的病人增加无谓的痛苦，不能不考虑医学的社会效应和公平公正。他认为，"医学是人学，医道重温度"，人们对现代医学的不满，不是因为它的衰弱，而是因为它的昌盛；不是因为它没有作为，而是因为它不知何时为止。作者提出的应回归以病人为中心的价值医疗、不能忘记医学的来路和归途等振聋发聩的观点，对我们重新认识现代医学乃至重新认识自我都极具启发意义。作者虽然说的是医学，其实，科学、教育，只要是与人相关的领域，哪一样不需要温度呢？

　　在驻地的房间里简单运动了一下。完成今天的手记。

　　晚上 11 点休息。

做行动着的思考者

3月3日，北京晴，星期三

　　早晨4点50分起床。读完《剧变——人类社会与国家危机的转折点》一书。全国政协副主席刘新成去年为我推荐了这本书，陆陆续续一直没有读完。这两天时间相对宽裕，在去政协开会来回的途中、早晨起床以后和晚上睡前的时间，终于尽兴读完了这本书。这是戴蒙德继《枪炮、病菌与钢铁》《崩溃》后，"人类命运"三部曲的终篇，也是他再一次用历史研究的方法分析个人和国家如何应对危机的问题。

　　在书中，戴蒙德总结了个人与国家应对危机的12个步骤：直面危机、愿意承担责任、明确问题的边界、寻求帮助、借鉴榜样、寻求自我认同或国家认同、诚实的自我评估、应对危机的过往经验、耐心、自身灵活性、核心价值观、知晓个人约束条件或国家地缘约束。并且用这12个步骤作为基本模式，分析了芬兰、日本、智利、印度尼西亚、德国、澳大利亚和美国在发展中遇到的各种危机及其应对方法。

　　其中，对于当今美国面临的政治妥协加速溃败、大量拥有投票资格的美国公民几乎不参加各种投票、收入与财产分配不平等日益加剧、政府对人力资本和其他公共用途领域的投入不断减少、缺乏向他国学习的意愿等问题的分析，以及有可能在全球范围内对人类文明造成破坏的核武器的爆发式增长、全球气候变化、全球资源枯竭以及全球各地居民生活水平的差异等问题的分析等，值得关注。

作者认为，新成立的国家需要建构起自己的国家认同，历史较为悠久的国家则可能需要调整自己的国家认同与核心价值观，危机可以改变一个人的成长轨迹，也可以使一个国家解体，甚至使一种文明没落、一个时代终结。但是，危机是可以化解的，国家也可以借鉴个人化解危机的逻辑框架实现自救。其实，危机也是机遇。正如丘吉尔说过的那样，"永远不要浪费一场好危机"。

早晨7点50分，出发去政协。一路上翻阅《把自己作为方法》。这本书是牛津大学教授项飙与吴琦的对话实录，我对其中关于学术共同体等问题颇感兴趣，也对对话这种形式有兴趣。

上午9点，参加常委会的学习活动，听中央财经委员会办公室副主任韩文秀作的《推进我国更高水平对外开放》专题学习讲座。

每次常委会闭幕式前，邀请某个领域的专家学者或者部门负责人，为常委会作一场学习讲座，已经成为政协常委会的"标配"，这对开阔委员视野，提高委员咨政建言的能力，具有重要的作用。韩文秀副主任从更高水平的对外开放与构建新发展格局的关系，统筹推进高标准市场体系和高标准自由贸易区网络建设，推动由贸易大国向贸易强国转变等方面，讲述了对外开放作为基本国策和国家繁荣的必由之路的问题。

的确，历史经验一再证明，自我封闭是没有出路的。40多年改革开放的洗礼，已经让我们初步形成了开放的精神、能力和底气，我们应该把握经济全球化的历史机遇，推进更高水平的对外开放。

讲座结束以后举行闭幕会。全国政协主席汪洋主持闭幕会。会议审议通过了全国政协十三届四次会议议程（草案）和日程，全国政协常委会工作报告和关于提案工作情况的报告，政协全国委员会协商工作规则等。有关草案和报告将按程序提请全国政协十三届四次会议审议，同时通过了有关人事事项。

政协主席汪洋在闭幕式上对过去一年政协的工作给予了高度评价。对开展好今年的工作提出了要求，指出要丰富专门协商机构内涵和形式，拓展协商深度和广度；要健全从党内到党外、从委员到界别群众的凝聚共识工作格局；要发挥政协协商式监督优势，聚焦"十四五"规划实施重点问题持续开展监督；要加强中共党史学习教育，使学习党史的过程成为加强党对政协工作领导的过程，成为凝聚共识、汇聚力量、团结奋斗的过程。同时，对全力开好全国政协十三届四次会议，确保大会凝心聚智、风清气正、务实高效提出了具体要求。

11 点 30 分左右，会议结束后乘车返回驻地，简单午餐后稍事休息。

下午两点半，接受中国教育电视台的连线采访，就造成教师队伍性别失衡的原因和解决办法发表意见。

下午 3 点 40 分，出发去全国政协。下午 5 点参加召集人会议。全国政协副主席兼秘书长李斌主持会议，通报了全国政协十三届四次会议有关情况。副主席张庆黎在讲话中对会议组织工作提出具体要求。他指出，这是在中国共产党成立 100 周年这一重大历史时刻展示全国各族人民坚定不移跟党走信心决心的一次重要会议，是在全面建成小康社会、乘势而上开启全面建设社会主义现代化国家新征程之际进行动员部署的一次重要会议，是在我国疫情防控和经济社会发展赢得双胜利的形势下彰显我国政治优势和制度优势的一次重要会议，是在中央政协工作会议胜利召开一年多来，对人民政协事业发展取得新成效进行集中检视的一次重要会议。希望大家能够牢牢把握政治方向，聚焦"十四五"协商议政，弘扬团结向上的正能量，严格落实疫情防控措施，自觉遵守会风会纪的要求，认真履行工作职责，推动大会各项任务落到实处，向全世界展现中国"两会"的良好形象。

五点半会议结束后再返回驻地。一天两个来回，近 3 个小时，正好读完了《把自己作为方法》。

晚上 7 点，通过腾讯会议室接受未来网李盈盈、人民日报社《民生周刊》记者罗燕、《中国教育报》记者刘博智、《21 世纪经济报道》记者黄婉仪等的专访，就家庭教育、教师队伍结构性别失衡、网络游戏、中小学阅读等问题进行了交流。

晚上八点半，接受中国网关于未来教育的专访，与中国教育科学研究院未来学校实验室主任王素交流未来学校的生命教育课程、项目学习、家庭教育、教师队伍等问题。两个多小时的交流，嗓子都有点嘶哑了。

晚上九点半，浏览今天的报纸和相关媒体报道。今天开始，驻地提供了《人民日报》《光明日报》《参考消息》《中国教育报》《新华每日电讯》《中国日报》等十余种报刊。今天的《光明日报》以"牢记嘱托勇担当，履职尽责为人民"为题，发表了一组知识界代表委员谈学习落实习近平总书记"两会"重要讲话精神的文章，我在《新时代知识分子要做行动着的思考者》一文中谈道，知识分子最怕的是关起门来做研究、高谈阔论写文章、满世界飞行讲演，知识分子最需要的是扎根生活、深入田野。知识分子需要思想也需要行动，应该努力成为行动着的思想者，思想着的行动者。无论是行动中验证的思想，还是思想中产生的行动，都必然更有生命力。

今天的腾讯网发表报道文章《朱永新：家庭教育立法让父母更优秀，让孩子更卓越》，凤凰网发表《朱永新谈阳刚之气：社会需要两性平衡，性教育从小就应开始》，红星新闻发布《如何预防青少年自杀自残？全国政协常委朱永新提案：将生命教育纳入中小学课程体系》和《专访全国政协常委朱永新：可以用制度为家长减负，但家庭教育仍不可或缺》，《中国青年报》发表《朱永新委员：制定未成年人游戏国家标准》和《朱永新委员建议：提升我国中小学男教师比例》，澎湃新闻发表《朱永新委员再建议：将9月28日孔子诞辰日设为国家阅读节》，中国教育新闻网"两会 E 政录·教育脱口秀"发布视频访谈《朱永新委员：家庭教育立法要让父母更卓越》等一系列文章。央视新闻的微博《全国政协委员朱永新：建议制定未成年人健康游戏国家标准》还上了热搜，点击量超过了 450 万人次。

被媒体关注，在一定程度上说明提案把握了社会的热点和焦点，也说明我们思考的问题与老百姓想的问题发生了同频共振。作为政协委员，就应该履职尽责为人民，就应该做一个行动着的思考者和思想着的行动者。这也是我们作为知识分子立身处世的价值追求。

晚上 10 点，写手记，跑步半小时。

晚上 11 点，洗漱休息。

新风貌与新成绩

3月4日，北京晴，星期四

凌晨被一阵电话铃声唤醒。

原来是《人民政协报》的编辑还在等我的稿子。去年开始，我被聘为《人民政协报》的委员特邀记者，开了"永新日记"的专栏。昨天发了一篇《我的提案我的梦》没有下文，以为他们要明天"两会"正式开始后才发表专栏稿，所以11点写完手记初稿就洗漱休息了。没有想到，刚刚入眠不久就被电话叫醒了。

于是，起来修改手记，匆匆忙忙发过去，但是却没有了睡意。想想编辑记者，比我们还要辛苦呢。

早晨5点15分醒来。想再睡一会儿，却想到昨天的手记需要修改的几个地方，干脆爬起来工作。

上午10点，在驻地四楼会议室主持委员小组预备会议。民进中央常务副主席刘新成传达了中央统战部对党派工作的要求，会议还传达了昨天小组召集人会议的精神，推举我和姚爱兴、张雨东、陶凯元分别担任委员小组的组长、副组长，确定了界别协商会议的议题为"建设高质量教育体系"，评审通过了界别提案。

今天是政协大会的开幕式。考虑到会期压缩以及与人大会议同步，我们的开幕式推迟了一天，从以往的3月3日改到了3月4日。

下午1点50分，乘车前往人民大会堂。一路畅通，不到半个小时就顺利到达。事先，政协委员读书的保障群约好在会前合影留念，于是从大会堂的西门一直跑到东门，留下了珍贵的合影照片。这次会议专门印发了《关于加强和改进委员读书，把读书群办成高质量的大学校》的参阅材料。我们这些人，算是这所大学校的教务人员，自称"店小二""服务生"。

下午3点，全国政协十三届四次会议在雄壮的国歌声中开幕。习近平等党和国家领导人出席开幕式。中国残疾人艺术团团长邰丽华和另一位全国政协委员用手语"演唱"国歌，成为会上一道亮丽的风景。

全国政协主席汪洋在开幕式上代表常委会作工作报告。他在报告中高度评价了人民政协2020年围绕党和国家中心任务凝心聚力所做的工作，用三个"紧"、两个"新"字表达了政协作为专门协商机构所做的工作，这就是：以习近平新时代中国特色社会主义思想为指导，紧扣统筹疫情防控和经济社会发展认真履职尽责，紧盯社会重大关切问题，加强思想政治引领，紧抓专门协商机构制度建设增强工作效能，为实现"十三五"目标做出了积极贡献，专门协商机构建设展现新风貌，服务中心任务取得新成绩。

汪洋主席在报告中特别提到了全国政协委员读书活动，开设了"两山"理论、乡村振兴、铸牢中华民族共同体意识和数字经济、历史上的防疫等47个主题读书群，委员交流读书感想14万余人次、在线浏览超过110万人次。同时，积极推动理论学习和读书成果转化，以"书香政协"助推"书香社会"建设。

汪洋主席对政协各参加单位、各专门委员会、各界委员投身抗疫斗争的表现也给予了高度赞扬。委员们围绕完善重大疫情防控机制、复工复产等，积极助力"六稳"工作，促进落实"六保"任务，通过会议座谈、委员移动履职平台等协商建言，建立快速通道报送《每日社情》249期、提案699件，为中共中央科学决策和推进各有关部门工作落实提供参考。组织覆盖34个界别的委员视察团赴湖北视察，在亲历亲见亲闻中受到深刻的思想教育和精神洗礼。广大委员在各条战线勇于担当，积极参与救治病人、科研攻关、稳企稳岗等工作，在特殊年份书写了特殊的"委员作业"。

关于2021年的工作，汪洋主席强调要聚焦"十四五"开局起步履职尽责，以庆祝中国共产党成立100周年为重点，强化思想政治引领；以服务"十四五"规划实施为主线，增强协商建言实效；以增进大团结大联合为目标，着力凝聚智慧力量；以推进制度落实为抓手，提高工作成效。

在报告的第三部分，汪洋主席特别就专门协商机构的制度优势进行了阐述，提出要运用人民政协同心同向的政治优势、凝心聚力的团结优势、平等协商的民主优势、人才荟萃的智力优势、协调关系的功能优势、联系广泛的界别优势，不断完善专门协商机构的工作制度，着力提升专门协商机构的履职能力。汪洋主席号召广大政协委员要按照"懂政协、会协商、善议政、守纪律、讲规矩、重品行"的要求，知责于心、担责于身、履责于行，更好地把报国之志、为民之心和履职之能结合起来，在新征程中展现政协委员的新担当。

全国政协副主席辜胜阻代表政协第十三届全国委员会常务委员会向大会报告全国政协十三届三次会议以来的提案工作情况。一年来，常委会坚持把提案作为履行职能的重要方式，政协委员、政协各参加单位提出提案 5974 件，立案 5044 件。各提案承办单位克服疫情影响，层层压实责任，办复率为 99.64%。他在报告中就提案办理的成效问题进行了说明。过去，我们总认为只有受理了提案，解决了问题才是成效。现在看来，通过提案推动工作、促进问题解决是成效，在提案办理中深化认识、增进共识是成效，所提建议启发思路、为下一步解决问题创造条件也是成效。

据我所知，这两个报告的起草过程也是一个发扬民主、集思广益的过程。汪洋主席亲自主持召开两场征求意见座谈会，大会秘书处组织在京常委集中阅读文件并讨论发言，同时委托地方政协征求并汇总京外常委意见，这是前所未有的。

下午 4 点 10 分左右会议结束，乘车返回驻地，看到团结出版社送来的新书《使命与担当：全国政协常委朱永新 2019 年履职实录》。为了赶上今年的"两会"，社长梁光玉和责任编辑李可做了大量工作，书终于在"两会"开幕当天印出来了。刚刚从印刷厂拿来的新书，还飘着浓浓的墨香。

这本书 50 余万字，通过"两会"手记、个人提案、调研手记、参政之声、媒体关注、议政网事几部分，讲述了我作为全国政协委员

2019 年履职的故事。每年撰写履职报告，记录自己参政议政的历程，是我从 2003 年担任全国政协委员开始就一直坚持的。去年已经在团结出版社出版了《春天的约会：全国政协常委朱永新"两会"手记》，这是国内外第一部专门记录"两会"的全国政协委员日记。2021 年的履职手记《书香政协满庭芳》也已经完成，交付出版社。我一直认为，只有做得精彩，活得精彩，才能写得精彩。记录、写作是为了更好、更自觉地履职。同时，作为个人的民间记录，也可以从另一个角度看到中国民主政治的发展状况。全国政协副主席刘新成在序言中说："朱永新教授的个人叙事能从一个微观视角反映当代中国的政治生活，展现中国共产党领导的多党合作和政治协商制度的运作，因而有着不平凡的意义。"

《使命与担当》这本书的封面上有这样几行字：这是一个人的叙事，是政协大家庭的叙事，也是这个伟大时代的叙事。

在新的第一年，无论是政协委员，还是专门协商机构，都要继续书写新故事，展示新风貌，创造新成绩。

晚餐后浏览报刊和媒体的报道。早晨发给《人民政协报》的手记在几个小时以后已经变成了铅字。今天的《中国日报》推出了我的"两会"专访视频。这是我首次用英文接受采访，朋友们看了说发音还不错。腾讯网发表《全国政协常委、民进中央副主席朱永新：中小学项目学习课程建设需加强》，中国青年网发表《朱永新：建议将生命教育纳入中小学课程体系》，北京日报客户端发表《全国政协委员朱永新：实施退伍军人教师培养计划》，腾讯新闻发表《朱永新委员：严禁将课后服务演变为集体教学或集体补课》，中国网等发表《朱永新 2021"两会"手记（三）：做行动着的思考者》等。在百度发布的提案，阅读量都超过了 300 万人次。

晚上 7 点 30 分跑步 40 分钟。华北宾馆院子不大，一边跑步一边听书。今天听的是《被忽视的孩子》，讲述的是如何克服童年的情感忽视问题。

回来后与来访的中央统战部一局的同志交流近期党派工作的情况，写"两会"手记。

晚上 10 点，完成《人民政协报》的专栏稿。

晚上读李东华的新著《小满》。这是一本关于爱与责任、善与温情的成长小说。小满，是一个普普通通的女孩的名字，也是故事的主人公。生活中的她在中考时超常发挥，以优异的成绩考进了重点高中，而她的好朋友邱冰轮却意外名落孙山。为了筹集学费，小满在暑假去肯德基打工，遇上了自己的同班同学，发现好朋友的男朋友已经弃她而去。自己的家庭也节外生枝，父亲失业，奶奶与妈妈爆发"家庭战争"而回到老家。小满一边为朋友担忧；一边又牵挂奶奶，回到老家照顾奶奶。没有想到，在这里意外遇见了富家子弟汪诗帆。围绕坟地的搬迁，揭开了奶奶和汪诗帆身世的谜底，奶奶青春时刻骨铭心的爱和汪诗帆母亲的"寄生"生活，让她见证了社会的世态炎凉，也终于勇敢地走出了内心的惆怅自卑，管住了自己心中的那条"小蛇"，接受了那个虽不完美的、却是世界上独一无二的自己。

我为李东华的《焰火》写过书评。应该说，这本《小满》带给我的感动丝毫不亚于《焰火》，因为它写出了当代少年的挣扎、困惑与蜕变、成长，写出了以小满为代表的少年一代，在"一团乱麻、混沌的生活中对美善、责任与温情的执着守护"。李东华在创作手记中写道：每一个孩子都不是生活在真空中，青春期所特有的纯粹、饱满、梦幻般的思绪，总是有着因为智力、家境、外貌等个体间与生俱来的不同所带来的或明或暗的底色，"由此所产生的诸如自卑、迷惘、傲慢、挫败……成为成长路上必然要趟过的泥泞，这就是女孩小满要面对的现实人生"。我想，这也是所有青少年要面对的人生。

睡前读书是多年养成的习惯，不读一点书难以安睡。但读到好书又容易兴奋，所以经常是文学作品与学术著作交替进行。

晚上 10 点 40 分，洗漱，休息。

载入史册的"答卷"

3月5日，北京雾霾，星期五

今天是二十四节气中的惊蛰。惊蛰，古称"启蛰"。此前，部分动物入冬藏伏土中，不饮不食，称为"蛰"；到了"惊蛰"，滚滚春雷惊醒蛰居的动物，故为"惊蛰"。从此天气转暖，我国大部分地区开始进入春耕时节。

早晨5点15分起床。写《新父母晨诵》专栏稿。每天早晨为父母写点文字，介绍杜威、苏霍姆林斯基、陶行知、叶圣陶等教育家的观点，已经坚持7年多了，积累了百余万字。这个专栏仅仅在新浪微博的阅读量就超过了1.2亿人次，讨论人次超过了4.3万。

早晨7点45分，乘车前往人民大会堂，列席十三届全国人大四次会议开幕会。

上午9点，全国人大开幕式在代表委员的国歌声中开启。全国人大常委会委员长栗战书主持开幕式。按照惯例，第一项议程是听取国务院总理李克强做《政府工作报告》。这是每年"两会"的重头戏。

对于政府工作报告并不陌生，已经先后在中央统战部、全国政协和中南海参加过三次征求意见的会议。报告的文本改动的地方很多，许多修改意见得到了采纳。报告的篇幅与以往差不多，但是李克强总理用的是简本，只用了一个小时就讲完了。

李克强总理在《政府工作报告》中说，过去一年是极不平凡的一年。面对突如其来的新冠肺炎疫情、世界经济深度衰退等多重严重冲击，在以习近平同志为核心的党中央的坚强领导下，全国各族人民顽强拼搏，取得了疫情防控的重大战略成果，国内生产总值增长 2.3%，实现了全球主要经济体中唯一的经济正增长。剩余的 551 万农村贫困人口全部脱贫、52 个贫困县全部摘帽，决胜全面建成小康社会取得决定性成就，交出了一份"人民满意、世界瞩目、可以载入史册的答卷"。

作为一名教育学者和民主党派成员，我还是比较关注李克强总理报告中关于教育的信息。其实，2020 年中国教育的"答卷"也是可以载入史册的。国家中小学网络云平台于 2020 年 2 月 17 日正式开通，上线了小学、初中、高中各学段主要学科春季学期课程学习资源 4649 课时，秋季学期课程学习资源 3803 课时，实现了小学、初中、高中所有年级和各主要学科全覆盖。云平台上还提供了各种优质专题教育资源，包含防疫教育、品德教育、生命与安全教育、心理健康教育、家庭教育、经典阅读、研学教育、影视教育、电子教材等，为亿万中小学生的在线学习提供了重要支撑。

在这场世界规模最大的"停课不停学"互联网教育实验中，我们新教育同仁也进行了很好的探索。新教育发起的"云伴读"课程累计观看近 50 万人次。新阅读研究所开设的国际儿童读物联盟中国分会（CBBY）"新阅读 喜说写"抗疫联合儿童说写公益课程，共有 26.7万名学员参加，提交作业 225.9 万份；新教育种子计划主办的"飓风的新教育教室 12 讲"教师培训，共有教师 60.2 万人次参加，提交感言共计 2000 多万字；暑期大型公益培训"新教育萤火虫之夏（2020）暨种子教师峰会"的参会教师达到 109.3 万人次。新教育培训中心组织的"新时代 新德育"全国新教育实验线上开放周，8 个专场的参与人次达 31.05 万；7 月、8 月基于新教育十大行动设计的通识培训与提高培训，近 10 万人次参与研训。江苏海门等新教育实验区在疫情期间的中考、高考成绩，都达到了历史较高水平。

在"十三五"发展成就中，李克强总理提到了"教育卫生文化等领域发展取得新成就，教育公平和质量较大提升"；在"十四五"时期的主要任务目标中，报告提出了"建设高质量教育体系，深化教育改革，实施教育提质扩容工程，劳动年龄人口平均受教育年限提高到 11.3 年"。

我们知道，劳动年龄人口是社会总人口中处于劳动年龄范围（一般在 18 岁到 60 岁，其中男女也有差异）内的人口。目前我国劳动年龄人口平均受教育年限达到 10.7 年，与经济合作发展组织（OECD）国家的平均水平有较大差距，但是新增劳动力接受过高等教育的比例已经超过一半，平均受教育年限达到 13.7 年，与发达国家基本持平。所以，"十四五"期间每年增加 0.1 个百分点，应该是可以实现的目标。前几年"两会"上，我提出要加大农民工的在职教育，通过奖励学分、购买公益机构、企业和高中、高校的培训服务等方法，就近就便提高农民工素养，其实也是提高劳动年龄人口平均受教育年限的重要路径。但是，要建设一个高质量的教育体系，则是一个复杂的系统工程。

关于 2021 年的教育工作，李克强总理在《政府工作报告》中提出的总目标，是要发展更加公平更高质量的教育，构建德智体美劳全面培养的教育体系。

公平和质量，是教育发展的两个关键词。从报告的总基调来看，是公平与质量并重的。但是相对来说，公平讲得更加具体，操作性强，质量讲得相对原则，比较宏观。在教育公平方面，报告中明确提出要在教育公平上迈出更大步伐，努力让广大学生健康快乐成长，让每个孩子都有人生出彩的机会。强调要推动义务教育优质均衡发展和城乡一体化，加快补齐农村办学条件短板，健全教师工资保障长效机制，改善乡村教师待遇。报告同时要求更好解决进城务工人员子女就学问题，高校招生要继续加大对中西部地区和农村地区倾斜力度等。这些都是就发展更加公平的教育而言的。

此外，报告对于补齐各级各类教育的短板，发展更高质量的教育也做了比较全面的部署。例如，要求进一步提高学前教育的入园率，完善普惠性学前教育保障机制，支持社会力量办园；鼓励高中阶段学校多样化发展；增强职业教育适应性，深化产学融合、校企合作，深入实施职业技能等级证书制度；办好特殊教育、继续教育，支持和规范民办教育发展；分类建设一流大学和一流学科，加快优化学科专业结构；加大国家通用语言文字的推广力度；深化教育评价改革，健全学校家庭社会协同育人机制。

特别高兴的是，"全民阅读"已经连续8年被写入《政府工作报告》。李克强总理在讲述文化建设时专门谈到，要推进城乡公共文化服务体系一体化建设，创新实施文化惠民工程，倡导全民阅读。前两年，李克强总理的《政府工作报告》文本中一开始没有"全民阅读"的表述，我们民进界别组和新闻出版界别组的委员都非常焦急，通过各种渠道反映呼吁，最后有惊无险，每次都写进了定稿的《政府工作报告》。

李克强总理报告结束之后，全国人大常委会副委员长王晨作《关于全国人大组织法修正草案的说明》《关于全国人大议事规则修正草案的说明》和《全国人民代表大会关于完善香港特别行政区选举制度的决定草案的说明》。王晨副委员长关于完善香港特别行政区选举制度的必要性和重要性、总体要求、重要原则、基本思路和推进方式以及主要内容的说明，引起了在场代表委员的强烈共鸣，大家报以热烈的掌声。

上午十点半，会议结束。这次"两会"，全体会议原则上控制在一个半小时，小组讨论原则上控制在两个半小时。实施中会议时间控制得很精确。

11点20分左右回到驻地，浏览今天的报刊。《人民政协报》发表了我的"两会"手记《"新风貌"与"新成绩"》，《新京报》发表了《在政协提案办理中增进共识也是成效》，《中国青年报》发表了《每个提案都是对美好生活的向往》，《中国教育报》则发表了《全国政协常委朱永新、全国人大代表张志勇接受中国教育报社融媒体访谈：家庭教育是影响国家未来的大事》。未来网发表的《朱永新委员谈教育培训广告满天飞：如此"烧钱"营销不可取》则引起了大家的强烈共鸣，许多网友深表赞同。

下午3点，主持民进界别小组会议，讨论政协常委会工作报告和提案工作情况报告。石爱中、左定超、潘碧灵、张显友、史贻云、朱晓进、李玛琳、董玉海、严可仕、杨静华、雷鸣强、郑福田、汤建人、罗永章、张妹芝、张金英、陈贵云、胡卫等18位委员先后发言。

大家认为，政协常委会工作报告展现了人民政协协商民主的鲜明特色和大团结大联合的强劲正能量，为中国新型政党制度赋予了全新内涵和使命，唱响了中国民主政治制度的好声音。人民政协在非常之年担起了非常之责，特殊年份交出了特殊的答卷。全国政协的各项工作和基层同志、基层政协都靠得很近，各级政协委员在"抗疫"斗争和脱贫攻坚中都做出了突出的贡献。政协开展的读书活动，为夯实政协委员思想政治基础，起到了积极作用，提升了委员的能力素质。大家真切感受到，为"十四五"开好局、起好步，人民政协正在集众智、汇众力。

全国政协副主席刘新成也作为普通委员谈了自己对于两份报告的体会和对政协工作的建议。他在发言中指出，本届政协一直围绕专门协商机构这样一个新的综合性定位，本着使政协制度更加完善、更加成熟、更加定型的原则，不断加强自身建设，在继承、学习、探索和履职四个方面全面推进，取得了很好的效果。在疫情期间推出的读书活动，2000多名政协委员参加，促进了委员履职和政协自身建设，推动协商文化进入社会。当今世界，竞争是长期性的，我们的立足点是包容性的竞争，尊重各国自己的选择，构建人类命运共同体。他在发言中建议我们在加强完善民主制度的同时，要加强对政协制度和政协运行机制的对外宣传，要让世界了解我们的民主制度是怎么运行的，这是一项很艰巨的任务。

在发言中，委员们也提出了改进政协工作的建议。如希望中共中央制定出台关于加强和改进市县政协工作的意见；希望能快速便捷地看到读书活动的精华读后感；政协的读书活动要防止形式主义走过场，要与改善政协的学风、文风和作风结合起来等。

两个多小时的讨论，中间没有休息大家发言争先恐后。会后，中央电视台记者对我说，这是她看到的发言最踊跃、讨论最认真的一场小组会。

晚上7点，在驻地的"两会"直播间接受《人民日报》记者和新华社记者的采访，就教师亲自批改作业、"教育内卷"、家庭教育、线上教育等问题谈了自己的意见。新华社的采访很有意思，通过虚拟空间的对话，实现了在同一个场地采访的效果。接受《中国青年报》记者叶雨亭的电话采访，就《政府工作报告》中劳动人口受教育年限的问题谈自己的观点。

晚上 8 点，继续写"两会"手记。

晚上 9 点，对正在推进中的家庭教育研究项目，进行了简短讨论。

晚上 9 点 15 分，跑步 30 分钟。

晚上 10 点洗漱之后，突然想起今天手记中缺了一段，继续补充完善。

晚上 10 点 40 分，读黄灯的著作《我的二本学生》。这是去年在很多非虚构图书榜榜上有名的图书，是一位二本院校的老师的教育手记。这本书为我们记录了这个时代的一个群体的成长历程与生存状态。正如作者所说，二本学生是中国最普通的一群年轻人，他们是和脚下的大地黏附得最紧的生命，是最能倾听到祖国大地呼吸的年轻群体之一，"他们的信念、理想、精神状态，他们的生存、命运、前景，社会给他们提供的机遇和条件，以及他们实现人生愿望的可能性，是中国最基本的底色，也是决定中国命运的关键"。

晚上 11 点休息。

讲史论今，共商国是

3月6日，北京晴，星期六

早晨5点45分起床。

读张帆先生的《书斋时光》。前段时间，张帆寄来他的《理趣之光》散文系列，有《哲思与想象》《闲常之趣》《记忆之渊》等六卷。张帆是全国政协常委，也是著名的文学评论家。我一直喜欢读他的散文，既有文化底蕴，又有他特有的幽默、调侃与智慧。

前些天读完了《记忆之渊》，这次带到会上的是《书斋时光》。有些文章以前读过，再读起来仍然很亲切。第一辑讲读书人的生活，包括《素描：学院里的知识分子》《校园人物》《中学记事》《纯粹的知识分子》《书生气与英雄气》《安详与犀利——小记韩少功》等。其中讲到书籍正在淹没这个世界（而不是书籍淹没在这个世界）时，说到一个让人喷饭的故事：一个教授把百元大钞夹在图书馆刚刚上架的一部自己的新著里，这是他半生的心血之作。两年后他重新在图书馆里找到这本书，书中的百元大钞依然如故——没有人读过这本书。不知道这是真实的故事还是张帆自己杜撰的情节。不过，它道出了一个发人深省的事实：书是有生命的，而书的生命是由读者唤醒的。第二辑是他的读书笔记，第三辑是文化杂记与讲演，第四辑是他为自己的书和别人的书撰写的自序、序言、前言和后记。虽然这本书还不能够让我拼出张帆书斋时光的全图，但是能够想象，他在书斋的时光是充实的、宁静的。当然，应该也会有思想者经常有的痛苦与探究。

上午9点，在驻地参加共商国是活动。今天这场活动由民进界别组与九三学社界别组联组进行，全国政协主席汪洋、民进中央主席蔡达峰、九三学社中央主席武维华、全国政协副主席张庆黎、刘新成、邵鸿等领导参加联组讨论。

天津市教委副主任孙惠玲委员首先就振兴县域高中问题发言。她代表民进中央提出三点建议：一是强化省级政府和中心城市（地级市）对"县中"教育的统筹管理权；二是明确普通高中教育公共服务边界原则，规范普通高中招生秩序；三是实施"'县中'教育振兴五年行动计划"和部属高校招生"县中专项计划"等。

九三学社中央副主席、中国科学院院士刘忠范委员就积极完善人才引进政策，扎实推进人才强国战略问题发言。针对目前人才引进过程中知识产权不清晰、诚信意识薄弱、过分高调宣传等问题，他提出要打造更加开放包容的人才政策，积极参与国际人才竞争；减少人才引进的行政干预，发挥单位的主动作用；把握历史机遇，及时引进海外优秀人才等建议。

我结合民进中央脱贫攻坚民主监督的实践，作了题为《全面总结脱贫攻坚民主监督成效，讲好新时代多党合作故事》的发言。我在发言中提出，经过全党全国各族人民共同努力，我国脱贫攻坚战取得了全面胜利。作为中国特色社会主义参政党，我们参与和见证了这场"没有硝烟的战争"。各民主党派助力对口监督的 8 个省区打赢脱贫攻坚战，涉及 5444 万贫困人口，占全国总贫困人数近 55%。我们努力促进中共中央决策部署落实不走样，推动目标、任务、资源、职责统筹协调，帮助基层改进工作、解决问题，为巩固拓展脱贫成果同与乡村振兴有效衔接出主意想办法，为落实精准扶贫方略建言咨政，推动了脱贫攻坚进程。各民主党派坚持政治监督、协商式监督的定位，发挥专业性强、立场中立、建言渠道直通等独特优势，发挥监督、建言、帮扶、推动问题解决等综合效应，助力构建真脱贫、脱真贫、不返贫的长效机制，既监督基层又问需问计于基层，分批分层推动问题解决，帮忙不添乱，有温度也有力量，受到广泛认可。同时，通过脱贫攻坚民主监督，推动了民主监督从"破题"到"深耕"，促进了参政党自身建设，彰显了我国新型政党制度集中力量办大事、凝聚共识谋大事、互相监督成大事的优势。

　　我在发言中谈到脱贫攻坚民主监督给我们带来的三点启示：新时代多党合作事业有好故事，也要讲好故事；民主监督大有可为，也要大有作为；民主监督要合力攻坚，也要发挥界别优势。我代表民进中央表示，要进一步总结脱贫攻坚民主监督的经验，聚焦"十四五"规划实施重点问题持续开展监督，把资政建言和凝聚共识贯穿于协商式监督的全过程，努力探索协商式监督的特色，为全面建设社会主义现代化国家贡献智慧和力量。

　　全国政协主席汪洋在我发言结束以后饶有兴致地提问：民进有多少人参与到脱贫攻坚民主监督工作中来？他指出，讲好脱贫攻坚的故事很重要，中国的脱贫攻坚之所以得到国际上的普遍认同，就是因为我们的标准比国际更高，整个过程开放透明。接下来，全国政协对"十四五"计划的执行进行协商式民主监督，也要借鉴民主党派脱贫攻坚民主监督的好经验。

　　山西省文化与旅游厅厅长王爱琴委员就《弘扬黄河文化，共创新时代黄河大合唱》发言，就黄河流域的协同保护与开发中存在的问题进行了分析。提出要深入挖掘黄河文化的内涵，构建黄河文化谱系；完善黄河文化系统保护工程，创新区域合作机制；弘扬新时代黄河文化，用文化共识凝聚力量等建议。

　　王爱琴委员有点地方口音，汪洋主席以此为话题，谈到了普通话与方言的关系，以及地方文化的传承与保护、文化自信等问题。他问到：现在年轻人是不是口音越来越少了？随着年轻人讲普通话越来越多，方言口音越来越少将会成为趋势。文化是用进废退，少数民族的语言与文化也是如此。所以，如何抢救、保存与发展包括方言在内的传统文化，也是需要研究的课题。汪洋主席最后还问起山西省旅游的情况，王爱琴委员高兴地告诉汪主席，恢复得不错，春节前后游客达1900万人次。

　　民进上海市委会副主委胡卫委员就《书香政协要在"香"字上做文章》进行了发言。他结合自己参与"疫情防控读书群"的体会，讲述了读书活动以来，政协"多了清气聚人气，少了官气接地气"，"有话能在政协说，有话敢在政协说，有话会在政协说"的感受。胡委员还对建设"书香政协"提出了三条建议：一要体现踏实的学风，委员在立足专业的同时，要放眼国家发展大局，学政治理论、时事形势，在历史与现实中读出自信，提高政治站位，保持清醒立场。二要体现朴实的文风，读书活动同专业结合、向履职聚焦；人云亦云不云，老生常谈不谈，做到言之有物，言之有据，言之有理；态度诚恳，意见明确，道理清楚，办法管用。三要体现严谨的作风，把读书和调研结合起来，深入实际掌握第一手材料，用案例、数字说话，形成有血有肉的履职成果。"书香政协，重在久久为功；内化于心，贵在外化于行。以书为媒，与良师益友同行，幸事、乐事、快意事！"

胡卫的发言话音刚落，汪洋主席马上回应：你这个发言，我们闻到"香"味了！针对胡卫提出的建议，汪洋主席也表示深有同感，政协读书群内容丰富，令人目不暇接，经常不得不"忍痛割爱"。他建议能否运用大数据"算法"推荐，帮助委员们寻找到自己需要阅读的材料。

九三学社青海省委员会主委杜得志就《进一步推动青藏高原适生优良牧草种业发展》作了发言。他从青藏高原生态安全的角度，就加强选育适应青藏高原的耐寒、耐旱、退化慢草种的研究，完善相关与牧草种业相关政策等提出建议。

汪主席也提出了几个重要的问题：目前草原发展的趋势究竟是趋好、保持还是向差？青海的草业归哪个部门管？目前鼠害的情况如何？汪主席提出，过去我们对草原重视不够，国家主要精力是搞粮食。现在已经把山水林田湖草作为一个生态系统考虑。

西京学院院长任芳委员就"支持民办学校教师队伍建设，促进民办学校高质量发展"问题发言。针对民办学校教师与公办学校教师的法律地位实际不平等，待遇差距悬殊、社会保障力度不够，教师培养、培训与人才引进等方面政策支持不够，高水平教师队伍建设乏力等诸多问题，她建议中央政府尽快制定民办事业单位保障政策，对非营利性民办学校教师的事业身份给予明确认定，切实落实民办学校教师法律地位，让民办学校教师真正有尊严、有地位、有归属。她希望尽快落实中共中央、国务院《关于全面深化新时代教师队伍建设改革的意见》要求，完善政府与学校、个人三者合理分担的社会保障机制，明确非营利民办学校教师最低待遇保障、年金制度，设立专户，专款专用到教师，以确保非营利性民办学校教师薪酬标准、养老、医疗保障与公办学校教师持平。同时，提出尽快出台公共财政扶持政策与配套措施，采取切实措施支持非营利民办学校加强高水平师资队伍建设，明确在非营利性民办学校工作的高层次人才，其住房、落户、子女就学、特殊津贴等享受与公办学校同等待遇，尊重民办学校办学体制机制灵活特征，建立合理的民办学校师资条件评估评审标准和年检制度等具体建议。

汪洋主席对任芳委员的发言也进行了积极的反馈。他详细了解了西京学院的办学情况，提出应该创造公平的教育发展环境。

重庆市生态环境局副局长余国东委员在《咬定青山不放松，深入打好污染防治攻坚战》发言中建议，要紧扣降碳的"牛鼻子"，为全面建设小康社会和美丽中国打下绿色的底色。

曾经担任过重庆市委书记的汪洋主席介绍说，他在重庆工作时曾经一个月没有见过太阳，他问道：现在重庆的大雾天是不是好多了？当余国东委员回答现在一年有 200 多天阳光灿烂的日子时，汪洋主席笑着说：好日子都让你们赶上了！

在 8 位委员发言中间和发言之后，汪洋主席不时提问、插话，交流互动。他感慨地说，与委员们交流，本身就是一个调查研究的过程、接地气的过程，"两会真的是能够让人接上地气"。接着，汪洋主席重点就以庆祝中国共产党成立 100 周年为契机，全面系统学习中共党史的问题作了讲话。他回顾了民进、九三学社领导人在不同历史时期与中国共产党肝胆相照、同舟共济的许多往事，希望大家学史明理、学史增信、学史崇德、学史力行，自觉接受中国共产党的领导，始终树立中国特色社会主义的自信，忠实履行参政党的职责。汪洋主席指出，历史是最好的老师，中共党史是最好的教科书。回顾历史，不是为了从历史中寻找慰藉，而是为了更好地书写历史。

上午十点半左右，会议结束。回到房间，抓紧整理会议的内容。

中午稍事休息，继续整理上午共商国是的记录。

下午 3 点，在驻地参加民进界别组会议，讨论《政府工作报告》和计划报告、预算报告，国民经济和社会发展第十四个五年规划和2035 年远景目标纲要草案。下午的讨论由民进中央姚爱兴副主席主持，发言一如既往地踊跃热烈。

安徽省政协副主席李和平委员打响"第一炮"。他认为《政府工作报告》站位高、抓得准、目标明、情怀深、举措实，建议要想方设法让教育评价制度改革落地，切实把教育特别是基础教育转向德智体美劳全面发展，深入推进素质教育，为职业教育、高等教育打下基础，为创新人才培养打好底色。作为长期分管教育工作的老厅长，他心里一直牵挂着教育的事情。

海南省政协副主席史贻云委员认为，过去的一年是极不平凡的一年，有五个标志性成就：一是疫情防控取得重大战略成果，二是在全球主要经济体中唯一实现经济正增长，三是脱贫攻坚战取得全面胜利，四是决胜全面建成小康社会取得决定性成就，五是"十三五"规划圆满收官。同时提出了两条建议，一是更加注重和加快养老事业及产业的发展；二是推进全国各医疗机构医疗信息共享，做好顶层设计，统一医疗数据标准，加强数据安全管理和隐私保护，制定医疗数据安全条例。

贵州省政协副主席左定超委员认为，《政府工作报告》实事求是，既有战略的考量，又有战术的谋划。他建议将幼儿阶段的教育纳入义务教育，减轻家庭育儿的成本；大力实施科技西进计划，为东西部协调发展奠定创新链基础，把西部的资源优势转化为科技创新的优势。

浙江省政协副主席蔡秀军委员建议"十四五"规划和 2035 年远景目标纲要对一些长远目标进行顶层设计。如在智慧医疗方面，大数据不大，缺少互联互通，且数据不规范，可能会成为被"卡脖子"的地方。他还专门介绍了自己的发明专利"平急结合"医疗用房，建议有关部门加以推广。

广东省生态环境厅厅长鲁修禄委员就"十四五"规划确定的污染防治目标值进行了分析。他认为，为了实现碳达峰，肯定要进行能源结构和产业结构的调整，压减化石能源，增加非化石能源使用。民进中央连续三年在广东举办粤港澳大湾区生态环境高端论坛，去年的论坛围绕臭氧和碳达峰进行研讨，回应了习近平总书记提出的"臭氧三问"，探讨了碳达峰的路径和策略，取得了很好的成效，会继续把相关论坛办好。

杭州市政协副主席谢双成委员在发言中提出，明年我国有两场体育盛事——北京冬奥会和杭州亚运会，要以举国之力，实现"办赛精彩，参赛也要出彩"。同时，以此为契机，加快体育强国、健康中国的建设，要大力发展群众体育，通过全民健身实现全民健康；要在构建新发展格局下，加快发展体育产业，提升体育产品供给能力，引导促进体育消费，形成需求牵引供给，供给创造需求的良性循环。

上海市政协副主席黄震委员认为，《政府工作报告》中首次对"碳达峰、碳中和"做出重要部署，对我国经济社会发展具有重要意义。我国的"碳达峰、碳中和"承诺不仅是对建设全球生态文明的责任担当，也是推动经济与产业结构转型、经济增长方式转型的自身发展需要。他建议要高度重视低碳人才的培养，增设有关碳管理、碳金融的本科和研究生培养；积极推进相关学科专业建设，为我国低碳转型发展和碳中和国家自主贡献目标的实现提供人才保障和专业支撑。

新疆师范大学副校长牛汝极委员在发言中强调，国家统编教材在凝聚全国人心、筑牢中华民族共同体意识、提升群众科学文化水平方面起到了不可磨灭的作用。民进有重视《语文》等国家统编教材的优良传统，始终与中国共产党密切合作，通过教育来维护国家统一和意识形态安全，服务于伟大祖国复兴的中国梦。希望进一步重视发挥好国家统编教材的作用，维护国家统一和民族团结。

湖南省生态环境厅副厅长潘碧灵委员在发言中提出建议：碳达峰需要加强顶层设计，从国家层面加强碳达峰和能源区域布局的统筹，优化完善电网布局，加大西北地区与中部地区特高压能源通道建设。

黑龙江省中医科学研究院副院长王伟明委员对高中生的生涯规划问题提出了建议。她认为，现在高中教育期间缺少对学生的生涯规划教育，缺少在选报专业和就业方面的引导和指导，高考志愿填报不应该是临门一脚或临时抱佛脚。有些高中生上大学选择了不喜欢的专业，出现了浪费时间、浪费教育资源的现象。她建议在高中阶段建立高校信息数据库，设立专业咨询办公室，兼顾学生志趣和科学规划，铺设一条良好的衔接高中、高校和社会的新路径，让学生的所爱、所学、所为有机融合。

扬州市政协副主席董玉海就"全民安全"问题提出建议。他介绍说，去年围绕这个话题做了一些调研，发现我们国家在安全生产方面取得了非常好的成绩，但压力依然非常大。一个主要原因，就是安全生产的社会基础比较脆弱。安全生产必须以全民安全为基础，建议倡导全民安全行动，不仅要抓安全生产，也要抓安全生活。我们有全民阅读、全民健身，更应该有全民安全，在全社会开展全民安全行动意义重大。

福建省文联主席张帆委员认为，《政府工作报告》中对乡村振兴问题的表述主要围绕乡村经济建设和社会治理，对文化问题相对重视不够。他提出，乡村振兴离不开乡村文化的振兴，要关注乡村文化建设在乡村振兴中的作用。

四川省政协副主席张雨东委员提出了三条建议：一是要更大力度激发市场主体活力，建立统一的国内大市场，支撑国内大循环战略；二是要完善项目评审和人才评价机制，要提出具体措施；三是要全面实施乡村振兴战略，要突破增产不增收的瓶颈。

江苏省政协副主席朱晓进委员接过张帆和张雨东委员的话题，继续讲乡村振兴的问题。他指出，农业振兴首先要人才振兴，乡村的现代化实际上是乡村建设、乡村治理和农民的现代化，没有农民的现代化，就没有农业农村的现代化。乡村振兴的根本问题，关键是组织农民、教育农民。扶贫先扶智，扶贫必扶志，这是脱贫攻坚中的一条重要经验，也应该是全面推进乡村振兴中首要做的事。现在比任何时候都需要建构和完善乡村教育体系，包括乡村的职业教育、基础教育、对农民思想道德和现代文明的教育。只有构建这样一个体系，才能真正提升农村人口的整体素质、现代化的素质，助推实现乡村现代化。

轮到民进新疆维吾尔自治区主委包安明委员发言的时候，离散会的时间只剩下不到 10 分钟了。主持人说："务必留点时间给我啊！"包委员于是加快语速说到，《政府工作报告》和"十四五"规划都提到开展大规模的国土绿化，建议对缺水地区的国土绿化要"以水定绿"，科学实施。另外，碳达峰顶层设计中要兼顾煤电 2030 年前在国家电力保障的重要作用，根据国家的电网分布和用电情况，新清洁能源和能源基地建设相匹配，保证国家的能源安全。

作为主持人，姚爱兴委员最后才留了几分钟给自己。他提出了四条对"十四五"规划的建议：一是巩固脱贫攻坚成果与乡村振兴有效衔接，在金融财政保险配套政策方面要加大政策的支持力度；二是建设教育强国最大的短板还是在农村，纲要草案相关内容还不能适应教育高质量发展要求，要进一步强化措施；三是绿色发展中，"碳达峰、碳中和"是个大考验，基于我国能源和产业结构特点，需要加强研究；四是国家应该组建专门的班子研究出生率下降的对策，切实减轻年轻人在生育养育教育方面的负担。

全国政协副主席、民进中央常务副主席刘新成一直认真倾听大家的发言，也以普通委员的身份与大家进行了交流。他在讲话中指出，"十四五"规划中提出了建立高质量教育体系的新目标，民进作为以教育为主界别的民主党派，在下一个五年和完成第二个百年奋斗目标过程中，在教育方面要做一些深入思考。他建议关注四个方面问题：一是学业负担重的问题。不同的学生反映不同，学业负担重的呼声究竟从哪里来，需要深入研究。二是教育均衡的问题。需要把优秀教师派到贫困地区，把更多的优秀教师投入放到贫困地区。三是改善教师队伍结构的问题。应该作为国家战略深入研究，吸引更多优秀毕业生进入教师队伍。四是文化"走出去"的问题。他认为，这次抗疫是我们文化"走出去"非常好的时机。如一开始西方普遍嘲笑我们，认为我们强制戴口罩是不讲自由。其实，中国的自由观与西方个人主义的自由不同，是"己所不欲勿施于人"的自由。一个重视的是纯粹个体，一个是强调关系的角度。

下午的发言非常踊跃，发言预约一个接着一个，很多人还没有发言的机会。我自然也不好意思抢话筒。

无论是上午的联组讨论还是下午的界别讨论，汪洋主席和刘新成副主席都体现出了共商国是的特点。他们与大家平等交流，拉家常、讲故事，谈笑风生，讲史论今，给我们启发良多，委员们意犹未尽。

下午5点20分，全国政协文化文史委员会的马健同志专门送来读书积极分子的证书和奖品。今年1月，政协评选了108名读书活动的积极分子，我忝列其中。奖品是商务印书馆的五大卷全本全注全译《说文解字》和吉林出版集团的线装本《古文观止》。

下午 5 点 30 分，匆匆忙忙下楼吃晚饭。

下午 5 点 50 分出发去全国政协。一路上抓紧浏览今天的《人民日报》《人民政协报》等报纸，在手机上浏览相关新闻。今天的中新社图文版和视频版同步发布了"两会声音"《民进中央副主席朱永新：聚焦"十四五"调研建言　增强参政党责任担当》。中国青年报客户端发表了记者李华锡的专访文章《家长"咆哮式"辅导孩子作业违法吗？代表委员热议：以家庭教育立法破解家长教育问题》。《人民政协报》的专栏文章也如期刊出。又有一些媒体关注前几天关于网游国家标准、中小学教师性别比例的讨论。

晚上 7 点，在政协机关小礼堂参加政协大会秘书处工作会议。全国政协副主席兼秘书长李斌主持审议《中国人民政治协商会议第十三届全国委员会第四次会议政治决议（草案）》。政治决议是大会的重要文件，每年秘书长会议都要专门讨论。

晚上 8 点后回到驻地，抓紧写《人民政协报》的"永新日记"专栏文章。

晚上八点半完成专栏文章，抓紧时间跑步 40 分钟。一边跑步，一边在手机上听了本组蔡秀军委员发到群里的习近平总书记今天下午在医药卫生界、教育界联组会时发表的重要讲话。习总书记强调，要把保障人民健康放在优先发展的战略位置，着力构建优质均衡的基本公共教育服务体系。总书记的讲话，不仅被委员们连夜学习，也鼓舞了许多一线的工作者，我看到不少教育同人的信息，都在自发地热烈商议。相信新的一年，强健身体的医药卫生界和强健心灵的教育界都会有新发展。

晚上九点半继续撰写手记。今天的内容较多，有 8200 多字，一直写到 11 点多。

晚上 11 点 40 分洗漱，休息。

建设高质量教育体系

3月7日，北京晴，星期日

早晨4点45分醒来。如果是以往，就直接起床工作了。因为昨天睡得晚，就继续睡了一会儿，竟然睡到六点半。抓紧修订"两会"手记。

早晨7点45分出发去人民大会堂。带了几本新的《使命与担当》送给朋友。一路上，牛汝极委员给我看快手和抖音上我"两会"观点的短视频。发现这种形式的传播，的确快捷方便、直抵人心，但也容易出现抓眼球的"标题党"。

经过几天灰蒙蒙的阴霾天气，今天终于阳光灿烂。蓝天白云，大家心情也格外舒畅。到了人民大会堂门口，许多委员都用手机拍下了美好的一刻。

上午9点，在人民大会堂参加全国政协十三届四次会议第二次全体会议。全国政协副主席刘新成主持会议。国务院副总理刘鹤、中宣部部长黄坤明专程参会，听取委员们的发言。

考虑到会议总时间控制在一个半小时，今年大会发言的人数只安排了12位，比以往少了两位。

民革中央副主席刘家强委员以《百年恰是风华正茂　携手奋进再谱新篇》为题首先发言。他提出，各民主党派始终不忘与中国共产党合作的初心，始终同中国共产党想在一起、站在一起、干在一起，今后也将继续做中国共产党的好参谋、好帮手、好同事，协助中国共产党把中国的事情办好。

中国社会科学院院长谢伏瞻委员就扎实推进全体人民共同富裕提出了四点建议：一是加强薄弱环节，更加注重向农村、基层、欠发达地区倾斜，向困难群众倾斜；二是突出工作重点，聚焦地区差距、城乡差距、收入差距等问题，把着力点放在统筹做好就业、收入分配、教育、社保、医疗、住房、养老、扶幼等关系民生、关乎社会公平正义的事情上，推动在幼有所育、学有所教、劳有所得、病有所医、老有所养、住有所居、弱有所扶上持续取得新进展；三是加大税收、社保、转移支付等调节力度和精准性，调节过高收入，取缔非法收入；四是坚持尽力而为、量力而行，既让改革发展成果更多更公平地惠及全体人民，又不能超越发展阶段和水平吊高"胃口"。

全国政协经济委员会副主任苗圩委员就《推动制造业高质量发展》发言。作为工信部的老部长，他对我国制造业的家底非常清楚。他在发言中坦言，在全球制造业四级梯队格局中，中国处于第三梯队，实现制造强国目标至少还需 30 年。近年来，我国制造业发展成就很大，但大而不强、全而不优的局面并未得到根本改变。基础能力依然薄弱，关键核心技术受制于人，"卡脖子""掉链子"风险明显增多，制造业占 GDP 的比重下降得过早、过快，不仅拖累当期经济增长，影响城镇就业，还将带来产业安全隐患，削弱我国经济抗风险能力和国际竞争力。因此，推动制造业高质量发展，是当前和今后一个时期我国经济发展中的重大战略任务。他在发言中特别建议，要用更大力度推动制造业高质量发展，特别是在制造业人才队伍的建设方面，要深入实施教育"强基计划"，培养科学、技术、工程、数学（STEM）领域人才。要贯通"技术工人—技能人才—高技能人才—大国工匠"的成长通道和发展路径，让从业人员有出路、有奔头。要高度重视做好人才引进工作，把握难得的机遇和时间窗口，吸引更多国际顶尖人才和华人科学家为我国科技创新服务。

审计署副审计长秦博勇委员就《加强规划引领和统筹协调　实现我国产业链自主安全可控》发言。提出落实好外商投资政策，充分发挥自由贸易试验区等制度优势，进一步优化营商环境，促进贸易和投资便利化，引导境外优质企业加大对我国产业链短板领域和关键环节投资力度，推进供给来源多元化，创造"你中有我、我中有你"的供应链形态，提高产业链开放性、安全性和可控性。

中国税务学会副会长张连起委员的发言题目是《以提质增效的财政政策助力构建新发展格局》。他指出，2021年应保持财税政策的连续性和稳定性，对经济恢复性增长给予"中医调理"，不搞急转弯，开方"定心丸"。一方面合理安排赤字、债务及支出政策，保持适度支出强度，增强国家重大战略任务财力保障，把握好政策时效；另一方面要在促进国家战略科技能力、推进科技创新、扩大内需、加快经济结构调整、调节收入分配上主动作为，以政府过"紧日子"换取市场主体过"稳日子"、老百姓过"好日子"。

军事科学院军事医学研究院生物工程研究所所长陈薇委员在发言中介绍了他们的几个"第一"，这些成就让委员们很骄傲也很振奋。她也提出了一系列相关建议，如大力弘扬科学家精神，努力营造有利于基础研究的良好创新生态；在项目攻关、平台建设和人才计划中，加大对长期坐"冷板凳"，从事科研和基础研究工作的科学家和科研人员队伍的政策支持力度；激发大家勇于探索，心无旁骛地专注于前沿基础科学研究，实现越来越多"从0到1"的原创突破等。

黑龙江省政协主席黄建盛委员就《加大重农抓粮力度 确保国家粮食安全》发言，建议加大对乱占耕地和耕地"非农化""非粮化"整治力度，坚决守住18亿亩红线。把黑土地保护上升为国家战略，由试点变为全面覆盖，切实保护耕地中的这个"大熊猫"。

中国石化集团有限公司总经理马永生委员在发言中建议加强新能源发展顶层设计，建立行业标准、监管和政策支持体系，避免"一哄而上"，防止"烂尾工程"；大力发展氢能，既要用好工业副产氢，更要加快推进可再生能源电解水制氢，不断提升"绿氢"比例；发挥我国地热资源优势，纳入国家发展规划，实现规模高效利用。

来自广西壮族自治区的韦震玲委员，用自己的家乡广西环江毛南族自治县一个小村寨的沧桑巨变，讲述了脱贫攻坚创造的奇迹。

《情满四合院》等著名影视剧的导演、北京电视艺术家协会副主席刘家成委员以《以优秀的文艺作品激扬社会正气》为题发言。他呼吁作家坚持现实主义创作，深入群众体会生活的冷暖，体悟生活的本质，和群众产生共情。把"江山就是人民、人民就是江山"的理念，转化为以文艺作品讴歌人民、服务人民的火热实践，创作出真正激荡人心的作品。

台盟中央副主席吴国华委员在发言中提出，家国情怀是深刻影响、有力维系民族和国家认同的纽带，也是团结两岸中华儿女共同实现祖国统一伟大目标的强大而持久的精神力量。应该以史育人，培育新时代两岸青年共同的家国情怀。

最后一位发言的是香港委员吴良好。他用香港由乱及治、香港居民从惊恐到安心的重大转折，强调了一个深刻道理，那就是要确保"一国两制"实践行稳致远，必须始终坚持"爱国者治港"。他的发言赢得了全场最多的掌声，达 7 次。

一个上午的发言，虽然时间不长，但是内容丰富。我印象最深的是 4 个字："共同富裕"。因为，这不仅仅是"十四五"到 2035 年的重要目标，也是社会主义的本质要求，是党和政府始终不渝的奋斗目标。脱贫攻坚、发展经济、科技创新、社会稳定，所有的一切，最终都是为了这四个字。共同富裕，不仅仅是物质生活的改善，也应该包括精神生活的富足。是的，从脱贫攻坚迈向共同富裕，我们还有很长的路要走，但只要脚踏实地、久久为功、积小胜为大胜，就一定能够实现全体人民共同富裕的宏伟目标。

十点半左右大会发言完毕。

10 点 45 分乘车返回驻地。浏览今天的报纸和网络。今天的《人民政协报》发表了《平等交流商国是》的"两会"手记。《新京报》的政协笔记专栏发表了《书香政协：多了清气聚人气，少了官气接地气》。《中国新闻》发表了"两会"访谈文章《聚焦"十四五"调研建言，增强参政党责任担当》。

《中国青年报》的记者李华锡发短信告诉我，《家长"咆哮式"辅导孩子作业违法吗？代表委员热议：以家庭教育立法破解家长教育问题》这篇稿件 7 次登上微博话题热搜榜、要闻榜、热议话题榜，总阅读量过亿，总讨论量过万，引发网友热议。《委员称不打不成才误导了中国家长》这篇稿件也排上了热搜榜。

下午 3 点参加界别协商会议。民进中央副主席张雨东主持会议，围绕建设高质量教育体系问题资政建言。以往的界别协商会议，一般会有部委的同志参加，并且就委员提出的意见与建议进行反馈。今年，由于疫情防控的需要，部委的领导不参加了，但仍然会对委员提出的问题进行各种方式的交流。虽然我们是内部讨论，但讲到教育问题，作为"教育党"的民进界别委员，自然是想说的话很多。一开始就抢起了话筒，预约的人排了一大串。

来自内蒙古自治区的郑福田委员提出，家庭教育作为教育的支柱之一有缺失，希望政协关注家庭教育问题，多做调查研究。另外，他认为欠发达地区，特别是边疆少数民族地区，在公共文化产品和服务的供给方面存在短板。农村公共文化设施利用率低，农村文化产品供给不够精准，公共文化服务和设施供给不平衡不充分，希望加大支持力度。

太原市副市长焦斌龙委员提出，当下的教育已经成为一个重大的社会问题，但解决教育问题，不能单纯在教育的范围内思考。如山西积极推进小学向乡镇集中，初中和高中向县城集中，通过建立寄宿制学校，来解决农村留守儿童教育问题，取得了良好效果。

陕西的任芳委员提出，历史在发展，中国在发展，科技在发展，教育也应该跟上发展。建议认真研究2035年我们培养的人应该具备什么样的素质。围绕这个素质，去研究幼、小学、中学、大学教育之间的连贯性、多元化，为国家发展培养人才。同时，她就加强技能教育提出建议，认为技能提升才是全社会整个制造业提升的基础，建议制订适应数字中国的技能教育提升计划，鼓励形成在职人员终身学习氛围。

上海的胡卫委员是教育学的科班出身，说起教育问题侃侃而谈。他提出，教育必须与党和国家各项事业发展相匹配，和国际地位相匹配。针对教育发展各地区不平衡、师资力量差异大的问题，国家财政要向欠发达地区倾斜。要打破公办、民办教育资源壁垒，扶持薄弱困难学校。公办学校的资源配置要讲究效率和合理化，要更强调公平。针对德智体美劳五育并举，他指出各个学科要融合德育教育，培养既懂教育又掌握技能的美育教师。对于校外培训机构，要规范培训机构的发展，引导培训机构转型。

担任了多年安徽省教育厅厅长的李和平委员更是有一肚子的话

要说。他认为，发展不平衡、不充分是当前教育客观存在的问题。建设高质量教育体系，必须纠正教育价值偏离的导向。首先是要解决育人理念的问题。"学而优则仕、学而优则商"成了普遍共识，整个方向就偏了。其次是育人方式的问题。教育本来就应该是家庭、学校、社会"三位一体"的，现在还主要依赖学校，家庭和社会有时是越位、有时是缺位、有时是错位。所以，他建议改变理念，落实"立德树人""五育并举"的根本要求；通过立法的方式改变教育评价体系；建立制度机制，解决教师工资问题，提高教师地位。他介绍说，自己在担任厅长期间做的一件最得意的事情，就是彻底解决了教师工资待遇不低于公务员的问题。

留日归来的学者张涛委员用日本的案例附议李和平委员的建议。他介绍说，日本的教师工资，是由中央财政统一支付的，所以全国城乡都一样，流动也是常态。他同时提出了三条建议：一是完善城市优质教育资源支持乡村教育资源比较薄弱学校的机制，促进教育公平；二是发挥乡村学校具有乡土文化的优势，培养有家乡情怀的人才；三是充分借助成功人士对学生的影响力，发挥社会各方面资源的教育作用去支持教育，帮助学生德智体美劳全面发展。

来自天津的孙惠玲委员有着 37 年的教育经历，担任过中学教师、分管教育的副区长和教委副主任，对教育也是一往情深。她表示完全赞同《政府工作报告》指出的"发展更加公平更有质量的教育"。同时指出，对我国的教育一定要有信心，不能动摇这个信心。要坚持党的教育方针和坚守教育规律，引导社会对教育的正确认知。培训机构是学校教育的补充，但绝不能替代学校教育，对培训机构要疏堵结合，多部门联合加强监管，引导校外培训机构的健康发展。

青岛市副市长栾新委员对《政府工作报告》再次提出"倡导全民阅读"非常赞赏，她认为，一个不热爱读书的民族是没有希望的民族。用全民阅读提升国民素质，具有重要的意义。她同时建议要理顺老师和家长的职能，解决老师和家长在教育职能上本末倒置的问题；要解决老师不爱孩子、不会爱孩子的问题。

辽宁省政协副主席姜军委员认为，"择校热"造成薄弱学校的资源闲置浪费现象比较严重，高价学区房增加了家庭负担，也导致了社会不公平。建议教育资源应该向农村县城和薄弱校倾斜；适当调整高考制度，一流大学，尤其是学生喜欢的一流大学应该宽进严出。普通本科大学也可以学北大、清华的课程，只要达到学分和毕业标准，就可以发北大、清华的毕业证和学位证。

还有部分委员由于昨天没有机会发表自己对《政府工作报告》的意见和建议，今天结合界别的专题讨论作了补充发言。来自清华大学的罗永章委员基于自己对于生命科学的研究，认为《政府工作报告》中提出"人均预期寿命再提高 1 岁"的目标比较保守，因为未来 5 年到 10 年一些重大流行性疾病很有可能被解决，建议国家把医疗科技"从 0 到 1"的颠覆性技术和理论上升为国家战略，国民要重新规划自己的人生。他还建议在各省市县领导班子中，加大医学、药学等专业干部或者有相关工作经历干部的使用配备。

最高人民法院副院长陶凯元委员赞成《政府工作报告》对 2020年工作的总结和 2021年重点工作的部署，认为"十四五"规划比"十三五"布局更加科学、内容更加凝练、重点更加突出、指标更加科学合理。同时建议对"每万人高价值发明专利拥有量"和"数字经济核心产业增加值占 GDP 比重"的可测算性进行评估，建议在增加知识产权创造的内容，在"统筹推进国内法治与涉外法治"中，将有关司法的内容凝练为"建立公正高效权威的司法制度。"

辽宁的贺旻委员认为，《政府工作报告》把握时与势，直面艰与险，统筹稳与进，全面客观、实事求是，对今年工作部署清晰明确，切实可行。建议在"十四五"规划中，针对当前我国"老龄化""少子化"的人口形势现实，加大人口战略发展的规划布局，研究制定相应的法律法规和相关政策。

国家知识产权与商标局的何志敏委员提出，"十四五"规划纲要的主要指标中缺少营商环境的指标，希望在分规划中有一些定性和定量的描述，在专项规划中增加科技产出指标。技术对外依存度是体现科技自立自强的一个关键性指标。另外，建议更加重视基础研究和研究基础性问题，加强系统化攻关和技术研究，全面解决"卡脖子"问题，更大力度赋予科技人员科技成果所有权。

本来，我自己也专门准备了一个关于建设高质量教育体系的发言，也和组长进行了申请，但看到长长的预约名单，只好作罢。好在前不久在《人民教育》上发表了《关于建设高质量教育体系的几点思考》，从推进教育公平、加强立德树人、发展在线教育、注重教师队伍建设等方面提出了具体建议。

晚上 8 点，参加新阅读研究所的项目研究书目课题组会议。这次"两会"，我提交了一个关于加强项目学习的提案。项目学习是一种以学生为中心的教学方法，指的是学生通过积极参与现实世界和个人有意义的项目进行学习。这种学习形态与传统以知识传授为主的教育不同，它以学习者为中心、以真实性情境为前提、以挑战性任务为驱动、以持续性探究为路径、以展示性成果为导向，能引发学生的深度学习，发展学生的高阶思维、创造力，团队合作和领导力，动手能力，计划以及执行项目的能力。除此以外，对项目的选择也让中小学生更早和更深入地面对和解决现实生活中的问题。项目学习已经成为目前世界上主流的学习方式，但是国内相关的研究还比较薄弱。我们研制的项目学习阅读书目，对于推动项目学习具有非常重要的意义。

非常高兴的是，今天参加会议的研制团队，又增加了几位来自中国科学院大气物理研究所、兰州大学、中国传媒大学的专家，研制思路也更加清晰了。

兰州大学赵序茅博士的专业领域是动物研究，平时也写一些科普文章。他在讨论中说，研制这样的书目太有意义了，从科学的角度来看，现在中小学语文教材中关于动物的描写，很多存在错误。

会议讨论很热烈，9 点 50 分会议结束。

晚上 10 点 10 分跑步半小时。

回来继续撰写、完成今天的手记。朋友发来消息："人民日报新媒体'两会'5G 云连线第一期，对话华坪女子高级中学校长张桂梅和全国政协常委兼副秘书长朱永新，分享'一个都不能少'的初心"的视频已有 1576.2 万人次阅读。视频介绍中称，"一位是为学生燃烧生命、点亮火把的实践者，一位是对教育深刻分析、激情畅想的思考者"。丽江华坪女子高级中学书记、校长张桂梅是我非常钦佩的教育工作者，她就像火把一样燃烧着自己，和她对话，也从她的生命传奇中汲取了教育的温暖和力量。

晚上 11 点洗漱。读刘海栖送我的新书《街上的马》。与他的《有鸽子的夏天》一样，这是一部引起我强烈共鸣的描写乡镇少年生活的小说。小说的人物不多，但个性鲜明，爱画画的"我"、爱讲故事的残障少年何健、爱"练块儿"的大亮子、爱惹麻烦的逮柱、依恋哥哥的二妮子，等等。他们没有现代孩子们的电子游戏、电动玩具，只有属于他们那个时代的游戏：讲故事、画墙报、玩钢铃车、装收音机、捉土鳖、练石锁、焊脸盆、照镜子……但是，他们有他们的欢乐，甚至不亚于现在孩子们的欢乐。读这本书的时候，经常唤起自己童年的记忆，不禁想起自己少年时代练武、学画、吹笛子的样子，想起自己和小伙伴们在小镇街道上像一群小马一样奔跑的情景。

晚上 11 点半休息。

以"书香政协"建设"书香社会"

3月8日，星期一，晴

　　早上5点20分起床，把昨天的手记最后定稿。早晨读英国学者富里迪的新著《阅读的力量：从苏格拉底到推特》。这部著作被认为是西方阅读文化领域的一部重要著作，书中一个重要观点就是，认为阅读的价值不仅仅在于对文本的解读和对信息的获取，更在于它是一种寻求真理和意义的活动。同样，读写能力也不仅仅是一种工具性技能，更是一种从阅读的内容中汲取意义，并由此去探索真理和实现自我完善的能力。富里迪说，一旦阅读不再被人们视为一种追求真理和意义的活动时，它便会沦为一种平庸的活动。

　　今天是三八妇女节。在微博和头条发《新父母晨诵》和《童书过眼录》。《新父母晨诵》发的是妇女节特别晨诵，节选了汉代乐府民歌，描写辛勤劳作的女性身着缃绮紫绮，"头上倭堕髻，耳中明月珠"，美丽无比的劳动场景把过往行人都看呆了："耕者忘其犁，锄者忘其锄"。借此祝福天下所有女子都能凭借自己的努力获得自信与尊严，并拥有灿烂美好的未来。

　　早晨7点10分，出发去全国政协。一路上见到正在升起的太阳，大自然的美唤起心中的温柔和感动。但看到公交站几乎清一色的补习广告，心里又很不是滋味。

　　上午9点，在政协参加第三次全体会议。全国政协副主席何维主持今天的大会发言。中共中央书记处书记、中央统战部部长尤权应邀参加会议，听取委员意见。考虑防控疫情需要，第二次大会发言没有放在人民大会堂，而改在政协常委会议厅举行。小部分委员在现场参加，其他委员则在驻地通过视频直播观看，有关部委的负责同志也通过视频参加会议听取意见。

上午仍然是 12 位委员发言。

第一位发言的是中华全国律师协会副会长吕红兵委员。他在发言中说，中国已正式步入"民法典元年"，民法典应走进千家万户。法律，是人民的共识。画出同心圆少不了法律思维，政协委员应做守法模范，委员中的法律工作者也应在宣传民法典上做先进，开启民法典委员大合唱。

针对我国土地资源保护与利用存在的一些突出问题，民盟中央副主席曹卫星委员建议，要优化国土空间格局，全力提升土地资源保护和利用水平。要加强国土空间规划和用途管控，构建国土空间开发新格局；创新土地与资源共建管理方式，促进土地节约高效利用；推进国土综合整治与生态修复，提高土地资源承载能力；实施"藏粮于地"战略，强化耕地数量、质量、生态"三位一体"管护；加快智慧国土平台建设，提升国土空间治理现代化水平。

中国人民大学校长刘伟委员是著名经济学家，他从经济学的原理来分析，在新发展格局的构建中，扩大消费是我国需要牢牢把握的战略基点之一，认为当前消费拉动比较乏力，总体消费率不仅长期偏低，而且整体下降。扩大消费的战略基点需要从供给和需求两方面着手，既加强需求侧管理，又加强供给侧结构性改革，其中关键是做好针对性的制度安排。建议从提升和稳定居民收入方面进行制度改革。在促进就业、加强职业技能培训、改善资源配置、完善税收制度等方面加强制度安排；提升居民消费意愿，从完善社保、扩大中等收入群体、合理调节房价、合理提升教育医疗养老等社会公共服务多个角度加强制度安排；把扩大消费与改善人民生活品质结合起来等。

澳门中华总商会会长马有礼委员就发挥澳门"一国两制"优势，积极推动国内国际双循环提出了三点建议，希望澳门承担起粤港澳大湾区与东南亚地区联系桥梁的作用，打造国际商务合作及人际交往平台、服务"一带一路"沿线的金融服务平台。

这次"两会"上，如期实现"碳达峰、碳中和"是一个热点问题，昨天的大会发言已经有两位委员提出相关建议。今天农工党中央副主席王路委员再次提出，要以高标准、刚性约束起好步，统筹国家相关战略发展目标，对产业结构和能源结构以高强度进行调整，争取在 2028 年前基本实现碳达峰，为"碳中和"打好基础。

致公党中央副主席甘霖委员建议推进大数据区块链与经济社会融合创新发展。她在发言中提出，数字经济作为经济发展新动能的作用有待提高，要做好顶层设计，打通数据壁垒，加强隐私保护，保证数据安全；抓住产业升级机遇，推动核心技术创新发展，从源头上解决"卡脖子"问题；以数据技术提升社会治理能力，服务民生发展；深化对外开放，提升国际合作的交流水平。海关总署原副署长孙毅彪委员也以《加快数字贸易发展，助力高水平对外开放》为题，提出了促进数字贸易健康发展的 5 条意见。

中国科学院院士郝跃委员认为，科技工作者要更加注重原始创新能力的提升，实现更多"从 0 到 1"的突破。他建议，要着力加强国家实验室等重大科技平台的建设，发挥新型举国体制的优势，有序推进创新攻关的"揭榜挂帅"体制机制，完善国际合作交流机制，创新科技投融资体系。

海南省工商联主席景柱委员建议，要发挥民营企业在科技自立自强中的积极作用和在解决关键领域"卡脖子"问题中的独特作用，加大对走"专精特新"发展路径的民营企业和行业"隐形冠军"的支持力度，帮助它们走稳走远。

最高人民法院副院长陶凯元委员代表民进中央就《呵护青少年心理健康，助推健康中国建设》发言。她首先用数据和事实指出我国青少年学生心理健康状况堪忧的情况：高达 81% 的教育工作者认为青少年学生心理问题与学业竞争有关系；缺觉已是全国中小学生老大难问题，很多初中生不能在晚上 11 点前入睡，早晨最迟要 6 点 30 分起床，睡眠时间严重不足；"只要学不死，就往死里学"，"多考一分，干掉千人"是升学压力的真实写照。为此，她呼吁全社会更加重视青少年心理健康问题，进一步深化教育改革，淡化学校教育环境中过度的个体竞争氛围，营造积极健康的社会环境；净化网络环境，对青少年上网时长和内容进行管控；构建学校、家庭、社会三位一体的青少年心理健康支持体系，建立青少年极端行为预警平台等。

全国政协科教卫体委员会副主任吴昌德委员结合自己参加委员读书活动的亲身体会作了发言。他表示，委员读书活动让他受益良多。政协书院是没有围墙的大学校，委员读书活动是培育协商文化的好平台。34个界别的委员，都是各行各业学有专长的代表人士，还有知名专家、教授。只要想求教，总能找到喜欢的老师。大家在一起平等交流，有助于培养倾听意识和协商文化。他还特别强调，推动书香社会建设是政协委员的重要责任，通过书香政协建设，能够助推书香社会建设，增强民族文化自信和精神力量，提升全民族道德修养和创造力。

吴昌德委员的发言，引起我强烈的共鸣。汪洋主席倡导建设"书香政协"，的确是一项很有远见卓识的大工程。

首先，"书香政协"是人民政协的优良传统。政协章程明确规定学习是政协委员的一项基本任务。汪洋主席提出："政协应当成为一个读书的模范群体。即不仅是读书了，而且是读了好书，更重要的是能够把书读好了。这应当是专门协商机构成员的基本功。"读书学习能促进委员思考，提高资政建言的质量；读书学习能够促进队伍建设，提高政协整体战斗力；读书能够让委员更加全面、更加客观、更加用历史的辩证的眼光看待当前的问题。

其次，"书香政协"是提高履职能力的重要途径。人民政协作为专门的协商机构，需要对国家的重大方针政策和决策部署提出意见建议，这就对委员的视野和水平提出了很高的要求。虽然政协委员的主体是各界精英，但是，面对国际国内复杂的形势，参政议政领域不断拓展、难度不断加大的挑战，政协委员需要学习的内容越来越多。通过读书学习来提高能力、凝聚共识，是做好新时代下履职工作的迫切需要。

最后，"书香政协"有助于推动"书香社会"建设。政协委员多是各行业的领导和精英，一举一动广受社会关注，我们在读什么书，在各种会议上引用什么书，都会产生一定的社会传播和示范效应。委员们热爱读书、推广读书，必能在全社会产生广泛的带动作用，这对于推动全民阅读、建设学习型社会有着重要的作用。

最后一位发言的是 2022 年北京冬奥会和冬残奥会运动员委员会主席杨扬委员。作为 2002 年盐湖城冬奥会冠军、中国第一块冬奥会金牌的获得者，她在发言中提出，北京冬奥会、冬残奥会是我国"十四五"初期举办的重大标志性活动，是展现国家形象、振奋民族精神的重要契机。尤其是在疫情防控的大背景下，我们如期、安全地举办冬奥会、冬残奥会，必将彰显中国负责任大国形象，增强全体中华儿女的自信心、自豪感。建议支持北京冬奥会、冬残奥会如期举办，要做好国际国内各方面的工作。

10 点 40 分，在大会结束休息了 10 多分钟之后，隆重举行了首届全国政协委员优秀履职奖颁奖仪式，马有礼等 20 名政协委员受到表彰。其中有为抗击疫情做出杰出贡献的王辰、陈薇和黄璐琦三位院士；有把生命献给了一生钟爱雪域高原的藏族委员尼玛扎西；有关键时刻靠得住、站得出、敢发声，积极投身涉疆对外宣传的牛汝极等，我忝列其中。

颁奖典礼非常有仪式感。全国政协主席汪洋亲自为每个获奖者颁奖并且合影留念。白岩松委员和海霞委员宣读颁奖词。我的颁奖词中写道："'耕好读书田，书香伴履职'。他是全国政协委员读书活动的探索者，首位群主，引导委员投身'书香政协'建设，调研途中，笔耕不辍，记录下泥土芳香的基层民情。他把履职的点滴心得集合成册，成为政协委员履职的参考书。"

前几天《人民政协报》记者吕巍得知我获奖的消息，让我谈谈自己的感想。我写了这样几句话——

"为天地立心，为生民立命，为往圣继绝学，为万世开太平"，横渠四句，是千百年以来中国知识分子对自我的最高期许。用所学专业报效国家，在政协平台参政为民，是我作为一位民主党派政协委员的人生理想。

优秀履职奖是厚重的荣誉，更是一份沉甸甸的责任。我会继续努力做好委员的工作，深入调研，认真谏言，积极参与到政协委员读书活动之中，为书香社会建设做出自己微薄的贡献。

颁奖活动 11 点多结束。回到驻地，已经快 12 点了。

中午稍事休息。

下午1点45分出发去人民大会堂。

下午3点列席十三届全国人大四次会议第二次全体会议，听取全国人大常委会委员长栗战书关于全国人民代表大会常务委员会工作的报告，周强院长关于最高人民法院工作的报告和张军检察长关于最高人民检察院工作的报告。3份报告，都高度凝练，一个半小时不到会议就结束了。

今年的"两高"报告，我印象最深的是关心民生、民心，在真切维护群众舌尖上（食品安全）、针尖上（医疗纠纷）、头顶上（高空抛物）、脚底下（偷盗窨井盖）的安全方面做了大量工作。例如，最高人民检察院起诉制售有毒有害食品、假药劣药等违法犯罪分子8268人，办理食品安全领域的公益诉讼案件2.7万件，办理涉窨井盖刑事犯罪106起，督促整改窨井盖安全隐患17.6万处。

最高人民法院关于人格权保护的工作，也给我留下了深刻印象。如审理侵害"两弹一星"功勋人物于敏的名誉权等案件，不让人民英雄受到玷污，树立崇尚英雄的良好风尚；审理微信群侮辱人格案件，坚决制止网络暴力；审理职场性骚扰损害责任案，让性骚扰者受到法律的制裁；审理可视门铃侵犯邻居隐私权，明确安装监控不得侵扰他人的生活安宁等。通过这一系列案件的依法公正审理，让人身自由得到充分的保障，人格尊严受到切实的尊重，彰显了我国民法典的人民立场和共和国人民的主体地位。

今年的"两高"报告仍然像以往一样，以图表、数据为支点来讲故事，不仅感性动人，而且理性震撼，让人们清晰看见这一年的脚印。最高人民法院专门制作了服务全国人大代表、政协委员的网络平台，最高人民检察院专门制作了"代表委员检察印迹"和"检察号代表委员直通车"，扫码即可看到关于高法和高检的工作情况。法安天下，德润人心，这不再是遥不可及的梦想，正在逐步成为共和国的现实。

下午四点半会议结束，一群女委员兴高采烈地在天安门前合影，邀请我当了一回"党代表"。

下午5点20分回到驻地，赶紧准备晚上5个采访的相关背景资料。

晚上 7 点开始，接受媒体采访。

首先是人民日报社人民论坛"两会国是厅"的视频专访，就今年"两会"提案中涉及的建立国家阅读节、妥善解决中小学教师队伍性别结构失衡问题、青少年厌学和自我伤害及少儿素质教育进行了 40 分钟的采访。

接着是第一财经和新华社就防未成年人游戏沉迷、监管问题，家庭学校企业政府的责任、儿童游戏分级等问题进行交流。

晚上 8 点 40 分左右，中国教育电视台通过视频连线访问中小学教师男女比例失衡问题。从当前我国中小学教师队伍性别结构不平衡的现状、原因、后果，说到改变这一现状的政策建议，用了 20 分钟左右的时间。

晚上 9 点 10 分，人民网记者就"十四五"规划纲要中提出的"提升国民素质，促进人的全面发展"，建设高质量教育体系问题进行电话采访，一聊又是半个小时。

晚上 9 点 45 分，人民网"两会'艺'起聊——文化强国十问"记者又抛来七八个问题，从今年"两会"提案到建立国家阅读节，从儿童阅读到儿童文学创作，从如何更好地将阅读和教育有机融合，到如何提升中小学生的阅读水平，从传统文化进校园到如何增强文化自信，从建设社会主义文化强国到文化建设，持续到 10 点 15 分左右。

3 个多小时，讲得口干舌燥，嗓子嘶哑了，晚饭也没有来得及去餐厅吃。小组秘书拿来一点盒饭，我象征性地吃了几口。

匆匆忙忙写手记。每天为《人民政协报》《新京报》《中国青年报》等写"两会"专栏，这些"按时交货"的活儿，还真是很辛苦。同组几位委员约好一起喝茶交流，我无法参加，只有羡慕的份儿。

晚上十一点半写完专栏文章。顾不上看近百条祝贺获得履职奖的微信短消息，也没有时间看今天的报纸，赶紧洗漱休息。

忙碌、紧张、充实、幸福的一天。

发出"民进好声音"

3月9日，北京晴，星期二

早晨5点10分起床工作。

继续读《阅读的力量》。难得有人从思想史的角度研究阅读问题，作者说，我们现在正处于一个信息的时代，而不是思想的时代。不重视思想，自然不会真正重视阅读。

读两本低幼童书《鲁拉鲁先生的生日》和《鲁拉鲁先生的书架》。作者毕业于早稻田大学教育系，有教育理论背景的人写童书，还是不一样。写"童书过眼录"专栏两则。

利用早晨的时间补昨天的媒体课。

这两天的媒体继续在关注我的"两会"提案，《中国教育报》发表了记者董鲁皖龙、刘博智的报道《朱永新委员：项目学习是推动课改和教改的抓手》。他们还专门采访了我的学生，新科学教育研究所副所长王伟群教授，详细了解了项目学习在西部贫困地区的试点情况。同时发表了记者杨咏梅、陈明的专访《家庭教育立法带来挑战与改变》，这是"两会"前一天"两会E政录"的文字版。新华网客户端发表了《有话问两会——朱永新：教育内卷化该如何应对？》。昨天和今天的《人民政协报》分别发表了我的"两会"手记《迈向共同富裕之路》和《以"书香政协"助推"书香社会"》。《中国青年报》发表了履职手记《说起教育，委员们有很多话》和《法安天下，德润人心》。《新京报》的"政协笔记"发表了《教育要解决"老师不会爱孩子"的问题》。还有更多的网络媒体，转载我在"两会"上的观点和报道。

浏览报刊的时候，也特别关心我们民进界别组的委员们发出的"参政议政好声音"。

作为中国特色社会主义参政党，民主党派的历史、性质、特点、作用经常不为人们所熟知，甚至一些领导干部也会闹出关于民主党派常识的笑话。

这两天，《使命与担当——全国政协常委朱永新 2019 年履职实录》开始发行。一家俄罗斯出版社和一家英国出版社的出版人联系我，说希望出版我的"两会"手记。他们说，"看了您这个'两会'日记，会颠覆很多人对于'两会'的想象"，"现在海外媒体和学者，对于中国的'两会'制度，评论都是很不客观的，因为他们也是道听途说，也没有一手资料，也没法了解。'两会'上讨论的这种方式，这种主席、委员和代表之间的互动，在外面是看不到的。不像英国的议会，他们的辩论都是公开的，有视频，所以大众能看到辩论，中国的情况一般人是看不到的"。的确如此，不仅老外看不懂我们的民主政治体制，就是许多国人，也是需要通过我们的声音来了解中国的多党合作与政治协商制度的。

有一些好朋友看到我每天的行程，发短信来，希望我"不要太辛苦"，也有好心人提醒我"躲着一点记者"，我能够理解他们的好意。但是我更知道自己的使命与担当。发出党派的声音，让更多的人了解我们；发出学者的声音，让更多的人理解教育；发出委员的声音，让智慧的建言更好地资政，不正是新时代党外知识分子、政协委员应该努力去做的事情吗？

翻阅昨天出版的《中国政协》，看到在"委员作业"栏目中有我的一篇文章《读书入佳境，书香润履职》，讲述了 2020 年我的履职故事。值得自豪的是，这个专栏的 6 篇文章中，竟然有 4 篇出自我们民进会员的笔下，另外 3 篇是民进河南省主委张震宇、民进上海市副主委胡卫和民进湖南省副主委雷鸣强的。昨天表彰的 20 位履职奖获得者中，也有两位民进会员，在政协 30 多个界别、58 个小组中，应该也是出类拔萃的。他们每个人发出的民进"好声音"，构成了我们民进人在"两会"舞台上的"大合唱"。

上午 9 点，参加小组会议，讨论"两高"工作报告、政协大会有关决议和报告草案。民进中央副主席陶凯元主持会议，她"别出心裁"，事先让我带上昨天的奖牌卷轴，谈自己的"获奖感言"。我说，这不仅是我个人的荣誉，更是民进的荣誉。所以，非常高兴把这份荣誉与大家分享。

小组会首先讨论政协大会的有关决议和报告草案。委员们认真"咬文嚼字"，纷纷提出了自己的意见。

接着讨论"两高"报告。因为今天是最后一天小组讨论，主持人拿出了一份 7 人名单，说这些人享有发言的"优先权"。一听名单，都是这次会上一直没有机会发言的委员，我也名列其中。

第一位发言的是甘肃省政协副主席尚勋武委员。他对两院按照习近平总书记"努力让人民群众在每一件司法案件中体会到公平正义"的要求，大力推动司法改革取得的成效给予充分肯定。他结合西部地区经济社会发展的实际，提出司法环境是营商环境最核心的环境。鉴于近年来，法官、检察官和公安这三个司法领域的招聘报名比例下降的情况，他建议要尽可能改善基层法院、检察院的工作条件，吸引优秀的青年人才到基层的司法机关去工作，要加大对基层法官、检察官的培训和轮休，提高他们的办案质量。

国家审计署原副署长石爱中委员首先介绍了提案委员会对于这次大会提交提案的处理情况。接着，他结合日本战后经济发展的历史，以及日美贸易战的过程，从经济学的角度解读了《政府工作报告》中关于经济发展的指标体系，以及国际国内双循环战略导向的论述。从英国的古典经济学讲到马克思经济学、苏联的政治经济学和我们在计划经济年代的政治经济学，从"广场协议"讲到现在的中美关系。最后他还给我们推荐了《管理美元》和《帝国定型》两本著作。他的发言很有理论高度，民进中央常务副主席刘新成当场就约他到民进中央"开明论坛"作一次讲座。

云南理工大学副校长罗黎辉委员从云南、上海、广东的几起校园伤害案说起，建议针对未成年学生的犯罪问题要重视立法。同时，他用近 20 年来我国不婚、离婚、晚婚、丁克家庭比例上升的数据，以及女性初婚平均年龄上涨的情况，结婚与离婚登记对数的变化，东北三省的出生率与日本的出生率比较等一系列数据，强调要认真研究人口战略问题。

我就"两高"报告也谈了自己的想法。除了昨天已经在手记中记录下的"两高"关于人格权和关注民生"小问题"的感受，另一个印象特别深刻的方面，就是"两高"自觉接受人大监督和民主监督，真心诚意听取民主党派、工商联和无党派人士的意见建议。最高人民法院周强院长和最高人民检察院张军检察长每年都走访各民主党派，召开座谈会，对"两会"代表委员在"两会"上和日常工作中提出的每一条意见建议，都深入调查研究，及时对话，逐项落实。最高人民法院专门制作了为人大代表政协委员服务的网络平台，最高检也专门制作了"代表委员检察印迹"和"检察号代表委员直通车"的小程序，方便代表委员查询资料、提出意见。最高检去年邀请了 1080 位全国人大代表、政协委员视察检察工作，最高院走访接待全国政协委员 110 余次。

担任过河南省科技厅厅长的张震宇委员就"碳中和、碳达峰"问题提出了具体意见，希望关注建筑物的亮化工程、交通运输相关的温室气体排放量两个方面的问题。同时，就加强金融和准金融企业的管理，发展实体经济等问题提出了建议。

北京大学教授张颐武委员建议司法部门加强对现实生活中代孕、同性恋婚姻等新的伦理和法律问题的研究，同时建议民进加强对于教育问题的持续关注与研究。

民进吉林省委员会主委薛康委员建议加强对司法改革的成效进行评估等。

小组会的讨论时间总是不够用，中间不休息、到点老"拖堂"成为委员讨论的常态。非常完美的是，主持人的发言规则保证了到今天上午为止，民进组所有委员都已经有了发言的记录。

中午休息一个小时左右。

下午一点半，开始整理上午会议的记录，撰写手记。"两会"期间因为要赶发专栏，与平时的日记不一样，必须及时记录，晚上赶在报社发稿前完成。

下午 3 点，继续参加民进组小组讨论。民进中央副主席黄震主持会议，主题是关于政协工作。作为教育文化新闻出版传媒界的委员，教育是民进的"老阵地"，大家首先学习了习近平总书记在教育、医药卫生联组会议上的讲话精神。虽然前几天已经通过各种途径学习过主要内容，再次系统温习，仍然很有感触。缩小教育差距，提升教师素养，规范网络游戏等，习近平总书记讲话中提到的许多问题，的确也是老百姓关注的问题。

文学评论家张帆委员是老委员，对政协工作非常熟悉。他首先就政协提案工作的改进问题提出建议，希望政协对以往提案进行大数据分析，找出一些意见集中的问题认真研究，了解这些问题为什么一提再提，能否作为专题协商的问题深入调研。

民进黑龙江省委主委张显友委员对12年义务教育、家庭教育、社会教育、素质教育提出建议。

清华大学教授罗永章委员就高校科研问题提出建议，他是生命科学方面的专家，经常就此问题发声。

因为下午要去政协列席参加全国政协主席会议，3点40分提前离会，乘车去全国政协。路上翻阅涂子沛撰写的科学普及读物《给孩子讲人工智能》。涂子沛是大数据与人工智能方面的专家，出版过《大数据》《数据之巅》《数文明》等著作。他在书中提出，人类文明正在从以文字为中心，跃迁为以数据为中心；传统的机器制造，正在升级为智能化的无人工厂。机器人的时代正呼之欲出，以大数据为基础的人工智能，是推动这场文明大跃迁的革命性力量。

下午5点，列席全国政协主席会议。听取政协第十三届全国委员会第四次会议情况的综合汇报，审议提交政协第十三届全国委员会常务委员会第十六次会议审议的有关文件。看到政治决议和提案审查报告上密密麻麻的"花脸"修改稿，就可以想象到委员们认真讨论的场景。

下午5点40分会议结束，乘车返回驻地。下班高峰时间段，近一个小时才到达驻地。

晚上8点，参加中央电视台"两会"新闻组"两会夜话"的视频直播节目，与南京师范大学副校长朱晓进委员、江苏省锡山高级中学校长唐江澎委员以"我们需要什么样的好教育"为主题与网友交流。

3月7日上午，唐江澎在人民大会堂新闻发布厅的"委员通道"的发言，引起了社会的广泛关注，他说的要培养"生命旺盛、精神高贵、智慧卓越、情感丰满"的学生，"好的教育应该是培养终生运动者、责任担当者、问题解决者和优雅生活者"，"学生没有分数就过不了今天的高考，但是只有分数恐怕也赢不了未来的大考"等金句，已经不胫而走。我们就家校共育、课外培训机构、现在的老师怎么当和孩子痴迷打游戏等问题进行了交流。

晚上9点，采访结束以后，与民进新疆维吾尔自治区主委包安明委员交流边疆地区的参政议政工作，讨论两个社情民意信息。

晚上10点，收到民进中央宣传部部长毛梦溪转来的消息，民进中央副主席、最高人民法院副院长陶凯元代表民进中央在全国政协大会上发言的短视频《呵护青少年心理健康　助推健康中国建设》，引起了全社会的广泛关注，已经有上亿阅读量、超700万点赞，仅《人民日报》抖音账号的视频就有几千万阅读量，点赞达680万次、转发超50万次、留言49万条。许多网友表示，民进的发言戳中了大家的痛点，说出了他们的心声。

是啊，民进发出的声音，扩大和传播着老百姓的心声。受老百姓欢迎的"民进好声音"，就是这个时代的"好声音"。老百姓的关注，是对我们参政议政工作的最高褒奖。

晚上十点半，完成今天的手记。抓紧运动半个小时。

晚上11点洗漱休息。

在新征程中展现新担当

3月10日，北京雾霾，星期三

早晨4点45分起床，开始"两会"最后一天的工作。修订昨天的手记，最终定稿。读理查德·德威特的《世界观》。此前已经听过一次这本书的讲读，感觉是一本比较好的科学史与科学哲学著作，对人类认识世界的过程进行了详细的讨论。这次读的是最近出的新版本。

早晨8点，乘车出发去全国政协。

上午9点，参加政协第十三届全国委员会常务委员会第十六次会议。全国政协主席汪洋主持会议。按照惯例，这是为下午的闭幕会做准备的常规会议。会议听取了有关文件草案讨论和修改情况的汇报，通过了相关报告的决议（草案）等，不到40分钟就完成了所有议程。汪洋主席最后叮嘱大家精神饱满地开好下午的全体大会，为"两会"画一个圆满的句号。

上午9点45分出发回驻地。一路畅通，半个小时左右到达。

中午浏览报刊和媒体。《人民政协报》发表了我的日记《发出民进"好声音"》。《观察者网》发表了"两会"报道《朱永新委员：让诱导未成年人游戏的违规企业倾家荡产》，好评颇多。人民网2021年全国"两会"特别访谈节目《高谈客论》发表了我关于民进中央参政议政工作的专访，同时发表了记者的专访《朱永新：高质量教育体系要做到"五育"并举》。中国科技网、腾讯网等也转发了提案的不少内容。

今天的《中国教育报》发表了一篇题为《三封信里"看见"袁卫星》的长篇报道，介绍了深圳市新安中学（集团）第一实验学校党总支书记、校长，新教育研究院新生命教育研究所执行所长袁卫星的事迹。卫星是一名新教育的"老兵"，看到他的成长，比我自己获奖还要开心。发短信祝贺他，他回复：希望今后有这样的报道：《袁卫星：放了颗新教育的"卫星"》。

广东政协《同舟共进》的编辑刘淑君告诉我，他们杂志的"书香政协"专题三月刊已经顺利出刊，其中刊发了我的《书香伴履职》一文，省政协副秘书长肖航夫带了 100 本杂志到全国"两会"上给委员们阅读，反响很不错。

中午稍事休息，整理行李和会议材料。

下午 1 点 45 分乘车去人民大会堂。

下午 3 点，全国政协第十三届全国委员会第四次会议闭幕会在人民大会堂举行。习近平总书记等党和国家领导人出席会议。

全国政协主席汪洋主持闭幕会。会议通过了关于常务委员会工作报告的决议、全国关于政协第十三届全国委员会三次会议以来提案工作情况报告的决议、全国政协第十三届全国委员会提案委员会关于全国政协十三届四次会议提案审查情况的报告和全国政协第十三届全国委员会第四次会议政治决议。

政治决议高度评价了这次政协会议取得的成果，要求人民政协深化建言执政和凝聚共识双向发力，深入开展协商议政和民主监督，以高水平履职服务高质量发展，为推动"十四五"开好局、起好步做出新贡献。

根据会议通过的提案审查报告，这次大会共收到提案 5913 件。经过审查立案 4940 件，并案 127 件，转为意见和建议的提案 846 件。在立案的提案中，委员个人或联名的提案 4454 件，占 90.2%；各民主党派、人民团体和界别委员小组等提出的提案 486 件，占 9.8%。其中，经济方面的提案 1820 件，占 36.8%；政治建设方面的提案 312 件，占 6.3%；文化建设方面的提案 312 件，占 6.3%；社会建设方面的提案 1808 件，占 36%；生态文明建设方面的提案 468 件，占 9.5%；其他方面的提案 220 件，占 4.5%。

　　这次大会的提案有一些新的特点：一是委员参与率高，共有1959位委员提交提案，占委员总数的90.7%；二是联名提案增多，占提案总数的15%，表明委员通过交流沟通，对许多问题具有共识；三是内容紧扣国之大局和民生问题，如围绕"十四五"规划制定和实施，巩固拓展疫情防控和经济社会发展成果，巩固拓展脱贫攻坚成果同乡村振兴有效衔接，深化改革扩大开放，促进科技自立自强，保障人民健康等，提出的提案达2558件，占总数的43.3%，其中绝大多数是教育、医疗、养老等民生与社会问题；四是坚持问题导向，质量明显上升。提案的选题更加聚焦，建议的针对性和操作性进一步增强。

　　从我的亲身经历来看，写提案是委员履职的基本功。写一个好提案真的很不容易，没有调查研究，没有长期聚焦，没有把专业意见转化为政策选项的能力，是不可能拿出高品质提案的。

　　全国政协主席汪洋最后作了热情洋溢的讲话。他在讲话中高度评价了委员们为国履职、为民尽责的担当，希望大家能够强信心、凝人心、筑同心，广集众智谋良策，万众一心开新局，大力发扬"三牛"精神，不断推进专门协商机构建设，以优异成绩迎接中国共产党成立100周年，为实现中华民族伟大复兴的中国梦不懈奋斗。

　　下午3点30分，全国政协第十三届全国委员会第四次全体会议在委员们的国歌声中闭幕。

　　一年一度的政协大会结束了。

　　去年5月，短短10个月前，在新冠肺炎疫情已经得到控制的时候，我们召开了"两会"。去年的"两会"，是一次温暖人心并且凝聚人心的大会。党和政府全面部署一年工作，全国人民争先恐后，努力把疫情造成的损失夺回来。

　　今年3月，不过10个月后，我们在新冠肺炎疫情国际形势紧张的情况下，又召开了"两会"。今年的"两会"，是一次振奋人心甚至震撼人心的大会。中国以增速2.3%的发展速度成为世界主要经济体中唯一实现经济正增长的国家。

　　特殊的一年，全国一盘棋的行动，正如许多专家所说的：这一次抗疫的胜利，属于每一个中国人。疫情席卷全球，也让更多人们擦亮了眼睛，看到了更多真相。

此刻，在我们的脚下，是不折不扣的新起点。

科技强国。过去一年，我们在研发上全力以赴投入，中国研究与试验发展（R&D）经费支出达 24426 亿元。远远超过去年的 GDP 增速，比前年增长了 10.3%。

教育强国。在"两会"上，习近平总书记强调要把教育摆在更加重要的位置，着力构建优质均衡的基本公共教育服务体系，建立高质量教育体系。各项举措也在随之推进。教育，让人民群众活得舒心。

医卫强国。生命权是第一权利。习近平总书记强调，要把保障人民健康放在优先发展的战略位置，加快实施健康中国行动。医疗卫生，让人民群众活得安心。党和政府对新冠肺炎疫情的防控已经充分体现出了这一点，今年的"两会"中，医疗卫生的话题也是当仁不让的热点。

……

对内，一项又一项强国的举措已经部署，有待落实。

对外，今年的"两会"也让世界更多了解中国。

从去年底武汉人潮汹涌的照片被深受疫情困扰的世界网友们羡慕，到出口疫苗展示大国担当，"两会"作为全国人民的"政治春节"，在此背景下顺利召开。这满怀喜悦的庆典，向世界展现抗疫必然胜利、未来必然宁静美好。

当然，成长中的中国，树欲静而风不止。从口罩到疫苗，从各种贸易战到武力"秀肌肉"……我们还是会遭遇很多困难。即便如此，我们也仍然有礼有节，今年的"两会"，正展示着我们和平崛起的决心、信心和实力。

每一个今天，都是新的。一年一度政协大会的结束，意味着委员们新一年履职的开始。

今年是"十四五"的开局之年，新的征程即将启航。按照"懂政协、会协商、善议政、守纪律、讲规矩、重品行"的要求，"知责于心，担责于身，履责于行"，更好把报国之志、为民之心和履职之能结合起来，在新征程中展现政协委员的新担当，我相信，此时此刻，做一名"三牛"委员，是委员们的共同心愿。

提案与信息

提案与信息都是参政议政、建言献策的重要形式，也是政协委员履职最常用的两种方式。

提案是参加政协的民主党派、团体和政协委员向政协全体会议或常务委员会提出、经提案委员会审查立案后交付有关单位办理的书面意见和建议。

与提案相比，社情民意信息具有更大的灵活性，篇幅更加短小精悍，针对性更强，反映问题更迅速、及时，是政府部门了解情况、作出决策的重要途径和依据。

如何敏锐地发现问题，如何及时提出有针对性的好建议、写好提案和信息，是委员的基本功，也是履职能力的集中体现。

关于弘扬中华优秀传统文化　将孔子诞辰日设立为国家阅读节的提案

案由：

日前，中共中央办公厅、国务院办公厅印发了《关于实施中华优秀传统文化传承发展工程的意见》（以下简称《意见》）。《意见》提出，到 2025 年，中华优秀传统文化传承发展体系基本形成，研究阐发、教育普及、保护传承、创新发展、传播交流等方面协同推进并取得重要成果，具有中国特色、中国风格、中国气派的文化产品更加丰富，文化自觉和文化自信显著增强，国家文化软实力的根基更为坚实，中华文化的国际影响力明显提升。

这是新中国历史上第一次以中央文件形式要求全国开展中华优秀传统文化传承发展活动，对于厚植中华文化底蕴、涵养家国情怀、铸牢中华民族共同体意识具有重要的意义。《意见》对实施中华优秀传统文化传承发展工程进行了全面部署。只要我们坚持不懈，久久为功，2025 年前全面复兴优秀传统文化的目标是可以实现的。

从教育的角度来看，弘扬中华优秀传统文化，需要各种各样的工作载体，其中，一些向传统致敬的庆典仪式不可或缺。

在世界范围内，以重要的文化代表人物设立纪念日，借此深入推动某一类文化工作，是通行的惯例。如联合国教科文组织的"世界图书与版权日"，就是西班牙著名作家塞万提斯、英国著名作家莎士比亚和秘鲁作家印卡·加西拉索·德拉维加的辞世纪念日。美国也有马丁·路德·金日、林肯总统诞辰纪念日、华盛顿总统诞辰纪念日和哥伦布日等。

为此，我再次提出将孔子诞辰日设立为国家阅读节的提案。

建议：

第一，把孔子诞辰日（阳历9月28日）设立为国家推动全民阅读的"国家阅读节"。孔子是中国文化的重要奠基人，被尊为"至圣先师"。在孔子诞辰日，中国大陆和香港、澳门、台湾地区，以及韩国、日本等国家都有纪念活动。最常见的就是在文庙举行"祭孔典礼"纪念活动。我国台湾、香港地区则将孔子诞辰日设为法定教师节。

第二，在孔子诞辰日，举行以读书活动为载体的向传统文化致敬的主题活动。孔子在中国历史上最早整理文化典籍，是最早倡导读书学习的思想家和教育家。以全民阅读的形式，以"国家阅读节"为庆典，举行各种形式多样、内容丰富的全民阅读活动，不仅有助于在全社会大力营造爱读书、读好书、善读书的良好氛围，引导人民群众提升阅读兴趣、养成阅读习惯、提高阅读能力，不断增强思想道德素质和科学文化素质，而且孔子诞辰日的这个时间节点，能够让人们更清晰、更鲜活、更持久地感受到优秀传统文化的精神力量，为实现"两个一百年"奋斗目标和中华民族伟大复兴的中国梦提供强大精神动力和智力支持。

建立办理部门：中央宣传部

（本案转为意见建议）

关于推动高校学术期刊高质量发展的提案

案由：

高校学术期刊是中国学术期刊最主要的三大出版系统之一。推动我国高校学术期刊高质量发展，对于聚焦国家重点领域及优先主题、前沿技术、基础研究和重大专项，引领和带动原始创新研究、工程应用研究和哲学社会科学研究成果的批量产出，培养高校科研人才队伍，提高自主创新和成果转化能力意义重大。

近年来，国家及相关部委、协会联合出台了一系列有针对性的部署和举措，有效地推动了高校学术期刊高质量发展，出现了一批专业性和竞争力强的高校学术期刊。但一直以来，高校学术期刊中存在着"全、散、小、弱"问题，低水平发展的状况没有根本性改善。表现在：

一、很多高校都办学报，都是多学科、综合性的学术期刊，趋同性高，没有特色。

二、高校学术期刊在学科、地域等方面布局分散，虽数量众多，但管理粗放、运营分散，没有形成规模效益，整体影响力弱。

三、高校学术期刊普遍人员少，发行量小，体量不大。

四、学术期刊出版质量差、整体实力弱，核心竞争力和学术影响力不强，高水平期刊、高水平论文与国外相比有数量级上的差距。

高校学术期刊发展质量较差，导致优质稿源、一流作者大量外流，科研成果的首发权和话语权严重受制于人。与国外发达国家相比，我国高校学术期刊的差距很大。如剑桥大学出版社出版 140 种以上的期刊，其中有许多被认为是所在领域的核心期刊；爱思维尔出版公司平均每年出版科学、技术和医学方面的期刊 1800 多种。国外一家公司的学术期刊数比我国全部高校期刊总数还要多。我国每所高校大多仅主办一种或几种学术期刊。我国科学引文索引（SCI）收录期刊论文产出规模小，高水平论文不多，且仅有 9% 在国内科学引文索引（SCI）期刊上发表；我国科技期刊没有"走出去"，国际影响力较弱，是学术期刊大国，不是学术期刊强国。我国学术期刊在数字化转型和融合发展方面超前性规划布局不足，数字期刊平台还比较落后，中国知网（CNKI）尚不具备与基本科学指标数据库（ESI）、斯高帕斯数据库（Scopus）等竞争的水平。

本案建议：

1. 推动高校综合性学报向专业性、学科性刊物转型。以重建专业化、规模化、体系化、国际化的高校学术期刊集群为目标，调整高校学术期刊的整体布局和结构，分类分块支持，避免同校、同行业期刊的重复雷同。引导各高校把优势学科资源和发展基础转化为办刊优势，突破"校名＋学报"的命名模式，邀请优势学科领域的顶尖专家学者担任主编和组稿专家来吸引优质稿源，向专业化、特色化方向发展。

2. 促进高校学术期刊编辑部的股份制改革、集团化发展。对高等院校主管主办、不具有独立法人资格的期刊编辑部进一步实施体制改革；对各高校学术期刊编辑部进行资源整合，支持鼓励人民教育出版社、高等教育出版社等实力较强的出版单位，重点大学和重点学科参与高校学术期刊股份制改革；通过并入、新建等方式整合成跨行业跨领域跨媒体经营的现代出版集团，切实有效地把改制后的学术期刊资源集中起来，着力解决主管主办单位如何作为、编辑部何去何从、编辑人员如何安置等问题。

3. 加快高校学术期刊数字化转型。落实数字化出版模式，引导作者用多媒体的形式，更加全面、准确地表达科学思想和科技成果，促进论文写作方式和发表方式的变革，提高科技论文发表的效率和效益，从而使科技成果快速转化为现实生产力。发挥数字平台的支撑作用和教育系统的技术、人才优势，充分利用高校的基础条件，整合分散的科技期刊出版资源，形成合力打造具有全国甚至世界品牌影响力的、全新的学术论文发表平台、学术期刊数字出版平台及学术交流监管平台。

4.强化学术评价的引导作用。制定不同层次、不同级别的学术水平及学术标准评价体系，特别是有利于重点期刊、重点栏目产生的国家级评价体系，从而为一流期刊脱颖而出提供参考依据，为高水平专业期刊的产生提供基础条件。

建议办理部门：中央宣传部、教育部

中华人民共和国教育部关于政协第十三届全国委员会第四次会议《关于推动高校学术期刊高质量发展的提案》答复的函

朱永新委员：

您提出的《关于推动高校学术期刊高质量发展的提案》收悉，现答复如下：

高校学术期刊是开展学术研究交流的重要平台。近年来，教育部积极开展学术期刊建设，推动高校学科发展，促进国内外学术交流。

一、提升学术期刊质量

一是实施"中国科技期刊卓越行动计划"。通过计划着力打造高校自主品牌的国际一流科技期刊，大力提升高校科技期刊的国际影响力，促进我国优秀科研成果的对外传播与交流。2019 年度"中国科技期刊卓越行动计划"共 280 种期刊入围，其中高校科技期刊 70 种，占比为 25%。2020 年度"中国科技期刊卓越行动计划"高起点新刊项目共 30 种期刊入选，其中高校科技期刊 13 个，占比为 43.3%。二是着力解决学术期刊内容同质化问题。鼓励综合性学报向专业化期刊转型，通过做精专业内容、办好特色专栏，不断向专业化发展。三是吸引高水平成果发表。2021 年，中央宣传部、教育部、科技部联合印发了《关于推动学术期刊繁荣发展的意见》，要求在科研课题申报、学术人才遴选中，应明确学术成果在我国期刊首发的比例，引导重大原创性科研成果更多在我国期刊发表。

二、优化布局结构

一是鼓励出版单位改制。教育部将会同相关部门通过完善法人治理结构、健全经营管理机制，鼓励符合条件的学术期刊出版单位转企改制，做强做大。二是开展学术期刊集群化发展试点。以优质学术期刊为龙头重组整合资源，搭建专业化、集约化出版平台，打破服务学科不强、各行其是、单打独斗格局，建设一批导向正确、品质一流、资源集约、具备核心竞争力的学术期刊集群。

三、加快数字化转型

一是探索新型出版模式。根据《关于推动学术期刊繁荣发展的意见》，依托出版集团和学会、高校等期刊集群，教育部将会同相关部门积极推进建设数字化知识服务平台，集论文采集、编辑加工、出版传播于一体，探索论文网络首发、增强数字出版、数据出版、全媒体一体化出版等新型出版模式。二是加强数据库建设。积极推动学术期刊论文大数据中心建设，打造世界科技论文引文库，构建方便快捷、资源共享的科学研究信息化平台。

四、完善学术期刊评价体系

以内容质量评价为中心，坚持分类评价和多元评价，完善同行评价、定性评价，防止过度使用基于"影响因子"等指标的定量评价方法评价学术期刊。2020年，教育部会同科技部印发《关于规范高等学校SCI论文相关指标使用树立正确评价导向的若干意见》，进一步规范科技论文相关指标使用，坚决摒弃"以刊评文"，不把SCI论文相关指标作为直接判断依据，引导评价工作突出科学精神、创新质量、服务贡献。

您提出的意见建议很有针对性和建设性，下一步教育部将继续会同有关部门深化改革创新，加强优质内容出版传播能力建设，创新内容载体、方法手段、业态形式、体制机制，推动学术期刊向高质量发展阶段迈进。

感谢您对教育工作的关心和支持！

中华人民共和国教育部

2021年10月19日

关于保障盲人和视力障碍者阅读权益的提案

案由：

阅读是提高国民素养最简便、最有效的路径，已经得到诸多专家学者的研究证明，也越来越受到全社会各界的认同和支持。为残疾人提供阅读的便利，是国家文明程度的体现。保障残疾人的阅读权益，可以推进社会文明的发展，也是把扶贫工作进一步深化细化的重要路径之一。在残疾人中，盲人和视力障碍者的阅读是最大的难点，需要特别给予关注。联合国将每年 10 月 15 日设为"世界盲人日"，又将 1 月 4 日设为"世界盲文日"，正是体现了对这一特殊群体的特别关心。

近年来，我国盲文工作不断发展，截至 2017 年已在全国省地县三级公共图书馆设立盲文及盲文有声读物阅览室共计 959 个。据中国盲文出版社的相关信息显示，我国有 1730 多万盲人，可以说我国是世界盲人和视力障碍者人数最多的国家之一。但是，目前盲人和视力障碍者的阅读，还存在许多不足。

第一，相关图书出版上，受到各种局限较多，每年出版的种类较少。目前我国只有中国盲文出版社一家出版盲文读物，该社截至 2019 年出版有盲文图书 1827 种，盲文配套教材教辅（汉语版）189 种，和其他出版物的数量无法比拟。

第二，阅读内容上，受限于出版物种类比较少，内容比较陈旧，更新很慢。

第三，许多家有盲人或视力障碍人群的家庭，经济条件较差。从图书馆租借图书不方便，购买的话又会增加经济负担。

第四，盲人和视力障碍者人群对阅读的价值和意义还不够重视，也欠缺相关的阅读指导。

建议：

第一，从法律法规上进一步完善对盲人和视力障碍者阅读权益的保障。比如，对于《关于为盲人、视力障碍者或其他印刷品阅读障碍者获得已出版作品提供便利的马拉喀什条约》（简称《马拉喀什条约》），中国虽然2013年签署了该条约，但是一直没有批准加入，建议尽快通过批准的相关程序。对于我国著作权法规定的关于已发表的作品改为盲文出版无须经过著作权人许可并付费等条款，进一步细化为可操作的具体措施，予以推动。

第二，对盲文图书、明盲对照图书的出版，从财政上提供更多资助。让更多盲人能够从最新出版的优质盲文出版物中，及时获取最新资讯；也让更多健康人群通过对于盲文版图书的了解，关注盲人和视障人群，从而促进彼此的了解，促进社会和谐。

第三，制定激励措施，吸引更多社会力量投入有声读物等盲人和视力障碍者所阅读的有声图书等领域的制作中。可以通过相关机构集中购买、公益赠阅的方式，为盲人和视力障碍人群提供更多公益读物的支持，运用高科技手段推动盲人和视力障碍人群的阅读。

第四，充分发挥特教学校的核心枢纽作用，吸引社会阅读推广机构合作。以特教学校为中心，进一步推广盲人和视力障碍人群的阅读，开展阅读辅导等工作。

第五，深化盲人和视力障碍者的专项阅读研究工作。联合国内外的各大院校、学术机构，组建相关团队，进一步推进和强化关于盲人和视障人群的阅读专项研究，让相关阅读更为科学、高效。

第六，面向全社会，加强对于盲人和视力障碍人群阅读权益的宣传推广工作。让盲人和视力障碍人群认识到阅读的重要作用，通过阅读掌握更多自食其力的本领，丰富自己的精神生活，让身体的障碍不再成为贫困的根源，同时也让全社会更多了解盲人和视力障碍人群，对这个群体给予更多关注和关怀。

建议提交部门：中央宣传部、教育部、全国残联

中国残疾人联合会关于政协第十三届全国委员会第四次会议《关于保障盲人和视力障碍者阅读权益的提案》答复的函

朱永新等5位委员：

你们提出的《关于保障盲人和视力障碍者阅读权益的提案》收悉，经商中央宣传部、教育部、国家广电总局，现答复如下：

党和国家高度重视盲人和视力障碍者阅读权益保障工作。近年来，中国残联会同各有关部门充分发挥中国盲文出版社等专业机构作用，推动我国盲文读物出版和阅读工作取得新进展。

一、推动国家批准《关于为盲人、视力障碍者或其他印刷品阅读障碍者获得已出版作品提供便利的马拉喀什条约》（以下简称《马拉喀什条约》）落地生效

2013年我国签署《马拉喀什条约》以来，中国残联配合各有关部门积极开展工作，推进条约的批准落实。中央宣传部版权管理局委托中国残联所属的中国盲文出版社、中国视障文化资讯服务中心就《马拉喀什条约》在我国的落地实施问题开展研究，通过调研国际社会履约现状，总结我国著作权保护与盲人文化服务交叉领域内存在的

问题与短板，探究我国履约过程中可能存在的壁垒，对保障履约的相应政策和实施细则提出建议。

中国残联密切关注和积极参与《中华人民共和国著作权法》的修改进程，围绕《马拉喀什条约》的原则和要求，提出相应的修改建议。2020 年 11 月 11 日，十三届全国人大常委会第二十三次会议表决通过《著作权法》修正案，自 2021 年 6 月 1 日开始施行。其中修正案第二十四条，对于"可以不经著作权人许可，不向其支付报酬"的使用作品情况，把原有的"将已经发表的作品改成盲文出版"情况修改为"以阅读障碍者能够感知的无障碍方式向其提供已经发表的作品"，扩大了作品合理使用的范围，实现了与《马拉喀什条约》有关条款的衔接适应，进一步为条约的批准奠定了基础。

经过不懈努力，2021 年 10 月 23 日，十三届全国人大常委会第三十一次会议表决通过了全国人大常委会关于批准《马拉喀什条约》的决定，进一步为阅读障碍者消除了获取作品的版权障碍，维护和保障了我国广大阅读障碍者的利益，提升了我国在国际版权领域的话语权和影响力。

二、实施盲文出版工程和发展盲人读物数字出版

"十三五"期间，国家高度重视中国盲文出版社在盲文出版方面的主力军作用，在有关项目安排、出版资源配置等方面给予大力支持。同时鼓励人民教育出版社等出版社参与低视力盲人教材教辅等配套出版工作，组织编写盲文版和低视力版教材，保证盲文教材教辅出版规模质量。加大盲人专业化学习和就业创业等读物的出版能力，逐步扩大其他盲文读物的有效供给。

国家也高度重视发展盲人读物的数字出版工作，有关部门指导出版单位不断推动盲人读物出版融合发展，建设基于众包云技术等技术的盲用数字出版系统，进一步提升了汉盲翻译准确率和编校工作效率；重点出版盲人教育和就业创业中所急需的教材教辅、职业培训和技能提高类的数字有声读物；引入新技术新材料新工艺持续推动盲用

阅读辅助器具的研发。

在国家的大力支持下，"十三五"期间，中国盲文出版社累计出版盲文读物 5016 种 14904 万印张；累计出版有声读物 3519 种 9939 小时，多媒体有声读物 599 种 3503 小时，DAISY 格式的有声书 53 种 910 小时；累计出版大字读物 1158 种 149 万册 1696.88 万印张。大大丰富了盲人和视力障碍者的阅读资源，支持更多盲人和视力障碍者享受国家文化事业发展红利。

三、实施盲人数字阅读推广工程

自 2017 年起，中央宣传部、财政部、文化和旅游部、国家广电总局和中国残联共同组织实施盲人数字阅读推广工程。该工程以"互联网 + 数字阅读资源 + 阅读终端"为服务方式，为全国 400 家设有盲人阅览室的公共图书馆配置基于互联网的智能听书机，免费向盲人读者借出，并提供内容更新、设备维修等支持，将阅读资源精准地送到盲人身边，帮助盲人无障碍地获取知识和信息。

截至 2020 年底，中国盲文出版社共配合 404 家公共图书馆完成了 196600 台智能听书机的采购及发货工作，开展了智能听书机免费循环借阅工作。目前已有 340 家公共图书馆完成设备激活，设备日活跃量近 4000 台次，在线交互累计 1685 万次 1852 万小时。中国盲文图书馆面向云南、贵州、西藏、新疆、宁夏等 26 个省（区、市）及地、县的 1436 家公共图书馆开展了业务培训，培训人数达 3989 人次；同时开通网络直播，通过微信公众号推送设备的操作微视频和常见问题答疑，努力将阅读服务做进"最后一公里"。

四、积极开展盲人阅读推广

中国残联积极推动将盲人指读纳入国家全民阅读大局，推动国家有关部门在制定相关政策法规、开展全民阅读活动等方面，给予盲人阅读更多关注和支持。国家大力扶持各级公共图书馆盲文及盲人有声读物阅览室建设，截至2020年底，全国各级公共图书馆设立盲文及盲人有声读物阅览室1258个，座席数2.8万个。各级主流媒体在每年"世界图书与版权日""全国助残日""国际残疾人日"等活动期间，加大对盲人阅读推广的报道力度，通过公益广告等方式，提高社会各界对盲人阅读的知晓率和支持度。

随着盲人阅读工作的全面开展，盲人无障碍影视服务也得到了发展。"十三五"期间，国家出版基金资助实施中国无障碍电影音像出版工程，累计制作无障碍影视作品610部，推广至各地图书馆及特教学校，提供免费借阅服务。各地还形成了"光明影院""心目影院"等无障碍影视服务品牌，为盲人和视力障碍人士提供更优质更规范的影视服务，起到良好的示范带动作用。

五、下一步工作

"十四五"时期，中国残联将会同配合有关部门进一步加强盲人和视力障碍者的阅读权益保障。

一是全力支持盲文出版及阅读服务，进一步满足盲人和视力障碍人群对精神文化的需求。结合《出版业"十四五"时期发展规划》，加大盲文出版支持力度，实施相关出版项目，优化盲文出版资源配置。进一步做好盲人阅读服务，继续实施盲人数字阅读推广工程，积极跟踪、研究推进新技术融合应用，降低应用实施成本，推动3D盲文绿色印刷生产等技术和产品推广应用，支持和推动中国盲文出版社和中国盲文图书馆的相关改革工作，进一步加大对我国盲人文化产品的供给力度，保障盲人群体阅读权。

二是指导教材出版单位执行国家标准，落实教材编校、印装等质量要求，不断提升盲校教材质量。加强特殊教育学校图书配备，开展书香校园活动，鼓励有条件的学校结合实际建立校图书馆（室）、绘本馆（室），培养包括盲生在内等残疾学生的良好阅读习惯。认真编制实施第三期特殊教育提升计划，采取切实措施推进特殊教育改革发展，努力保障残疾儿童平等接受教育。

三是加强盲人阅读服务及《马拉喀什条约》的宣传推广落实。指导各级各类媒体做好关爱残疾人宣传报道工作，加强公益营销宣传，向全社会推广盲人复读服务，努力为促进残疾人事业发展营造良好的社会舆论氛围。

衷心感谢你们对残疾人事业的关心和支持！

中国残疾人联合会

2021 年 11 月 4 日

关于妥善解决中小学教师队伍性别结构失衡问题的提案

案由：

中共中央、国务院《关于全面深化新时代教师队伍建设改革的意见》明确提出，"经过 5 年左右努力，使教师队伍规模、结构、素质能力基本满足各级各类教育发展需要"。近年来，在各级党委、政府和社会各界的支持下，教师队伍建设得到全面加强，教师队伍年龄和学科结构得到明显优化。但调研发现，教师队伍性别结构问题日益突出，男女教师比例失衡问题日趋严重。

根据教育部公布的统计数据，2018 年我国小学、初中和高中男教师的比例分别为 31.25%、43.22% 和 46.11%，较 20 年前累计降低了近 20 个百分点。尤其是北京、上海、天津、杭州、武汉等发达城市的男教师比例急剧下降。上海初中男教师比例（28%）已经低于经合组织成员国平均值 32%，低于日本（58%）、澳大利亚（38%）、新加坡（37%）、英国（36%）等国家。而且，从趋势看，大城市中小学男教师比例还在进一步下降。武汉市 2015-2017 年中小学和幼儿园教师中男教师占比分别为 30.72%、28.9%、26.9%，下降趋势明显。同一时间段取得教师资格的人群中男性比例从 17.38% 下降到 11.28%。杭州市小学目前在职男教师数量占比约为 20%；年龄在 30 岁以下的年轻教师中，男教师仅占 5%。这说明随着年长男教师的退休，男教师比例偏低的问题将更加突出。

中小学教师队伍性别结构严重失衡是经济社会发展到一定程度

后，教师队伍建设不平衡、不充分的重要表现，它制约教育质量提升，影响人民群众对教育事业的满意度。产生原因包括：一是社会经济发展水平提升，择业观念日趋多元化。教师职业发展和收入上涨空间有限，部分家长并未将师范专业作为子女尤其是男孩就业的优先选择。二是女性天然具有感情细腻、观察敏锐、亲切温和等适宜于从事基础教育学生工作的性别优势。三是教师收入水平偏低，职业吸引力不足，导致男生报考师范院校和参加教师招聘的内驱力不足。四是现行的教育培养和考试选拔方式更有利于女性脱颖而出。

基础教育阶段是学生身体发育和心理成长的关键时期，对学生性别角色定位和品格发展有十分重要的作用。女性教师占绝对主导地位的教育环境，不利于学生性格、心理和行为方式的健全发展。世界各国也意识到了教师性别比失衡可能带来的不利影响，纷纷出台了一系列应对措施。美国有鼓励军人当教师项目；英国也开展退伍军人培训项目；澳大利亚昆士兰省曾实施"男教师行动"项目，把每年增加10% 的男性大学师范生入学率作为项目考核指标；加拿大安大略省实施"吸引男教师从教研究"。

本案建议：

在借鉴世界各国经验的基础上，采取有效措施，提升我国中小学男教师比例。

1. 实施退伍军人教师培养计划。师范院校开通退伍军人师范生的专门招生通道，每年招收一定数量的退伍军人师范生。国家通过奖学金、助学金等方式支持有从教意愿的退伍军人进入师范院校就读。地方教育和人事部门在教师招聘中，要优先考虑退伍军人师范生。

2. 切实提高教师待遇水平。督促地方政府切实将教育放在优先发展的战略位置，坚持软硬并举，拿出真金白银提高教师待遇保障水平，落实"教师的平均工资水平应当不低于当地公务员的平均工资水平"，吸引优秀人才争相从教。

3. 改革师范教育招生和培养体制。抓住实施"教师教育振兴行动计划"契机，高度重视教师队伍性别结构失衡问题，进行顶层政策设计，创新师范男生招生、培养机制，为男教师的补充建立稳定渠道。

加大师范教育宣传和资助力度，吸引和动员更多男生就读师范专业。

4.营造尊师重教氛围。各级党委和政府要认真贯彻落实习近平总书记关于"让教师成为让人羡慕的职业"重要指示，让重视教育、尊重教师成为社会共识和自觉行动。建议人社部、教育部联合建立健全教师表彰和奖励制度，选树优秀教师典型，加强教师职业正面宣传，增强百姓对教师职业的信任感。

建议办理部门：退役军人事务部、教育部

（答复函略）

关于加强中小学项目学习课程建设的提案

案由：

  项目学习是一种以学生为中心的教学方法，指的是学生通过积极参与现实世界和个人有意义的项目进行学习。这种学习形态与传统以知识传授为主的教育不同，它以学习者为中心、以真实性情境为前提、以挑战性任务为驱动、以持续性探究为路径、以展示性成果为导向，能引发学生的深度学习，发展学生的高阶思维、创造力，团队合作和领导力，动手能力，计划以及执行项目的能力。除此以外，对项目的选择也让中小学生更早和更深入地面对和解决现实生活中的问题。近年来，项目学习在国内逐渐受到重视，2019 年，《国务院办公厅关于新时代推进普通高中育人方式改革的指导意见》提出注重"项目设计"等跨学科综合性教学，《关于深化教育教学改革全面提升义务教育质量的意见》也提出开展"项目化学习"。但总体而言国内对项目学习研究不足，理论体系不够完善，开发的课程内容领域不广，在学校开展的实践活动不够广泛，过程缺乏支持，评价几近空白，师资水平欠佳。

本案建议：

  1. 让项目学习进入正常的学校课表，确保每一位学生都能有机会从中受益。国外大量研究表明，项目学习不仅可提高学生学习成绩，而且对思维能力、深度学习、跨学科学习能力、可持续发展的学习能力等具有很好的促进作用。让项目学习进入正常的学校课表，每周有固定的时间（至少两节课，最好是半天）供学生进行项目学习，同时，鼓励以项目学习为主要教学方式的整体性教学实验，确保每一位学生都能有机会从中受益，得到可持续发展。

2. 设计真实情境问题解决的项目学习课程，实现跨学科知识的整合和运用。随着现代社会知识总量的快速增长，传统的分科知识已经不能反映世界的真实面貌，以分科教学为代表的传统课程理念也受到了巨大的挑战。当项目学习以真实情境的问题解决为任务，就需要学习者超越学科界限理解和识别问题的本质，应用多学科的知识和不同的技能解决问题，最终做出决策或制作成产品。在这样的过程中，教育不再是培养百科全书式的知识拥有者，而是能够运用知识去探索新知识和创造知识的人，知识本身从目的走向手段。

3. 建设国家、地方和学校课程，形成完整的项目学习课程体系。为落实立德树人的根本任务，推进素质教育的深入，完善德智体美劳全面发展的人才培养体系，近年来国家对基础教育课程不断进行改革。在原有国家课程的基础上，新的课程形态也不断出现，如综合实践活动、研究性学习、劳动教育、STEM教育、跨学科的主题学习等。但中小学阶段学生在校学习的时间和空间都是有限的，以项目学习理念整合这些新课程，建设项目学习的国家课程、地方课程和学校课程，形成不同内容领域、多层次的项目学习课程完整体系，打通学科内和学科外、课内和课外、校内和校外、学校和社会的壁垒，以课程丰富性发展学生生命的丰富性。

4. 将项目学习评价结果作为学生综合素质评价的必备项目。建议将项目学习评价结果作为综合素质评价的必备项目，高校录取学生时可通过学生选择的项目学习课程和学习表现，了解学生的个性爱好和特长，作为选拔学生的参考依据。

5. 加强项目学习的师资培训，促进项目学习课程开发。项目学习作为学习方式的新样态，要求学习者、教师、学习材料和学习环境都发生根本性的变化。教师是课程的建设者、领导者、评价者，只有教师转变教学理念，改变教学方式，才可能让学生在项目学习中真正受益。但目前的中小学教师都是在传统的学科教学中培训出来的，项目学习对教师而言是一种全新的挑战。除了理论学习和案例教学外，让教师走入社会了解不同行业，请各类专家走入中小学，是项目学习师资培训和课程开发的重要途径。

建议办理部门：教育部

中华人民共和国教育部关于政协第十三届全国委员会第四次会议
《关于加强中小学项目学习课程建设的提案》
答复的函

朱永新委员：

您提出的《关于加强中小学项目学习课程建设的提案》收悉，现答复如下：

项目学习不只是一种学习方式，也是一种课程形态，对于落实立德树人根本任务，深入推进素质教育，构建德智体美劳全面培养的高质量教育体系，具有重要意义。近年来，教育部深入推进基础教育课程改革，对项目学习等新型课程形态予以关注。

一、研制并印发《中小学综合实践活动课程指导纲要》，推动学习方式变革和研究型课程建设。21 世纪新一轮基础教育课程改革从小学至高中设置综合实践活动课程，平均每周不少于两课时，主要内容包括信息技术教育、研究性学习、社区服务与社会实践、劳动与技术教育等。经过多年来的实践探索，形成了一批改革典型，也面临着一些问题，如对该课程性质、形态缺乏应有的理解和把握，实施过程中随意性较大等。为此，教育部在总结梳理各地和学校开展综合实践活动典型经验的基础上，研制并印发《中小学综合实践活动课程指导纲要》，明确规定该课程是"从学生的真实生活和发展需要出发，从生活情境中发现问题，转化为活动主题，通过探究、服务、制作、体验等方式，培养学生综合素质的跨学科实践课程"，与学科课程并列设置，从小学一年级至高中三年级全面实施，注重培养学生的价值观念、责任担当、问题解决、创意物化等方面的意识和能力。该指导纲要所强调的考察探究、社会服务、设计制作、职业体验等活动方式，体现了研究性学习的基本精神，与项目学习的基本要求是相通的。同时，综合实践活动课程由国家提出基本要求，推荐若干重要主题；地方统筹管理和指导；具体内容以学校开发为主，由国家、地方和学校三级主体共同建设的。

二、修订各学科课程标准，促进跨学科主题学习。先行组织修订并印发普通高中课程。普通高中各学科课程标准凝练了学科核心素养，从核心素养培养的要求出发，改革课程内容呈现方式，引导学习方式的变革。如普通高中语文课程标准以语文实践为主线，以学习项目为载体，整合学习情境、学习内容、学习方法和学习资源，设计了整本书阅读与研讨、当代文化参与、跨媒介阅读与交流等 18 个任务群，追求语言、知识、技能和思想感情、文化修养等多方面、多层次目标发展的综合效应，而不是"点"的解析、学科技能逐项训练。继而修订义务教育课程方案和学科课程标准。义务教育各学科课程标准修订稿从培养有理想、有本领、有担当的时代新人要求出发，注重知识统整，加强综合；加强与生产劳动、社会实践的结合，倡导做中学、用中学、创中学，学以致用，重视真实情境下的问题解决。各学科设计了占课程总课时 10% 的跨学科主题学习。如地理课标修订稿设计了"我们与太空""二十四节气与我们的生活""全球气候变化""探索地球之肾——湿地""区域经济与社会发展""美好校园""家乡自然和社会环境调查"等主题，基于地理但不限于地理，有机融入生物、化学、历史、思政等学科内容，并提供案例，加强项目设计、实施和评价等环节的具体指导。各学科课标将项目学习纳入其中，将有助于项目学习常态化实施。

在研究性学习、项目学习、跨学科主题学习组织实施上，各地和学校具体做法不同：有的分散安排，每周两课时持续开展；有的每学期安排一周，相对集中地进行。若干新的学习样态通常不局限于某个学科，教师如何打破已有的学科分工，进行跨学科备课研讨、过程指导和评价，也有一个逐步探索和完善的过程。上海市教委先行一步，2020 年印发了《上海市义务教育项目化学习三年行动计划（2020-2022 年）》，在市级层面遴选 100 所左右的项目化学习实验校，建立研究共同体，进行实践探索。

如您所说，项目学习作为学习方式的新样态，对教师、学习环境等提出了更高要求。下一步，教育部将按照课程改革新要求，加强和改进对教师的培养培训，努力提升教师的项目设计、实施和评价能力。

感谢您对教育事业的关心和支持！

中华人民共和国教育部

2021 年 7 月 21 日

关于在中小学系统开展生命教育的提案

案由：

生命与健康是人类生存和发展的基本需求和永恒追求。生命权、身体权和健康权是《中华人民共和国民法典》赋予公民的基本权利。在这次新冠肺炎疫情暴发后，为了防控疫情，我国对经济社会发展按下了暂停键，不惜付出很高的代价。这就是落实习近平总书记的要求，"把人民的生命和健康放在第一位。人的生命只有一次，必须把它保住，我们办事情一切都从这个原则出发"。

未成年人是国家的未来、民族的希望、家庭的梦想，关系着中华民族伟大复兴和亿万家庭的幸福安宁。随着我国经济社会发展，未成年人保护面临许多新情况、新问题。现代社会物质生活的日益丰富和社会环境的纷繁复杂，使未成年学生的生理成熟期明显提前，极易产生生理、心理和道德发展的不平衡现象。长期以来，由于生理发展过程中出现的困惑常常得不到及时指导，对无法预料且时有发生的隐性伤害往往难以应对，导致一些学生产生心理脆弱、思想困惑、行为失控等现象。

目前，生命教育在学校中被弱化、在家庭中被软化、在社会中被淡化的情况比较严重。学生生命教育问题不断出现，具体表现为：1.生命教育定位不明，课程量设置不足；2.生命教育内容碎片化，不能涵盖全部学段，无法满足学生生命发展的需要；3.生命教育的资源不足，学校、家庭和社会整合不够；4.生命教育教学模式固化，教学水平落后，生命教育教师培训不足。

生命教育有助于青少年学生树立珍爱生命、健康第一的理念，具备维护生命健康的知识和技能，养成健康的行为和生活方式，提高自我管理和社会适应能力，为一生的生命健康奠定坚实的基础。在中小学开展生命教育，是贯彻习近平总书记提出的"把人民的生命和健康放在第一位"的思想，落实中共中央、国务院颁发的《"健康中国"2030 规划纲要》和《健康中国行动（2019-2030 年）》的重要举措，对于促进和保障青少年身心健康发展，提高公民健康素质，具有重要意义。

本案建议：

1. 制定出台《中小学生命教育指导纲要》

尽快组建专家团队系统规划、顶层设计，研制《生命教育国家课程标准（纲要）》。明确加强生命教育的指导思想、原则内容、方法途径，解决师资配备、投入保障、课程建设等瓶颈问题，推动相关政策落地落实。

2. 完善生命教育课程体系

将生命教育纳入中小学课程体系，建立以专设课程为主导，与其他课程的教学及各类教育活动有机渗透、相互配合、共同推进的实施机制。鼓励各地各校因地、因校、因时制宜地开展生命教育，科学编制和有效使用地方生命教育读本，创新教学方式和评价机制，建立健全国家生命教育资源库。

3. 将生命教育纳入教师教育内容和通识培训

把生命教育列为师范生必修课，纳入大中小学幼儿园教师通识培训，提高各学科教师开展生命教育的意识和能力，重点提高班主任的生命教育指导能力。鼓励具备资质的专业机构开展生命教育教师专业能力培训及继续教育。试点开展生命教育专业师范生的培养。

4. 整合利用生命教育社会资源

积极引导社会力量在中小学校、校外教育场所（少年宫、医院、监狱、戒毒所、精神卫生机构、研学基地、革命纪念馆等）建立公益性生命教育馆（室），指导中小学校充分利用各类场馆资源开展生命教育。推出生命教育线上教学资源库、客户端 App、智能学习终端等。

5. 积极构建生命教育共同体

构建"政府、学校、家庭、社会"四位一体的生命服务模式，共同营造良好的生命教育氛围，形成符合时代要求的价值导向。

政府要把促进家庭生命教育纳入民生工程，发挥学校在学生和家庭之间的桥梁作用，指导和帮助家长正确养育孩子；借力社会服务，发挥社区及相关专业社会机构的协同和支持作用，优化学生成长环境。

建议办理部门：教育部

中华人民共和国教育部
关于政协第十三届全国委员会第四次会议
《关于在中小学系统开展生命教育的提案》
答复的函

朱永新委员：

您提出的《关于在中小学系统开展生命教育的提案》收悉，经商共青团中央、全国妇联，现答复如下：

您对中小学生命教育问题的分析和建议很有针对性，对相关工作的开展具有借鉴意义。教育部与相关部门高度重视中小学生命安全教育，将其作为教育工作的重要内容，会同相关部门开展了一系列工作。

一、加强安全工作部署

印发《关于有针对性地加强中小学幼儿园安全管理工作若干事项的通知》《关于做好预防中小学生溺水事故工作的通知》《关于开展全国中小学生安全教育日活动的通知》等文件，要求各地深化学校安全教育，积极引导学生掌握生命的知识和生命保护的技能。召开全国中小学、幼儿园安全工作视频会议，指导各地各校创新安全教育方式，对防范化解学生极端事件、防溺水等工作进一步作专门部署。指导各地"一校一案"落实《中小学德育工作指南》，将加强中小学生命安全教育内容纳入学校教育教学工作，加强日常教育管理。

二、加强课程教材建设

中小学道德与法治（思想政治）、科学、生物学、体育与健康等课程教材有机融入生命安全教育相关内容。例如，小学道德与法治安排学习"我们的生命""呵护我们的身体"等；小学体育与健康要求"树立尊重生命、保护生命的意识"；高中生物学要求学生能够"主动向他人宣传关爱生命的观念和知识"等。组织研制《生命安全与健康教育进中小学课程教材指南》，从进中小学课程教材的重要意义、基本原则、总体目标、主要内容、学段要求、组织实施等六个方面对落实包括生命教育在内的生命安全与健康教育进行顶层设计和整体规划，推进中小学生命安全与健康教育系统化、制度化、长效化实施。共青团中央开发青少年生命教育课程体系和青少年心理服务工具包，以送课入校、实训体验等形式向青少年、家长普及生命教育知识。

三、丰富宣传教育活动

教育部指导各地各校充分利用主题班会、团队活动、演讲比赛等形式，将生命安全教育有机融入活动中。指导各地通过组织学生参观文化馆、纪念馆、博物馆等活动，在实践体验中加强对中小学生的生命教育。开通国家中小学网络云平台，设立"生命与安全教育"板块，遴选一批优质资源，加强生命教育，帮助学生树立尊重生命、珍爱生命的观念。共青团中央开展"青春自护·益起来""中高考减压"等品牌项目，帮助青少年更好地防范各类意外伤害、人身侵害。全国妇联联合民政部等 10 个部门，以"把爱带回家""保护儿童安全"为主题，开展儿童关爱服务活动，通过各类教育引导和志愿服务，把安全常识与技能教给孩子，促进留守儿童、困境儿童健康成长。

四、形成协同育人机制

成立教育部基础教育教学指导委员会（下设心理健康教育专委会、安全教育指导专委会），推动地方和专家加强对接交流。组织全国中小学德育骨干、班主任、心理健康教育教师网络示范培训班，2021 年已培训 3 万余名教师，提升教师开展学生心理健康教育、生命安全教育的水平。共青团中央培育、支持青少年事务社工、社会组织走进社区和学校，广泛开展法制宣传、禁毒防艾、自护教育等工作，弘扬生命至上、敬畏生命的观念，引导青少年自尊自爱自强、健康成长。发挥各地 12355 青少年服务台功能，动员专业力量，面向青少年及家长开展生命教育活动，提升生命安全知识普及。全国各级妇联依托 36 万所城乡社区家长学校、1 万多所网络家长学校和 1 万多个新媒体平台，通过举办家庭教育讲座、推出家庭教育微课堂等多种渠道，面向广大家长持续宣传普及生命教育的科学理念和知识，引导儿童认识生命、珍惜生命、尊重生命、热爱生命，培养积极、乐观、勇敢、自信的健康人格。

下一步，教育部将会同相关部门持续深入推动各地落实好中小学生命安全教育各项工作要求，丰富育人载体和途径，针对中小学生安全事故易发多发领域开展好专题教育，密切家校社协同育人，进一步提高中小学生命安全教育工作水平。

感谢您对教育工作的关心和支持。

中华人民共和国教育部

2021 年 10 月 29 日

关于提高青少年心理健康水平　预防自杀自残高发的提案

案由：

据报道，2020 年新冠肺炎疫情期间和复学后，全国很多地区，尤其是一线城市出现了中小学生自杀率较大幅度上升的现象，青少年厌学、自我伤害呈现恶化趋势。

为何学生群体自杀率上升如此快？综合专家分析有以下原因：一是心理因素：长期慢性压力所致的生理改变和行为改变，形成学生采用自杀自残来应对压力的问题行为模式。二是教育因素：中小学作业过多，学生休息活动时间得不到保证；学校片面抓升学考试科目，考试过多、排名过多，造成学生非理性竞争；基础教育的应试教育模式加上过度商业化，导致学业压力倍增的剧场效应、内卷效应；削弱、忽视乃至放弃思想政治工作、心理健康教育工作、育人工作。三是社会因素：父母焦虑，担心下一代失去学习和进入社会精英阶层的机会。商业宣传扩大了社会焦虑，有出于商业利益的课外辅导机构、自媒体等激发、鼓吹社会焦虑、恐慌因素。四是价值观因素：受西方消极价值观、文化的冲击和影响，突出表现为丧文化、自杀文化、过度自由化、极端的个人主义导致的颓废心态。五是法制因素：非理性教育行为侵犯青少年基本的发展权益。教师、家长的教育方式简单粗暴或冷暴力现象仍然比较普遍，有的甚至构成虐待或变相虐待，然而由于法律条文对于"虐待罪"解释过于严苛，所以对青少年疏于保护。

本案建议：

针对目前急迫问题，就加强青少年心理健康，预防自杀自残提出以下建议。

1. 加强青少年权益保护，进一步抓紧教育法、青少年保护法等法律法规的落实，减少或杜绝非理性教育行为。在学校要保护学生的基本权益，落实责任到人；在社区要加强教育和宣传，防止家庭中非理性行为伤害学生；进一步研究和修订相关的法律条文，让青少年得到更好的保护。

2. 加强心理普查和摸底科研，帮助每个学校建立常态化危机预防和干预体系。要发展基于中国文化教育特点的心理危机测评体系和网络测评系统。创新普查手段和方法，形成对学生自杀倾向个案的长期追踪管理体系，形成从校长、教师、学生和家长共同参与的常态化危机预防和干预体系，以降低自杀率。

3. 在各级各类学校开设心理卫生和生命教育课程，覆盖每一个学生。加大心理学科普，重点要从疾病宣传发展到积极心态塑造。在校园中倡导积极的社会主义核心价值观，自觉识别抵制西方消极文化和思想对青少年的侵蚀和危害。

4. 建立学生心理健康管理体系，提供全方位、多层级的资源进行综合治理，包括医疗资源、心理咨询与治疗资源。提高中小学心理咨询室的建成率和心理健康老师配备率。多渠道开展心理健康宣传教育。

5. 加强学生工作专业化队伍建设和社会支持资源建设。学校心理健康工作要与学生思想政治工作、德育工作、党建工作紧密结合。班主任、辅导员和学校咨询师，要形成稳定的专业化人才队伍，才能更有效地提高育人效率。倡导全社会尊师重教培训人才，挽救生命，人人参与，人人有责的良好社会氛围。

6. 加强基础教育改革，缓解社会焦虑。改变将成人（教师、家长）焦虑、压力不断递增地传递给青少年学生的现象。倡导自尊自信、理性平和、积极向上的社会心态，通过精神文明建设，强大内心，在积极的生命观引导下找到人生价值和意义。

7. 提高包括父母在内的全社会教育素养，普及"成人比成才更重要""让孩子成为更好的自己"等科学教育理念，将个人发展与国家民族的发展强盛联系起来。消除夸大的"不上名校就要坠入社会底层"的恐慌，改变消极、内卷的社会心态。

建议办理部门：中央政法委、教育部、国家卫健委

中华人民共和国教育部关于政协第十三届全国委员会第四次会议《关于提高青少年心理健康水平　预防自杀自残高发的提案》答复的函

朱永新委员：

您提出的《关于提高青少年心理健康水平　预防自杀自残高发的提案》收悉，经商国家卫生健康委、全国妇联，现答复如下：

您对青少年心理健康问题的分析和建议很有针对性，对相关工作的开展具有借鉴意义。教育部与相关部门高度重视青少年心理健康教育，将其作为教育工作的重要内容，会同相关部门开展了一系列工作。

一、加强政策指导

教育部先后印发《中小学心理健康教育指导纲要》《中小学德育工作指南》《高等学校学生心理健康教育指导纲要》等文件，指导各地各校全面推进心理健康教育，加强制度建设、课程建设、心理辅导室建设和心理健康教师队伍建设。全国妇联会同有关部门印发《全国家庭教育指导大纲》，规范推进全国家庭教育指导服务，引导家长重视孩子心理健康。国家卫生健康委指导各地深入贯彻落实《关于加强心理健康服务的指导意见》《健康中国行动（2019-2030 年）》《健康中国行动——儿童青少年心理健康行动方案（2019-2022 年）》等文件要求，不断加强儿童青少年心理健康服务，提升大众对青少年人群心理健康的关注度和识别能力，为促进儿童青少年心理健康工作提供技术支持和保障。

二、加强学校保护

为贯彻落实新修订的《中华人民共和国未成年人保护法》，在广泛调研、公开征求意见的基础上，教育部于 2021 年 6 月 1 日发布《未成年人学校保护规定》（以下简称《规定》）。《规定》落实未成年人保护法中关于"学校保护"的规定，系统整合、创新完善了学校未成年人保护制度，分一般保护、专项保护、管理要求和保护机制等章节，全面构建了学校保护制度体系，就社会关注的热点问题，如学生欺凌、校园性侵害等建立完善了相应专门制度。《规定》创新和完善了学校未成年人保护工作机制，明确教育等部门的支持监督措施，补齐短板弱项，提出了首问负责制、指定学生保护专兼职监察员等机制，为学校未成年人保护工作提供有力支撑。规定了教育部门、学校及教职工不履行责任的具体处理办法，细化和完善法律责任，为下一步加强管理问责提供更为明确的依据。

三、推进课程建设

现行中小学有关课程明确心理健康教育要求，道德与法治（思想政治）、体育与健康、生物学等课程中，设置不同学段心理健康教育的必修内容，均明确心理健康教育必修要求。推动各地各校将心理健康教育纳入教育教学计划，列为地方课程和校本课程，安排一定课时，加强对学生的心理健康教育。组织研制《生命安全与健康教育进中小学课程教材指南》，对包括心理健康在内的五大领域内容进课程教材进行顶层设计和整体规划，要求引导学生学习心理健康知识，了解并掌握解决心理问题的主要方法和途径，增强学生在遇到心理问题时主动寻求帮助的意识，主动化解困扰，保持积极心理状态，增强抗挫能力，提升幸福感。

四、提高教师水平

成立教育部中小学心理健康教育专家指导委员会和教育部基础教育教学指导委员会（下设心理健康教育专委会），强化决策咨询、教学研究和实践指导，研制《心理健康教育指导手册》，发挥心理健康教育专家的示范引领作用。指导各地各校加强心理健康教育教师队伍建设，配备专职或兼职心理健康教育教师，并逐步增大专职人员配比。把中小学心理健康教育骨干教师培训纳入"国培计划"项目，分期分批进行国家级培训，加强骨干教师培养。组织全国中小学心理健康教育示范培训班和全国中小学心理健康教育教师网络培训示范班，2020年培训1万余名教师，带动各地将心理健康教育教师培训纳入教师培训计划，加强对班主任和其他学科教师的心理健康教育培训。支持高校增设心理学、应用心理学专业，加强心理健康教师队伍源头培养。

五、提升服务能力

印发《教育部办公厅关于加强学生心理健康管理工作的通知》，指导各地各校从做好心理健康测评工作、强化日常预警防控、加强心理咨询辅导服务、构建家校协同干预机制等方面，进一步提高学生心理健康工作针对性和有效性，切实加强专业支撑和科学管理。国家卫生健康委指导各地医疗卫生机构注重提高各临床科室的心理行为问题和常见精神障碍筛查识别和处置能力，指导妇幼保健机构开展儿童心理健康教育，提供心理健康咨询与指导、心理疾病筛查与转诊服务。
2019 年起，国家卫生健康委与中央政法委等部门指导各地开展社会
心理服务体系建设试点，探索包括儿童青少年等重点人群心理健康服
务模式。部分试点地区精神卫生专业机构与中小学校协作开展学生心
理健康教育，及时对出现心理行为问题和精神障碍的学生进行干预治
疗等，已取得初步成效。

六、深化教育改革

指导各地各校贯彻落实《中共中央办公厅　国务院办公厅关于进
一步减轻义务教育阶段学生作业负担和校外培训负担的意见》《中共
中央　国务院关于深化教育教学改革全面提高义务教育质量的意见》
文件要求，坚持五育并举，落实立德树人根本任务。印发《义务教育
质量评价指南》，明确学生评价应包括品德发展、学业发展、身心发
展、审美素养、劳动与社会实践等五方面内容，并对改进评价方式提
出了要求。印发《关于做好中小学生课后服务工作的指导意见》《关
于印发中小学生减负措施的通知》《关于加强义务教育学校作业管理
的通知》，减轻家长和学生负担，促进学生健康成长。

七、密切家校协同

组织编写《家庭教育指导手册》，遴选家长育儿典型案例，解答
家庭教育困惑。会同全国妇联发布《家长家庭教育基本行为规范》，
为广大家长实施家庭教育提供指导，构建平等民主和谐的家庭关系，
促进子女身心健康发展。指导各地各校通过网上家长学校、家庭教育
指导中心、家庭教育大讲堂等多种形式，促进家庭教育科学化、规范
化实施。依托全国近 70 万个家长学校和家庭教育指导服务站点为家
长提供儿童心理、亲子辅导等个性化家庭教育咨询和指导等服务。全
国妇联指导各级妇联组织将儿童心理健康知识纳入家庭教育指导服务

系列课程，通过举办讲座、开通热线、网络推送等形式，普及儿童心理健康知识，提升家长和儿童预防、发现、干预心理问题的能力。

下一步，教育部将会同国家卫生健康委、全国妇联等部门，进一步加强儿童青少年心理健康教育工作，培养其良好的心理素质。一是强化科学管理。指导各地加强学生心理健康管理工作，加强学校卫生与健康教育工作，进一步提高学生心理健康工作针对性和有效性。二是融入课程标准。在修订义务教育课程标准时，进一步在相关学科课程标准中落实心理健康教育要求，确保在课程教材中全面落实，系统融入。三是健全联动机制。建立学生心理状况报告制度，及时掌握学生的心理状况，研究建立学校、家庭、社会、医疗机构的联动机制，化解处置突出问题。四是密切家校协同。指导学校利用家访、家长会等渠道，加强对家长的心理健康知识培训，不断提升家长的心理健康教育意识和能力。

感谢您对教育工作的关心和支持！

中华人民共和国教育部

2021 年 10 月 29 日

关于制定未成年人游戏国家标准　家校企协同履行监护责任的提案

案由：

根据艾瑞咨询报告数据，2019 年未成年游戏用户规模已达到 1.07 亿人，对未成人健康游戏的防护也成为全社会关注的焦点之一。如何更好促动家、校、企三方联动，共同加强未成年保护机制建设，有效遏制未成年人沉迷网络游戏、过度消费等行为，保护未成年人身心健康成长，是贯彻落实习近平总书记关于青少年工作重要指示精神、促进网络游戏繁荣健康有序发展的有效举措。

新出台的《中华人民共和国未成年人保护法》修订案中，将未成年人网络保护单设一章，明确了家长的监护责任，规定了一系列防止未成年人沉迷网络的措施，初步构建起我国未成年人网络保护的法律基础，符合时代发展的要求。

相比于日韩美等其他国家主要依靠游戏分级制度、少数国家实行游戏实名制等做法，我国 2019 年出台的《关于防止未成年人沉迷网络游戏的通知》，要求之全面、严格、细致已经走在世界前列，从产品、相应管理功能设置、提供游戏服务时间限制、游戏消费限制等方面都进行了明确规定。

目前，许多游戏企业也响应国家要求，各自建立起了如健康系统、防沉迷系统等未成年人保护平台。但由于缺乏全国统一的未成年人保护机制落地标准，行业数据不互通、家长责任意识薄弱等因素，这些保护机制和规则仍存在优化空间。例如，实名注册，有的企业率先接入了公安实名系统验证，虚假身份信息无法通过，有的企业则没有。

为此，制定未成年人健康游戏方面统一的国家标准，并由国家推动强制执行成为当务之急。

本案建议：

第一，前置防护，为家长提供易操作的统一监护工具，加强家长层面网络素养教育。通过将家长等监护人与未成年用户游戏账号的绑定，实现家长对未成年人的游戏操作记录查询、游戏消费记录查询以及游戏操作提醒、游戏消费提醒、游戏操作时段设置和游戏消费限制。

目前行业内的相关平台已可以实现这些功能。比如，从腾讯平台服务的超过3000万用户使用情况来看，82%的绑定用户游戏时长下降。在统一平台推出前，应通过学校教育等方式，将此类平台推广至更多家长群体知晓及使用，利用有效工具避免孩子过度沉迷、非理性消费。

另外，应设定统一课程加速父母网络素养教育，首先让父母懂网、知网，从而加强对未成年人使用网络、使用游戏等行为进行引导和监督。

第二，事中保护，游戏中按照标准设立统一的自动管控系统。建议进一步加大力度，在现行行业规范的基础上，结合头部企业实践经验，由政府牵头制定国家标准，建立统一的防沉迷平台，整体接入公安实名系统验证，推动所有企业以统一的力度和方式予以落实执行。

对于现实中常遇到的"未成年人冒用家长账号绕过游戏限制"问题，一直有人呼吁游戏企业采取人脸识别措施，对用户在游戏登录、支付时进行人脸识别验证，但同时也出现了不少担心隐私泄露的声音。所以在这个问题上不能"一刀切"，对于人脸这种生物隐私信息需慎重，应鼓励有能力的企业先行积极探索，另外也希望尽快形成人脸识别技术运用的国家标准，明确规范适用范围及使用程度等。

第三，事后服务，要求所有企业建立并公开投诉和举报渠道，制定统一清晰的退费标准，并给有需要的家庭特别关怀。标准应要求各家企业应将未成年人游戏客服专线作为运营标配，提供未成年人非理性消费的申诉与受理机制，及时受理并处理涉及未成年人游戏的投诉和举报，并制定统一清晰的退费标准，要求所有企业按此执行。针对个别存在家庭教育、亲子沟通问题的情况，应给予一对一的深度辅导服务。

综上，建议有关部门，在行业"防止未成年人沉迷网络游戏"的现有规则标准上，结合企业实践，由政府有关部门制定未成年人游戏防沉迷保护的国家标准，从而解决因为不同企业和不同平台保护规则标准不一和各自为政，造成的漏洞问题。

建议办理部门：中央宣传部、教育部

（答复函略）

亟须管控国家级媒体发布应试型教育培训类广告的行为

全国政协副秘书长、民进中央副主席朱永新，民进河南省委会出版和传媒委员会副主任、汽车情报新媒体总编辑司爱武反映，最近一些国家级媒体通过广播、电视、新媒体等多种形式，大量频繁播放应试型青少年教育培训类广告，造成诸多不良影响，应当引起有关部门的高度重视。

一、存在问题

国家级媒体被誉为"国之喉舌、人民尖兵"，播放（推送）的内容具有毋庸置疑的权威性，播出的广告也直接影响和左右着普通民众的消费趋势和教育、生活等理念。在国家级媒体上播放（推送）各类应试型教育类培训广告，不仅违反了相关法律规定，也与"为中小学生减负"的国家教育方针不符，不利于引导广大家长树立正确教育理念。

（一）广告宣传涉嫌违法。2015 年修订后的《中华人民共和国广告法》第 9 条、第 24 条、第 38 条、第 39 条等多项条款对教育培训类广告发布做出了明确规定，民办教育促进法中对此也有较为详细的规定。而目前国家级媒体播放的广告中，不乏"重新定义在线答题领域的行业标准""找一线名师学解题大招""想要好成绩就找好办法"等涉嫌违反广告法的词语、句子和段落。

（二）引发机构广告大战。各大教育培训机构在销售和营销过程中投入大量资金，竞相在国家级媒体上播放广告，造成了无序的"广告投放大战"，无疑会本末倒置，挤压师资建设和课程研发的投入。

（三）加剧社会焦虑情绪。广大读者和观众（听众）被各类应试型教育培训类广告包围和洗脑，加剧了全社会的教育焦虑。不少家长省吃俭用给孩子报名参加各种补习培训班，实际上增加了广大青少年的学习负担，也给很多经济条件有限的家庭造成了"教育不公"的感受。

二、有关建议

（一）严肃查处教育培训类广告中存在的违规和违法行为。国家有关监管部门高度重视此类现象，严格执行广告法、民办教育促进法等规定，加大对媒体尤其是国家级媒体的日常监管，加大对违法宣传单位处罚力度。

（二）对各大发布媒体进行约谈。教育及相关行业主管部门，组织广大媒体尤其是国家级媒体有关负责人，进行集中谈话，引导加强行业自律，尽早杜绝各类教育培训"广告投放大比拼"的现象。

（《民进信息》2021 年第 172 期）

拉闸限电对中小出口企业造成较大影响

全国政协副秘书长、民进中央副主席朱永新，浙江省政协委员、民进浙江省委会专职副主委刘毅，遂昌县政协副主席、民进遂昌县委会主委潘堂根，民进会员、丽水亚鑫进出口有限公司总经理孟景建、浙江省政协办公厅特邀信息员、遂昌县政协办公室协商服务保障中心王军反映，由于持续高温天气、经济持续向好和企业生产订单爆满等诸多因素，近期国内多地电力供应紧张。在上半年"双控"目标未能完成的背景下，不少地区直接采取了限产、限电等措施，中小出口企业生产经营受到较大影响。

一、存在问题

（一）货物生产兑付"困难化"，外贸出口企业"履约难"。下半年是出口企业的生产旺季，各工厂都在抓紧生产、出货，当下的订单几乎都是国外亟须的产品，不少出口企业在 6 月、7 月就已经接单圣诞物品，正常安排在 8 月至 10 月生产出货。但此次限电政策来得快，大批出口企业工厂准备时间不足，应对预案不充分，导致已经签订了的合同项下的产品、服务不能及时兑现交付，恐将赔付高额的违约金。为了能按时交货只能采用空运方式，增加了运输成本，也会造成下游客户的流失和高昂的赔偿。同时，企业停产将导致一线工人无活可干领不到薪水，部分员工流失，在目前招工难的形势下，也给企业复工造成困难。

（二）企业资金链条"波动化"，停工期间收支"维稳难"。一方面，企业建设厂房或是租赁厂房，每年需按照经营的厂房面积来征收厂房亩产税。以浙江省为例，工业用房一般按照 3 万元 / 年亩的标准收取亩均税收，平均每年需完税 10 万元。若达不到此亩均税收，企业在能耗、融资、税收等方面不仅没有优惠，还要提价。当前限电拉闸，企业被迫关停，资金链势必受到严重冲击，此时履约亩均税收对于企业负荷较重。另一方面，年底银行还贷压力较大，外贸企业回款基本需 1–2 个月，对于很多中小企业资金链本就紧张，加上年末时还要偿还银行贷款，一旦较长时间停工，影响产品生产与出口，企业恐面临资金链断裂的风险。以浙江省丽水市为例，该市在征得企业同意的情况下，对企业采取限电或停电的措施，补助政策由各地自行制定，由于地方财政资金有限，目前还未出台相应补助措施，企业运营压力大。

（三）地方限电限产"扩大化"，非高能耗企业"生存难"。当前，一些地方仍在陆续出台限电措施，且不断扩大限电范围。与往年夏季用电高峰时期，一些地方有针对性地对具体行业企业采取错峰用电政策不同，此次地方限电潮无论是发端时机、推进节奏、影响均大不相同。如一些包装类、组装类等非高能耗企业也被迫全面停工。以浙江省丽水市庆元县胜明文具有限公司为例，该企业今年 1–8 月总用电量 61.7 万千瓦时、日用电量为 0.28 万千瓦时，被归类为第六类有序用电企业，每月停工 7 天。但由于该企业去年 5 月才开始供电，启动生产阶段用电量也较少，如以去年同期用电量为基数划分用电监测值，该公司 10 月用电监测值仅为 0.78 万千瓦时，正常运行 3 天就会达到监测值，严重影响生产。

二、有关建议

（一）出具政府或行业协会的公告函。商务部和中国贸促会出具统一的对外告知函，给予中小出口企业跟外商说明事因的保障，缓解对外贸易中买卖双方因合同约束而产生的违约和法律责任，最大努力地降低企业涉外赔偿和法律纠纷风险。

（二）暂缓或调整亩均税收考核标准。企业复工后，按照企业的原先指标，参照企业实际经营状况，给予一年，或者两年内延缓亩均税收基数考核标准。税务部门出台政策，给予优惠或者减免手段，减轻企业的资金压力，共渡难关。

（三）分类实施企业限电措施。针对低能耗企业，各地根据不同企业性质，设立不同的用电额度机制，如包装类、服装鞋类、组装类等低能耗用电企业，可以不用限电，继续生产扩大就业。针对高能耗企业，对其用电实行总额限制，由企业自行决定使用时间，在同一区域合理梯度间隔使用，提升企业节能意识。

（四）提供金融方面政策支持。金融主管部门，根据企业原有贷款额度，给予延期1–3个月，免收企业滞纳金，在政策允许范围内，给予停业企业金融便利服务，帮助企业共渡难关。

（《民进信息》2021年第972期）

深入学习贯彻中共十九届六中全会精神 为全面建设社会主义现代化国家贡献力量

　　全国政协副秘书长、民进中央副主席朱永新反映，在中国共产党建党百年的重大历史时刻，在"两个一百年"奋斗目标的历史交汇期，中国共产党中央委员会在北京举行第六次全体会议，审议通过了《中共中央关于党的百年奋斗重大成就和历史经验的决议》（以下简称《决议》），这是中国共产党百年历史上形成的第三份历史决议，也是一份总结历史、把握规律、坚定信心、面向未来的重要历史决议。

　　《决议》围绕坚持初心使命、坚定理想信念的主题，贯穿不忘初心、牢记使命的主线，体现了鲜明的理论品质和时代特征：

　　一是体现了马克思主义的立场、观点和方法。《决议》坚持以马克思主义中国化的最新理论成果习近平新时代中国特色社会主义思想为指导，坚持解放思想、实事求是、与时俱进、求真务实，坚持辩证唯物主义和历史唯物主义，深入研究全面总结百年大党的历史经验，以全新的视野深化对共产党执政规律、社会主义建设规律、人类社会发展规律的认识，系统地解答了"中国共产党为什么能"这一重大理论课题，是一篇马克思主义的经典文献。

　　二是体现了以史为鉴、开创未来的责任担当。《决议》深刻揭示了坚持党的全面领导、坚决做到"两个维护"是历史发展的必然选择；深刻揭示了坚持习近平新时代中国特色社会主义思想的指导地位、不断推进马克思主义中国化时代化是历史发展的必然要求；深刻揭示了全面建成社会主义现代化强国、实现中华民族伟大复兴是历史发展的必然趋势，在探究历史规律中掌握历史主动，增强执政本领，汲取智慧力量，生动展现了中国共产党人为中国人民谋幸福，为中华民族谋复兴的初心和使命。

三是体现了团结统一的良好氛围。《决议》稿提请六中全会审议前，在党内外一定范围征求意见。习近平总书记主持召开党外人士座谈会，当面听取各民主党派中央、全国工商联负责人和无党派人士代表的意见。同时，《决议》稿还吸收了各地区各部门各方面的意见和建议。《决议》既坚决维护习近平总书记党中央的核心、全党的核心地位，坚决维护党中央权威和集中统一领导，又坚持大团结大联合，坚持一致性和多样性相统一，最大限度凝聚起共同奋斗的磅礴力量。

中共十九届六中全会已经发出了迈向第二个百年奋斗目标，实现中华民族伟大复兴的集结号与动员令。在以习近平同志为核心的中共中央坚强领导下，伟大的中国共产党必将在全面建设社会主义现代化国家新征程上再创辉煌。各民主党派和无党派人士要坚持以习近平新时代中国特色社会主义思想为指导，深入学习贯彻六中全会精神，进一步增强责任和担当，做中国共产党的好参谋、好帮手、好同事。

一、深入学习贯彻六中全会精神，夯实共同思想政治基础。学习贯彻六中全会精神，首要的就是要增强坚持中国共产党领导的政治自觉。民进要把学习贯彻六中全会精神与中共党史学习教育结合起来，与贯彻落实中共中央关于中国特色社会主义参政党建设的一系列决策部署结合起来，与深刻领会中共中央对多党合作事业的新部署新要求结合起来，巩固和深化"不忘合作初心，继续携手前进"主题教育活动成果，不断增进对中国共产党领导和中国特色社会主义的政治认同、思想认同、理论认同、情感认同。

二、深入学习执政党建设的宝贵经验，全面加强参政党自身建设。中国共产党的百年，始终坚定理想信念，创新思想理论，勇于自我革命，坚持党要管党、全面从严治党，持续正风肃纪，掌握了党的建设这一重要法宝，为政党建设提供了重要启示和经验。作为与中国共产党通力合作的参政党，民进要跟上执政党建设的步伐，深入学习执政党建设的精神品质和宝贵经验，从坚持和完善新型政党制度的高度，按照"四新""三好"的要求，建设政治坚定、组织坚实、履职有力、作风优良、制度健全的中国特色社会主义参政党，特别是结合换届工作深化政治交接，全面推进自身建设，确保多党合作事业薪火相传、根基永固。

三、深入学习贯彻新发展理念，更好履行参政党职能。民进要深刻把握新时代肩负的职责使命，增强思想和行动自觉，把民进工作放在"十四五"规划和 2035 年远景目标纲要的战略布局中来思考和谋划，立足新发展阶段、贯彻新发展理念、构建新发展格局，不断提高参政议政、民主监督、参加中国共产党领导政治协商的能力，围绕党委和政府中心工作、重大问题和基本民生深入调研，积极主动反映社情民意，提供更多务实管用的对策建议；要推动建言资政与凝聚共识双向发力，努力营造良好舆论氛围，促进社会和谐稳定，切实做中国特色社会主义事业的亲历者、实践者、维护者、捍卫者，把新型政党制度优势转化为国家治理效能。

（《民进信息》2021 年第 1130 期）

调研手记

　　"没有调查就没有发言权。"这个简单而深刻的判断，揭示了调查研究的意义和价值。习近平总书记也明确指出："调查研究是做好工作的基本功，一定要学会调查研究，在调查研究中提高工作本领。"他在福建省宁德担任地委书记时，到任3个月就走遍了9个县，后来又跑遍了全地区绝大部分乡镇，还走山路去不通公路的偏远山区。

　　有人说，调查研究要有"看问题的眼力、谋事情的脑力、察民情的听力和走基层的脚力"。修炼"四力"，才能真正做到察实情、谋实策、建实言，这也是政协委员的基本功。

"强化国家战略科技力量"重点考察调研手记（北京）

3月16日，星期二，北京晴

　　早晨3点醒来，再睡，5点起床工作。

　　早晨七点半出发去北京八中进行民进中央2021年重点考察调研的预调研。

　　北京市第八中学最初由1921年建立的私立四存中学和1947年建立的北平市立八中发展而来。1949年，两校合并为北京市第八中学。北京八中是北京市的一所公立完全中学，也是首批北京市示范高中之一。1985年设立了超常儿童教育实验班（简称少年班）。这次大调研的主题是"加强科研队伍建设，为强化国家战略科技力量提供人才保障"。国家战略科技力量要从基础教育开始抓起，所以八中的少年班就进入了我们的视线。

　　9点左右，民进中央常务副主席刘新成和我先后到达，校长王俊成带着我们看校史，发现我们民进中央原副主席陈难先院士也是八中的杰出校友。八中的素质教育也开展得很早，陶西平先生曾评价八中的素质教育是朴素可行的，是素质教育的先驱。素质教育的追求使学校的教育教学从容、本真、科学、规范，使学生的发展全面而有个性、丰富而生动。学校把陶先生的鼓励镌刻在墙上。

　　上午9点，召开超常儿童教育的座谈会。北京大学教务部副部长兼招生办主任李喆首先发言。他谈到，拔尖创新人才培养，特别是大学和中学在人才培养衔接方面如何实现突破，为我国优秀的科研人才提供更多的成长环境、创造更好的土壤是一个非常重要的问题。总体看，我们在拔尖创新人才的选拔方面手段是相对欠缺的。他建议要有更多科学选才的基地，让大学选到自己真正适合的学生，在人才培养的过程中才能更好地为国家长远的发展提供最需要的人才。

清华大学招生办主任余潇潇认为，在当前国际环境和背景之下，对于具有特殊潜质的青少年科技人才提供成长的车道是一个不可或缺的制度保障。由于学生对于学科的兴趣往往萌芽在中学阶段，她建议建立大学和中学衔接的基地，把大学关于学科引导的课程移植到中学，在高中阶段呵护学生的学术秩序和理想，使得培养更加有效率。

中国科学院大学党委常务副校长杨国强介绍了中国科学院大学的本科教育的新模式。希望能够通过一些特殊的途径，招收具有一定特殊才能的孩子，为国家培养未来的科技领军人才。

作为东道主，北京八中校长王俊成介绍了学校探索超常儿童教育的历程。学校建立了甄别、培养、追踪和科研 4 个体系。王校长反映，目前超常教育的主要问题有五个方面：一是缺乏相应的教育政策和法规的保障；二是社会上对超常教育的误解和偏见；三是相关教育基础研究比较薄弱；四是超常教育的师资力量薄弱，尤其是跨学科教师缺乏；五是大学与中小学没有贯通共同培养。

中国人民大学附属中学刘小惠校长也介绍了他们在超常教育上的经验与做法。他们超常儿童的实验班和早培班，在全面实施素质教育的同时，为那些在数学、语言、艺术、体育等方面有突出特长的学生提供了适合的教育。在选拔中，兼顾智力因素和非智力因素，注重培养学生的创新精神和科研实践能力。挖掘学生在不同智能方面表现出来的特出潜能，集中培养与分散培养相结合，打通了小学、初中、高中各学段和各学科，增设了研修特色课程、改革评价和升学机制。

作为一直关注和研究超常教育的专家，北京开放大学褚宏启校长开门见山亮出观点：超常儿童是中国珍贵的资源。在中国所有的教育类型当中，中国的神童教育是落后的。他谈到，中国的中小学生大概是两亿，如果按最窄口径的 1% 来算的话，天才儿童就有两百万。但这两百万无比聪明的孩子现在都在刷题。为此，他提出几点建议：一是在政府层面建立英才教育的专责机构，二是建立国家级的英才教育平台，三是建立健全英才教育的政策与法律体系，四是系统筛查英才儿童群体，五是建立健全英才教育体系与教育模式。

民进中央教育委员会主任、北京师范大学中国教育政策研究院执行院长张志勇认为，超常教育、天才教育成长环境非常困难、非常复杂，在实际工作中也存在超常儿童的鉴别难、差别化公平的体系建立难等问题。

民进中央副主席庞丽娟、中国科学院大学副校长杨国强、清华大学招生办主任余潇潇等也对大学先修课程和创新能力培养等问题发表了看法。

中午 12 点在学校吃工作午餐，继续进行餐桌交流。

下午一点半考察商汤科技，参观和体验了人工智能应用的各个场景。

下午两点半考察北京东土科技股份公司。

参观完东土公司，我们就地召开了一个现场座谈会，了解企业对于培养创新能力的看法与建议。东道主东土公司董事长李平首先发言，从民营企业做科研的角度谈了他的感受。他认为，做创新产品需要企业家有长远的考虑，也亟须国家相关政策配套支持。他提出要鼓励创新文化，对科技创新的企业出台一些特殊待遇，引导社会的正向能量。他建议国家对自主创新出台保护政策，鼓励央企国企采用新技术，尤其是对 100% 自主可控、涉及工业安全和国家安全的，如网络、芯片、底层软件等，国产化产品应当优先使用。

北京商汤科技开发有限公司总经理孙大鹏建议探索混合所有制或经营合作模式。

作为民进的新会员，阿里巴巴集团副总裁、酷漾文化董事长常扬是第一次正式参加组织活动。他首先介绍了阿里巴巴的人才培养与组织体系，之后也提出了建议。如发挥我们的制度优势，大规模协同攻关，聚焦在几条重要赛道上，形成一个完整的创新链，包括基础研究、应用基础研究、应用研究和工程开发的完整创新链，科研机构与企业分工明确，共同努力。随他同来的阿里巴巴集团战略发展部总监王强就满足科研人员的需求、发挥民营企业作用等提出了意见和建议。民进中央科技医卫委员会副主任、中科院科技战略咨询研究院副院长张凤就科技投入结构、科研机构和企业的结合等问题提出了建议。

民进中央副主席、民进北京市委会主委庞丽娟和我也就大家提出的问题做了回应。我们认为，要强化国家战略科技力量，核心在于人。科研人员的家国情怀很重要，要不断优化创新创业创造的生态环境，在全社会倡导弘扬尊重科学，尊重科学家，引导孩子们进行科学探究的习惯。

会议一直开到下午 5 点多。

晚上，整理完成《中国两会关注的教育问题》一文。

读《太好玩了，京剧》，写《童书过眼录》。这是一套雅俗共赏、深入浅出的京剧普及读物。

晚上 11 点休息。

3 月 17 日，星期三，北京晴

早晨 6 点起床工作。发"委员读书漫谈群"专栏文章，写日记，发微博。

上午 8 点 20 分出发，去中国科学院空间应用工程与技术中心调研。

上午 9 点 30 分，实地考察中科院空间应用工程与技术中心。中国科学院空间应用工程技术中心是我国载人航天工程空间应用系统总体单位，负责载人航天工程应用系统的组织管理战略规划、系统设计、载荷研制、集成测试，以及可靠性保障、有效载荷在轨运控管理、数据服务等工作。

中心研制建成了并行设计与仿真、柔性集成测试、软件第三方评测、可靠性综合保障、有效载荷运行管理、数据预处理与共享服务等天地技术支持平台，有力支撑和保障了神舟系列飞船、天宫一号、二号空间实验室应用任务的圆满成功，在对地观测、空间天文、空间生命、空间材料、微重力流体物理、地球环境监测、空间环境监测与预报等领域取得了一批具有重大价值的空间科学与应用成果，众多相关技术成果在相关业务卫星中得到推广应用，有力地推动了我国空间科学及应用发展，为我国科技进步、经济社会做出了重要贡献。

中心建有太空应用重点实验室、太空制造重点实验室，与浙江大学建立了先进空间实验技术联合实验室，与北京航空航天大学建立了元器件质量保证卓越联合实验室，与北京邮电大学建立了空间智能信息网络技术联合实验室，与广州五所建了立元器件质量保证联合实验室，与重庆绿色智能研究院建立了太空智能制造技术创新中心。

我们在中心的展厅，看实物、模型，听介绍，感受到我国航空航天事业从跟跑到并跑和部分领跑的惊人变化。

上午 10 点 15 分，在中心召开座谈会，听取中国科学院相关科研院所情况的介绍和他们对于调研专题的意见建议。

科研管理处副处长安叶首先发言，提出了 4 条建议：一是扩大科研院所和科研人员自主权。如经费使用、资源配置或者研制过程中的自主权。二是保护原始创新。希望"揭榜挂帅"以后能够加强知识产权的保护，鼓励更多领域、更多人有意愿和有机会去"揭榜"。三是加强信息化的管理以及数据共享的完善，一些中期、结题、"里程碑"的节点材料，能够通过信息化系统来填报，减少重复检查和评估。四是进行综合性的绩效评价。项目验收时，应充分发挥项目单位、项目依托单位的自主管理优势，合并财务验收、技术验收等。

人事教育处负责人贡集勋反映，中心有很好的航天科技平台、教师队伍及学科方向，但研究生招生指标较少。建议学生指标资源的配置应当根据国家、社会和经济发展的需求而适当调整。

财务处处长俞明艳建议引入信用机制，在保障项目成果质量的前提下，给单位一定的经费自主权。

电磁技术室主任张健泉反映，现在领军人才缺失，缺乏一个介绍人才资源的平台和机制。

应用发展中心主任张伟提出，科技创新关键还是靠人才，没有人才将一事无成，而人才本质上是流动的，是可以随着资源走的，哪个地方的资源更多更有吸引力，人才就会往哪里走。企业、科研院所和大学掌握着不同的资源，大家都想吸引人才，也就造成了强烈的竞争。希望对大学和科研院所这两个主体进行改革，按照有序、统筹的原则分类管理。

空间应用工程技术中心党委书记赵光恒最后发言，他就科学院和研究所如何自立自强，发挥体制优势，把载人航天工程稳定长久地做好，如何激发科技创新的活力，如何吸引一流人才提出了个人的建议。

调研组成员民进中央常委、民进中央科技医卫委员会副主任、北京航空航天大学国家重点实验室首席科学家张涛和中国科学院科技政策战略发展研究院副院长张凤等人在交流互动的环节，也就加强高校与科研机构合作培养人才等问题进行了讨论。

昨天和今天的调研，给我们许多启发。国家战略科技力量涉及较多的内涵，但最关键的问题是人才，人是能够创造一切的。如果用标准答案去要求所有学生，学生很难有求异思维，很难有创新活力。高校、科研院所、企业，这三个领域的人才队伍的功能、诉求都不一样，但也有一些共性的问题。

比如科学家"帽子"的问题，要不要给他们戴那么多的"帽子"，要不要给他们那么多行政的位置，要不要开那么多的会？用社会上管理党政干部的体系来管理科研院所的党政干部，这恐怕不行，要设计更有弹性、更加灵活，但是又能防止弊病的政策机制。两全很难，"卡一头""一刀切"很容易。管理灵活以后怎样有效监控，也是很大的挑战。再比如科研院所的人才问题，适当增加科学院系统的研究生名额很迫切。

昨天在企业调研，企业反映为了吸引人才，他们已经从研究生一年级开始就把学生请到企业来实习，给他们比较好的待遇，硕士毕业论文也针对企业的情况来做，毕业后留在企业的就是科研骨干。如果直接招毕业生，就很困难。所以高校、科研院所、企业这三者的人才培养体系，可以好好梳理一下，希望能够相互打通，各自发挥优势，能够做得更好。

技术人才稳定性问题给我非常大的震动，个别调研单位去年招入人才和流失人才是 1∶0.6，也就是说，每招 5 个人进来，就要流出去 3 个。这部分人才流去了哪里？去了以后收入提高多少？再增加什么优势可以把这些人留下来？这些问题可以做更深入和细致的研究。

中午回机关处理事务。给陕西省 10 位书画家寄《过一种幸福完整的教育生活》的画册。

下午 5 点回家，写《叶圣陶晨诵一周》。

晚上读张平的新著《生死守护》。这是他的又一部反腐败小说，写得惊心动魄。

晚上 11 点休息。

3 月 18 日，星期四，北京晴

今天是北京预调研的第三天。全国人大常委会副委员长、民进中央主席蔡达峰全程参加调研活动。

早晨 5 点起床工作。发政协读书群专栏文章及微博、头条专栏。完成 21 日远播的讲座提纲《最好的教育是自我教育》。

8 点出发去中国科学院物理研究所。

9 点参观考察物理所。据所长方忠院士介绍，中科院物理所成立于 1950 年，其前身是成立于 1928 年的国立中央研究院物理研究所和成立于 1929 年的北平研究院物理研究所，1950 年在两所合并的基础上成立了中国科学院应用物理研究所，1958 年启用现名。这是一个以物理学基础研究与应用基础研究为主的多学科、综合性研究机构。在凝聚态物理、光学物理、原子分子物理、等离子体物理、软物质物理、凝聚态理论和计算物理等方面成果累累。在院领导的陪同下，我们参观了研究所的历史陈列展、院士墙、党员主题教育基地——超导国家重点实验室等。九点半参加座谈会，就强化国家科技战略力量听取意见。

上午 9 点 30 分，召开座谈会，听取中科院物理研究所、中科院数学与系统科学研究院、中科院计算技术研究所有关同志的情况介绍与相关建议。

蔡达峰主席最后总结讲话。在感谢中科院对我们调研工作的支持后，他谈了自己对"强化国家战略科技力量"问题的认识。蔡主席从规模、体制、文化三个方面进行了分析。

一是规模问题。国家科技战略力量总体规模有没有标准或要求？现有规模偏大还是偏小？是否存在国家间的比较优势或者劣势？结构是否合理？分布情况怎样？以基础物理研究为例，中国从事基础物理研究的到底有多少人？是太多了还是太少了？如果这些基本情况不研究清楚，强化国家战略力量在投入上可能就会有偏差。

二是体制机制问题。国家战略科技力量主要包括三大类：高校、科研机构、企业。三者之间的关系比较微妙。人的选择是很多样的，每个单位都面临人才的竞争，所以必须要完善体制机制，提升竞争力。包括编制、岗位、聘用等因素，都会关系到个体的活力和能力，而且这些因素还在相互影响。不同单位人员结构不同、情况不同，政策也应该不同。

三是文化问题。社会上普遍关注比较多的是科研诚信、科研伦理、功利思想，等等。科研系统同其他任何一个系统一样，是不可能脱离社会的，这些因素当然会存在。但是中科院是国家科研精神的示范表率，它的传统力量很强，对维护科研秩序、保证科研经费使用效率发挥了重要作用。但是也是因为传统的力量很强，遇到的矛盾也更尖锐，感受也更强烈。众多复杂的现实因素，导致我们需要根据科研队伍的实际状况，分析他们的潜能，再去调整影响潜能的相关因素，包括体制机制，包括科研生态、投入保障等。

优秀人才总量有限，从某个方面来说，竞争是现阶段回避不了的大趋势。虽然市场经济下人才配置由市场决定，但在市场机制不够健全的情况下，人才无序流动肯定存在。怎样才能引导人才有序流动？希望能够协助加强三者之间的交流，加强在市场环境下的协商，帮助各方找到适合自身的、在社会系统当中开展活动的最好方式，真正有利于国家实现创新驱动。

中午 12 点后回到办公室，收到天地出版社寄来的《机器女孩》一书。

下午 2 点 20 分出发，去中国科学院科技战略咨询研究院。

下午 3 点，在中科院科技战略咨询研究院召开"民进中央 2021年重点考察调研专题座谈会"。蔡主席和调研组成员继续参加下午的会议。

中科院科技战略咨询研究院是中国科学院学部发挥国家科学技术方面最高咨询机构作用的研究和支撑机构，是中国科学院率先建成国家高水平智库的重要载体和综合集成平台，并集成国内外、院内外力量建设的智库型研究院。咨询院与民进中央有着密切的联系和紧密的合作，每年我们都会专程前来听取意见和建议。

座谈会由战略咨询研究院院长潘教峰主持，我代表民进中央简要对这次大调研的背景情况做了说明，随后开始了座谈交流。

咨询院特聘研究员、中共中央政策研究室原副秘书长李欣欣首先发言。她提出，创新驱动实质上就是人才驱动。科技人才的创新活力一旦被激发，就会更加容易产生创新的成果，而创新成果越多，科技人才的成就感也就越强，同时全社会对科技人才的认可度和尊崇度可能就越来越高。她对此提出五条建议：一是通过构筑良好的科技生态环境来激发科技人员的创新活力，二是通过改革科研评价体系激发科技人才的创新活力，三是通过全方位为科研人员松绑激发科技人才的创新活力，四是通过健全收益分配机制激发科技人才的创新活力，五是通过完善社会保障激发科技人员的创新活力。

战略咨询研究院特聘研究员、财政部科技司原司长赵路就英才教育与基础教育公平均衡发展的关系提出建议，希望在整个制度设计下，有一个英才教育的模式，选拔和培养一些有天赋智商高的孩子。

战略咨询研究院特聘研究员，国务院研究室综合司原司长，中国创新战略和政策研究中心共同主任宋大伟就教育问题提出了10条建议：一是加大少年大学生的培养力度；二是加强青少年喜闻乐见的科普教育；三是在中小学开展数学计划和阅读计划；四是鼓励数学、科学、工程专业学生到中学当老师，大学和科研机构要向高中生和初中生开放；五是借鉴英美国家的大学先修课程，加强大学与中学的衔接；六是大学实行真正意义的学分制；七是加强科学、技术、工程和数学教育；八是树立人的全面发展和动态发展的理念，注重培养学生的独立思考能力和理性质疑的精神；九是创新职业教育培养模式，建设一批产学研合作的师范学院、人才培训基地、技能实验室和工程学院；十是重视高等教育国际化。

战略咨询研究院副院长樊杰建议按照科研人员在创新链中的定

位，分类使用、管理、分类的评估和考核，最大限度地发挥每个人的能力，建构有序发展的科学体系。

战略咨询研究院特聘研究员、国务院研究室专题调研组组长、信息司原司长刘应杰就转变政府管理科技的职能、科研人才的激励和保障、加强基础研究等问题发表意见，指出基础研究一定要从中学抓起。

中科院学部学科研究支撑中心执行主任杜鹏研究员就学科布局提出了意见，他主张学科导向和问题导向要有机协同共同发展，不能因一个方面而废另一个方面。同时，学科交叉、学科融通方面要防止"拉郎配"，要加强使命导向，从问题的内在性来激发不同专业、不同行业的科研队伍走到一起。

学部咨询研究支撑中心执行主任万劲波研究员对优化资源配置方式和战略科技力量的分工提出建议，如中科院可以牵头自然科学包括技术科学前端的研发布局，大学的主要任务是自由导向的基础学科、学科建设，国有企业牵头技术科学的后端，包括试验研发。资源经费的管理效率要提高，国家基金委要优化存量，优选增量，把新增加的经费应该用来攻主峰。建议创造一些新的高质量的就业岗位，增加高质量的人才供给，使得供需的匹配达到更好的平衡。

学部科学规范与伦理研究支撑中心执行副主任鲁晓副研究员认为，科技的问题、人才的问题很多时候并不是科技本身的问题，而是政策的问题，是环境和土壤的问题，尤其是开放、自由、诚信，这些环境和土壤的作用根植于传统文化。要认真研究中国的传统文化中哪些是有利于创新、适宜创新的，哪些有可能是不利于创新的。

科技发展战略研究所杨国梁研究员对创造有利于创新的文化氛围、学术氛围，建立持续稳定的支持基础研究的体制机制，优化基础研究科研管理体制机制，提高科研人员待遇水平，改革应试教育体制等问题提出了建议。

中国科学院副院长、全国政协常委、中国科学院院士、发展中国家科学院院士高鸿钧在发言中介绍了中科院在智库建设方面的一些举措，表示要继续为科技发展、为国家科技强国建设发声建言，贡献智慧。

　　蔡达峰主席在最后的总结讲话中指出，强化国家战略科技力量，主要是为了实现创新驱动，为国家发展提供新的优势。目前，国家战略科技力量和科技人才队伍这两个方面都存在问题，而且有些问题可能已经存在相当长的时间，未来也不见得马上就能解决。这两方面问题结合在一起，就是科研人员怎么为国家战略科技力量提供支撑，国家战略科技力量怎么为科研人员提供保障。二者之间的关系是相互的。作为国家战略科技力量来说，当然要拥有一支高水平的科研队伍，就是高水平人才。拥有高水平人才以后，在开放的环境下它是不稳定的，所以还要有相当好的体制机制和文化环境，这是高水平的科研机构能够凝聚高水平人才的基本能力。人才也是这样，科研工作者必须得有好的成果来证明自己的能力，这是很现实的问题。在重大的科研活动中很长时间没有表现，就要经受相当大的压力和风险，这也是公平的。国家对科研机构和科研人员也应该是这样，有承担、有责任、有奉献，大家共担，这才是学术环境。从这个意义上讲，确实有很多问题需要探讨。最后，蔡主席表示，调研团队会认真梳理、消化吸收这次调研中大家提出的许多问题，为政策措施的完善提出建议，并且与中科院的同志们一起努力，为强化国家科技战略力量作出各自的贡献。

　　座谈会一直开到下午 6 点左右。通过连续 3 天的调研，我们掌握了大量第一手资料，为接下来的调研提供了线索与思路。

　　晚上回家后读《他们来了》和《你准备好当爸爸了吗？》，撰写书评《童书过眼录》。

　　晚上为两本童书撰写推荐语。安武林的《灯塔之光》是一本向中国共产党成立一百年献礼的诗集，语言优美，写法别致，角度新颖。诗人用真挚的情感追忆自己的童年成长，具有浓郁的乡土气息和强烈的感染力量。而李姗姗的《机器女孩》，则通过精彩的科幻构思、引人入胜的故事情节，探讨了人工智能与人类如何互补共生的思辨问题，既能让小读者体味诗意温情的文学之美，又能感受神奇炫酷的科幻魅力。

　　晚上 10 点半洗漱，11 点休息。

3月19日，星期五，北京晴

早晨5点起床，先去"委员读书漫谈群""打卡"，发表我的《名人谈读书》和《每日读书笔记》专栏文字，接着去头条的《朱永新教育观察》和新浪微博发表《童书过眼录》《新父母晨诵》等专栏文章。完成每天早晨近一小时在网上阅读写作的"老三篇"。

上午8点出发去机关。

上午9点在机关参加民进中央大调研座谈会。主席蔡达峰、常务副主席刘新成等都参加了今天的座谈会。这是出发前的最后一次专家咨询会议，仍然由我主持，介绍民主党派重点调研的背景与主题等。

我们民进会员中的科学家也先后发表了许多有价值的意见和建议。中科院院士、民进中央科技医卫委员会副主任、中科院工程热物理研究所学术委员会主任金红光围绕科学研究如何"以人为本"、人才培养应当注重双循环、国家实验室科研环境需要净化等问题提出了建议。民进中央科技医卫委员会副主任、中科院科技战略咨询研究院副院长张凤围绕科研队伍的规模与结构、科研经费和科研人员的收入等问题发表了看法。民进北京市委会专职副主委、北京航空航天大学博士生导师吴森堂教授就教育部、中科院、科技部、工信部的功能划分提出了建议。

蔡达峰主席最后总结讲话。他首先论述了三个重要的关系：一是创新、科技、人才三者之间的关系。他认为，这三者的关系在国家战略中都有明确定位和明确要求。创新驱动对于创新型国家建设是必然需求，创新是第一动力，科技是第一生产力，同时又是创新的引领；人才是第一资源，是发展的主体。这三者的核心是创新，创新引领国家发展，科技推动创新，人才也是为创新驱动发挥作用。把这三者融合起来表述，是我们这次调研的基本导向。二是国家战略科技力量和人才队伍的关系。"国家战略科技力量"，是指从事国家创新的组织体系，或者叫国家创新体系，主要是指现在国家的研发团队，也就是所谓的国家队。中科院肯定是国家队，还有很多单位能否纳入，没有明确界限。但对于国家战略科技力量来说，它的人才当然是特定的人才，是组织体系当中的成员，这个成员既在国家战略科技力量体系中，也在其他方面。强化国家战略科技力量，必然涉及应该怎么建设科研人员队伍。三是国家战略科技力量中的科研人才队伍在科技创新活动中的活力问题。影响科研人员活力的因素，除了科研人员的能力，还有很多其他因素，必须把这些搞清楚，然后才能为强化国家战略科技力量提出意见建议。

他认为，我们的调研应该对以下问题进一步深入：

首先，国家战略科技力量发挥作用不够的问题。国家战略科技力量到底哪些方面存在不足？能否创造出足够多的先进成果？能为国家生产力发展提供多大的支持？将来这个支持是会越来越大还是越来越小？这些都是基本问题，是强化国家战略科技力量的前提，如果没有研究清楚这些前提，就无所谓强化或者不强化。

其次，国家战略科技力量是否具有最富有创新活力的人才？国家队现在的科研人才队伍整体是积极的，但是为什么没有支持国家生产力发展到足够先进的水平？国家战略科技力量的规模和国家整体科技实力是什么关系？有的国家，如法国和以色列，国家并不太大，但科技力量并不弱；也有的国家如俄罗斯，有大量的人才在从事数学研究，在某些方面很有竞争优势。所以既需要判断我们国家战略科技力量的规模在国际竞争当中是否存在比较优势或比较劣势，也需要考虑人才规模和科技创新存在正相关还是只是一般的相关。

我们的人才结构是否合理？这个结构既包括研发与基础研究的分布，也包括研发领域中人员在各个领域的分布，还包括基础研究领域的学科分布、学科结构，还有科研队伍年龄结构、层次结构，非常复杂，缺乏准确数据，这些都需要研究。

再次，国家战略科技力量中的科研人员是否具有创新能力、创新能力怎样？具有多大的科研动力？实际开展科研活动的情况如何？这些问题也需要去调研。

最后，国家战略科技力量是否具有先进的管理制度？科研人员创新活力有问题，很大程度是因为他所在机构的管理制度或体制机制需要改进，这两者是相关的。关键在于这个科研机构是否有足够好的体制机制来激发科研人员的积极性，包括体制机制、资源保障、文化环境。要强化国家战略科技力量，在体制机制层面应该整体布局。此外，还要处理好国家战略科技力量与企业的关系。

还有一个更复杂的问题，就是怎么理解科技创新。创新人才、创新活力到底依据什么来判断？是依据成果，还是依据过程、依据能力、依据动力？没有成果的人才还是不是人才？创新活力到底指什么？有些有能力的人，创新活力不强，也拿不出创新成果；有些人能出成果，但动机不一定是合适的。还有科学精神、科学伦理、科学诚信，内涵到底是什么？都很复杂。要建立和完善体现科学精神的诚信体系和评价制度，科学系统自身要发挥重要作用。类似这些问题，我们的调研也需要深入研究。

蔡主席的讲话，既是对前阶段调研的思考与总结，也是对下一步正式调研提出的课题与要求。我和参政议政部会根据蔡主席的要求进一步细化调研方案，在接下来的实地调研中加以完善。

中午在机关稍事休息。下午 2 点参加民进中央主席办公会，学习习近平总书记在全国"两会"看望政协医药卫生界和教育界委员时的讲话精神，研究近期工作。

下午 5 点回家。

晚上 7 点左右跑步 40 分钟。读完《远山灯火》，这是徐鲁老师的一部红色题材的儿童文学作品。

晚上 10 点 45 分休息。

"强化国家战略科技力量"重点考察调研手记（安徽）

4月8日，星期四，北京晴

早晨5点起床，读《白鲸记》。发"全国政协委员读书群"的专栏文章，与委员交流。

上午9点参加党外人士培训班，中央统战部常务副部长张裔炯和中央统战部副部长许又声分别作了《关于习近平统一战线思想和统一战线工作条例修订稿》的辅导报告。

中午12点，见姚曦一行，讨论《新教育家杂志》事宜。这是一份很有思想和情怀的教育期刊，几经周折，坚持办下去不容易。

下午3点参加结业式。中央统战部副部长张裔炯主持。在结业式上，各民主党派工商联领导人、无党派代表人士先后发言，蔡达峰主席代表民进中央发言。中共中央政治局委员、中央统战部部长尤权讲话。

晚上7点去北京大兴国际机场，乘坐晚上9点20分的航班去合肥。一年一度的"大调研"正式启动了。

每年中共中央都会委托民主党派中央，就经济社会发展重大问题调查研究、建言献策，进行调查研究，提出相关意见建议，供决策参考。这就是我们所说的一年一度的"大调研"。今年年度重点考察调研题目是"加强科研队伍建设，为强化国家战略科技力量提供人才保障"。这一次调研组阵容还是比较强大的，由民进中央主席蔡达峰亲自带队，民进中央科技医卫委员会副主任、中科院工程热物理研究所学术委员会主任、中科院院士金红光，中科院合肥物质科学研究院安光所学术所长、中国工程院院士刘文清，民进中央科技医卫委员会副主任、中科院科技战略咨询研究院副院长张凤等专家学者参加调研，有关部门的领导有中央统战部一局副局长易玉娟、国家发展改革委创新驱动发展中心副主任徐彬、国家教育部研究生司二级巡视员唐继卫。晚上 11 点多到达合肥。

我作为国家全民阅读形象代言人，受邀担任武汉市"全民阅读月"的特别顾问，因时间冲突，未能躬逢其盛，以视频参会祝贺。

晚上 12 点休息。

4 月 9 日，星期五，合肥晴

早晨六点半起床，继续发"全国政协委员读书群"的专栏文章，发微博、头条。

上午 9 点，调研组在合肥召开专题座谈会。安徽省政协副主席李和平主持座谈会。我代表调研组介绍了此次调研的背景情况。民进中央 2021 年重点考察调研选题为：加强科研队伍建设　为强化国家战略科技力量提供人才保障。"大调研"工作启动以来，我们前期在北京开展了预调研，召开了 6 场专题研讨会，向全国的 29 个民进组织及相关的专门委员会下发通知，请他们开展了同步调研，协助我们在全国范围内了解情况、聚焦问题。我们选择安徽作为调研点，是因为安徽是科教资源密集的省份，人才集中，实力雄厚，成果丰硕，是国家创新体系和创新能力建设中的重要力量。希望在安徽能够看到科技创新的新成果和新经验，听到在人才队伍建设方面带有普遍性的意见和建议，以便民进为强化国家战略科技力量发挥建言献策的作用。

合肥市委副书记、市政府党组书记罗云峰汇报了合肥市加强科研队伍建设的情况。安徽省科技厅、人社厅，合肥市发改委、教育局、科技局、财政局、人社局负责同志围绕如何支持科研人员潜心研究、鼓励科技人才发展、夯实基础研究科研力量等问题作了发言。

蔡达峰主席在讲话中首先对中共安徽省委对民进中央调研的大

力支持表示感谢，同时就全面理解创新驱动发展战略谈了他的思考。他认为，要从四个方面理解这次调研的主题：一是重点关注发展、创新、科技和人才四个要素之间的关系，这四个要素其实是一个整体，全面理解创新驱动一定要坚持推动发展，发展是创新的目的；二是要更进一步了解国家战略科技力量和人才队伍的关系，包括国家战略科技力量是否能够集聚我们国家最具有创新能力的人，在队伍建设上需要什么措施，使国家战略科技力量能够得到强化；三是紧紧围绕科研人才队伍在科技创新活动中的活力问题，关注国家战略科技力量应该发挥的作用，国家战略科技力量中的科研队伍情况，以及国家战略科技力量是否具有适合创新的体制机制。他最后强调，中国共产党第十九届中央委员会第五次全体会议提出坚持创新在我国现代化建设全局中的核心地位。把科技自立自强作为国家发展的战略支撑，科技的创新要直接有助于生产力的发展，使生产力水平更加先进，这是创新驱动的一个根本性意义。

下午2点40分考察中国科技大学。在中国科技大学量子科学实验室的墙上，看到了这一条标语："每一起严重事故的背后，必然有29次轻微事故和300起未遂先兆以及1000起事故隐患"，我很有感触。这是著名的海恩法则（Ohain's law），是德国飞机涡轮机的发明者帕布斯·海恩提出的一个在航空界关于飞行安全的法则。

下午三点半左右考察科大讯飞股份有限公司，参观了他们研发的人机语音交互、多语种语音翻译、智能客服、个性化学习、智慧医生助理等认知智能系统。

下午6点，十三届全国人大常委会副委员长蔡达峰与中共安徽省委书记、省人大常委会主任李锦斌，省委副书记、省长王清宪等党政领导交流，并一起进行了工作晚餐。

晚上7点50分，安徽省文化与旅游厅厅长一行来访。

晚上8点，主持"全国政协委员读书群"的委员风采交流活动，邀请了上海市民进副主委胡卫委员讲述自己的履职故事。

晚上八点半，参加第十二届哈佛中国教育论坛的视频会议，这是由哈佛大学教育学院的中国留学生发起的一个教育论坛，我曾经应邀专门去介绍过新教育实验。这次的论坛采用网络进行，主题是《新时代中国教育发展的挑战和机遇 》。我就中国社会的普遍教育焦虑、中国教育的区域发展不平衡、中国教育的统一化管理模式等进行了分析，提出要抓住信息化时代互联网、人工智能、大数据、区块链技术逐步成熟的契机，重新构造教育体系，抓住变革的最好窗口期。

"全国政协委员读书群"与哈佛的论坛交替进行，虽然有顾此失彼的遗憾，但没有耽误大事。

晚上 11 点休息。

4 月 10 日，星期六，合肥、蚌埠晴

早晨 5 点起床工作。在满满当当的调研行程中，上网处理政协读书群和头条、微博的工作仍然是不能懈怠的。

今天是我们在安徽进行的年度重点调研进入第 3 天，行程安排得紧凑且丰富，有些辛苦但非常值得。

上午 8 点驱车前往合肥长鑫集成电路有限责任公司。作为一体化存储器制造商，这家公司专业从事动态随机存取存储芯片（DRAM）的设计、研发、生产和销售，目前已建成 12 英寸晶圆厂并投产。

上午 9 点 20 分，前往中科院合肥物质科学研究院。该研究院是中科院所属最大的综合性科研机构之一。

上午 10 点 30 分，在研究院召开现场座谈会。调研组在安徽调研这两天，实地调研过的 5 家单位都围绕调研主题进行了很好的发言。中科院合肥物质科学研究院始终牢记自己是"国家队""国家人"，必须心系"国家事"，肩扛"国家责"。在未来将瞄准产业化发展，探索"政、产、学、研、用、金、企结合"的新型管理和运行模式，布局"平台 + 产业 + 园区"的科技园区和创新基地。中国科学技术大学坚持"四个面向"，不断优化学科布局，促进学科交叉，着力打造一流基础学科体系；坚持引育并重，努力建设一支规模适度、结构合理、学术优异、富有自主创新能力和国际竞争力的一流人才队伍。中国电子科技集团公司第三十八研究所制订了"高层次人才引进专项实施方

案"，实施"精准引才"，鼓励"以才引才"，进行"规模引才"，坚持"柔性引才"，不求所有、但求所用。

下午 1 点 30 分，从合肥赶往蚌埠，中午只能在车上打个盹儿。到了蚌埠，片刻不停，一下车就直奔会场，和蚌埠市有关单位进行座谈。

座谈会由蚌埠市委书记黄晓武主持。市发改委、经信局、教育局、科技局、财政局、人社局有关负责同志，围绕如何支持科研人员潜心研究、鼓励科技人才发展、夯实基础研究科研力量等问题作了发言。

座谈会上，教育部、发改委、科技部和中科院的专家就如何建体系、建队伍，更有利于科技人才充分释放创新活力；如何集聚最具创新能力的人才；如何让这些人才迸发出创新的最大活力等议题，和与会者进行了深入的互动交流。"国家战略科技力量，无论是怎样的体系结构，一定要集聚全国最具创新能力的科技人才"，这是大家的共识。

座谈会期间，接受了中央电视台记者的采访。每年的大调研，都有中央媒体参加，记录大调研的过程，也是记录中国民主党派参与国家治理、为国家经济社会发展建言资政的过程。在调研中，我有深刻的感受：人才有了，如何充分调动他们的积极性是个问题，需要机制保障、政策激励。同时，一些科研人员，尤其是知名人士身兼数职，社会事务繁杂，需要为他们创造更好的条件，支持他们心无旁骛、全身心地投入研究这项艰苦的工作。

蔡达峰主席在调研座谈会最后讲话中指出，创新既是一个从无到有的过程，也是一个漫长的过程，创新驱动贵在坚持、贵在转型。创新驱动发展战略是通过创新来驱动生产力的发展，驱动经济社会的全面发展。创新驱动之路既是希望之路，也是艰难之路。创新驱动对于一个地方、一个城市同样具有重要的意义。一是创新驱动可以整体提高城市的科技实力，让科技产品更加适合社会的需要，带动生产技术改造，促进当地经济社会可持续发展；二是通过创新驱动可以形成巨大的聚集效应，激发当地人才竞争的活力，增强地方培养人才的能力；三是通过创新驱动可以在当地创造创新的文化，激励大家积极探索，破除一切阻碍创新的体制机制和思想观念，使现有的发展提高到一个更高的水平。

会议结束以后，陪同蔡达峰主席会见蚌埠民进市委会的骨干会员，并合影留念。

晚上读英国学者弗雷的《纠结：现代生活为什么让我们幸福不起来》。对其中一句话很有感触："活着而不努力的人等于死了"。

晚上 8 点主持"委员读书漫谈群"的读书活动。

晚上 11 点休息。

4 月 11 日，星期日，蚌埠晴

早晨 5 点起床，整理大调研的相关资料，继续读《纠结》。

上午 8 点，乘车前往华东光电集成器件研究所考察调研。研究所领导在展示馆带着我们边看实物样品边详细介绍他们的人才工作。他们抓住发展的核心要素"人才"做了四个方面的相关工作，一是构建科技人才结构树体系，实现精准引才；二是利用创新平台开放引才、柔性用才、借脑用才；三是开展商务合作，引进专业科研团队；四是强化科技人才职业生涯规划，构建分级培养科学家培育机制。通过以上的努力，有力保障了 200 多项国家重点装备工程核心器件国产化需求。

上午 8 点 45 分，前往蚌埠玻璃工业设计院考察调研。院长彭寿院士专程半夜赶回接待调研组一行。他深情地回顾了研究院的发展与取得的丰硕成果。考察了这家位于二线城市的研究院，对于我们的自主创新，增添了不少信心。

上午 9 点 40 分，前往丰原集团总部考察调研。集团的领导介绍说，他们注重在"创新"中谋发展：创新技术体系、创新考核机制、创新激励机制。我们看了他们用生物技术材料研制的各种产品，涉及衣食住行各个方面。

上午 10 点 50 分，在蚌埠南山豪生酒店召开专题座谈会。我代表调研组主持座谈会。蚌埠玻璃工业设计研究院常务副院长陶立纲同

志首先发言。他谈到，企业最大的成功在于"有一批专业的人做专业的事"。他提出了关于人才梯队建设的三点建议，一是希望能够加大对全社会科研人员的支持力度，因为现在对整个高校科研课题，资金、项目倾斜和支持的力度比较大，对企业的相关资源支持不够。二是希望能够更进一步完善科技人才激励的体制和机制的建设，在持股比例上进一步明确，在医疗、教育、就业、家庭等方面解决他们的后顾之忧，使他们心无旁骛地从事科研。三是希望能够形成科技创新的合力，支持领军企业牵头组建创新联合体，打造协同性的创新平台。

接着，华东光电集成器件研究所总经理、党委书记陈丙根同志介绍了他们在人才队伍建设和产学研合作协同创新举措的一些做法，特别是发挥平台优势，努力在"卡脖子"问题上攻克难题，建立具有兵器微电子特色的"1+N"激励体系，试行风险保证金强化风险共担利益共享机制等方面的创新探索。同时对行业领军人才不足等问题提出了相关建议。丰原集团有限公司董事长李荣杰同志介绍了丰原集团20年来发展的创新成果，对于如何利用生物材料和生物能源领域的新技术，为"碳达峰、碳中和"做出新的贡献，也提出了相关建议。我利用主持人的便利，对他提出了一个小建议，就是他的产品艺术性不够，材料很环保，但是审美没有创新艺术。

中国科学院科技政策战略研究院副院长张凤等就调研中的相关问题与蚌埠方面就院地合作等进行了简短的交流对话。

最后，蔡达峰主席做总结发言。他在发言中对中共安徽省委省政府，合肥、蚌埠市委市政府，调研的各个科研院所、高校、企业，中央统战部、国家发改委、教育部、科技部等有关单位的领导，中央电视台等新闻传媒单位，调研组的有关专家和工作人员表示了感谢。针对座谈会提出的问题，蔡达峰主席指出，一个成功的企业或者科研院所一定有两大优势，一是具有明显的科技创新优势，企业创新驱动做得好，就是要把企业自身优势、国家需要和市场需要结合起来，找到自己在这个行业领域的创新需要和方向，以及付诸实施的战略路线，在技术上有创新，高端产品占有市场比重大。好的科技企业一定有战略眼光，能够保持创新的初心，并长期坚持，这些都是我们在科技创新中要积极倡导的。二是具有明显的集聚优秀人才的优势，有激发人才活力的办法，能够千方百计地把人才稳定下来，把人才的作用发挥出来。创新激发人才活力的体制机制是一个很有探索意义的话题。

他认为，企业的创新活动也需要政策上的支持，做科技创新的单位会面临人财物的保障问题，企业的产品会面临市场需求的问题，这些都需要政策的支持，会涉及体制机制的创新。这些情况调研组都会认真梳理，作为向中共中央建议的重要参考。

座谈会开到近 12 点。简单吃完午餐以后，中午 12 点 20 分出发去蚌埠南高铁站。下午 1 点左右，乘坐高铁 G1621 回北京。

下午 4 点 53 分，到达北京南站。这次安徽的调研告一段落，下周，我将随同刘新成常务副主席去上海继续调研。

晚上 8 点主持"委员读书漫谈群"讨论。作为群主，是每天的必修课。

晚上 11 点休息。

"强化国家战略科技力量"重点考察调研手记（上海）

4月14日，星期三，北京、上海晴

　　早晨5点起床。匆匆忙忙在"委员读书漫谈群"发完专栏文章，在微博和头条发表《童书过眼录》《新父母晨诵》等。

　　早晨6点出发去首都机场。上个星期，陪同蔡达峰主席一行在安徽进行了"加强科研队伍建设，为强化国家战略科技力量提供人才保障"年度重点考察调研。这次，由常务副主席刘新成带队，我们将在上海进行第二次调研。中国科学院院士、首都师范大学交叉科学研究院院长方复全，民进中央人口资源环境委员会主任、中国科学院科技战略咨询研究院副院长王毅，民进中央人口资源环境委员会副主任、湖北省科技厅副厅长杜耘，民进中央科技医卫委员会副主任、中国科学院科技战略咨询研究院副院长张凤、科技部引进国外智力管理司二级巡视员赵慧君、人力资源和社会保障部工资福利司副司长吴常信，中央统战部一局、财政部科教和文化司有关同志全程参加此次调研。

　　7点半，乘坐MU5104航班去上海。上午11点15分抵达虹桥机场后直接去西郊宾馆。

　　中午简单吃完饭后稍事休息，下午2点30分乘车前往第一个调研点零号湾。

　　下午3点15分左右到达零号湾。零号湾是2015年由上海地产集团、上海市闵行区人民政府、上海交通大学三方合作共建的全球创新创业集聚区。他们整合国家级经济开发区多年大企业招商运营及高端科技人才管理服务优势、所在地政府人才服务及优质政策、一流大学国内领先科研力量及科技技术导师资源优势，共同打造了这个培育创新创业的生态体系。成立至今，零号湾已经先后获得了"首批国家级双创示范基地""国家级科技企业孵化器""国家级小型微型企业创业创新示范基地"等资质和荣誉，孵化了高新技术企业 32 家，在孵企业获得融资金额达 13 亿元，累计孵化项目超过 750 个，累计在孵企业超过 550 家，并与 7 所海外高校、孵化器与在沪跨国企业签署《合作备忘录》，发起并成立"国际创新创业生态体系"。

在零号湾首先参观了上海飒智智能科技有限公司。这是一家由上海交通大学博士校友创立，专门从事智能移动共融机器人与人工智能相结合的标准化智能装备、产品和一体化解决方案研发与应用的高新技术企业。

接着考察上海航数智能科技有限公司。这是一家以促进我国航空数字化为使命，专注于航空发动机健康管理及大数据平台的研发的企业。

考察的第三家企业是上海节卡机器人科技有限公司。这是一家校企合作的新型科技公司，目前在驱控一体化、一体化关节、拖拽编程、无线互联等多项应用上取得了突破，产品应用于工业、商业、服务等领域。我们饶有兴致地喝了一杯由机器人拉花的咖啡，造型一点不逊色于人工拉花。

下午 4 点左右，出发去上海交通大学。4 点 15 分在上海交通大学转化医学大楼 5 楼会议室举行座谈会。民进中央副主席黄震主持座谈会。上海交通大学党委书记杨振斌给我们播放了一个介绍学校的短片后，介绍了学校的基本情况。有两个数据印象特别深刻，其一是国家最高科学奖累计表彰 35 位，其中有 5 位是交大人，占全国 1/7。其二是刚刚结束的 125 周年校庆，校友给学校捐款超过 11 亿元。学校正朝着综合性、创新型、国际化的目标前行。

民进中央常务副主席刘新成最后总结讲话，希望就国家战略科技的内涵、国家战略科技和学校学科专业发展的对接、科技治理体系的建立、科技管理人才的培养、国家科技战略决策人员的遴选等问题进一步加强调查研究，提出意见建议。

下午6点，在上海交通大学闵行校区的留园饭店吃工作晚餐，民进中央副主席黄震以东道主上海民进主委和交大副校长的身份，与调研组一行共进晚餐。看到调研组一行对饭店的古色古香装饰有所好奇，黄震副校长为我们讲述了其中的故事。他告诉我们，留园饭店是盛宣怀的嫡孙盛毓度先生所赠。盛先生先后就读于上海南洋公学附小和南洋模范中学，青年时奉父命东渡留学，20世纪50年代末建设了一个高水平的中式餐厅，取名"留园"。饭店鼎盛时期在日本拥有30余处店面，誉满东京。在上海交大建设闵行校区的时候，他决定赠建上海"留园"，并将东京"留园"的部分装饰材料移赠交大，用于上海"留园"的建设。交大的建筑师宋漪萍在设计时保留了东京"留园"里中国园林特色的月洞门电梯样式，并对东京"留园"的部分装饰材料"量材设计"，赋予全新的中国韵味和特质，终于建成了一座既有现代气息又有民族风格的新"留园"。

晚上8点回到西郊宾馆，参加"委员读书漫谈群"的书友交流活动。

晚上读《为生命而读》，这是美国一个知名出版公司的总编辑威尔·施瓦尔贝撰写的一本书，讲述了对他生命影响最大的26本书。书的封面上引用了乔治·马丁在《为龙而舞》中的一句话：读书可以经历1000种人生，而不读书的人只能活一次。为什么阅读很重要？因为伟大的作家会在时光的长河里互相对话，"写书的人大多是读书的，而大多数书里都留着丝丝缕缕成千上万本作家下笔前读过的书的痕迹"。他在书中说，读书是最好的学习如何审视自己生活方式的方法，因为把自己做过的事情与别人做的事情进行比较，把自己的想法、理论、感受与别人的想法、理论、感受进行比较，就会更加深刻地了解自己和周围的世界。他说，自己曾经认为送别人最好的礼物就是书，但是比送书更好的是花时间和他讨论一本你分享过的书。

晚上11点休息。

4月15日，星期四，上海晴

早晨5点起床。外出调研期间，一般会比平常早醒一会儿。仍然是完成"老三篇"，先到"委员读书漫谈群"发言，再去微博、头条发专栏文章。很多朋友习惯了早早地看我的文章，看不见就会问是不是出差，或者身体不好等原因。

早晨 7 点 30 分吃早餐。早餐的餐叙也是交流会，大家对昨天的考察还在议论，意犹未尽。

上午 8 点 30 分调研组一行赴中国科学院上海分院。

上午 9 点开始，考察中科院分子细胞科学卓越创新中心和中科院脑科学与智能技术卓越创新中心。

中国科学院分子细胞科学卓越创新中心成立于 2015 年，依托中国科学院原上海生命科学研究院生物化学与细胞生物学研究所建设及管理。

中国科学院脑科学与智能技术卓越创新中心是中国科学院依据"率先行动"计划，在脑科学与智能技术领域设立的卓越创新中心。

调研组一行参观了相关展厅和实验室，认真听取有关情况介绍，不时就关心的问题和科研人员进行现场交流。

上午 10 点，调研组在中科院上海分院 22 号楼 5 楼会议室召开专题座谈会。民进中央副主席、中国科学院成都分院院长张雨东主持会议。在介绍了大调研的背景之后，首先由中科院上海分院党组副书记王东同志介绍分院的总体情况。接着 8 位同志先后发言，中科院上海光学精密机械研究所所长邵建达、上海天文台副台长沈志强、中科院脑科学与智能科技卓越创新中心王燕、上海硅酸盐研究所副所长吴成铁、上海微系统所副所长袁晓兵、中科院上海有机所党委副书记刘菲、中科院上海技术物理研究所第八研究室副主任段微波、中科院分子植物科学卓越创新中心课题组组长辛秀芳等分别作了发言。

沈志强台长就如何支持科研人才潜心研究等问题提出了建言。建议提高稳定性科研经费支持力度，让科研人员不要整天奔波争取经费。他提出要加大"放管服"的力度，加大经费使用的自主权，同时做好外籍人才的相关服务工作。

王燕主任在发言中对端正学风提出了自己的建议，一方面要零容忍，另一方面也要避免网络暴力。

吴成铁所长提出，科技创新应该以人为本，要持续稳定支持一批中青年科学家。他还建议推广上海市科委近几年试点的科研项目包干制的做法，避免项目管理层层加码，分级检查，给科研人员更多时间留在实验室去解决真正解决的国际前沿问题，或者是关键技术源头的科学问题。

袁晓兵同志认为，科研水平高有三个因素：一是思想境界，要有责任感、使命感、担当感；二是资源，要有从事科研的环境与条件，三是人才，要有高水平、创造性的人才。全靠国家资源养活人才、引进人才、培养人才是不现实的。所以，他们建立了一个把产业链、资金链和创新链"三位一体"无缝对接的平台。他们在引进和培养高端人才时，把他们放在协同创新企业里兼职，可以拿比较高的工资。做产业主要不是为了让科研人员致富，而是用来反哺科研。他们已经拥有几家市值超过百亿元的公司。用产业链赚来的资金从国际上引进顶尖科技人才，不需要他们写文章，也不需要报奖，不需要去争取项目，只是按照研究所的"十四五"发展规划做研发，最后组织国际同行进行评估，这样可以引进国际上最优秀的青年人才来工作。他建议不要用管理公务员的方法来管理国家重点实验室主任，取消工资总额限制。

刘菲书记也对长期稳定支持科研人员的基础研究，保障科研团队稳定性问题提出了建议。希望解决好科研人员子女就学、住房等问题，保障他们有体面地生活，不为外面的诱惑所吸引。

段微波主任认为，核心技术是要不来、买不来也是讨不来的，只能靠自己。

调研组的专家中国科学院科技政策战略发展研究院的张凤副院长等就相关问题做了进一步了解和回应，特别提出了要对不同类型的科研人员分类管理的问题。张凤的发言又引起主持人和专家们的热烈讨论，调研组的方复全、赵慧君等先后发言，谈自己的看法，调研会变成了研讨会，观点的碰撞争鸣很是热烈，会议持续到12点左右。

中午12点左右，在中科院的餐厅吃工作简餐。餐后，刘新成常务副主席去民进成立旧址参加活动，我和调研组一行赶往浦东，赴上海同步辐射光源考察调研。

下午1点30分左右到达"上海光源"。这是中国大陆第一台中能第三代同步辐射光源，坐落在浦东张江高科技园区，目前共有 15 条光束线 19 个实验站开放运行。上海光源是国家重大创新能力基础设施，是支撑众多学科前沿基础研究、高新技术研发的大型综合性实验研究平台。

下午 2 点，考察国家蛋白质科学研究（上海）设施考察调研。这是国家"十一五"规划建设的重大科技基础设施，是全球生命科学领域首个综合性的大科学装置。

下午 2 点 30 分，调研组在张江人工智能岛 4 楼会议中心纳贤厅召开座谈会。我主持座谈会，就"大调研"的背景情况做了说明。浦东新区人才办副主任、区委组织部人才工作处处长方冰峰首先介绍了浦东新区人才引进方面的基本情况。他认为，浦东的人才资源有两个特点：第一个是海外人才较为集聚。浦东区域内用人单位建立工作关系的诺贝尔奖获得者有 6 人，累计引进国家级海外高层次人才 248 人，获得外国人永久居留身份证 1800 余人；有 8000 余家企业在浦东办理外国人业务，累计审批《外国人工作许可证》约 3.3 万份；2020 年留学生新落户 8000 余人。第二个是科技人才导入量较大。近几年浦东新区每年的人才增量都在 8 万以上，其中大量是科技型人才。近年来，浦东在搭建高能级全周期的创新创业服务平台，打造自贸区海外人才离岸创新创业基地，加大知识产权保护力度和科技金融服务，营造国际化高品质人文生活环境等方面，做了不少卓有成效的工作，吸引了全球 1300 名海外人才携带项目到浦东对接，落地接近 20%。他建议国家能够将更多人才方面的创新政策放在浦东先行先试，把更多的人才审批事权下沉到科创一线，推进人才政策与科技政策、产业政策的对接融合，把高新技术企业的优惠政策更多聚焦到人上面。此外，他还提出了赋予浦东在科研人才培养平台上设立一定的自主权，高科技企业独立培养招收博士后等建议。

在相关科研单位和企业发言结束以后，调研组一行也提出了一些问题进行讨论交流，你来我往，不知不觉到了预定返程的时间。

下午 4 点，调研组一行乘车返回西郊宾馆。

下午 5 点 30 分，中共中央政治局委员、上海市委书记李强会见常务副主席刘新成和调研组专家并举行座谈。李强书记介绍了上海科创中心建设进展和科研队伍引进培养相关情况。他说，科研队伍是科技创新基础性、关键性的力量。强化国家战略科技力量，关键是要建设一支体现国家意志、服务国家需求、代表国家水平的科技人才队伍。当前，上海正在深入贯彻落实习近平总书记重要指示要求，把强化科技创新策源功能作为主攻方向，加快建设具有全球影响力的科技创新中心，聚焦重点领域，搭建平台载体，强化制度供给，优化环境服务，全力抓好人才引进培养和科研队伍建设这项基础性工作，让更多海内外顶尖人才青睐上海、选择上海，更好聚天下英才而用之。

民进中央常务副主席刘新成在交流中说，上海正在建设具有全球影响力的科技创新中心，创新资源集中、人才优势明显。调研组将充分吸收上海强化科技创新策源功能、吸引集聚全球顶尖人才等方面的好经验好做法，努力形成高质量的调研成果，更好推动科技强国建设。

晚饭后跑步半个小时。西郊的绿植非常好，树木葱郁，河水清澈，令人心旷神怡。

晚上 8 点继续主持"委员读书漫谈群"的交流活动一个半小时左右。

今天的《人民日报》发表我的短文《在青少年心中播下传统文化的种子》。《中国教育报》发表深度新闻《中国新教育实验发起人朱永新对话美国诺贝尔奖得主迈克尔·莱维特：我们为何需要不标准答案》，是我去年在北京中学与莱维特先生的对话摘要。

晚上 11 点休息。

4 月 16 日，星期五，上海晴

早晨 5 点 10 分左右起床。读完《为生命而阅读》。发微博和头条，主持"委员读书漫谈群"的"晨读"活动。

早上 7 点 30 分吃早餐，早餐前散步 10 多分钟，呼吸了一下带着绿草味道的新鲜空气。

今天是调研组在上海行程的最后一天，依然安排得紧凑而扎实。

上午 9 点，召开专题座谈会。上海市人民政府副秘书长陈鸣波介绍了上海市科技创新人才工作情况。上海市人才办、科委、经信委、教委、发改委、财政局、人社局有关负责同志，围绕如何支持科研人员潜心研究、如何鼓励科技人才发展、如何夯实基础研究科研力量等问题，结合各自职能和相关工作情况作了发言，就加强科研队伍建设提出多方面意见建议。

陈鸣波介绍，上海始终坚持人才作为创新第一资源。围绕集成电路、生物医药、人工智能三大先导产业，聚焦张江国家自主创新示范区等重点区域，多措并举集聚优秀创新人才和团队，目前集成电路人才占全国 40%，人工智能人才约占全国 1/3，生物医药人才约占全国 1/4。据初步统计，2020 年上海科研人员在《科学》《自然》《细胞》等国际知名的学术期刊发表论文 108 篇，约占全国 1/3。2019 年有 2 项中国科学家的研究成果入选了《自然》杂志评选的年度十大杰出论文，都来自上海。下一步，上海将围绕"四个着力"做文章：着力加快世界一流领军人才的集聚，继续大力实施国际人才的蓄水池工程；着力强化重点领域创新人才的支撑；着力加速杰出青年科学人才的培育；着力构建人才发展的环境。同时，陈鸣波也建议国家在上海试点外国高端人才申请中国绿卡的直通车，延续外籍人才相关税收优惠的政策。

上海市科学技术工作委员会副书记王宇介绍了科技人才工作的相关情况，表示上海将继续聚焦国家战略任务建设，用好用足国家、市委重点的领先工程，建立联动机制，共同推进引才和育才政策的落地落实。

中共上海市委组织部副部长、市委编办主任、市人才办主任冷伟青提出绘制人才图谱、靶向引智。人才培养要注重外部引进与内部培养的关系；高端引领与团队支撑的关系，政府有为与市场有效的关系，政治引领与激励转化的关系，核心攻关与基础研究的关系。

上海市经济和信息化委员会副主任傅新华认为，要根据人才培养的实际需要，打开一级学科设置的口子，以"产学研项目"带动人才培养。

上海市教委副主任蒋红就创新校企双聘人才的问题进行了交流。她提出，企业可以通过高校把人才引进，实行学校与企业双聘。如华为鸿蒙实验室的首席科学家是交大教授，这种机制有利于人才进退自如，实现效率、效益的最大化。

上海发改委副主任陈石燕就加强科研队伍建设，完善人才评价体系提出了三条建议：一是建议构建更为自主高效的基础前沿科研项目的管理制度，如对原创性强的研究探索以指向代替指南，赋予科研人员更多的技术路线的决策权和经费的使用权，推进基础研究项目的经费的包干制。二是建议探索建立基础研究领域的多元化的投入机制，如探索建立科学基金会，吸引更多的社会资金支持青年科学家开展前沿的自由探索研究。三是建议建立更加市场化和专业化的技术转移机制，加强成果转化科研队伍的建设等。

上海市委组织部副部长、市委编办主任、市人才办主任冷伟青介绍了上海人才工作的一些探索和实践，如2018年出台的人才高峰工程，2019年出台的国际人才蓄水池工程，2020年出台的人才新政20条，这三个文件作为顶层设计，对上海这几年的人才结构、人才工作的整个氛围，起到引领的作用。3年引进了3位诺贝尔奖得主以及包括欧美发达国家院士在内的12名高峰人才，围绕这12个团队引进了600多个科学家，总投入达38亿元。他的建议，一是对承担基础研究任务的人才团队，建立战略性投入机制。二是创新科研类事业单位新型人才管理制度，充分放权，充分授权，在人事管理、岗位设置、收入分配、绩效考核等方面，创新管理模式，建立基于使命导向和事权法定原则下的新型运行管理机制。三是进一步深化"揭榜挂帅"机制，研究如何形成一个闭环的管理机制。四是进一步优化成果转化机制，建立适应技术类无形资产特点的资产管理机制，激发用人单位推动成果转化的积极性。

上海市财政局副局长金为民建议，企业对科研基金会捐赠视同科研投入，鼓励更多的企业对科研基金会支持。人力资源和社会保障局的费予清对如何在专业技术队伍人员中建立一个压力传导机制提出了建议。

进入讨论交流的环节后，民进中央副主席张雨东详细了解了上海重点支持集成电路、人工智能、生物医药这三个方向的决策过程，顶尖科学家引进的技术图谱的情况；赵慧君就如何实现项目激励人才的一体化配置，张凤就超级博士后计划，王毅就引进国外高端人才的风险，我就科学大装置的人才招聘困难等问题，与上海方面进行了深入交流。

最后，常务副主席刘新成做总结讲话。他强调，强化国家战略力量意义重大，任务艰巨，加强科研队伍建设，既是老问题，也是制约国家战略科技力量发挥的"卡脖子"问题，希望通过这次在上海的调研，进一步了解实际情况，多方听取意见建议，认真梳理大家提出的意见建议，形成以民进中央名义报送中共中央的建议，并在政党协商、政协协商等多个场合和渠道予以反映。

中午 12 点调研组一行午餐后稍事休息。

下午 1 点 30 分，乘车前往复旦大学。

下午 2 点，考察调研复旦大学飞行控制与仿真实验室。该实验室围绕国家航空航天领域的战略需求，系统开展飞行器总体设计、飞行动力学与飞行控制、无人机自主飞行与编队及人工智能在航空航天领域的应用等领域的基础理论与应用研究研究。

下午 2 点 30 分，在复旦大学逸夫科技楼举行座谈会。复旦大学的教授们围绕高校科研队伍建设与调研组进行了交流。民进中央副主席兼秘书长高友东主持座谈会。复旦大学常务副校长、上海医学院院长、中科院金力院士，就学校如何提升科研的原创能力，做大做强基础研究和应用基础研究，服务国家重大战略和经济社会发展做了介绍。

下午 4 点，调研组一行前往虹桥机场。这次上海的大调研任务正式完成。

下午 6 点，在浦东与卢志文、袁光明、袁光华兄弟，栾梅健、马梅夫妇等餐叙。大多是我在教育界的好朋友，聊起大家熟悉的人和事，很亲切。

晚上 8 点，主持"委员读书漫谈群"讨论。

晚上 10 点，由于时差，通过视频与远在美国的 92 岁的许倬云先生和在香港的 83 岁的钱致榕先生对话《人才的培养与世界的未来》。两位先生都是我非常崇敬的前辈学者。许先生 30 年前发愿为普通老百姓写历史，钱先生立志在人生最后 20 年成为教育家，放弃了自己的专业，每年接触 3000 名学生与他们的父母。我们就互联网教育、通识教育、文理分科、生命教育、终身学习、家庭教育、知行合一等问题进行了交流，我向两位老师学到了许多。尤其是钱先生提出，中国的教育需要走自己的道路，需要针对自己的国情探索最适合我们的道路。

　　这次出差期间，利用旅途和早晚的时间，抽空读完前不久收到的93岁的老人灰娃先生的签名版新著《不要玫瑰——灰娃自选集》。这本书收录了灰娃的65首自选诗，辅以作者关于童年生活的几篇散文，虽然篇幅不大，但是却得到了名家的极高评价。谢冕先生说，"灰娃的出现在当日好比是一道天边的彩虹：绚烂，奇妙，甚至诡异，而且来得突兀"。屠岸说，"灰娃的诗，使人想起英国的布莱克、美国的狄金森、中国的李贺"。特别奇妙的是，灰娃是45岁时才本能地开始写诗的，而且是源于身患严重的精神病后产生的写作冲动。灰娃是"老革命"，小时候在延安儿童艺术学园学习，后来随解放军辗转晋、冀、鲁、豫等地，又跟随部队渡江参加京、沪、杭地区战役。新中国成立后入北京大学俄文系求学。1972年在无人知晓、连自己也身不由己的情形下开始写诗，边写边撕，或藏匿起来。在画家张仃先生的鼓励下，写诗成为她医治自己精神疾患的一种疗法。后来成为她丈夫的张仃对她说："你心里有很多美，你要给美一个出口。"这本书的装帧很美，冷冰川先生的木刻插画，把诗歌的意境形象化，耐人寻味。书中收录了部分作者的照片和手稿，非常珍贵，也可以看出作者写诗和修改的状态。

　　晚上12点休息。

"文旅融合助推乡村振兴"调研手记（西安）

　　根据《民进中央 2021 年反映社情民意信息主题年工作方案》和民进中央文化艺术委员会工作计划，我于 4 月 18 日至 20 日带队赴陕西西安、咸阳开展主题年工作调研和"文旅融合助推乡村振兴"主题调研。

4 月 18 日，星期日，西安晴

　　期待已久的主题年调研和专委会主题调研终于开始。

　　早晨 5 点起床工作。主持"全国政协委员读书群"晨读，写《童书过眼录》一则。

　　早晨 7 点出发去北京首都国际机场。乘坐 8 点 40 分航班去西安。一路读完张之路老师的《被委屈的汉字》。月初收到他寄来的这本签名书，这次出差途中一口气读完，很喜欢。这本书是之路先生继《汉字奇兵》之后又一部聚焦中国传统文化、以汉字为主题创作的关于语文知识的普及读物。读了这本书后会发现，许多生活中经常运用的成语和俗语，原来竟然是以讹传讹的结果！"三个臭皮匠顶个诸葛亮"原意是众人的智慧合起来赶得上诸葛亮的才智。但是，皮匠与诸葛亮的智慧有什么关系呢？作者分析说，"三个臭裨将，赛过诸葛亮"才是这句谚语的原义和原字。"皮匠"这个词应该是"裨将"，后人以讹传讹，将"裨将"误传成了"皮匠"。同样，"舍不得孩子套不住狼"也是如此。为了抓一只狼，居然用孩子的生命做代价，是不合情理的。原意应该是"舍不得鞋子套不住狼",因为狼生性狡猾,能奔善跑,猎人若想逮住它,往往要翻山越岭,往往要在磨破一两双鞋子之后才有可能捕捉到狼,如果舍不得费鞋子就很难捕到狼。"鞋子"与"孩子"在古语中发音相同,所以也是以讹传讹。此外,作者还讲述了《射与矮的身份之谜》《七月流火是热吗?》《无奸不商和无尖不商》《弓长张和立早章》《呆若木鸡》《风马牛不相及》《天要下雨,娘要嫁人》《为朋友两肋插刀》等十多个大家耳熟能详的汉字词语故事,如"立早章"应该是"音十章","呆若木鸡"原来是褒义的夸奖词等。作者认为,每一个汉字都有自己的生命和灵魂,有悲欢离合和喜怒哀乐,甚至有聪明的,也有受委屈的。他的这本书就是想为那些被委屈的汉字"申冤",讲述它们的前世与今生,让孩子们了解汉字的博大精深与生动有趣。

10点40分,飞机提前20分钟降落咸阳国际机场。中午12点多到达宾馆。赵一德省长同调研组同志进行了简单餐叙。

下午3点,在西安曲江惠宾苑酒店召开民进中央反映社情民意信息主题年工作调研座谈会。主题年是参政党建设的重要方式,也是民进坚持多年的有效做法。2021年,民进中央把"反映社情民意信息"作为全会年度的工作主题,在各民主党派中率先将"反映社情民意信息"作为年度建设主题,这反映了我们对这项工作的一贯重视。我们成立了主题年工作领导机构,制订了主题年工作方案,召开了主题年工作动员会,并在省级组织专职副主委会上进行部署,就是要集中力量、重点建设,进一步巩固履职能力建设主题年成果,切实推动民进反映社情民意信息工作提质增效。座谈会上,民进陕西省委会专职副主委闵生华介绍了民进陕西省委会反映社情民意信息工作情况,以及主题年工作部署和进展情况。陕西省政协、中共陕西省委统战部有关负责同志介绍了开展社情民意信息和反映党外人士意见建议的工作开展情况,介绍了工作流程、渠道和信息载体,以及工作中的经验体会,并对民进陕西省委组织做好相关工作提出了建议。来自西安、宝鸡、渭南、铜川、商洛市委会负责社情民意信息工作的同志,以及来自省直工委、西交大基层委员会、陕师大总支、西北工大总支和西安外国语大学支部的负责同志(骨干会员)分别发言,介绍了基层组织和会员在反映社情民意信息工作中取得的成功经验，存在的具体问题和困难，并对民进中央、陕西省委会反映社情民意信息工作提出了意见建议。

张妹芝围绕河北民进开展反映社情民意信息工作的成功经验，以及进一步推动主题年工作的思路、举措，作了交流发言。刘宽忍在讲话中对民进中央来陕西开展主题年调研，表示欢迎和感谢，表示以本次调研为契机，深入推动陕西民进反映社情民意信息主题年工作，坚持问题导向，深化认识、完善工作机制，把省委会能够推动解决的问题解决到位，进一步提高社情民意信息工作水平和履职能力。

我在总结讲话中阐述了民进全会开展反映社情民意主题年建设工作的必要性和重要意义，重申了反映社情民意信息对民进履职的特殊价值，回应了与会代表提出的部分问题，并就深入推进主题年工作，提高社情民意信息工作质量水平提出了意见。

与会同志发言积极踊跃，会议比原定时间延长了半个多小时，许多同志仍意犹未尽。

晚上省民进与统战部餐叙。晚餐后稍事休息，准备散步。我们住宿的地方紧靠着大唐不夜城，我们就在这个著名的网红打卡地散步了。在文旅融合的背景下，打造城市文化特色是发展城市夜间旅游的重要思路和途径，更是完善城市旅游经济的重要组成部分。西安利用盛唐文化成功推动旅游夜经济的繁荣发展，我觉得也是文旅融合的一个典范。据了解，大唐不夜城步行街去年入选首批全国示范步行街名单。

散步一个多小时，全天走了 12000 步。一边散步，一边还要主持"委员读书漫谈群"的委员风采交流分享活动。今晚主讲的是赵梅委员，她长期从事美国社会文化研究，对国际问题及美国研究中的一些重大问题有深刻见解，为深化中外人文交流、向世界讲好中国故事、推动中美关系重回正轨提出了许多有价值的提案与建议。她今晚分享的主题也得到大家的积极响应。

接近 10 点，回到房间。"4.23"即将来临，收到许多关于全民阅读的讲演、会议、座谈的邀请，因为一直在外调研，只答应了国家图书馆的文津奖发布暨全民阅读活动和《中国教育报》与商务印书馆联合举行的乡村阅读论坛，利用调研的间隙为上海《新民晚报》、中国阅读 30 人论坛、湛庐文化等录了视频。

晚上 11 点休息。

4 月 19 日，星期一，西安、咸阳晴转小雨

早晨 5 点起床。仍然是"老三篇"："委员读书漫谈群"，头条《朱永新教育观察》和新浪微博专栏文章。

上午 8 点吃早餐，之后出发前往位于蓝田县的白鹿原影视城考察调研。陕西厚重的历史文化随处可以感受到，仅是想起"蓝田"这个名字，"沧海月明珠有泪，蓝田日暖玉生烟""云横秦岭家何在？雪拥蓝关马不前""船舷暝戛云际寺，水面月出蓝田关"等诗句就从脑子里蹦了出来，历史感扑面而来。

大概 40 分钟车程，我们到了白鹿原影视基地。据介绍，白鹿原影视城是以影视拍摄服务为主，兼具观光旅游、文化娱乐、休闲度假等功能的综合性旅游区，主要景点由白鹿村、滋水县城、景观步道等多余处景观组成，占地面积 70 万平方米，是以陈忠实长篇小说《白鹿原》原著为建筑蓝本兴建而成的仿古建筑群，电视剧《白鹿原》也在这里取景拍摄。这个基地的最人特点是参与性，游客进入景区就换服装，成为"剧中人"，按照不同的角色参与表演。参观完毕，基地会把游客参与拍摄的视频与照片提供给本人，留作纪念。我们调研组一行也参加了《黑娃》演出的体验式剧场活动。

影视城对周围的带动作用也不小。景区开园前周边村镇村民经济收入主要依靠务农或者到较近的西安甚至更远的地方外出务工，自影视城 2017 年开园后，对周边乡镇影响显著，带动作用明显。仅是周边村民自家场地的停车收费，都可以平均每月为村民带来 1000 元至 2000 元的收入。此外，开园至今，景区现有商户、商铺 107 家，服务人员基本来自前卫镇、焦岱镇、汤峪镇、安村镇等，园区园林绿化、保洁、临时维修工大多来自周边 15 个乡镇，为周边村民创造就业岗位约 425 个。

中午简单用餐后，继续出发前往咸阳市泾阳县考察。路上当地同志介绍说，泾阳县蔬菜产业发展历史悠久，尤以西红柿最为出名，口感极佳，调研组的同志非常感兴趣，当场就在网上下单买了一些。考察第一站是位于安吴镇龙源村的龙泉公社。这是一个依托国务院授予的水土保持项目园区打造的具有自身特点的美丽乡村休闲观光农业项目，是国家级"小流域治理示范园区"，占地 1.5 万亩。公社共有 4 个生产经营大队，10 个合作社，开发了民俗美食街、跑马场、玻璃栈道、滑水漂流、高空滑索、户外拓展、果蔬采摘等 20 余个旅游休闲项目。公社年接待游客 260 万人次，营业额 2.9 亿元，2018 年被授予"全国休闲农业与乡村旅游示范点"。看下来，我觉得这应该是典型的城市带动农村的项目，其游客绝大部分来自于西安市，还是占了靠近大城市的"地利"的；而对于那些比较偏远的地方，类似的项目并没有太大的可复制性。

晚上的"固定节目"还是散步加主持委员读书活动。这次住的宾馆离渭河较近，我们就沿着河岸快走，欣赏夜景。张妹芝委员和咸阳市委常委、统战部长也和我们一起在渭河边跑步锻炼了 45 分钟。今晚的委员风采分享交流由杨杰委员主讲。杨杰委员是新疆人，担任新疆伊斯兰教协会副秘书长，从事伊斯兰教宗教教职工作近 30 年，今年也获得了全国政协委员优秀履职奖。他分享了自己的履职感悟，以及我国明清时期"以儒释经"成功经验的一些启示，得到了委员们的积极响应。

9 点多回到房间，读书，撰写调研日记。

晚上 11 点休息。

4 月 20 日，星期二，咸阳小雨

早晨 5 点起床。发现前几天写的手记没有及时保存，全部不见了，好惨，赶紧补记。

今天上午的安排也是很满。早餐后紧接着就在宾馆召开了座谈会。民进中央文化艺术委员会的张颐武主任主持座谈会并介绍了调研

背景情况，咸阳市委常委、副市长罗军介绍了全市文旅融合助推乡村振兴工作情况，咸阳市文化和旅游局、财政局、农业农村局、扶贫开发局等单位负责同志也分别进行了交流发言。调研组同志围绕农村地区文旅融合发展情况，乡村振兴规划及其推进情况，地方政府在农村地区文旅融合、乡村振兴方面的政策举措、工作成效与经验、面临的困难、问题以及政策建议，农村地区文旅融合和乡村振兴推进中的资金来源、开发模式、参与主体等情况，以及发挥村民主体作用、提高村民收入和文明程度方面做法和经验等方面与当地同志进行了交流。

我在会议最后做了简单总结发言。我认为，本次调研很有意义，文旅融合发展助推乡村振兴大有可为，在乡村文旅融合发展中，要注意深入挖掘当地文化特色、以文化旅；要注重激发当地居民积极性，处理好建设经营主体与当地居民的利益关系；注重发挥网络新媒体的宣传推介作用，吸引更多目光聚焦陕西文旅特色。

一个多小时的会议相当紧凑，会后便出发去礼泉县烟霞镇的袁家村实地调研了。途中顺道参观了昭陵博物馆，馆名是民进中央原主席叶圣陶先生题写的，这是一所展示初唐文化及历史的专题性博物馆。昭陵是唐代第二任皇帝唐太宗李世民与长孙皇后的陵墓。昭陵博物馆内，除李勣墓外，包括两个碑石陈列室和出土文物、雕刻绘画展厅。该馆馆藏文物 4500 多件，其中 400 多件国家一级文物。我们走马观花地浏览了一下主要展厅，就赴去调研了。

在袁家村考察文旅融合助推乡村振兴，这个点选得非常好。袁家村是陕西省著名的乡村旅游地之一，在全国也很有名。袁家村在西安、咸阳等地的城市体验店已达 17 个，并先后在青海、河南、山西、海南、江苏打造了 5 个外省版的袁家村。据介绍，袁家村 2020 年的游客达 600 万人，综合收入过 10 亿元。袁家村形成了一套组织严密、产业联动、合作共赢的乡村旅游模式。

一到村口，便看见了有 20 世纪五六十年代风格的几栋老楼，很有人民公社的感觉，现在作为村支部和一些体验店使用。再往里走，环境整洁优美，游人摩肩接踵，店铺鳞次栉比，货品琳琅满目，美食香气四溢，好一番热闹景象。位于食品一条街街口的老吕粉汤羊血，面积不足 30 平方米，一年营业额竟然达到 800 万元。

我们还发现了一家星巴克咖啡店，当地同志介绍说，这是中国唯一一家开到村里的星巴克。店里有些外国人，我们在这里见到了荣誉副村长马特先生。这位外国网红到中国已经 10 年，讲一口流利的中文，他说，他非常爱中国。只有深入中国，才能了解中国。他的名片上有他的头条号、抖音号和哔哩哔哩号——"加油马特"。

村里的特色民宿也非常不错，环境优雅、格调不俗，好多同志感慨：有时间真应该来住一段时间。村里的"网红店"不少，商家也都有互联网意识，利用"流量"扩大销售，据说有一家网红酸奶店每年销售额有 3 千多万元。在这些产业的带动下，袁家村吸纳就业 3 千多人，带动周边万余名农民增收，实现年旅客接待量 600 多万人次，旅游收入超 10 亿元，村民人均纯收入达 10 万元以上；该村收获了一大批荣誉：国家 4A 级旅游景区、全国文明村镇、"中国十大最美乡村""中国十佳小康村"等。这应该是文旅融合带动乡村振兴的典型范例了。

中午在村里吃了点特色小吃，便赶赴机场，乘坐下午 3 点 30 分的航班返京，调研顺利结束。

晚上 5 点到达北京。收到北京师范大学出版社刚刚出版的《朱永新与新教育实验》，这是由中国教育报刊社和人民教育家研究院主编的教育家成长丛书之一。约稿已经多年，一直没有时间整理，在新教育 20 年之际，终于挤出时间杀青交稿。

晚上整理近期工作文件资料，11 点休息。

调研中我们有不少发现，也有很多思考。自从文化旅游部组建之后，诗和远方成了文旅融合的代名词。通过发展文化旅游来打赢脱贫攻坚战、助推乡村振兴，也成为大家的共识。旅游从一开始的小众行为，逐渐演变成为大众生活方式。旅游目的地，也从过去的名胜古迹变成了多元多样，其中乡村旅游也从简单的农家乐发展成为文化生态游。生态是乡村最大的特色和优势，如何通过环境空间营造、绿色生态产业发展、人文生态建设等多渠道，做好生态这篇文章，如何通过文旅融合助推乡村振兴，的确是一个重要的课题。

从在陕西调研了解的情况来看，文旅融合助推乡村振兴仍面临一些亟待解决的困难和问题，主要集中在规范引领不够、资金保障不足，地方品牌特色不彰、同质化严重，文化挖掘不够、文化保护力度不足，各方面积极性调动困难、利益联结机制有待深化等方面。

针对上述问题，我们认为应该从以下几个方面着手：

（一）要激发当地居民参与积极性，处理好建设经营主体与当地居民的利益关系。随着乡村振兴的发展，一些项目的"造血"机制不断健全，资本逐渐增加，应注重加强指导和规划，引导合理规划和布局建设，增强地区文旅项目品牌的整体吸引力，提升项目的整体水平。同时，在规划、建设、经营等各个环节充分照顾当地居民的利益诉求和情感需要，让文化资源成为老百姓走向致富道路的重要依托。妥善处理经济发展与群众获益之间的关系，引导村民深度参与，强化利益共享，增强机制建设，通过组织村民参股、融资改造等，让老百姓的利益能够更加深度地转化。强调整体性保护理念，尊重民意，将当地居民切身利益放在村寨保护和利用的首位，兼顾协调各方利益和平衡各种关系，切实改善人居环境条件，实现社会、经济、文化全面发展。

（二）继续深入挖掘当地文化特色，做好传承和保护。文旅融合首先应重视文化，挖掘独特的文化内涵，以文化旅，将"诗"融入"远方"。从未来的发展来说，应在根基上下功夫，结合本土特色，深入梳理、挖掘乡村文化资源，用文化的力量提升农村民众的素质和文明程度，提高乡村振兴的内生动力，增强文化的感召力和生命力。应更加重视深入挖掘文化内涵，依托专业力量做好乡村原有历史文化、民间文艺和民俗的转化、整合提升，打造好旅游的"文化内核"；借助"非遗"助推乡村振兴，通过打造"非遗+旅游"模式，如现在广受欢迎的美食、茶道、花道、香道等项目和产品，可以结合当地特色进行挖掘、深化和结合，形成休闲田园之乐＋受到精神洗礼＋多种体验式项目的混合模式；提高文创设计水平，打造特色产品等，提升产品附加值和文化内涵，增强不可替代、不可复制性。增强对历史、文化的敬畏之心，不能只顾眼前利益而侮辱、损害了传统文化，杜绝对文化资源的破坏性开发。

（三）进一步发挥宣传推介的作用，吸引更多目光聚焦地方文旅特色。当前，新媒体发展很快，快手、抖音、短视频等在助推乡村文旅融合发展方面起到了很大的作用，也仍有很大的发展空间。应学习借鉴网络推介的成功经验，通过抖音等互联网平台推广地方文旅特色，进一步提升当地文旅项目产品在全国的知名度。重视网络新媒体宣介力量，采取官方推介和商业推广结合的方式进行全媒体宣传，大量使用新媒体扩大吸引力，激发消费活力，吸引更多资金、技术、人才投入到乡村振兴事业中；开发建设直播带货、宣传基地，利用互联网电商平台等，提高地方品牌的知名度和影响力；重视对新媒体专业人才的培养，注重对在技艺传承、产业发展、群众致富等方面取得显著成绩的农业技术人才和农村实用人才的培养，打造一批"不走"的本土宣传力量。同时，加强对网络舆论的关注，及时妥善处置回应负面舆论，发挥好新媒体的助推作用。

这些问题和建议，我们也将提供给关部门以供决策参考。

西部欠发达地区职业教育调研手记（柳州）

　　2020 年 7 月，教育部委托民进中央开展西部欠发达地区职业教育和家庭教育状况调研。同年 9 月 7 日至 10 日，我带队赴甘肃省甘南藏族自治州开展了首次调研，同时参政议政部委托民进云南、贵州省委会协同开展调研；向民进吉林、黑龙江、辽宁省委会，内蒙古、宁夏区委会收集职业教育相关资料。今年 7 月 22 日至 23 日，我们再次开展实地调研，本次是去广西柳州。

7 月 22 日，星期四，北京、柳州晴

　　这次到柳州调研，也是安排了很久，终于趁疫情的"间隙"得以成行。早上坐 8 点 15 分的航班，11 点多落地柳州，12 点到达白莲山庄，吃午餐，休息。

　　下午 2 点，出发前往柳州市第一职业技术学校调研，民进广西区委会主委杨静华陪同调研。到了学校附近，我看到有几所职业学校都在那一片区域，包括柳州市职业技术学院、柳州市第二职业技术学校等，也算是颇具规模的职校城。柳州是工业城市，汽车产业是其第一支柱产业，拥有五菱、宝骏、乘龙等品牌，此外还有"中国 500 强企业"柳钢、"世界工程机械 50 强企业"柳工等大型国有企业，想来对于职业技术人才的需求是非常大的。

　　在柳州市第一职业技术学校，我们参观了学生创新中心、实训基地等，了解了学校办学和学生就业情况等。据学校老师介绍，该校是公办中职，成立于 1983 年，是首批国家级重点中等职业学校、首批国家中等职业技术教育改革示范校。学校占地 500 多亩，全日制在校生超过万人，以智能制造和现代服务为核心，拥有工业机器人技术、计算机应用、汽车运用与维修、旅游服务等 21 个专业。学校专任教师 492 人，其中硕士和研究生以上 58 人，占比为 11.8%；本科以上学历 434 人，占比为 88.2%。在 2020 年就业形势严峻的情况下，该校的毕业生就业情况还比较稳定：应届毕业生人数 3167 人，就业 3079 人，就业率为 97.22%；对口就业率为 97.62%，平均起薪 2226 元。

离开柳州市第一职业技术学校，很快便到了旁边的柳州市职业技术学院。该校是 1998 年全国首批国家批准成立的全日制综合性高等职业院校，是全国 100 所国家示范性高职院校之一、国家优质专科高等职业院校、国家"双高计划"建设单位。学校现有社湾和官塘两个校区，占地面积约 1110 亩，全日制高职生 1.5 万余人，教职工约 800 人，设有机电工程学院、汽车工程学院、电子信息工程学院、环境与食品工程学院、财经与物流管理学院、贸易与旅游管理学院、艺术学院等 9 个二级学院，开设 51 个专业。该校的毕业生就业状况一直不错，连续 20 年被评为"广西高校毕业生就业工作先进（突出）单位"，并培养出中共十九大代表、全国杰出青年岗位能手、全国五一劳动奖章获得者丘柳滨，中国五四青年奖章、全国巾帼建功标兵获得者袁茵，全国优秀教师甘达浙等一大批典型的优秀毕业生。

在学校进行了简单的实地调研，主要是参观了生产实训车间。之后便在校召开了座谈会，研讨当地职业教育发展面临的问题。柳州市教育局、柳州市第一职业技术学校、柳州市第二职业技术学校、柳州市交通学校、柳州市城市职业学院、柳州市铁道职业学院、柳州市职业技术学院等院校的负责同志参加座谈。民进中央教育委员会主任、北京师范大学中国教育政策研究院执行院长张志勇介绍了课题背景和调研目的；柳州市教育局、人社局负责同志分别介绍了相关情况。与会人员围绕西部欠发达地区职业教育的发展定位、招生困局、高层次教师培养、区域协作等问题，进行深入交流。

教育局领导介绍了柳州全市的职业教育情况。柳州是首批国家现代学徒制建设试点城市，全市共有职业院校 27 所，专职教师 6657 名，兼职教师 1724 名，在校生 12.8 万人，生师比为 19：1，双师型教师占比为 46%。市委、市政府高度重视职业教育发展，明确提出"抓职业教育就是抓发展、抓未来、抓民生"，把职业教育作为柳州工业高质量发展的基础、城市人才汇聚的重要手段，安排全市"教育两费"的 30% 作为职业教育建设专项经费，"政府领航、双元一体、教产相伴、融合发展"的职业教育改革发展柳州模式得到肯定和推广。存在的问题主要有两个：一是全市高等教育（包括高等职业教育）规模偏小，层次偏低（本科院校只有 2 所），与柳州市的经济地位（全国百强市排名第 83 位，GDP 占广西全区 1/4）、城镇化发展（全市 415.8 万常住人口，其中城镇人口 266.8 万）需求不匹配；二是国家产教融合城市建设试点中企业参与度不高。有关职能部门对产教融合企业的激励政策效能有待提升，校企合作人才培养的契合度还不够紧密，职业院校为企业开展科研攻关、技术服务的能力有待加强。第二个问题，应该是全国职业院校面临的普遍性问题。

柳州市 6 位职业学校校长依次介绍办学情况以及实现高质量发展所面临的任务、困难，并提出意见建议。从各个学校介绍的情况来看，面临的问题都差不多，主要是在师资队伍建设（包括高层次人才引进困难）、专业建设（办学层次不高）、课程改革、产教融合、经费不足、教师职称评审困难等方面。例如，在帅资队伍建设方面，主要面临三个问题：一是男教师普遍偏少（男女比例约为 1：2），教师队伍结构失衡，亟待优化。男性教师太少不利于一些实操性很强的课程的开展。二是难以从师范类学校招到专业的老师（师范类学校无此类专业），而从其他渠道招来的老师很多没有教师资格证，在一定时期内影响了学校"双师型"教师比例。三是很大部分师范院校毕业生对职业教育认识不够，认可度不高，导致职校招收师范院校毕业生难度较大。又如，在校企合作、产教融合方面，主要存在两个问题：一是学校直接就业的毕业生减少，难以保证向企业输送人才的数量；二是行业内领军企业参与中等职业教育的程度不深，对中等职业学校和其毕业生的认可程度不高。

会议开到下午 6 点。回宾馆，吃晚餐，休息。

7 月 23 日，星期五，柳州晴

今天上午的安排是在莲花山庄召开"西部贫困地区职业教育发展"课题研讨会，算是对这个委托课题的阶段性小结。因为要赶中午12 点多的飞机回北京，所以研讨会 8 点半就开始了。

会上，来自各地的调研组专家成员，围绕西部欠发达地区职业教育这一主题，针对课题研究的框架思路、建议措施的侧重方向进行了深入研讨。广西壮族自治区人大常委会副主任杨静华介绍了广西民进在前期职业教育调研过程中掌握的情况，并对西部欠发达地区职业教育发展提出了意见建议，并对民进中央关心广西教育表示了感谢。

关于加快西部欠发达地区职业教育发展的建议，调研组认为，近年来，随着《国家职业教育改革实施方案》《职业教育提质培优行动计划（2020-2023 年）》等一系列政策的发布，我国职业教育必将取得长足的进步。但西部欠发达地区职业教育发展基础薄弱，需要国家在现有的政策框架下给予充分关注和政策倾斜，因此建议加大西部地区职业教育的投入保障力度，重点解决中职学校办学条件和中高职学校师资队伍问题。做好四个统筹：加强职业教育发展的布局统筹；完善中高职统筹发展的体制机制；加强行业产业与职业教育的统筹发展；加强东西部职业教育统筹发展。主要有以下几个方面的具体建议：

（一）实施西部中等职业学校"改薄"工程

参照义务教育阶段"全面改薄"工程的经验，实施西部中等职业学校"改薄"工程。由中央和省级财政分担，推动城市和人口数量较多，产业基础相对较好的县城的中职学校在场地、仪器设备、图书等办学条件方面全面达标。

（二）加强西部欠发达地区职教师资队伍建设

首先，抓好《深化新时代职业教育"双师型"教师队伍建设改革实施方案》落实，加快职教师资培养的供给侧改革，加强职业技术师范院校和高校职业技术教育（师范）学院建设，支持高水平工科大学举办职业技术师范教育，实施面向西部地区职业院校的公费师范生政策，让中东部的高水平职业技术师范和高水平工科大学免费定向为西部学校培养职教师资。其次，尽快制定和完善符合职业教育特点的学校编制标准，重新核定职业学校编制时要考虑职业教育教师每年定期到企业实践的工作量，尤其要考虑西部教师跨区域实践的时长。再次，加快西部地区职业学校的人事制度改革，落实学校招聘教师的自主权，落实岗位聘任制度，让真正的能者上，使各院校办学更加具有活力。最后，加快西部欠发达地区职教师资培养基地和企业实践基地建设，全面落实职业教育教师到企业实践制度。

（三）加强欠发达地区职业教育发展的布局统筹

加强中等职业教育的市级统筹力度，完善高等职业教育的省级统筹。

1.加快西部欠发达地区职业教育学校布局调整。在每个地级市办好一所高等职业学校，在人口较多、产业基础较好的县办好一所中等职业学校。在人口相对较少，产业基础较薄弱的西部县，整合职业教育资源，将其变为市属中等职业学校的教学点，重点办好1—2个专业。

2.加强专业设置和布局统筹。面对西部地区产业转型升级和西部地区新一轮振兴经济的有利契机，建设一批职业教育专业集群，研究新专业的设置和原有专业的教学改革，根据市场需要进行动态的专业调整，提升职业教育服务西部欠发达地区发展的能力。重点打造适应"一带一路"和产业西迁带来的产业战略布局的，一批有优势、有差异、有特色的区域发展产业专业集群，统筹做好先进生态农业、装备制造业、信息技术、石油化工、光伏产业等专业的区域分布设置。省级层面要做好各市高等职业教育的专业设置统筹工作，市级层面要做好市域内各中职学校的专业设置统筹工作。指导各学校根据人才需求预测与产业发展动态调整专业设置，形成精准供给、有效供给、优质供给的职业教育专业供给结构，逐步建立起"打造特色、适应需求、优化布局、提升效益"的专业设置动态调整机制。尤其是要统筹好县里中职学校的专业设置，重点建设 1-2 个专业，形成特色发展的格局。

（四）推动中等职业教育和高等职业教育统筹协调发展

1. 明确中等职业教育的办学方向。调研发现很多地区中职学生的升学比例已经超过 50%，一些地区甚至达到 70% 以上。因此，建议明确中等职业教育的办学方向从以就业为导向，转向就业与升学并重，将中等职业教育定位为职业教育的基础阶段，更加重视学生基础能力的培养。

2. 加强中高职贯通培养。全面总结职业教育贯通培养试点经验，借鉴欧盟、我国台湾地区发展职业教育的经验，全面建立初中起点五年制高等职业教育。在西部欠发达地区，允许办学特色鲜明、办学质量较高的中职学校招收五年制高职学生，或采用建立职业教育集团的方式，让集团内的中高职学校进行贯通培养。高职、中职学校合作设计学生培养方案和课程，在中职培养的 2-3 年着重加强学生的基础能力和核心素养，在高职培养的阶段再增加更多技能性的学习和训练。

（五）加强行业产业与职业教育的统筹发展

1. 加大西部欠发达地区校企合作的政策供给。政府要深化"放管服"改革，明确省级政府在发展职业教育过程中的权力与责任，打造产业人才数据平台，促进职业教育和产业人才需求的精准对接。出台激励企业参与职业教育的政策清单，调动企业参与职业教育的积极性。支持区域大型企业兴办职业院校，允许通过 PPP 模式、融资贷款、土地置换等途径拓宽筹资渠道，通过购买、承租、委托管理、混合所有制改革等方式改造办学活力不足的公办职业院校；加快落实《建设产教融合型企业实施办法（试行）》中"金融＋财政＋土地＋信用"的组合式激励政策。

2. 贯彻落实《关于深入推进职业教育集团化办学的意见》。西部欠发达地区政府要发挥好对职业教育集团化办学的统筹规划、综合协调、政策保障和监督管理作用，积极鼓励多元主体组建职业教育集团。引导集团内部高等职业教育、中等职业教育学校协同发展。

（六）加强东西部职业教育统筹发展

在《职业教育东西协作行动计划（2016-2020 年）》的基础上实施新一轮东西职业教育协作行动计划。吸取上一轮计划实施中的经验教训，将新一轮工作的重点放在提升西部职业院校办学质量上，通过打造跨区域职业教育集团、校企共同体、跨区域师资培养等方式，帮助西部地区职业学校提升校企合作水平和人才培养质量。

我在会议最后做了简单的总结讲话。我说，西部欠发达地区职业教育发展，对于巩固脱贫攻坚成果、助力乡村振兴有着重要现实意义。希望调研组站在新发展格局的视角，着眼西部地区实际，继续扎实调研，深究问题所在，提炼总结柳州市职业教育的好经验，从中高职贯通一体化、东西部地区职业教育联动帮扶、职业教育和产业发展高度融合、激发企业参与职业教育增强职业教育发展内生动力等方面，出新招、出实招，更好地服务于国家战略和区域发展。

11 点钟会议结束。副主席庞丽娟中午赶到了柳州，我们一起吃午餐。由于明天另有公务，我乘坐 12 点 25 分的飞机返京，后面的调研将由她带队继续进行。

"加强敦煌文化保护研究"调研手记

2019 年 8 月，习近平总书记来甘肃考察调研，并发表重要讲话，为敦煌文化在新时代利用好特殊地位、特殊影响，发挥好特殊作用指明了方向，赋予了新使命。为学习贯彻习近平总书记视察敦煌重要讲话精神，贯彻落实"十四五"规划和 2035 年远景目标纲要，发挥界别优势特色推动敦煌文化保护、研究和利用，服务共建"一带一路"和对外文化交流，助力地方经济社会高质量发展，2021 年 9 月 11 日至 12 日，蔡达峰主席带领民进中央调研组赴敦煌开展"加强敦煌文化保护研究"调研。国家文物局、民进中央文化艺术委员会、甘肃省方面相关领导专家参与调研。

9 月 11 日，星期六，北京、敦煌晴

本次赴敦煌调研，是谋划已久的。年初做的计划，本打算 6 月在甘肃召开民进中央常委会时顺便开展调研，但因受新冠肺炎疫情影响，常委会时间一改再改，调研时间也随之变动。终于在金秋 9 月，疫情间隙，常委会得以正常召开，本次调研也终于可以成行。

北京到敦煌，可选的航班不多。上午乘坐 10 点 25 分的航班从首都机场出发，飞机进入内蒙古西部后，通过舷窗，满眼黄沙，已可感受到大西北的广袤与苍凉。经过约三个半小时的飞行，下午 1 点 52 分到达敦煌莫高机场。因日程紧张，下了飞机便直接乘车到调研点了。

调研的第一站是敦煌市博物馆。讲解员介绍说，该博物馆成立于 1979 年，现馆建成于 2011 年，建筑方案由中国建筑设计研究院建筑大师崔恺主持设计。馆内面积 7500 平方米，内设展厅、文物库房、放映厅等，现藏文物 13355 件（套），其中，一级文物 138 件（套），二级文物 387 件（套），三级文物 1387 件（套），分石器、陶器、铜器、丝绸、汉简等 14 类。此外，还收藏了 1900 年发现的流散于敦煌当地的藏经洞文献，其中汉文 81 卷，吐蕃文 237 卷，梵夹式吐蕃文 8482 页，一些汉文书和写经，堪称敦煌文献的精品。

我们这次主要参观博物馆的《华戎交会的都市——敦煌历史与丝绸之路文物陈列》主题展览。该展览共陈列敦煌历史图片 147 幅，敦煌壁画图片 100 幅，敦煌史地图片 266 幅，展出文物 1100 件。展览以敦煌历史上各个时期出土的文物为单元，按照时间顺序（上古、两汉、魏晋南北朝、隋唐五代、沙州回鹘与西夏、元明、清代）自然延续，介绍敦煌悠久灿烂的历史、中西文化荟萃的民族特色、盛大辉煌的汉唐文化……以敦煌学百年的研究成果与敦煌出土文物为基础，全面、深刻诠释敦煌悠久灿烂的历史文化；集中反映敦煌在中西政治、经济文化交流中做出的重大历史贡献及敦煌与丝绸之路的紧密联系；重点展示古代敦煌多民族、多元文化共处，欧亚大陆诸文明及多重交通网络在此交汇的辉煌，跨时空、多视角、全景式凸显了中国一体多元的区域文化重镇古代敦煌"华戎所交大都会"盛况。一个小时的参观学习，让我们跨越千年万里时空，终觉意犹未尽。

出了博物馆，我们乘车来到著名的鸣沙山月牙泉。城在沙漠中，景在城市边。出敦煌城向南 6 千米，一眼就看到连绵起伏的鸣沙山。它东枕西北明珠莫高窟，西至党河口，延绵 40 千米，南北宽 20 千米，高度 100 米左右，最高峰 170 多米，总面积约 200 平方千米。今天天气晴朗，碧空如洗。我们乘车到了鸣沙山附近，看见形状各异的沙山在阳光的照耀下通体金黄，游客驼队穿行于黄沙中，自有一番独特的沙漠风情。车继续前行，我们看到了一片绿洲掩映在鸣沙山怀抱，月牙泉就躺在绿洲里。从半山腰望去，一弯清泉，涟漪层层，碧如翡翠。泉在流沙中，干旱不枯竭，风吹沙不落，蔚为奇观。讲解员介绍说，月牙泉不远处便是党河，地下水渗漏过来，加上独特的地形特点，才有了这沙漠中的不竭清泉。

参观完这沙州奇景，便乘车前往敦煌宾馆。晚餐后，我陪同蔡主席，与酒泉、敦煌民进的领导班子进行了简单座谈，并合影留念。晚上 8 点多，散步 50 分钟。

9 月 12 日，星期日，敦煌晴

上午的安排是参观莫高窟数字展示中心，调研文物保护多场耦合实验室，并到莫高窟进行实地调研。

上午 8 点 30 分，调研组抵达莫高窟数字展示中心。2014 年 11 月我陪同第十二届全国政协副主席罗富和来过这个数字展示中心，当时是罗副主席带队在敦煌开展关于"生态文明建设和沙产业发展"的调研。数字展示中心主要是借助现代数字化展示手段，通过主题影院和球幕影院的全方位立体化演示，向观众呈现莫高窟绚丽多彩的石窟艺术经典和气势恢宏的历史文化背景。我们先在主题影院观看了《千年莫高》，该片主要是介绍莫高窟的来历和演变，展示了莫高窟自公元 4 世纪至 14 世纪的历史脉络，展现莫高窟作为人类艺术瑰宝的神奇魅力。之后，前往球幕影院观看介绍影片《梦幻佛宫》。这部短片利用超高清球幕技术全景展示了 7 个经典洞窟的壁画、彩塑及其文化内涵，画面逼真，仿佛身临其境。

出了展示中心，我们来到了旁边的文物保护多场耦合实验室考察。多场耦合，简言之就是同时模拟多种不同的条件，这个实验室主要是研究多种自然条件下的文物保护技术问题。实验室占地 1.6 万平方米，主要分为夏季仓、冬季仓和风雨仓。实验室可以模拟 −30℃到 60℃、10% 至 90% 相对湿度，以及风、雨、雪、太阳照射等一年四季的各种气候条件。实验室可以承载数吨的大型土遗址样品。实验室同志介绍说，较之传统的室内实验和现场试验，多场耦合实验室具有时间可控、变量可控、条件可重复、能进行足尺模型试验等优点，这对文化遗产保护的基础研究起到重要作用。

考察完实验室，乘车约 20 千米，来到了"真正"的莫高窟。

2015 年来敦煌调研时，看了数字展示中心便回去了，这次终于有机会到窟里进行实地调研。

首先考察的是第 96 窟。此窟开凿于唐武则天时期的证圣元年（公元 695 年），洞窟位于莫高窟标志性建筑"九层楼"内。洞内有莫高窟最大的坐佛，高度为 35.5 米。讲解员说，佛像现在的外部敷彩基本上是现代重修的，但佛脚依然保存着 1300 多年前的唐代原韵。

随后考察的第 231 窟，是中唐的代表窟之一，据考证开凿于公元 839 年。一窟绘有多种经变的形式，反映了唐代各种宗派林立的格局。在这里，我们看到文物工作者们正在小心翼翼地进行壁画修复。时间是莫高窟最大的敌人，随着岁月的流逝，损毁的壁画会越来越多，飞天琵琶的梦境还可以保存多久，谁也说不好。但修复师的存在，工程技术的高速发展，或许会让敦煌壁画有更好的未来。

第 285 窟开凿于西魏时期，是敦煌石窟中最早有确切开凿年代的洞窟。该窟的建筑形式为禅窟，有 4 个小禅室。窟顶绘制了中国传统神话诸神与佛教护法神的形象，如伏羲、女娲等；西壁上绘有诸天外道形象，如：有日天、月天、鸠摩罗天等；南北两壁上绘制有乐伎飞天的形象。讲解员说，这些飞天的形象，原本都是白脸的，但是颜料经历了千百年的氧化，现在都变成了黑色。

在第 341 窟，我们考察了壁画数字化保护的工作现场。石窟壁画的数字化，主要是为了抢救敦煌石窟珍贵的文物信息，使之得以永久真实地保存；同时为敦煌学研究提供准确详细的信息资料。此外，在应用层面，壁画数字化成果的重要应用之一是数字化技术在游客管理中的应用。综合使用数字壁画图像制作虚拟洞窟游览、多媒体展示等，可以为游客提供数字高科技服务，同时也可为缓解石窟开放的压力、保护壁画提供技术保障。我们之前观看的球幕影片，也是数字化的成果。

最后参观的第 017 窟，建于唐大中五年至咸通三年（公元 851–862 年），是晚唐河西释门都僧统洪辩的影堂。该窟也是著名的"藏经洞"，就是王圆箓道士发现大量经书的地方。在讲解员的指引下，我们看到了那个小小的藏经洞，谁能想到当时里面竟然藏着从公元 4 世纪至 11 世纪的佛教经卷、社会文书、绢画、刺绣、文物、法器等文物，共有 5 万多件。王圆箓的这个发现，算是这些珍贵文物惨遭劫掠的开始，也是"敦煌者吾国学术之伤心史也"的缘起吧。余秋雨先生在《道士塔》一文中对王道士进行了无情的批判，但是想来，在那个山河破碎、风雨飘摇的年代，一个微不足道的人，又如何有能力护得住这堆积如山的稀世珍宝呢！如果非要说有错，可能就是他在这个中国最动荡、最贫弱的时期发现了这个宝藏吧。这是那个伤心的时代造成的民族"伤心史"。

一上午的考察很快过去，我们都还流连于跨越千年的回忆里，还沉浸在国破经毁的伤心史中。文物保护，既要对抗岁月的侵蚀，又要抵御人为的破坏，任重道远。而这些，都依赖于强大的国家。或许，只有盛世中国才是这些无价之宝的安居乐园。

11 点 40 分回到宾馆，12 点吃午餐。

下午 3 点，在宾馆召开"加强敦煌文化保护研究"调研座谈会。会议由甘肃省委常委、统战部长马廷礼主持。

我简要介绍了近年来民进中央在甘肃省开展的系列工作和此次调研的主要目的。多年来，民进中央持续关注甘肃经济社会发展，围绕地区文化发展与生态建设面临的突出问题积极建言，形成系列成果。早在 2007 年，民进中央原主席许嘉璐同志带队到甘肃调研，形成了民进中央递交中共中央的建议书，直接推动《石羊河流域重点治理规划》获批。通过该规划的实施，干涸半个世纪的青土湖重现碧波。2011 年 4 月，民进中央原常务副主席罗富和同志专程赴敦煌开展生态建设调研。调研结束后，民进中央按照推动《石羊河重点治理规划》实施的成功经验，向中共中央、国务院提交了《关于加快批复实施〈敦煌地区水资源合理利用和生态保护规划〉的建议》，提出希望加快批复实施该规划，启动调水、推广节水，加强生态保护，促进敦煌经济社会可持续发展。中央领导同志对该建议高度重视，作出重要批示。同年 6 月 25 日，国务院常务会议批准了《敦煌地区水资源合理利用和生态保护规划》。2014 年 11 月，罗富和同志再赴敦煌，指出民进中央要继续关注和支持《敦煌地区水资源合理利用和生态保护规划》实施情况，并希望中共甘肃省委、省政府加大争取和协调力度，争取"引哈济党"工程早日实施。2016 年，罗富和同志致信国务院原副总理张高丽同志，希望国家层面加大力度支持"引哈济党"工程。在民进中央的帮助支持下，"引哈济党"工程被列入国务院"十三五"期间重点推进的 172 项重大水利工程之一。

为搞好这次调研，民进中央委托民进甘肃省委会先期做了些必要的准备工作。甘肃民进与省文化和旅游厅、中共酒泉市委、市政府等方面充分沟通，并于 4 月 18 日至 20 日，赴敦煌开展了预调研。

接着，国家文物局、甘肃省文化和旅游厅、敦煌研究院、酒泉市政府等方面的负责同志做了情况介绍，调研组专家进行了交流发言。

蔡达峰主席最后做总结讲话。他首先代表民进中央感谢国家文物局和甘肃省有关方面对本次调研的大力支持和周到安排。他说，民进是以文化为主要界别之一的参政党，民进创始人中有很多文化界人士。民进始终以推动国家文化事业发展为己任，履职尽责、建言献策，文化界会员双岗立功、发挥作用。本次调研也是出于这样的初心，目的是贯彻落实习近平总书记视察甘肃重要讲话精神，共同研究把敦煌研究院建设成为世界文化遗产保护的典范和敦煌学研究的高地。他指出，文化是民族的灵魂，是民族繁荣的高度表现，实现中华民族伟大复兴必然要求建设文化强国。中华优秀传统文化是中国特色社会主义文化的根源，是滋养我们品格和精神的宝贵营养，是我们的文化基因，也是我们共同的资源和财富。敦煌文化是中华传统文化当中的杰作，也是世界文化遗产的重要组成部分，保护、研究和弘扬敦煌文化是每一位文化人的责任。他强调，我们已经在文化遗产保护方面做了大量工作，取得了显著成绩，成绩来之不易，但文化遗产保护仍然任务艰巨，从长远来看始终要有危机意识，下更大力气消除隐患、提高保护能力，加强文化价值研究和弘扬。要集智聚力，通过集聚人才、集聚资源、提升地位、共建共享、形成效应，努力创建敦煌学研究的高地，更好放眼世界、立足国家、服务国家。调研组会认真研究、积极吸收大家提出的意见建议，发挥民进的参政党作用，助力甘肃经济社会发展和敦煌文化保护研究取得更大成绩。

会议开到 5 点 30 分，6 点吃晚餐。

晚上，我应邀到民进敦煌市基层委员会会员之家，参观民进敦煌开明画院，并与酒泉、敦煌会员座谈交流。甘肃省委会主委尚勋武、安徽省委会主委李和平陪同走访。在会员之家，民进酒泉市委会主委柳渊、民进敦煌市基层委员会主委赵志英和民进敦煌开明画院院长王亚林进行了工作汇报，会员代表结合自身工作特点围绕特色教学、文化旅游、敦煌文化传承发扬进行了交流，现场气氛轻松活跃。我做了简单讲话，号召各位会员要认真学习领会蔡达峰主席在敦煌会见会员代表时的讲话精神，立足本职，自觉践行，发挥好参政议政作用，为敦煌地方经济社会发展建言献策，为敦煌民进的发展献计出力。要认真贯彻落实"反映社情民意信息主题年"工作部署，认真落实社情民意信息"清零计划"。

晚上 9 点回到宾馆休息。明早将乘坐 7 点 30 分的飞机前往兰州，参加民进中央常委会。

长江生态环境保护民主监督调研手记（2021年第一次）

9月15日，星期三，兰州小雨，九江晴

自2016年来，在中共中央的统一部署安排下，8个民主党派中央对口8个省开展脱贫攻坚民主监督。到去年年底，这项光荣而艰巨的任务已经完成。

脱贫攻坚民主监督结束后，中共中央再次安排各民主党派中央开展专项民主监督，这次的主题是"长江生态环境保护"，民进中央对口江西省。6月中央统战部召开了启动会议，民进中央也一直紧张有序地做着各项准备工作，但因受疫情影响，未能赴江西省开展实地调研。今天，这项工作终于要正式启动了。

我们是结束民进十四届十五次中常会，从甘肃直接赶到江西的。中常会之前，还在敦煌开展了两天的调研，算下来，今天已经是出差第五天了。

今天一早5点起床工作，在"委员读书漫谈群"发两篇专栏文章，在微博和头条发读书笔记。

因为要去机场，早餐提前到6点50分。

早晨7点30分从宁卧庄出发，乘坐9点的飞机，11点20分到达南昌，从机场直接乘坐中巴车出发，12点45分到达九江，简单午餐后，休息了半小时，下午2点半出发前往调研点。

根据工作计划，这次监督调研是分两路同时进行，分别是主席蔡达峰和常务副主席刘新成带队，在九江市和南昌市开展调研。因蔡主席临时有重要公务，所以今天下午和明天上午在九江的调研由我暂时带队开展，江西省政府副省长陈小平陪同调研。调研组成员包括来自生态环境部长江流域生态环境监督管理局、江西省住房和城乡建设厅、江西省生态环境厅、湖南省生态环境厅以及九江市政府相关部门的领导和专家。

经过 40 分钟的车程，我们到达了第一个调研点：湖口县水上联合执法队。阳光强烈，大家都戴上了草帽。湖口县领导介绍说，该执法队是湖口县遵循习近平总书记"共抓大保护"重要指示精神，整合农业农村、水利、海事、港航、长航公安、水上公安等 6 个部门的执法力量，抽调 24 名骨干队员组成的水上联合执法队，对长江、鄱阳湖非法涉砂、捕捞等破坏水生态环境的违法行为开展联合执法。这种联合执法队有利于打破原来各部门条块分割、力量分散的执法格局，使得沟通更加顺畅、协作更加有效、执法更加有力，真正体现了"共抓"。据介绍，执法人员中还有一部分是招聘的原来的渔民，在长江十年禁捕之后，在妥善安置渔民的过程中选拔了一些符合条件的人，经过培训之后从事执法工作。

离开联合执法队，调研组到了不远处的一个江豚观测点。这个观测点位于石钟山上。看起来平平无奇的这座小山，因苏轼的名篇《石钟山记》而为世人所知，可谓是"山不在高，有文则名"。苏轼月夜独舟探寻石钟山奇妙声音成因的精神，也正是我们做民主监督发现问题、解决问题所需要的精神。此山虽"其貌不扬"，却是中国的重要地理坐标，它是长江中下游的分界点，也是重要的长江江豚观测点，还是长江与鄱阳湖的一个重要的水文监测点。中国第一江与中国第一湖在此处交汇，站在半山靠江侧的观测点，可明显看到江水西来而黄浊，湖水南来而碧青，在石钟山下形成一条"泾渭分明"的分界线，江湖两色，绵延无际，颇为壮观。山下有一处杨赓笙、杨叔子先生父子的旧居，杨叔子是华中理工大学的老校长，也是人文素质教育的倡导者，我在苏州大学工作时曾经与老先生有所联系，非常佩服他。由于时间紧张，未能去感受杨叔子先生童年成长的环境，有点小小的遗憾。

结束了湖口县的考察，再次乘车近 1 个小时，我们来到了彭泽县矶山工业园，考察这里的污水处理厂。该厂占地 65 亩，日处理污水能力约 3 万吨。园区负责同志介绍说，园区内所有涉水企业实施"一企一管"统一管理，相关企业的工业废水经企业预处理后，全部收集到污水处理厂进行集中处理。这个工业园区过去排污问题突出，多次被曝光批评，现在已经完全达标。

考察完污水处理厂，时间已是 6 点 30 分了。县委领导建议我们沿着长江沿线走一段，看看他们打造长江"最美岸线"的工作成效。果然，他们在水美、岸美、产业美、环境美方面下了很大功夫。回程途中顺道考察了彭泽国家级现代农业产业园，几天后的农民丰收节将在这里举行，我们已经感受到浓厚的节日气氛。

在产业园吃完工作晚餐后返程去九江，晚上 8 点 40 分回到宾馆。

从下飞机乘车前往九江市，加上 1 个下午的实地调研，我估算了一下，大概跑了 300 千米的路程。从西北大漠来到江南水乡，气候变化还是比较大的，加上一天的劳累，感冒似乎加重了。

今天的《人民政协报》发表了"委员读书漫谈群"家庭教育话题讨论之二：《你家孩子寄宿吗——寄宿制利弊谈》。

晚上整理调研手记，11 点休息。

9 月 16 日，星期四，九江晴

早晨 5 点起床工作。读《减法：应对无序与纷杂的思维法则》，本书作者莱迪·克洛茨开创性地提出了减法概念，他关于"减法"的研究成果曾经作为封面文章发表在国际著名学术期刊《自然》杂志上，引发国内外的关注。作者研究发现，当人们被要求改进物体、想法和现状的时候，往往更倾向于做加法，而不是做减法。因此，人们可能会直接用加法去解决他们面对的问题。而从来不考虑用减法去解决问题。其实，很多问题的解决，用减法比加法更有成效。减法的主张是"少即是多"。减法只是实现"少"的过程，与"少做事"是完全不一样的。要实现少，往往要做更多或者想更多。所以，减法并不意味着"极简主义"，也不意味着无所作为或者反对技术和创造，更不意味着尊奉某种闲适之道。书中提供了思维反转、拓展、提炼、坚持等一套具体的减法思维法则。想想我们的人生，想想我们的企业管理、社会治理，想想我们的教育，是不是有许多应该好好地做做减法呢？

今天上午的调研安排得十分紧凑，我看了下手册，大概要去五六个调研点。8 点 20 分吃早餐，9 点准时出发，首先来到了位于九江市城区东侧的白水湖，考察白水湖污水处理厂。白水湖区域污水综合治理工程，隶属于九江市中心城区水环境综合治理项目，服务面积达 5.5 平方千米，服务人口约 10 万人。一下车，看到了一座高大的汉唐风格、有点徽派风格的白瓦灰墙建筑，看起来并不像印象中常见的污水处理厂，讲解员说，这是为了与周边环境融合。据介绍，这个综合治理工程是由中国三峡集团建设、运营，采用"土地节约型、资源利用型、环境友好型"半地埋式污水处理技术，一直运行平稳，目前废水处理达标率 100%，达到一级 A 标准后最终排入长江。

离开污水处理厂，在前往下一个调研点的路上，我看到了路边有一座古色古香的亭子，仔细一看，牌匾上写着"琵琶亭"。这也解释了我心中的疑惑：刚才的污水处理厂厂房的建筑风格，应该是为了与琵琶亭相呼应。这也是意外的发现吧。想想也是，九江古称江州、浔阳，自古是文风昌盛之地，现在城市建制中还有个浔阳区，不正是"浔阳江头夜送客""江州司马青衫湿"的地方吗。不过，现在的九江早已不是江州司马笔下的"地僻无音乐、不闻丝竹声"的浔阳城了，而是天蓝水绿、宜业宜居的现代化城市。

到了中石化九江分公司，看到了由一大片密密麻麻的管道、铁罐、烟囱组成的典型的化工厂。负责同志介绍说，九江石化是我国中部地区和长江流域重点炼化企业、江西省唯一的大型石油化工企业，原油一次加工能力 1000 万吨／年，综合加工能力 800 万吨／年。这么大的化工企业，污水产生量可想而知，大量的环保投入是必不可少的。公司投资近 20 亿元高标准建设环保设施，2021 年外排污水的 COD、氨氮指标均优于国家标准。在厂区参观时，难得在大片的钢铁森林中看到了一处假山、瀑布、水塘组成的景观，鱼儿在绿绿的水草间游动嬉戏。他们介绍说，水塘里的水就是处理过的污水，在里面养鱼、种水草，可以直观地看到水质情况。

离开化工厂后，调研组考察了九江市中心城区长江排水口污水综合治理工程项目，包括锁江楼沿江排口、十里河生态公园、龙门生态公园等地方。锁江楼也是一处古迹，始建于明朝万历年间，历时18年建成，相传是为镇锁蛟龙、消除水患、永保平安而建。如今，锁江楼塔下的排污口经过分流改造，已实现雨天排雨水、晴天无污水，大大降低了对长江水质的威胁。这才能算是真正意义上的"消除水患、永保平安"吧。这两处生态公园，我们所见之处，都是青草、碧水、蓝天，环境宜人。据说在"黑臭水体"专项整治改造之前，这些地方可不是这个样子。我碰巧遇到一位在附近游玩的市民，和她聊了几句，她说这个地方近几年变化很大，环境变好了很多，我问她对于周边的环境是否满意，她说"很满意"。

完成了上午的调研，回到宾馆已是接近中午12点了。粗粗估算，上午的调研路程也有六七十千米。

蔡达峰主席完成前面的公务后，中午1点赶到了九江，我们一起用餐后，稍事休息，3点出发继续开展调研。

首先来到的是濂溪区两河污水处理厂（双溪公园）。一下车，我们看到的是大片环境优美的生态公园，一座高塔上写着醒目的"双溪公园"4个字。没有想到，公园的地下是一座"隐藏"的智慧污水处理厂。沿着廊道走到地下，才看到大片的污水处理厂房。地上的公园借鉴了中国传统园林形式，由瀑布、山石、水系、桥梁等景观组成，功能上又与地下污水处理厂进行了有机结合，遵循了生态性、因地制宜、以人为本的原则，相比传统地上污水处理厂，这座全地下式污水处理厂无异味、无噪声，既节约土地，又生态环保，极大降低了污水处理厂对居民生活的影响。负责运营的中国三峡集团的同志介绍，他们还要将部分管理用房改造为双溪公园科普体验馆，作为生态环境科普的一扇宣传窗口，向市民和中小学生宣传水生态环境及水环境治理知识。而净化后的水，一部分经消毒后排至十里河和濂溪河补水，一部分处理后采用"中水回用"作为地上双溪公园用水，以此改善河流的水动力条件，已达到生态补水综合利用的目标。实施这一工程的仍然是三峡集团。九江市环保部门的同志告诉我们，他们与三峡集团在老城区全面合作，用 PPP 项目（Public-Private-Partnership）的模式，企业代建、政府 20 年付费购买服务、20 年后交回政府运营。在政府的资金和技术力量相对薄弱的情况下，依靠企业和社会力量参与生态环境治理，是九江的一大特色。

随后，调研组又来到了位于九江经开区城西港区的长江"最美岸线"进行考察。负责同志介绍，该段"最美岸线"全长 17.7 千米，围绕"水美、岸美、产业美、环境美"的目标，投资 6.38 亿元，重点实施了 11 个工程，开展了城乡环境和非法码头两项整治。介绍之后，调研组同志乘车考察了大堤，有了一些直观的感受。

调研结束后，蔡达峰主席带调研组走访了民进九江市委会机关。在一个办公室门口，我们看到了"民进中央长江生态环境保护民主监督工作九江联络办公室"的牌子。陈保平主委介绍说，市委会非常重视此项工作，为做好工作对接，他们对应民进中央、民进江西省委，专门成立了"民进中央长江生态环境保护民主监督工作联络小组"，整理了相关学习材料，制订了 5 年调研计划，并开展了前期调研。在办公室里，我们看到了码放整齐的各类资料夹，陈主委也介绍了市委会的学习情况。蔡主席对市委会的工作非常肯定，并勉励他们要发挥"在地"优势，常态化做好长江生态环境民主监督工作。

下午 5 点 30 分回到宾馆，6 点晚餐。晚上 7 点 30 分，我主持召开了民进中央长江生态环境保护民主监督调研（九江）专家研讨会。这也是借鉴了以前大调研的做法，充分集专家之智。会上，专家们结合前期调研的情况，提出了自己的想法和建议。总体上，大家认为九江市的生态环境保护工作卓有成效，目之所见尽是蓝天白云、碧水青山。同时也提出，今后工作中要关注污水厂进厂污水浓度太低、鄱阳湖水质保护科学指标设定、提高精细化管理水平等问题。我在最后做了简单总结，对大家表示了感谢，并提出生态环境保护民主监督工作专业性强，监督有没有成效，很大程度上取决于工作的专业化水平。我们要充分依靠专家，依靠生态环境部门专业人员，以期能提出专业化、科学化的监督意见。大家发言踊跃，原计划 8 点 30 分结束的会议，一直开到了 9 点 10 分。

今天，赵丽宏先生的《树孩》首发式在北京召开，因为公务出差，未能参加会议，早晨特地写了一篇小文在会上宣读。

今天的《中国教育报》发表郝晓东博士与我合作的文章《大力弘扬新时代教师精神》。文章提出，教师精神关系社会主义建设者和接班人的培养，关系教育改革的成败，关系教师个体专业发展水平的高低。作为社会主流文化一部分的教师群体，其精神应该以大爱情怀为基础，以大德风范为中坚，以大智风采为核心，努力为发展具有中国特色、世界水平的现代教育，为培养社会主义事业建设者和接班人，为建设社会主义现代化强国、实现中华民族伟大复兴做出新的更大贡献。

一天的活动很丰富，也有点疲累。晚上 10 点 45 分休息。

9 月 17 日，星期五，九江、南昌晴

早晨 5 点起床工作。仍然是处理"委员读书漫谈群"、微博和头条的专栏文章，大部分是事先准备好的文字，所以半个多小时解决问题。

今天的安排，是两个会议。

上午，在九江市的半岛宾馆了召开"民进中央长江生态环境保护民主监督九江调研座谈会"。会上，江西省生态环境厅党组书记、厅长徐延彬介绍了全省长江生态环境保护总体情况，重点介绍了"水污染防治"方面情况。九江市委副书记、代市长杨文斌围绕调研主题介绍九江方面的工作。他说，近年来，九江坚决贯彻落实习近平总书记关于长江经济带发展"共抓大保护、不搞大开发"的重要指示精神，坚持防治结合、以治促防，确保一湖清水入江，一江清水东流。2020年九江市国考、省考断面水质优良率达 100%，长江干流全部达到 II 类及以上水质，鄱阳湖九江湖区在"十三五"期间首次达到 III 类。他表示，将以此次座谈会为契机，进一步强化政治站位、强化问题整改、强化责任落实，切实把防治工作做细、做实、做到位，精心保护好长江母亲河。生态环境部长江流域生态环境监督管理局副局长李峻介绍了生态环境部相关工作计划，以及支持民主党派开展民主监督的

安排。调研组专家进行了互动交流。最后蔡达峰主席做了讲话。

蔡主席在讲话中对江西省、市、县有关方面对民进中央调研工作的支持和帮助表示感谢。他说，中共十八大以来，以习近平同志为核心的党中央从中华民族永续发展的高度出发，深刻把握生态文明建设在新时代中国特色社会主义事业中的重要地位和战略意义，大力推动生态文明理论创新、实践创新、制度创新，创造性提出一系列新理论新思想新战略，形成了习近平生态文明思想，为新时代中国生态文明建设提供了根本遵循和行动指南。长江是中华民族的母亲河，关系到中华民族长远利益和永续发展。加强长江生态环境保护，是中共中央做出的重大决策部署，也是落实习近平生态文明思想的重要内容。长江流域生态环境保护事关国家发展大局，我们要不断深化对习近平生态文明思想的认识，将"共抓大保护，不搞大开发"落实到具体工作中。他指出，江西是长江中下游重要的生态屏障，同时也是整个长江领域当中重要的枢纽。在长江生态环境保护中，江西地位重要、使命重要、任务艰巨，大有可为。调研中我们深刻感受到，江西围绕长江生态环境保护做了大量务实的工作，取得了很好的成效。希望江西以更高标准打造美丽中国"江西样板"，确保中共中央各项决策部署在江西落地落实。他最后强调，长江生态环境大保护关键要做到共抓，从地方到中央，社会各方面都来促进大保护，协同作战，统筹协调，其中民主党派也有着义不容辞的义务。民进中央对口江西省开展此项工作的出发点和立足点是做好长江生态环境保护工作，从这个意义上来说，我们和江西有着共同的目标。江西的工作做好了，我们与有荣焉；江西的工作遇到的困难，也是我们的痛点。参政党的民主监督不仅是发现决策部署落实过程中存在的问题，也有责任就解决这些问题建言献策。希望大家共同努力把长江生态环境保护工作做好。

上午 10 点 10 分散会，10 点 30 分乘车前往南昌，11 点 50 分入住前湖迎宾馆，12 点，省长易炼红与调研组一行简单餐叙。

下午 3 点，是此次江西之行的重头工作：民进中央对口江西省开展长江生态环境保护民主监督工作启动会。启动会意义重大，规格很高，得到了各方面的重视，单从出席人员来看便可略知一二：民进中央方面，蔡达峰主席、刘新成常务副主席，以及我和王刚两位副主席都出席会议，此外还有来自中央统战部、生态环境部、上海市环境科学院等各方面同志；江西省方面，省委书记刘奇，省长易炼红，省委常委、统战部长陈兴超，省委常委、省委秘书长吴浩，分管副省长陈小平，省政协副主席、民进省委主委汤建人等省领导，以及省委统战部、省发展改革委、生态环境厅、工信厅、自然资源厅、住建厅、交通运输厅、水利厅、农业农村厅、应急管理厅、林业局等10余个厅局的负责同志，和南昌市、赣州市、九江市等11个地市的负责同志出席会议。

省委书记刘奇主持会议。民进中央常务副主席刘新成介绍了民进中央长江生态环境保护民主监督工作基本思路和主要安排，省长易炼红介绍了江西省长江生态环境保护有关情况，民进中央主席蔡达峰讲话。

蔡达峰在讲话中对江西省委、省政府大力支持民进中央开展长江生态环境保护民主监督工作表示感谢。他说，为了贯彻落实中共中央关于开展长江生态环境保护民主监督的决策部署，今天民进中央与江西省委省政府共同启动这项为期5年的重大活动，共同开启我们合作共事的新领域，意义非同寻常。当前，全国正在深入学习贯彻习近平总书记"七一"重要讲话精神，开展党史学习教育活动。中国共产党的百年历史，包含着与各民主党派肝胆相照、携手前进的同心奋斗史。开展长江生态环境保护民主监督充分体现了中共中央对多党合作事业的高度重视，对各民主党派、无党派人士的充分信任。

蔡达峰指出，长江流域生态环境保护事关国家发展大局，习近平总书记多次深入沿江省（市）调研、主持召开座谈会，做出了"大保护""生态优先"等重要指示。中共中央、国务院制定一系列相关规划和政策，持续加强保护和督察，委托民主党派、无党派人士开展专项民主监督，体现了高度的重视。江西省委、省政府按照习近平总书记的嘱托，深入开展生态环境治理，扎实推进国家生态文明试验区建设和长江生态环境保护工作，取得了显著的成效，创造了宝贵的经验，我们深受鼓舞。

蔡达峰指出，开展长江生态环境保护民主监督，是民进围绕中心、履职尽责、服务大局、助力江西的难得机遇。我们肩负重任，深感荣幸，将倾情倾力，勤学勤思，履职尽责，不负重托。我们要全面把握长江大保护的目标任务，把学习放在重要位置，深入学习贯彻习近平生态文明思想和习近平总书记关于长江生态环境保护民主监督的重要讲话精神，学习中共中央、国务院的有关决策部署，熟悉相关法律、法规、政策和专业指标，不断深化对监督内容、对象的认识，提高监督工作的有效性。

蔡达峰强调，开展长江生态环境保护民主监督要准确把握民主监督的性质定位和工作原则。民主监督是我国社会主义监督体系的重要组成部分，核心是坚持中国共产党的领导，关键是贯彻落实中共中央、国务院的决策部署，围绕大局、服务大局。要体现多党合作新气象，面对共同的目标任务，民进将与中共江西省委合作共事，与江西各方共同奋斗，支持和帮助党委政府开展工作，做净友挚友，不当过客看客。要坚持双向发力，既切实履行民主监督职能，又充分发挥统一战线成员的作用，在监督中广泛宣传政策法规，增进思想共识。

刘奇指出，此次民进中央对口江西省开展为期 5 年的长江生态环境保护民主监督，是贯彻习近平生态文明思想的重大举措，是落实中共中央关于推动长江经济带高质量发展战略决策的具体行动。我们一定全面贯彻习近平生态文明思想和习近平总书记关于长江经济带发展的重要论述，积极主动接受民进中央民主监督，深入实施长江经济带"共抓大保护"攻坚行动，着力打造水美、岸美、产业美的长江"最美岸线"，确保中共中央决策部署在江西落到实处。

刘奇指出，支持配合做好民主监督工作，是一项严肃而重要的政治任务。我们将按照民主监督工作要求，真实准确提供江西省开展长江生态环境保护有关情况，实事求是反映存在的问题，认真做好沟通协调、联络保障工作，切实为民进中央开展民主监督工作创造良好条件。要以此次民主监督为契机，树牢"共抓大保护、不搞大开发"导向，狠抓突出问题整改，健全生态治理体系，提升绿色发展水平，切实筑牢长江中下游生态屏障，以更高标准打造"美丽中国"江西样板。

下午 6 点，省委书记刘奇与调研组一行简单餐叙。餐后，乘车 1 小时，赶到 20 多千米外的江西师范大学，在公费师范生学院召开了一个新教育卓越教师实验班的座谈会，与部分老师和同学进行了交流。我一直认为，现在师范大学培养教师的理念、课程、路径还是无法培养出优秀的教师，传统的教育学、心理学、教材教法为主的老三门课程，加上不够专业的专业训练，没有完全找到教师成长的内在规律。所以，在梅国平校长的支持之下，我们在江西师范大学进行了一个小小的实验探索，按照"职业认同＋专业发展"的模式，尤其是重视专业阅读、专业写作和专业交往，重视榜样教师的言传身教。期待通过几年的努力，探索出一条培养好教师的路径。大家发言踊跃，会议气氛热烈，一直开到了九点半多。

晚上 10 点 30 分回到宾馆，翻阅今天的报纸，《人民日报》发表我的评论文章《善于运用科技力量保障公共安全》。

晚上 11 点半休息。

至此，这次为期 8 天的出差算是基本结束了，长江生态环境保护民主监督也正式拉开了帷幕，明天一早将返回北京。

"全面加强新时代中小学劳动教育"调研手记（海南）

今年 12 月 13 日，全国政协将举行"全面加强新时代中小学劳动教育"的远程专题协商会议，会议由全国政协教科卫体委员会与民进中央共同承办。9 月 23 日，全国政协副主席卢展工亲自主持了行前准备会议，邀请教育部，农村农业部、共青团中央、全国妇联、全国总工会等部门介绍情况，并且与有关专家讨论交流。9 月 26 日至 29 日，全国政协专题调研组赴海南进行调研，并且委托天津市政协和江苏省政协在当地开展协同调研。我参加了在海南省的调研活动。

9 月 26 日，星期日，北京雨，海口雨

虽然是星期天，但是国庆假期调休，今天照常上班。

早晨 5 点起床。收拾行李准备去海南，参加全国政协组织的"全面加强新时代中小学劳动教育"专题调研。

昨天下午，调研组的委员和专家已经先行出发。我因为陪同民进中央主席蔡达峰在广州出席第四届粤港澳生态环境保护与发展论坛，以及今天在民进中央机关举行的工作务虚会，请了一天假。

上午八点半，参加民进中央工作务虚会。各部门负责人和各位副主席就今年工作情况和明年工作思路谈自己的体会。我从信息化建设、人才队伍建设、民主党派职能、理论学习与会史研究等方面谈了自己的体会与建议。

会议一直开到 12 点 10 分。

12 点 20 分赶往首都机场。

下午 2 点乘坐国航 1355 航班赴海口。准时登机，但是一直在跑道上等待，晚点近一个小时。飞机上读完《我是蕾切尔卡逊：我为自然和女性科学家发声》。这是美国科普作家卡逊的传记。一个有着文学梦想的女孩，在大学读书期间转学生物学，结果成就了一位伟大的科学普及作家，写下了不朽名著《寂静的春天》。同时开始读日本企业家长谷川和广的《萧条中的生存智慧》。长谷川和广是日本一位传奇性的企业家，曾经帮助 2000 余家企业扭亏为盈。他的这本书在日本也是畅销书，先后再版了 24 次，被日本读者评价为实用度满分。这本书选择了他关于企业经营与人生哲学的论述 130 余篇。

下午 6 点 20 分左右到达海口国际机场，海南政协的毛业勇同志前来接机，我们入住海南迎宾馆。我到达以后就开始阅读调研资料，再次阅读 2020 年 3 月中共中央、国务院印发的《关于全面加强新时代大中小学劳动教育的意见》。很长一段时期，劳动教育在我们大中小学"消失"了，在我们的教育方针中也不见了。这个文件对新时代劳动教育做了顶层设计和全面部署，明确提出要通过劳动教育，使学生能够理解和形成马克思主义劳动观，牢固树立劳动最光荣、劳动最崇高、劳动最伟大、劳动最美丽的观念；体会劳动创造美好生活，体会劳动不分贵贱，热爱劳动，尊重普通劳动者，培养勤俭、奋斗、创新、奉献的劳动精神；具备满足生存发展需要的基本劳动能力，形成良好劳动习惯。这个文件是我们调研的重要指导思想。

晚上 8 点 30 分以后跑步 35 分钟。下榻地附近就是海南自贸中心和日月广场。一边跑步，一边欣赏海口的夜晚。

晚上读《理解未来的 7 个原则》，11 点左右休息。

9 月 27 日，星期一，海口晴、儋州晴

早晨不到 4 点就醒了。

早上 8 点吃早餐。与大部队正式会合。听他们介绍昨天一天调研

的情况。

上午 9 点，在海南迎宾馆参加全国政协"全面加强中小学劳动教育座谈会"。全国政协教科卫体委员会主任、教育部原部长袁贵仁主持座谈会。

上海市教委副主任倪闽景委员表示，中小学应该把劳动教育作为开展素质教育的重要环节，构建课程完整、资源丰富、模式多样、机制健全的劳动教育体系，教育引导学生崇尚劳动、尊重劳动，养成良好的劳动习惯，形成正确的劳动价值观。

北京市第十二中学联合总校校长李有毅委员建议，劳动教育的实施关键在于学校要积极开足开齐开好各学段劳动教育课程，尤其要保证综合实践活动课程的开发和开设，确保劳动教育内容达标有效。"学校可以依托自身的资源优势，开设校本课程，比如农村学校可以开设以'农'为主题的课程，组织学生收麦插秧、采茶榨油、撒网捕鱼等，体验真正的'快乐农场'；城镇学校可以开设以'商'为主题的课程，组织学生体验商场服务、物流配送、餐饮旅游工作等，让学生融入真真切切的劳动情境。"

民进海南省副主委、海南省政府教育总督学潘惠丽委员认为，劳动教育要重点解决师资培训和督导评价问题。"可以针对中小学生劳动教育的现实需求，建立专兼结合的劳动教育教师队伍和教研员队伍，鼓励学校聘请当地职业院校专业课教师、相关行业专业人士等担任劳动实践指导教师。同时，要进一步加强对学校劳动教育实施情况的督导评估，探索完善学生劳动评价制度。"

农工党河北省委会副主委、河北省教育厅总督学韩爱丽委员建议，要从校内、校外两个方面拓展实践场所，满足各级各类学校劳动教育实践多样化需要，此外，还应明确劳动教育日常开支、政府购买服务等方面的政策，切实解决劳动教育经费保障问题。江苏省政协副主席、民进江苏省主委朱晓进委员也提出了相关建议，主张"要结合经济社会发展新业态，积极协调动员相关力量，开放实践场所，搭建活动平台，打造多种行业劳动实践教育基地，让每个学生都能够享有较为充足的劳动资源，开展多样的劳动实践，动起来、干起来。"

中国社会科学院大学校长张政文委员结合自己在高校开展劳动

教育的实践探索，分析了劳动教育存在的困难和误区，建议要加强宣传引导，在各行各业选择和树立宣传一批劳动模范、岗位能手，邀请先进典型举办报告会、分享会，在媒体平台刊发先进事迹，在全社会营造劳动光荣的浓厚氛围，引导儿童摒弃不劳而获的思想，从根本上解决轻视劳动特别是轻视普通劳动者的问题。

天津市政协副主席、致公党中央副主席曹小红委员认为，劳动教育需要家校合作共育，建议发挥城乡社区家长学校以及网上家长学校、微信公众号、微课堂等新媒体平台作用，通过举办家庭教育讲座、发放家庭教育指导手册等多种渠道，面向家长大力宣传家庭教育正确理念和科学知识，影响并带动家长教育行为的改变，让家长认识到劳动教育对孩子成长发展的重要性。北京市第四中学校长马景林委员和北京市工商联副主席、北京希肯国际文化艺术（集团）公司董事长安庭委员也有同样的看法。马校长提出，"应引导家长树立科学的育儿观念，优化儿童健康成长的家庭环境，构建家校协同的劳动教育网络"。安委员建议，要推动学校充分利用家长委员会、家长会、家访等各种家校沟通渠道，密切家校日常沟通，形成劳动育人共识，同时鼓励社区探索建立各具特色的家校社沟通和劳动实践活动的平台。在他看来，儿童的全面发展，离不开家庭教育与学校教育、社会教育的相互配合和相互补充，推动建立家校社良性互动机制，切实形成有效合力，对推动劳动教育发展作用巨大。"应大力支持儿童参与学校集体劳动和德育活动、社会公益劳动和实践活动，努力实现家校社在教育追求、教育资源、教育策略上的深度融合。"

几年在"两会"通道上3分钟发言成为"网红"的江苏省锡山高级中学校长唐江澎委员，在座谈会上的发言再次引起了与会人员的强烈兴趣。他认为，劳动教育的关键其实就是8个大字："动手实践，出力流汗"。不要把劳动教育的概念过度泛化，不要老是担心劳动教育有没有教材、课时、师资，中考高考要不要考试，而要以创设与生活关联的真实情境，解决生活实际问题，培养学生勤劳习惯为基本遵循。他提出了劳动教育的"四个化"——家务劳动清单化，烧菜做饭、清扫房间、个人洗衣，应该在家庭就可以完成；校园劳动岗位化，学校食堂食品检验、学生宿舍管理，学生邮局、文创印刷等，学校有 36 个包干区、27 种校园体验岗位；服务劳动学分化，每位学生 3 年完成不少于 40 小时的志愿者服务，获得 2 个学分；创造劳动课程化，让学生在动手创造体验。唐委员的发言给大家很大的启发，劳动教育完全可以从身边做起。

全国政协教科卫体委员会副主任、教育部原副部长朱之文指出，我国中小学的劳动教育还存在不少薄弱环节，比如劳动教育的师资、场地、经费缺乏保障，存在不敢、不愿、不会组织开展劳动教育的现象，或者把劳动教育局限在课堂劳动技能讲解上，不能达到新时代对劳动教育提出的要求和预期。

调研会一直开到中午 12 点多。袁贵仁主任在总结发言中提出：中小学是传承中国特色社会主义文化的重要阵地。在新时代背景下，全面加强中小学劳动教育、提高中小学生劳动素质，对学生成长和国家发展意义深远。劳动教育要重点解决不珍惜劳动成果、轻视劳动和普通劳动者、不想劳动、不会劳动的问题。他指出，要不断增强劳动教育的责任感和使命感，充分认识新时代培养社会主义建设者和接班人对加强劳动教育的新要求，准确把握新时代劳动教育的重点和关键。要加强宣传引导，大力宣传辛勤劳动、诚实劳动的典型人物和事迹，弘扬劳动光荣，引导家长树立正确的劳动教育观念，支持配合学校开展劳动教育，营造全社会关心和支持劳动教育的良好氛围。要把握育人导向，遵循教育规律，遵循学生的身心成长规律，拓展劳动课程，将劳动教育与课程、活动以及社会实践相结合，挖掘劳动教育新内涵，创新劳动教育形式，鼓励学生运用劳动知识，开展创造性劳动，使新时代劳动教育适应教育时代的发展要求。

下午 2 点 30 分乘车前往儋州。路上与民进海南省委会副主委、海南省政府教育总督学潘惠丽交流海南教育发展的情况。

下午 4 点 20 分到达儋州那大镇洛基小学。这是一所乡村完全小学，占地 23000 多平方米，教学区、运动区、绿化区、生活区布局合理，生机勃勃。学校在劳动教育方面做了很多颇有成效探索，2018 年被列为海南省"优美乡村学校创建学校"，2019 年被评为"全国温馨校园"，2020 年被省培训院评为"田园课程实践基地"。我们在学校的种植园看到了学生种植的中药材和蔬菜，在食堂看到孩子们在上"记住乡愁——儋州洛基粽"的劳动课程。为我们讲解的是 8 年前从东北应聘来校工作的年轻女教师，她说，自己已经完全融入了这片土地。

离开洛基小学，我们继续前往西联百年胶园。百年胶园，是 1907 年马来西亚的归侨潘宝任、曾金城、何庆开等为代表组织投资种植的中国第一批胶园。据介绍，这片历史悠久的胶园现存 127 亩 1620 株，是我国唯一仅存数量最多保存最好的胶园。作为新中国第一批国有胶园，为国家的橡胶事业的发展奠定了坚实的基础。1960 年 2 月，周恩来总理在视察西联百年胶园时曾经亲笔题词"西联宝岛、南国珍珠"。目前，胶园作为青少年爱国主义教育基地、综合实践教育基地和党史国史学习教育基地，已经成为富有特色的橡胶文化公园。我们在这里考察了百年胶园纪念碑，参观了老胶农的割胶表演，许多委员还亲自体验了割胶的劳作过程。

下午 5 点 40 分到达下榻的酒店。

晚上儋州市教培院院长严振军和儋州民族中学校长强枭雄来访。他们都是从内地应聘到儋州工作的优秀教师。与他们交流儋州教育的问题。陪同他们一起看望同行的唐江澎委员，他们俩与唐江澎都来自陕西，老乡见老乡，自然十分亲切。

今天的《人民政协报》学术家园版发表我的书评文章《向着明亮那方——评〈向北方〉》。

晚上应商务印书馆邀约，为《写作"六要"》写推荐语："观察、想象、体验、选择、组合、表现，这是散文大师王鼎钧的写作心得，也是他为青少年朋友总结的写作方法。按照他的写作'六要'反复训练、坚持写作，一定能够把文章写得有生气、有灵气。"

白天在校园里跑了不少路，晚上抓紧时间整理调研手记，就没有出去跑步了。

晚上 11 点休息。

9 月 28 日，星期二，儋州晴

早上 5 点起床工作。发微博头条和政协委员读书会专栏文章。

上午 8 点自助早餐。8 点半出发前往东坡书院调研。

9 点左右抵达东坡书院。东坡书院始建于北宋，现存有头门、载酒亭、载酒堂、正殿、东西两庑廊、钦帅堂等，是海南省中小学爱国主义教育基地和研学旅行实践教育基地。书院负责人介绍说，苏东坡在儋州以躬耕劝农、送药治病、讲学化民等种种开启文明之举，留下了许多佳话。朱晓进委员风趣地说，苏东坡应该是中国古代劳动教育的倡导者。

上午 10 点 10 分出发前往白马井镇藤根小学，考察田园教育课程。藤根小学充分发挥乡村小学的优势，在校内开辟了 1000 多平方米的菜地，开设了"七彩田园课程"，包括种植实践课程、学科整合课程、现代农业课程、综合拓展课程 4 大系列。他们注重田园课程与各学科的融合，先后开发了田园语文、田园数学、田园美术、田园音乐、田园德育、田园 STEM 等课程。我们看到有一组学生拿着卷尺和纸笔，在菜圃里一边测量，一边记录数据。学校老师介绍说，数学学科中的平面图形、方阵问题、比例应用、表内乘除法等问题，都能在"七彩园"中找到可操作、可体验的元素，抽象的数学概念、定义和公式顿时变得生活化、可视化了。田园课程扭转了过去把学生关在教室，仅仅关注升学率的弊端，转向关注学生的身体健康、精神面貌、家乡情怀，促进了学生的全面成长和教育质量的显著提升，也吸引周边学生回流，学生人数从此前的 100 多人增至目前的 373 人。陪同考察的该镇中心小学的校长告诉我，他在 2004 年曾经听过我的报告，对新教育实验印象深刻。

中午赶回儋州市区，稍事休息。

下午 2 点 30 分出发去三亚，6 点不到抵达。

三亚市委书记与调研组一行共进晚餐，交流相关情况。

晚上 8 点，与新教育星火团队视频会议，交流新教育写作事宜。

一位名叫"甜恬的幸福妈妈"的网友告诉我，她的孩子从学前班起在家亲子阅读《新教育晨诵》，到二年级上学期，遇上疫情在家，仿写了一本小诗集。目前孩子上四年级，感觉她对文字很敏感，喜欢唐诗宋词。其实，在新教育实验学校，这样的故事非常多，从小与那些美好的童谣、诗歌、童话、经典对话，自然是"腹有诗书气自华"。

时间越长，后劲越大。行动就有收获，坚持才有奇迹。晚上 9 点半到海边跑步半个小时。

晚上 11 点休息。

9 月 29 日，星期三，三亚、北京晴

早晨 5 点起床工作。写《一言难忘》专栏文章，《人民政协报》开设了我的这个专栏，把我的读书心得与委员们分享。每天坚持写一点，确保专栏不"断粮"。

按照原定计划，是乘坐下午的航班回北京，上午将前往深海研究院调研，同时参加调研组内部座谈会。但是，昨天晚上中办通知，明天要代表民进中央参加烈士纪念日向人民英雄敬献花篮仪式，参加人员核酸检测必须封闭运行，所以今天上午必须返回北京。

早晨 6 点 50 分出发前往三亚机场，乘坐 8 点整南方航空的航班回北京。

上午 11 点 30 分到达北京大兴国际机场，直接去望京医院做核酸检测。

今天的《人民政协报》刊发"委员读书漫谈群"家庭教育话题讨论之四：中小学阶段出国留学的利与弊。这是我主持的家庭教育讨论的"成果外溢"。

晚上跑步 1 小时。

晚上梳理总结这次调研的材料，对劳动教育有了一些新的认识。多年前，我曾经提出过，理想的劳技教育，应该注重在劳动中培养学生尊重劳动、热爱劳动、以劳动为荣的观念和态度，让学生经常体验到劳动的艰辛与喜悦；应该鼓励和教育学生从学会自我服务入手，积极参加各种有益的社会劳动实践活动，养成良好的劳动习惯；应该注重劳动实践活动的多样性，增强劳动的智力含量，引导学生手脑结合，培养学生的创造性，使学生多方面的能力得到充分的施展；应该因地制宜、因校制宜，在立足学校课堂教育的基础上，让学生尽可能多地走出校门，接触社会，并通过富有特色的劳技教育基地，培养学

生的劳技特长；应该注重与德育、智育、体育、美育的内在联系，在劳技教育中"树德""增智""强体""审美"，形成学生的良好品德和个性心理健康，为学生的全面发展奠定基础；应该注重学生的个性和年龄差异，树立以学生为中心的理念，在教学过程中采用"项目课程和行为引导教学法"，培养学生的计划、工作、社交等"关键能力"；应该注重学校、家庭和社会齐抓共管的合力作用，构建"大劳育"的教育体系；应该有一支优秀的劳技师资队伍和一套具有实用性、特色性的课程教材，为实施劳技教育提供基本的保证等，这些思考今天看来仍然没有过时。但是，如何从教育哲学的高度弄清楚新时代劳动教育的本质与功能，把准育人导向，健全实践体系，强化支撑保障，防止劳动教育在实施过程中出现各种偏差，仍然任重而道远。

晚上 11 点休息。

长江生态环境保护民主监督调研手记（2021年第二次）

12月27日，星期一，南昌晴

早晨4点30分起床工作。洗衣服，整理行囊，准备出发去南昌进行今年的最后一次调研。

为期5年的长江生态环境保护民主监督，每年都有具体的工作安排，包括实地调研、业务培训、座谈会等，其中最重要的是每年年底的情况反馈会。在这个会上，民进中央会把一年来民主监督调研的总体情况反馈给省委、省政府主要领导，省里会进行回应，并根据所反馈的情况安排下一年的相关工作。因此这项工作算是每年的"硬任务"之一，是必须要完成的。受疫情影响，下半年的工作安排不断变化，直至年底，才得以在疫情的间隙见缝插针地完成这项工作。根据工作安排，蔡达峰主席带领由财政部、生态环境部相关司局领导，和民进中央长江生态环境保护民主监督特邀专家组成的调研组，赴江西南昌开展监督调研，并将召开民主监督情况反馈会。在蔡主席离赣后，我将继续带队调研，并主持召开相关专题座谈会。

早晨6点40分出门前往北京首都国际机场，乘坐7点55分的航班飞南昌，10点到达昌北机场。11点入住江西前湖迎宾馆。12点，省委常委、统战部部长黄喜忠与调研组一行简单餐叙。

下午2点，调研组出发开展实地调研。经过1小时20分钟的车程，调研组到达南矶山附近。首先考察的是南矶山断面补水河流太子河水环境情况，南昌市水利局的同志作了汇报。据他们介绍，南矶山断面位于南昌市新建区南矶乡，鄱阳湖南矶山自然保护区核心区，地处赣江三角洲前缘，是赣江三大支流的河口与鄱阳湖大水体之间的熟路过渡地带。鄱阳湖枯水期间，断面上游的补水河均会断流，无法从赣江南支和中支获得补水，主要靠湖区的碟形湖补水，水体浅且流动性差。水文水质监测数据显示，2021 年南矶站日均水位总体偏低。

随后，我们前往常湖观鸟台，南昌市林业局的同志介绍了碟形湖和候鸟保护的情况。在这里，我们看到了成群的大雁从天上飞过，看到了各类水鸟或在湖面飞舞，或徜徉于湿地寻找食物，悠然自得。通过望远镜，我们看到鸟儿们自由栖息于湿地，自在飞翔于天空。林业局的同志介绍说，此处位于国家级湿地保护区范围内，自然资源极为丰富，是长江流域生物多样性最丰富的地区之一，共记录到哺乳动物 22 种、鸟类 220 种，还有各种两栖动物、爬行动物、鱼类等。其中，国家一级保护动物鸟类 4 种，国家二级保护鸟类 24 种。南矶湿地还是候鸟天堂，每年迁徙至此越冬或过境的鸟类 30 万余只，其中不乏濒危物种，如东方白鹳、丹顶鹤等。看来经过多年的禁渔和各种严格保护，生态改善效果显著。

最后，调研组来到了穿盔甲。南矶乡有着 1500 多年的历史，文化底蕴深厚，这里曾是朱元璋和陈友谅鄱阳湖大战的主战场，这个穿盔甲便是当时的历史遗迹。在这里，南昌市农业农村局的同志汇报了禁渔的情况，生态环境局的同志介绍了南矶山断面污水治理的情况。生态环境局的同志说，2018-2020 年，南矶山断面水质持续改善，2021 年受枯水期延长影响，上年度断面上游补水河流断流，南矶山断面来水主要为湖区碟形湖补水，水体浅而且流动性差，加之鸟类粪便多，造成水体污染比较严重，水质有所下降。他们委托中科院生态中心等单位开展了水质总磷溯源分析，扫描湖区底部形态，并采取清理河道非法养殖、严禁湖区放牧、加强入湖排灌站和水产养殖管理等措施，努力改善水质。

下午近 5 点调研结束，乘车返回宾馆。

半天的调研，车程近 200 千米。6 点回到宾馆，调研组一行与省委副书记、代省长叶建春等省领导同志简单餐叙。

晚上 7 点，在迎宾馆内散步一小时。

晚上起草新年致新教育同仁的信件。读江西民进送来的保护白鹤的儿童小说《飞舞吧，白鹤》。

晚上 11 点休息。

12 月 28 日，星期二，南昌阴

雪后的南昌，还是有点清冷。

凌晨 4 点多醒来，继续睡，5 点 30 分起床工作。打开窗户，今晨没有阳光，还下起了绵绵细雨。

早晨 7 点 30 分，调研组同志一起用了早餐。8 点 40 分乘车出发，先参加了民进江西省委会青年工作委员会的成立仪式，蔡达峰主席亲自为他们揭牌。简短仪式后，调研组出发，开始今天的正式调研。

经过 50 分钟的车程，又换乘了电瓶车，我们到达桑海污水处理厂。该处理厂位于赣江新区中国（南昌）中医药科学城外，主要是服务于科学城的一些企业，以医药类企业为主。处理厂占地 32 亩，目前有员工 23 人，总处理规模为 2 万吨 / 天。在处理厂的二层平台，我们看到了一片郁郁葱葱的植物，蔡主席说"看起来像个植物园"。据讲解员介绍，现在的"植物园"样态的污水处理厂，得益于该处理厂进行了提标扩容工程。该工程的核心技术是采用生物生态膜技术，通过植物根系和仿根系膜构建水生态处理系统，并同步实施除臭和景观改造，建成花园式现代化污水处理厂。据工作人员介绍，这个技术具有出水效果好、景观优美、无臭无味的优点，对改善周围水体环境，保护当地流域水质和生态平衡具有重要的作用。

第二个考察点是赣江中药创新中心，也叫"赣江新区中药国家大科学装置预研中心"。在这里主要是考察赣江新区绿色金融工作开展情况。据了解，2017 年 6 月，国务院批复赣江新区为全国首批绿色金融改革创新试验区。4 年来，赣江新区共推出绿色金融创新成果 59 项，其中绿色市政债和畜禽"洁养贷"等 2 项成果被列入国家生态文明试验区经验做法推广清单。今年，他们还发布了全国首个碳中和基

金、碳排放权质押贷款，全面支持"双碳"战略。在这个中心，我们
还参观了中药研究的大科学装置，该中心的本草物质科学研究设施由
多维多通道分离纯化系统、人源性靶点分析系统和大数据整合分析系
统三个部分组成，建成后将在促进中医药传承创新发展中发挥非常重
要的作用。我们同时了解到，新区也设立了中医药研发费用损失保险
等金融产品，有效解决了企业药品研发的后顾之忧。

上午的最后一个调研点是江西凯马百路佳客车有限公司。该公司
的母公司为中国机械工业集团，拥有现代化的生产线和组装车间，主
要生产纯电动汽车、混合动力汽车和氢能源汽车，具备年生产 5000
台大客车的能力，产品远销欧美等 32 个国家和地区。在生产车间，
我们发现一个有意思的现象：大客车的前端都安装了防撞架，这在国
内的客车上是没有的。工厂的同志介绍说，这批车辆是出口澳大利亚
的，澳大利亚袋鼠数量众多，经常成群横穿马路，前面的防撞架主要
是为了应对这种情况。赣江新区和人民银行南昌支行也为他们开出了
绿色票据，支持了绿色产业的发展。

调研结束，11 点 30 分回到宾馆，稍事休息后，中午调研组和省
委书记易炼红同志等省领导一起用了简单的工作餐。

下午 3 点，本次活动的最重头工作开始。在江西省行政中心，
"民进中央 2021 年对口江西开展长江生态环境保护民主监督情况反
馈会"隆重召开。蔡达峰主席率民进中央调研组同志全体参会；江西
省方面，省委书记、省长、统战部长、分管副省长等省领导，支持专
项监督的成员单位（省委统战部、省民进、省发展改革委、省生态环
境厅、省工信厅、省自然资源厅、省住建厅、省交通运输厅、省水利
厅、省农业农村厅、省应急厅、省林业局）负责同志，省财政厅、各
社区市政府、赣江新区管委会分管负责同志等 30 余人出席会议。易
炼红书记主持会议。

叶建春代省长代表江西省委、省政府介绍了江西省长江生态环
境保护的总体情况。他说，近年来，江西省委、省政府深入学习贯彻
习近平生态文明思想和习近平总书记视察江西重要讲话精神，纵深推
进国家生态文明试验区建设，大力实施长江经济带"共抓大保护"攻
坚行动，全面推进"五河两岸一湖一江"全流域保护治理，生态环境

优势持续巩固，绿色发展成效稳步提升，环保基础设施加快建设，生态文明制度逐步完善，美丽中国"江西样板"建设取得了新成效。他还介绍了省里的具体工作措施，以及目前存在的一些不足。

随后，我受蔡达峰主席委托，代表民进中央反馈了全年对口江西开展长江生态环境保护民主监督的总体情况。在启动之年，民进中央深入学习贯彻习近平生态文明思想，全面落实中共中央、国务院有关决策部署，把长江生态环境保护民主监督作为一项重要政治任务和重要履职领域，高度重视、精心组织，深入调研、务求实效，结合常态化疫情防控要求，扎实有序推进各项工作。今年7月以来，民进中央聚焦水污染防治情况、长江保护法律法规落实情况，在江西的5市20县市区开展监督调研8次。蔡达峰主席、刘新成常务副主席分别带队开展集中调研，特邀专家在九江、南昌、赣州、宜春、上饶开展随机调研，民进江西省委会发挥桥梁纽带作用，全力做好沟通协调和服务保障工作，深入开展系列长江生态环境保护公益宣传教育和专题调研活动，11个江西民进市级组织在观察窗口开展定点调研20余次。调研中既注重听取相关职能部门情况介绍、组织专家座谈研讨、实地考察生态环保项目，也深入河湖岸边、基层群众明察暗访。江西各级党委和政府高度重视、全力保障，积极配合民进中央在赣开展长江生态环境保护民主监督工作，共同召开启动会，成立专门机构，确保知情明政，狠抓问题整改，建立支持监督、配合监督、落实监督的工作机制，把民主监督作为打造美丽中国"江西样板"的重要契机和工作抓手，为民进中央开展专项民主监督工作创造了良好条件，体现了坚决贯彻落实中共中央决策部署的政治站位，体现了对发挥新型政党制度优势和效能的高度重视。反馈意见中，我们肯定了江西省的经验做法，指出了目前存在的主要问题和难点，也提出了相关意见建议。

蔡达峰主席在讲话中指出：按照中共中央部署，我们共同启动了民进中央长江生态环境保护民主监督工作，双方精诚合作，共克疫情影响，协力开展工作，取得良好开局。我们真切感受到，江西省委省政府深入贯彻习近平生态文明思想，坚持"共抓大保护、不搞大开发""走生态优先、绿色发展之路"，积极落实习近平总书记视察江西重要讲话精神，扎实推动长江经济带发展，全力打好污染防治攻坚战，治理力度大、措施实，流域生态环境质量明显改善，治理成效显著，为长江经济带高质量发展做出重要贡献。同时，江西省委省政府积极贯彻中共中央委托民主党派中央开展专项民主监督的部署，为民进中央在江西开展监督工作、取得良好成绩给予了全力支持，为多党合作事业发挥了重要作用，我们深表感谢。他强调，统筹推进生态保护和经济发展是发展中普遍面临的重大课题，更是我们在江西工作的重要任务。守底线、创新路是习近平总书记对江西的殷切嘱托，也是我们把握好长江大保护和长江经济带发展关系的重要遵循。守底线、创新路，就是要正确认识环境保护与资源利用的关系，善于协调人与自然的关系；就是要坚持稳中求进总基调，强化生态优先、绿色发展、敬畏生态意识，深入打好污染防治攻坚战，严防新的污染和破坏，确保民生和生产安全；就是要完整、准确、全面贯彻新发展理念，统筹把握创新、协调、绿色、开放、共享的内涵要求，提高保护和利用协同推进的效率。对于长江经济带发展来说，守底线就是确保长江生态环境不受损害，创新路就是既利用长江发展经济，也依靠经济发展反哺长江。

蔡达峰主席指出，民主党派中央对中共中央重大决策部署贯彻落实情况实施专项监督、直接向中共中央提出建议，是中国共产党领导的多党合作和政治协商制度中的基本职能和重要实践，也是党和国家监督体系中的重要部分，具有鲜明的政治性质、参政定位、服务目的和界别特色，并由此构成了独特优势。民进要把专项监督工作融入监督体系，坚持监督目标和监督依据的公正性和统一性，着力监督有关的落实结果和落实机制；要坚持与党委的密切联系与合作，与各部门充分沟通、平等相处，保持客观公正立场，坦诚向党委反馈意见、批评和建议；要统筹用好三大职能，认真研究和吸收党委意见建议，把监督与建言有机结合；要坚持统一战线，发挥统一战线成员作用，从建言资政和凝聚共识双向发力，为长江保护和经济带发展，促进团结、汇聚力量。他强调，要一鼓作气做好明年工作。明年工作承上启下，十分关键。在江西省委、省政府和各方的大力支持下，民进要不断提质增效，深化对水污染防治情况的监督，把握新的要求，找准明年监督工作的重点，着力提升监督能力，在监督实践中加强理论和政策研究，完善联动机制，汇集各方力量，为美丽中国"江西样板"贡献民进智慧和力量，以优异成绩迎接中共二十大胜利召开。

最后，省委书记易炼红代表省委、省政府讲话并表态。他指出，民进中央对口江西省开展为期五年的长江生态环境保护民主监督，是贯彻习近平生态文明思想的重大举措，是落实长江经济带高质量发展战略的具体行动。省委、省政府一定以此次反馈为契机，深入学习贯彻习近平生态文明思想和习近平总书记关于长江经济带发展的重要论述，不断提高政治判断力、政治领悟力、政治执行力，纵深推进长江经济带"共抓大保护"攻坚行动，全方位全地域全过程加强生态环境保护，切实筑牢长江中下游生态屏障，以实际行动捍卫"两个确立"、做到"两个维护"。易炼红表示，省委、省政府将在思想认识上再深化，坚决做到对标对表，全面加强长江生态环境保护，筑牢长江中下游生态屏障，以更高标准打造"美丽中国"江西样板。在问题整改上再细化，坚决做到销号推进，确保每个问题、每条意见都不折不扣整改落实到位。在成果运用上再强化，坚决做到标本兼治，进一步巩固污染防治成果，提高生态治理能力，提升绿色发展水平，切实保护好绿色生态这个"最大财富、最大优势、最大品牌"。在服务配合上再优化，坚决做到精心保障，确保民主监督工作有序有效推进，为确保"一湖清水入江，一江清水东流"贡献江西力量。

下午4点40分会议圆满结束，回到迎宾馆接近5点，统一做核酸检测，为明天回北京做准备。

随后，趁着晚饭前的空隙时间，在宾馆院内散步40分钟。6点，调研组一行与省委常委、秘书长史文斌等省领导工作餐叙。

晚上读完《飞舞吧，白鹤》。这是一本关于人和动物关系的生态故事，这也是一本关于爱的儿童小说。白鹤被誉为鸟类中的"活化石"，在地球上已经生活了数百万年。白鹤每年从西伯利亚长途迁徙到鄱阳湖，行程万余里，历时40多天，最终抵达它们心中的理想家园鄱阳湖并且在这里过冬，长达5个多月。鄱阳湖良好的水质、丰富的食物为白鹤提供了良好的栖息环境，每年到这里越冬的白鹤占全球种群数量的98%以上。为了配合江西省政府定白鹤为省鸟，民进江西省委会"1% 工程·爱满家园"，启动了保护省鸟白鹤公益宣传活动。这本书就是以此为背景撰写的儿童小说。小说的主人公小雁出生在鄱阳湖畔的兰花河边，她酷爱舞蹈，喜欢白鹤，但家境困难，身体残疾。在"1% 工程"的志愿者江雁老师等人的大力帮助下，这位双腿无法自如行走的小姑娘，终于登上了她向往的舞台，扮演了她最喜爱的受伤了白鹤。捐献 1%，爱心 100%，让我们的爱像泉水一样流淌，这些民进人朴素的理念，通过文学的传播，已经逐步在赣鄱大地深入人心。作者喻虹是民进会员，著有《清水河》《向阳而生》《古井》等多部儿童文学作品，曾获冰心儿童文学新作奖、井冈山文学奖等。

晚上与同事讨论阅读推广事宜，近一个半小时，11 点休息。

12 月 29 日，星期三，南昌多云

早晨 5 点 10 分起床工作，撰写"委员读书漫谈群"、头条和微博的阅读专栏文章。

早晨 7 点 50 分，省委常委、统战部长黄喜忠陪同调研组一起用餐。蔡主席一行在餐后离开江西，我带队继续开展调研，南昌市副市长王强陪同调研，8 点 30 分准时出发。

准确地说，今天的调研是每年例行的与财政部的联合调研，但主题为"长江生态环境保护多元化投入机制"，也与长江生态环境保护有关系。

8 点 35 分，调研组到达南昌市环卫集团，察看南昌市生活垃圾在线监控系统，南昌市城管和综合执法局负责同志作了现场汇报。据介绍，南昌市于 2020 年 12 月建成该在线监管平台，平台涵盖生活垃圾分类在线监管平台一张图、生活垃圾分类收集系统、生活垃圾分类转运系统、生活垃圾分类业务大数据分析系统、垃圾分类执法系统等 12 个子系统，实现了从垃圾产生到转运及末端处理全流程的监管。在指挥中心大屏幕上，我们可以清晰地看到 11 月督导员人数、11 月检查情况、11 月城区各类垃圾占比分析、垃圾焚烧发电厂运行情况、

餐厨垃圾处理厂运行情况以及垃圾分类执法处罚等各类动态情况。负责同志说，该系统是他们集团独立研发的，具有自主知识产权，将来也可以推广到其他地区使用。

离开环卫集团，经过十多分钟的车程，我们来到了方大特钢公司考察，主要是调研工业污染治理情况。市工信局、生态环境局、青山湖区政府相关同志参与调研，方达特钢负责同志进行了介绍。一下车，看到了一个"游客接待中心"，我们还以为是走错了，公司同志介绍说，这就是他们的厂区，同时也是一个国家3A级景区。公司坚持以习近平生态文明建设思想为指引，贯彻新发展理念，投入十多亿元资金，完成了原料场全封闭改造、焦炉烟气脱硫脱硝等50余个环保提升项目，对烟、气、水、料进行全面整治。同时还打造生态森林旅游式工厂，大力实施厂区生态文明建设。我们乘电瓶车在厂区参观考察，厂区的绿化面积超过30%，场内的湿地和湖泊面积很大，水中的鱼很多，置身于绿树青草与高炉烟囱交织形成的"钢铁森林"之中，感觉颇为奇妙。

前面两个考察点看得比较仔细，时间有点超了。我们尽快赶到了下一个考察点：高新区艾溪湖湿地。讲解员说，艾溪湖位于高新区核心区，面积约4.6平方千米，主要汇集周边约50平方千米的雨水，是排内涝的湖泊，生态意义重大。但改造之前，该地分布着不少村庄和各类养殖场、鱼塘等，污染严重。随着城市建设推进，该湖水质更加恶化。为了给南昌城东留一方美丽的净土，高新区毅然放弃了近百亿元的在谈、待建工业项目，下决心建设了艾溪湖湿地公园。站在湖边极目望去，只见波光粼粼，芦苇成片，水鸟成群，很难想象这里原来也是脏臭水体。随后，调研组又乘电瓶车穿梭于湿地公园，来到一片美丽的湖边，看到了成群的各类水鸟。其中有一只名叫大白的"网红"大鹅（据说在网上有600多万粉丝），和人们极为亲近，主动为我们带路当导游，非常神奇。

来到最后一个考察点南昌龙头岗综合码头时，已是11点多。在这里主要是考察港口污染防控情况，市交通运输局负责同志作了汇报，主要介绍了船舶生活污水、船舶油污水等收集、处理的情况，以及船舶停靠期间使用岸电以减少污染物排放的情况。

上午考察结束，12点半回到宾馆，简单用餐后休息半小时。

下午2点30分，调研组在迎宾馆组织召开"长江生态环境保护多元化投入机制调研座谈会"。财政部江西监管局局长张政伟出席会议，江西省发展改革委、省财政厅、省自然资源厅、省生态环境厅、省住建厅、省金融办、南昌市政府、赣江新区管委会、三峡集团、华赣环境、金达莱环保等单位的同志围绕会议主题介绍了情况，调研组专家和与会同志就有关问题进行了交流。关于投入的问题，当地的同志普遍反映，相比于环保所需的大量资金，江西省由于经济实力相对较弱，现有环保投入非常不足，投入机制也需要创新。

我在会议最后做了总结讲话，对支持调研和民主监督工作的相关中央部委、江西省各方面表示了感谢，并谈了三点调研体会：一是以习近平生态文明思想为指导深入打好污染防治攻坚战。要把学习宣传习近平生态文明思想作为重要政治任务，与中共十九届六中全会精神、中央经济工作会议精神一体学习、一体领会、一体贯彻。坚决落实中共中央、国务院决策部署，坚持精准治污、科学治污、依法治污，紧盯污染防治重点领域和关键环节，加快解决影响人民群众生产生活的污染问题，继续发挥生态环境保护的引导、优化、倒逼作用，深入打好污染防治攻坚战。二是加快补齐大江大河生态保护修复的短板弱项。大江大河生态历史欠账多、问题积累多、现实矛盾多，经济发展带来的生态保护压力依然较大，生态修复还存在不少短板弱项；环境问题的区域性和不平衡性仍然突出，东部沿海省市在发展中已抢得先机，生态环境压力持续缓解，中西部和北方地区结构调整慢，经济发展的环境压力和生态约束增强；环境治理要求提升，从水土气和常规污染物治理，拓展到应对气候变化、生物多样性保护、新污染物治理等更广泛领域，治理范围向县级市、乡镇、农村扩展延伸。要保持力度、延伸深度、拓宽广度，继续打好长江保护修复、黄河生态保护治理等标志性战役，加快实施环境基础设施补短板行动，持续提升大江大河生态系统的质量和稳定性。三是探索建立大江大河生态保护修复稳定持续的多元化投入机制。目前省内资金缺口大，生态环境形势严峻、历史欠账较多、治理任务较重，地方可用财力有限与生态环保投入需求较大之间的矛盾突出，一方面要健全充分发挥中央和地方两个积极性的体制机制，适当加强中央在大江大河生态环境保护和治理方面的事权，加强有关转移支付分配与生态环境质量改善相衔接；另一方面要继续扩大投资渠道，落实《关于鼓励和支持社会资本参与生态保护修复的意见》精神，综合运用土地、规划、金融、税收、价格等政策，引导和鼓励更多社会资本投入生态环境领域。

下午5点会议结束，20分钟用餐，接着就赶往机场，乘坐晚上7点35分的航班返京，晚上9点40分到达北京首都国际机场，10点40分到家。

经过3天紧张忙碌的调研、会议，顺利完成了今年的"硬任务"。长江生态环境保护民主监督工作为期5年，今年是开局之年。经过各方面的积极努力，我们克服了疫情的不利影响，总体实现了良好开局。接下来的4年，我们继续努力！

参政之声

坚持建言资政和凝聚共识双向发力，努力讲好政协故事，需要委员能够发出参政议政的好声音。

一方面，我们要凝聚委员的共识，把自己的调研成果，自己对于问题的思考，通过政协的各种会议平台和读书群，与委员们交流分享；另一方面，我们要凝聚社会共识，通过各种媒体，把政协的声音传播出去。

委员们的不同声部，汇成了这个时代的交响曲，形成了全社会的共识。

乡村振兴关键要留得住人

2017 年 12 月 29 日，中央农村工作会议首次提出要走中国特色社会主义乡村振兴道路，让农业成为有奔头的产业，让农民成为有吸引力的职业，让农村成为安居乐业的美丽家园。到 2050 年，乡村全面振兴，农业强、农村美、农民富全面实现。

乡村振兴战略的实施，基础在教育。乡村学校是村庄的灵魂，乡村的精神寄托在于乡村学校，乡村文化的传承也依靠乡村学校。教育是文化创新、文明演进、国家发展和人类进步的基本动因，教育改革可以成为社会转型、文化变迁的导向性力量。振兴乡村教育是实施乡村振兴战略的必由之路。乡村教育不振兴，就难以实现乡村整体的振兴，难以从根本上提高贫困人群脱贫的内生动力和发展能力。

在城乡一体化的过程中，乡村教育资源配置处于劣势，乡村教育处于应试水平低下和素质教育缺乏的双重矛盾之中，教育质量不高导致生源不断流失。其中重要的原因就是乡村教育的定位不准，我们习惯于用城市学校的标准去衡量、评价乡村教育，乡村教育的目标是"逃离"乡村，缺乏对乡村教育的本质研究和准确定位，曲解了城乡教育一体化的实质。

乡村教育发展的核心在于留住人，既要留住学生，也要留住老师。然而，学生随着家庭的迁移大量流往市、县、镇。福建莆田最北端的深山里有一所济川小学，本能容纳 500 多个学生，目前却只有两个学生和两个老师；云南省红河州原本自然村学校覆盖率达到 52%，在"撤点并校"之后，学校覆盖率降到 30%，许多学校人去楼空。国家出台多项政策力图让乡村教师"下得去、留得住、教得好"，但乡村教师流失问题依然严峻。除了待遇、机会、社会地位等问题，还有很多人认为，留在乡村的老师能力不行，没本事。导致有能力的老师想方设法离开乡村，留下了能力较差的老师再次印证了人们的看法。

乡村振兴需要大批懂农业、爱农民、爱农村的专业人才，在唯学历、重文凭、不重技能的大环境下，歧视农业技能劳动者的状况十分普遍，导致没有人愿意学农。在笔者去调研的某农校，其农林类专业即使联办专科也无人问津，不得不裁撤或合并，而同时当地万名劳动力只有 0.067 个技术人员，涉农人才严重匮乏。

乡村教育应该拥有自身的独特内涵、价值、文化性格和表现形式。应根据乡村的特点，构建异于城市教育的"自然—人文—灵活—小规模"的乡村教育。要留住学生，就要办好一批优质的基础教育学校，依托乡土文化、社会与自然，建筑起温馨的校园，形成本土特色的校园文化，吸引儿童回乡就学；在中考改革中注意向乡村学校倾斜。要留住老师，就需大幅度提高乡村教师岗位的薪资水平和社会保障条件；设置乡村教师高级教师与特级教师的专门岗位；有计划地培养、培训一批本土教师，强化教师的地域认同、文化认同与身份认同；为乡村教师开辟多元发展空间，激励教师对教育事业的追求。通过教育逐步改变"远离农业和农村才是成功"的观念，不让"没出息的人就当农民""没本事的老师才留在农村"成为乡村衰败的社会心理催化剂。

（发表于 2021 年 1 月 4 日《北京日报》）

营造教育新生态的几个关键问题

　　生态一般解释为生物在一定自然环境下生存与发展的状态，教育新生态应该是教育在新时代、新环境下的生存与发展状态。营造教育新生态，就是怎样让教育更好地适应这个时代、这个环境，怎么能创造更好的教育。我们处在什么样的环境呢？可以从硬环境和软环境两方面来看。

　　硬环境有以下三个特点：

　　第一，全球化。当下整个世界已经成为一个地球村，想关起门来办教育已经不可能了，教育资源应该在全球范围内来配置，中国的学生学习哈佛、耶鲁的网络课程也非常方便。中国的学校如何把全世界最好的教育资源拿过来为我所用，是应该要思考的问题。

　　第二，信息化。社会发展到今天，人工智能、区块链、大数据等已经给教育发展带来了深度的变革，这种变革是我们难以想象的。这次疫情也证实完全可以在一个虚拟的教育环境下完成教学。人类的知识储量发展非常快，信息化本身也带来了教育的新问题。19世纪人类的知识储量是50年翻一倍，之后是30年翻一倍，到了20世纪90年代是每一年翻一倍。现在人类30年所创造发明的总和已经超过了人类2000多年发明的总和。面对如此海量的信息如何选择，给教育提出了挑战。

　　第三，市场化或资本化。现在教育受资本的影响，也是难以想象的。在未来，市场资本对教育本身提出的挑战，也是我们应该考虑的。

　　软环境也面临很多新变化。

第一，人本化。以人为本虽然不是新概念，但在今天仍然应该成为教育的主题。教育应该从过去的以知识为本、应试为本，走向关注人本身的发展。

第二，民主化。民主化一个重要的标志就是教育机会的均等化，"人民日益增长的美好生活需要和不平衡不充分的发展之间的矛盾"在很大程度就是不均衡的问题。怎样通过更好地配置教育资源来实现教育的公平，这依然是一个很大的挑战。

第三，个性化。教育关注的不是一个抽象的人，而是一个具体的人。过去大工业时代的教育更多的是关注整体的人，不是把学生当作个体来看，而是当作机器生产过程中的一个要素来看待，所以这样的教育强调的是整齐划一与标准化，现在的教育更加强调个性化。当然，硬环境的发展，也为个性化的教育提供了可能。

这是教育在新时代面临硬环境和软环境的变化。教育如何更好地适应它呢？我去年写的《未来学校：重新定义教育》，以及今年出版的《走向学习中心——未来学校构想》这两本书都是在思考这个问题。其中的一个核心观点是传统教育的房子，已经放不下现代教育了，我们要重新构造一个新房子，这个新房子要打破传统学校的构造，来实现真正的教育结构的变化。从西方到中国很多人不断有人追问，我们在教育技术上花了那么多的投入，为什么教育还是没有我们所期待的变化？一个重要的原因是教育结构没有发生变化，只有教育结构重新发生变化，这些技术才会发挥真正的作用。

所以我们至少从以下四个方面重新思考教育。

第一，构建学校新形态。

首先我们需要讨论在哪儿学的问题。未来学习的场景将会更加丰富，会出现更多的学习中心，在哪里学，什么时候学，都可以有更大的自主选择性。所以未来教育是线上线下、校内校外的学习共同体，时时处处可以学习，学习者会有更大的选择空间和自由。无论是在世界范围内很多国家出现的在家学习，还是已经初见端倪的网络学校，已经告诉我们学习不一定非要在学校，这就对传统学校的改造提出了新的挑战，也为未来的教育变革提供了新的可能。对于弱势群体，政府可以用补贴的方式让其去学习中心。

第二，制定课程的新标准。

制定课程新标准是解决学什么的问题。现在的学校学的内容跟100多年前的课程体系基本上没有太大变化，这100多年来人类知识的发展如此迅速，所以不得不在每门学科中不断做加法。虽然学科没有改变，但是每门学科的深度、广度增加了，学生被压得喘不过气。中国孩子的学习时间差不多是国外发达国家的1倍左右，虽然我们的孩子成绩更好，但所花的时间成本要比他们高得多，这是一个很大的浪费。如果学习更简单一些、更容易一些，和生命、生活结合更紧密，学得更有效率一点，跟每个人的发展、成长结合更紧密一点，我们的教育可能就会发生很大的变化，学习就不会那么痛苦了。

所以未来国家迫切需要新课程改革，从1949年到现在我们国家进行了4次课程改革，但这次的新课程改革必须是一次革命性的变革，甚至应该是引领世界课程变革的一次探索。对此我有一些建议：

要整合学科，我们的孩子不能学那么多课程，学生应该学什么，这是一个应该认真研究的问题。新教育实验从5年前就开始研究未来课程，建设的第一门课程是生命教育，学生首先要爱护生命，学会和别人和谐相处，拥有自己的价值观和信仰，这就是生命的长宽高。教育是为生命存在的，没有生命教育还有什么意义？

生命课程之外是大科学课程和大人文课程。哲学、历史、语文、地理都可以通过合理的逻辑去整合到大人文学科，科学课程也是这样。其实基础教育阶段，孩子们需要的是基本的整体知识，需要的是科学思维、科学方法和科学精神，而不是很具体的某一个学科的知识。某一学科的科学知识，应该是个人的选修课。所以我认为未来的学校应该把50%的时间留给学生来学习自己想学的课程，帮助每个孩子找到自己要学的方向。

第三，探索新的学习方式。

在哪儿学变了，学什么变了，怎么学当然也要变。我们不可能像现在这样坐在一个教室里听老师讲45分钟，这是很难受的事。学生的注意力能保持那么长时间吗？老师也很难做到恰恰在45分钟的时候结束课程，课堂时间的弹性化可以给教育带来很大的变化，所以教育变革的空间是很大的。因此，未来的学习中项目式学习、主题式学习、研究性学习、合作式探究是重要方向。

第四，形成合力的新格局。

现在我们把教育的责任单一地压在学校身上，这是不对的。孩子成长的关键期是 0 到 3 岁，这是孩子大脑发育最快的时候，也是孩子认知能力、行为习惯养成最关键的时候，这个阶段恰恰我们没有让他进入学校，这个时候孩子就需要高水平、高素质的父母进行陪伴。

所以未来的父母将会在教育中发挥更大的作用。这次疫情暴露了家庭教育一些问题，本来疫情期间家长有更多的时间陪伴孩子，但很多家庭的亲子关系反而更紧张了。这和父母对教育的认知、对孩子的理解、和孩子的感情有很大关系，未来这个问题必须要解决。所以我们要花更大的精力去提升父母的素养，提升全社会的素养。

教师也是这样，未来的教师是一个"能者为师"的时代，传统的教育教学体系将会被打破。我们认为教师专业化的培养，一定要通过师范教育的体系才能真正培养出来。而当下的师范教育存在很多疑问：首先，这些课程能不能培养出真正需要的高水平教师？其次，经过什么样的路径，才能真正实现教师的高水平？我认为一个社会教育水平要达到高水准的话，必须是社会最精英的人才从事教育。我们希望家庭、社会、学校、政府携手合力，来推动教育发展，这样教育生态才会更好地形成。

（发表于 2021 年 1 月 23 日《团结报》）

加快涉外人才培养

在极不平凡的 2020 年，最高人民法院以及各级人民法院认真学习贯彻习近平法治思想，在依法服务统筹疫情防控和经济社会发展工作、坚决维护国家政治安全和社会大局稳定、加强民生司法保障等方面做出了重要贡献，为进一步加强和改进人民法院工作，提出几点建议：

一是充分落实法官单独职务序列管理制度改革的后续配套保障政策，进一步完善制度执行机制，加大政策落实力度，切实解决进度不均衡问题，确保政策有效落地。二是加快推进涉外审判人才队伍培养工作，健全完善法律人才培养机制，以及与我国国家实力和国际地位相匹配的涉外审判机制、中国法律域外适用机制，切实提高涉外审判能力，维护我国海外企业的合法权益。三是完善审判辅助人员管理和培养制度，出台专门改革举措，打通法官助理、书记员职业发展通道，切实提高队伍稳定性。四是进一步完善人民陪审员制度，充分尊重人民陪审员以普通群众的视角对案件事实的认定、法律的适用所发表的独立意见，切实保障人民陪审员在参加三人合议庭时独立行使表决权。五是明确互联网法院专门法院地位，完善互联网法院案件管辖规则，加大立法支持，构建中国特色、世界领先的互联网司法模式，创造更高水平的数字正义。

（发表于 2021 年 2 月 3 日《人民法院报》）

耕好读书田，书香伴履职

2020 年是极不平凡的一年。委员读书、书香抗疫，是政协工作的一大亮点。

疫情发生后不久，全国政协部署开展"政协委员读书活动"，我从开始便全面参与、全心投入。2月，在汪洋主席的直接关心推动下，在全国政协相关同志的帮助下，我发起建立了"防控疫情读书会"线上读书群并担任群主，以服务好、引导好、管理好读书群为目标，充分运用自身长期参与全民阅读活动的经验和资源，在确立主题、选择书目、引导发言、做好表率、把握方向等方面尽心尽力。

"防控疫情读书会"线上读书群得到了汪洋主席的高度关注、热情支持和直接指导。广大委员积极响应，发言踊跃，讨论热烈。这些发言，既有读书的心得体会，也有对于疫情防控的建议、思考，做到了读书学习与履职建言的有机结合，取得了良好的效果。

4月23日，"全国政协委员读书活动"正式启动。我先后担任了全国政协委员读书指导组成员和"委员读书漫谈群"核心团队成员，积极参与读书活动线下交流会、群主工作交流会、读书活动启动仪式等各类会议、各项工作。就在读书活动渐入佳境时，汪洋主席又提出了新要求：委员读书不仅要交流，还要交锋；不仅要讨论，还要争论。于是，我又受命策划组织了关于家庭教育的大讨论。我们围绕"学校教育和家庭教育哪个对孩子的影响更大""寄宿制管理的利与弊""家庭教育中要不要惩罚"等七个专题，连续一周进行深入讨论。此外，我还结合自身工作，在各种场合主动宣传政协委员读书活动，在中央社会主义学院和江苏省常熟、镇江等地作了关于政协委员读书活动的专题报告。

2020 年，我第 17 次在全国"两会"上提交了关于设立阅读节的建议和提案。我一直认为，全民阅读是提升公民素质、增强民族凝聚力竞争力最有效、最直接、最便捷、最廉价的办法。

2021 年全国"两会"召开在即，我仍将为全民阅读、书香政协鼓与呼。此外，我还准备了促进青少年心理健康、提高中小学男教师比例、中国民办教育"走出去"、完善学前学会普通话政策、鼓励政府购买课程服务等提案。

牛马年，好耕田。政协委员首先要好好耕耘读书这块田。通过读书，帮助我们开阔视野、活跃思维，帮助我们学会辩证地看问题，帮助我们更好地履职，不负使命担当。

（发表于 2021 年 2 月 20 日《人民政协报》）

发扬"三牛精神"创造更牛一年

　　在全国政协2021年新年茶话会上，有幸聆听习近平总书记讲述"三牛精神"，要求政协委员发扬为民服务孺子牛、创新发展拓荒牛、艰苦奋斗老黄牛的精神，慎终如始、戒骄戒躁，不畏艰险、锐意进取，在全面建设社会主义现代化国家新征程上做出新贡献。

　　作为政协委员，如何把"三牛精神"在履职活动中落到实处？

　　一是要突出政协的人民性，参政为民争当孺子牛。人民政协的最本质特点就是人民性。政协委员来自不同的阶层、不同的界别、不同的群体，本身代表着广泛的人民群众的利益。画出最大同心圆，求得最大公约数，是政协作为政治协商机构的目标之一。政协为不同利益群体的求同存异、化异为同创造协商空间，大家的事情大家来商量，从原本相异的"众意"中凝聚和提炼出相同的"公意"，形成共识，使政治协商更为充分和全面地反映民意，体现政协的人民性。所以，政协委员要甘做参政为民的孺子牛，心里时刻想着人民群众，听从人民的召唤，用心架起人民群众与政协组织、党政部门的沟通桥梁，展示人民政协亲民、爱民、为民的孺子牛形象。

　　二是要突出政协的创新性，建言资政争当拓荒牛。建言资政是全国政协委员最重要的工作方式，正如汪洋主席强调的那样，委员应该"力戒讲大话、唱高调式的建言"。增强建言资政的前瞻性、精准性，提升凝聚共识的针对性、有效性，是新时代对于政协委员提出的新要求。这就需要政协委员像拓荒牛那样，勇于开拓，敢于创新，加强建言的"靶向性"，提高资政的"含金量"。要有强烈的方向感和问题意识，要有发现问题的敏锐性。要多读书、读好书、善读书，积极参与到委员读书活动中，深入研讨共同提高，进一步把握政协工作规律和协商的方法要义，善于运用互联网、大数据等现代履职手段，提高观察思考的深度力度。

三是要突出政协的求实性，调查研究争当老黄牛。察实情、说实话、谋实策，是政协委员的担当。调查研究，是政协委员必须练就的硬功夫。全国政协主席汪洋提出，委员要改进工作作风，强化问题导向，"反对走过场、讲形式的做派，拒绝蜻蜓点水式的调研"，以良好作风保证履职成效。这就要求我们像老黄牛一样埋头苦干，用力耕耘，勤勤恳恳，扎扎实实，在调研中，对那些事先安排好的"标准流程"和"经典路线"，要保持足够警惕，对各种数据、案例也要善于分析，及时发现新问题、隐形问题、深层问题，更多、更快、更好地发现新方法。

一场疫情成为一块试金石，全国人民齐心协力已经取得了2020年的抗疫奇迹。在农历牛年即将开启，"夜迎寒露昼披尘，沐雨经风铸己身"，委员发扬"三牛精神"，积极履职建言，定能不负时光、不负时代，与人民一起共同创造新一年。

（发表于 2021 年 3 月 2 日《团结报》）

以"书香政协"助力"书香社会"

习近平总书记指出，读书可以让人保持思想活力，让人得到智慧启发，让人滋养浩然之气。事实证明，阅读对于强化文化认同、广泛凝聚民心、振奋民族精神、提高公民素养、淳化社会风气、构建核心价值等诸多方面，均有不可取代的重要作用。

最近几年，在党和国家领导人的直接推动以及社会各界的倡导下，推动全民阅读、建设书香社会的问题，已经引起广泛的重视。但是与发达国家相比，我们的差距仍然很大，区域之间发展也很不平衡，长效机制尚未真正建立。作为世界上最大的图书生产国，我们却是人均阅读量较少的国家之一，全民阅读的现状仍然不容乐观。

如何发挥政协力量，如何以"书香政协"助力"书香社会"建设，是摆在我们面前的一个重要课题。在习近平总书记的直接关心下，在全国政协主席汪洋的具体指导下，全国政协自去年年初部署开展了"委员读书活动"，努力探索解决这一问题的路径。活动开展以来，委员参与面不断扩大，参与率达到了85%；活动方式不断丰富，初步形成了以全国政协引领、地方政协共同参与，线上线下协同推进、读书履职紧密结合的良好格局，取得了增长知识、增加智慧、增强本领的成效。

一年来的探索表明，在推进全民阅读、建设"书香社会"的伟大事业中，人民政协具有独特的优势和力量，委员读书具有重要的价值和意义。

首先，"书香政协"是人民政协的优良传统。早在1954年，毛泽东同志就提出把学习作为政协的五大任务之一。政协章程也明确规定学习是政协委员的一项基本任务。全国政协主席汪洋提出："政协应当成为一个读书的模范群体。即不仅是读书了，而且是读了好书，更重要的是能够把书读好了。这应当是专门协商机构成员的基本功。"读书能够促进队伍建设，提高政协整体战斗力；读书能够促成不同行业、不同观点的委员形成共识，提高政协的核心凝聚力。

其次，"书香政协"是提高履职能力的重要途径。人民政协作为专门的协商机构，需要对国家的重大方针政策和决策部署提出意见建议，这就对委员的视野和水平提出了很高的要求。虽然政协委员的主体是各界知识分子，但是面对国际国内复杂的形势、参政议政领域不断拓展、难度不断加大的挑战，政协委员需要学习的内容越来越多。读书能开阔视野、促进思考，让委员提高资政建言的质量，提高能力；读书能让委员以更全面、更客观、更长远、更辩证的眼光，从历史视角看待当下问题，提高定力。读书是委员做好新时代下履职工作的迫切需要。

最后，"书香政协"是建设"书香社会"的有力抓手。榜样的力量是无穷的。政协委员多是各行业的榜样，一举一动广受社会关注。委员们在做什么，本身就有一定的示范效应。委员读书，在各种言论中引用什么书，都会产生一定的社会传播。委员热爱读书，就是各行业的阅读推广人，必能在全社会产生广泛的带动作用，对于推动全民阅读、建设学习型社会有着重要作用。

所以，委员读书应该作为新时代人民政协的工作内容，终身学习应该成为委员的基本功。我们应该推动读书活动持续深入开展，把握规律，创新方式，将这件打基础、利长远的事情做实、做好；要在阅读中加强平等互动的交流，在讨论中深化认识、扩大共识；要强化正向激励机制，进一步开展全国政协与地方政协的联动；要鼓励更多委员参与读书活动，促进广大政协委员形成"我要读"的履职自觉；要推动读书活动成果转化，增强社会溢出效果，以"书香政协"助力"书香社会"，为全面建设社会主义现代化国家增添奋进的力量。

（2021 年 3 月 3 日提交全国政协十三届四次会议的大会发言）

新时代知识分子要做行动着的思考者

近年来，习近平总书记一再强调发挥广大知识分子的作用，勉励我国广大知识分子要以时不我待的紧迫感、舍我其谁的责任感，主动担当，积极作为，刻苦钻研，勤奋工作，为全面建成小康社会、建设世界科技强国做出更大贡献。作为新时代的知识分子、民主党派的政协委员，如何把总书记的期待与要求化作立身处世的价值追求，融入履职建言的实际行动，是我的现实课题。

在我看来，知识分子应该成为行动着的思想者，思想着的行动者。我国古代就有"立德""立功""立言"之说，认为知识分子需要把道德、行动与思想合而为一。时至今日，随着时代的进步，道德上的自我提升乃至突破，必须在行动与思想的共同前进、互相砥砺中完成。一直以来，受人尊重的知识分子往往都是知行合一的人，比如积极践行知行合一的近代教育家陶行知先生。

20多年前，一个偶然的机会让我意识到，自己虽也写了不少著作，但并没有真正走进基层教育，更谈不上影响和改变师生的生活。自那时起，我从书斋里的思考者转变为田野中的行动者。2002年9月，第一所新教育实验学校在苏州昆山玉峰实验学校正式启航，我和众多基层教师想在一起、干在一起，探索民间基础教育的更多可能性。如今这一理念已在全国的5600多所学校落地。

2021年全国"两会"召开在即，我带来了促进青少年心理健康、提高中小学男教师比例、中国民办教育"走出去"等提案。这些提案都来自教育一线，也将回馈教育一线。在我看来，知识分子最怕的是关起门来做研究、高谈阔论写文章、满世界飞行讲演，知识分子最需要的是扎根生活、深入田野。知识分子需要思想，也需要行动。无论是行动中验证的思想，还是思想中产生的行动，都必然更有生命力。

（发表于 2021 年 3 月 3 日《光明日报》）

全面总结脱贫攻坚民主监督成效 讲好新时代多党合作故事

10 天前，习近平总书记庄严宣告，经过全党全国各族人民共同努力，我国脱贫攻坚战取得了全面胜利。作为中国特色社会主义参政党，我们深受鼓舞、倍感自豪。因为，我们参与和见证了这次没有硝烟的战役。脱贫攻坚民主监督是脱贫攻坚监督体系的重要组成部分，为脱贫攻坚做出了独特贡献，取得了显著成效，积累了宝贵经验。

一是推动了脱贫攻坚进程。各民主党派助力对口监督的 8 个省区打赢脱贫攻坚战，涉及 5444 万贫困人口，占比近 55%。我们努力促进中央决策部署落实不走样，推动目标、任务、资源、职责统筹协调，帮助基层改进工作、解决问题，为巩固拓展脱贫成果与乡村振兴有效衔接出主意想办法，为落实精准扶贫方略建言资政。

二是发挥了参政党的优势和作用。各民主党派坚持政治监督、协商式监督的定位，发挥专业性强、立场中立、建言渠道直通等独特优势，发挥监督、建言、帮扶、推动问题解决等综合效应，助力构建真脱贫、脱真贫、不返贫的长效机制，既监督基层又问需问计于基层，分批分层推动问题解决，帮忙不添乱，有温度也有力量，受到广泛认可。

三是推动民主监督从"破题"到"深耕"。脱贫攻坚民主监督是民主监督的新探索、新途径，大家边干边学、边实践边探索，理顺组织关系，建立工作机制，形成一批符合党派特色的监督调研形式，开展过程记录，提高民主监督能力，为下一步专项民主监督提供了有益借鉴。

　　四是促进了参政党自身建设。各民主党派亲眼目睹、亲身感受了脱贫攻坚的伟大实践，深受教育、深受洗礼，进一步增强"四个意识"、坚定"四个自信"、做到"两个维护"，巩固多党合作的共同政治思想基础，全面促进了自身建设。

　　五是彰显了新型政党制度优势。脱贫攻坚民主监督充分展现了执政党的胸襟、参政党的作为，彰显了我国新型政党制度集中力量办大事、凝聚共识谋大事、互相监督成大事的优势。我们相信，脱贫攻坚伟大壮举必将写进人类减贫的历史，脱贫攻坚民主监督也必将写进多党合作的历史。

　　脱贫攻坚民主监督的生动实践，也带来宝贵的启示：

　　一是新时代多党合作事业有好故事，也要讲好故事。各民主党派为打赢脱贫攻坚战做出重要贡献，也涌现出一批先进典型、感人事迹，值得通过真实、具体、可感的记录，从党派视角，讲好脱贫故事和多党合作故事。

　　二是民主监督大有可为，也要大有作为。民主监督展现了优势和作用，但从理论到实践仍较薄弱。要行稳致远，应结合贯彻落实《中国共产党统一战线工作条例》，研究出台有关的意见或办法，进一步完善机制、提升效能。

　　三是民主监督要合力攻坚，也要发挥界别优势。既要以对口形式监督中央决策在一地的落实，也要合力聚焦跨区域跨流域的问题，还要发挥界别优势，更好地落实建言资政。

　　（2021年3月6日在全国政协十三届五次会议联组会议上的发言）

在青少年心中播下传统文化的种子

传统文化教育首先是一种文化的传承、价值的涵养。让中华优秀传统文化进课本、进课堂、进校园，有着很强的时代价值和教育价值。

习近平总书记强调："中华文化源远流长，积淀着中华民族最深层的精神追求，代表着中华民族独特的精神标识，为中华民族生生不息、发展壮大提供了丰厚滋养。""十四五"规划和2035年远景目标纲要提出，传承弘扬中华优秀传统文化，深入实施中华优秀传统文化传承发展工程。如何把中华优秀传统文化传承好、发扬好？推动中华优秀传统文化进课本、进课堂、进校园，是一个重要路径。

让中华优秀传统文化进课本、进课堂、进校园，有着很强的时代价值。文化自信是更基础、更广泛、更深厚的自信，是更基本、更深沉、更持久的力量。建设社会主义文化强国，筑牢文化自信的根基，教育是一个重要方面。通过课本、课堂、校园，可以让传统文化和现实生活贯通、与成长过程对接，让学子进一步感受中华民族几千年来沉淀下来的思想理念、人文精神、传统美德、文学艺术，让中华民族的文化基因在广大青少年心中生根发芽，永续中华民族的根与魂。同时，优秀传统文化也有很强的教育价值。优秀传统文化能为铸魂育人提供重要支撑，其中的道德、思想可帮助立德修身，文学、艺术可用来提升素养。中华民族几千年积累的独特智慧，是新时代铸魂育人的宝贵财富。

深入推进中华优秀传统文化进课本、进课堂、进校园，广大教育工作者责无旁贷。要将中华优秀传统文化的学习与实践纳入教师培养体系、教师继续教育体系和全社会终身教育体系，纳入家庭教育、学校教育、社会教育全过程。鼓励教育工作者在认真学习的基础上大胆探索，勇于实践，更好地感受和传承传统文化中蕴藏的智慧和价值。

推动传统文化进课本、进课堂、进校园，关键在落实。教育部印发的《中华优秀传统文化进中小学课程教材指南》，正是旨在充分发挥中小学课程教材承载的中华优秀传统文化教育功能，是实现中华优秀传统文化传承发展系统化、长效化、制度化的重要举措。除此之外，还可以鼓励支持各级学校结合区域特点研发、开设传统文化校本课程；鼓励采取"请进来、走出去"等方法支持优秀传承人为中小学生开设相关课程；分学段、分年级开展中小学传统文化主题活动，特别是在传统节日和节气中潜移默化地组织开展传统文化教育活动，在学科课程中融入传统文化教育，并建立全社会的参与和支持机制。同时，可以按照相关改革要求，将传承中华优秀传统文化纳入学生综合素质评价、教师教学述评、学校和区域教育质量考评体系，并在学业水平测试中探索强化对中华优秀传统文化素养的考核。

传统文化教育绝不是几门简单的课程，而首先是一种文化的传承、价值的涵养。充分认识中华优秀传统文化并从中汲取文化自信的力量，以强大精神动力凝聚人心、汇聚民力，才能筑造全民族的精神家园，为全面建设社会主义现代化国家提供源源不绝的力量。

（发表于 2021 年 4 月 15 日《人民日报》第 7 版）

优化科研环境，激发科技人才创新活力

科技立则民族立，科技强则国家强。习近平总书记在两院院士大会中国科协第十次全国代表大会上指出，实践证明，我国自主创新事业是大有可为的，我国广大科技工作者是大有作为的。建设创新型国家，根本在人才。近年来国家持续出台政策，大力推进减轻科研人员负担，激发创新活力。但调研发现当前实际工作中仍然存在四个方面的不足：

一是国内流动频繁，人才竞争激烈。一方面，各地区各区域之间科技发展水平和人才投入总量差距较大，人才争夺激烈。一些高校或科研院所以偏离市场合理价格的薪酬待遇抢挖人才，给予高薪低税待遇，导致不发达、欠发达地区越来越难以留住人才，在科技、产业等方面的地区差越来越大。随着国家实验室、国家大科学装置等"国家队"的新一轮洗牌，"虹吸效应"将会越来越大。另一方面，高校、科研机构、高科技企业等不同机构之间，对中高端人才竞争加剧，科研人才队伍流动加快。我国高层次人才队伍总量有限，人才过度流动会造成队伍松散、不稳定、内耗增加的问题，不利于战略科技力量的强化。

二是人才"帽子"混乱，不利于营造潜心研究的科研环境。为了鼓励人才脱颖而出，相关部委积极实施各类型人才工程，各种"帽子"花样翻新，"帽子"不仅多，而且乱。不同人才称号之间并没有明显的区分度，尽管各个人才计划都标榜自己的"特色"，比如针对35岁或45岁以下的青年人才、针对女性科技工作者等。但事实上，不同计划面向的人群有着很大交叉。再加上不同部门、不同地区往往会为同一类人群设置计划，落实到每个科研人员身上，往往感觉无所适从。再加上每顶"帽子"的背后，常常牵连着或多或少的物质利益和或大或小的名誉声望，这就难免让一些人进入"帽子多多益善"的误区，把大量宝贵的时间精力花费在填表、答辩甚至"跑关系"上。这种学术环境不仅严重干扰科研效率，还容易造成科研人员急功近利，甚至催生学术不端。

三是考核评价体系问题，束缚了科技人员的创造潜力。当前的科研人员评价体系仍有待完善，评价体系激发科研人员创造潜力的杠杆作用没有得到充分发挥。一些不同特点、不同专业的科研人员的绩效评价，还是以数文章、看项目这"一把尺"来进行衡量。同时，有些评定、引才时仍然将人才称号、论文数量作为直接依据，甚至对论文和"帽子"进行"明码标价"。虽然国家层面对"破四唯""破五唯"已经出台了相关文件，但是政策落地依然困难，怎么"破"、如何"立"，还需要在实践中不断探索，需要寻求到一个最佳平衡点。

四是科研管理体系僵化，遏制了科研人员的创新动力。当前，对科研人员的管理方式仍存在简单套用党政干部管理模式的问题。政府在科研人员管理中的"退位"还不够彻底，市场机制运用不够，对于人才的约束过多，松绑减负的力度有待提高。以经费管理为例，无论是横向还是纵向，设置的限制条件过严，且按年度考核的使用比例或是使用范围上都缺乏科学性，导致的直接后果是为了完成考核而突击花钱、重复购买不需要的器材设备等，想要按照科研实际进度或是需求来配置经费有相当难度。

为此，建议：

一、强化需求导向，有效配置人才资源

科研人员的成长、培养需要相当长的周期，还涉及科研成果归属、使用等问题，建议系统梳理人才需求，引导人才合理流动，更好发挥人才在科技创新中的作用。一是深入研究人才队伍现状，调研梳理多头挂靠、兼职等情况，摸清人才家底，全面掌握人才供给和需求情况。二是尽快明确国家战略科技力量的人才需求。区分总量紧缺和结构性紧缺，针对不同紧缺原因制定分类改善政策，找准短板后尽快充实力量。三是整合资源，分层级绘制人才需求和分布地图，明确各方人才需求，搭建人才合理流动、有效配置的平台。

二、厘清"帽子"内涵，梳理精简人才计划

一是系统梳理精简人才计划，推进人才称号回归学术性、荣誉性。切实精简人才"帽子"，优化整合各类人才计划。不得把人才称号作为承担科研项目、职称评聘、评优评奖、学位点申报的限制性条件，有关申报书不得设置填写人才称号的栏目。二是依据实际贡献合理确定人才薪酬，不得将人才称号与物质利益简单挂钩。三是鼓励中西部、东北地区高校"长江学者"等人才称号入选者与学校签订长期服务合同，为实施国家和区域发展战略贡献力量。

三、遵循成长规律，提升评价体系科学性

一是科学"破五唯"，建立健全以创新能力、质量、实效、贡献为导向的人才评价体系，打造利于科技人才潜心研究和创新创造的科研环境。二是合理设置岗位、科学设定岗位目标，针对不同类型和承担不同任务的人才合理设置考核评价周期。三是科学制定评价标准，合理运用综合评价、分类评价、代表性成果评价、同业评价等方式科学评定。四是全面考察人才在培养周期内的各项成果，重点考察周期内工作实绩与贡献，论文可作为参考因子，但要逐步淡化其在考评中的分量。对于特殊领域如军工行业，积极探索专门的评价办法，对其职称申报等考评单独列项。

四、健全激励机制，激发人才创新活力

一是遵循市场规律，坚持以人为本，健全激励机制。改进现行的薪酬体制，建立基于工作表现和个人能力发展的薪酬体系，加大对科研人员创新成果的奖励。鼓励人才跨部门、跨团队进行广泛参与和合作，激发其科研创新活力。在绩效管理方面，以创新能力和工作业绩作为主要衡量指标来对科研人员进行考核。二是营造宽松的人文环境，理解科研人员在个性特点、行为习惯、思维方式等方面的差异，在科研管理中注重认可科研人员的研究能力和研究成果，激发科研人员的成就动机。营造相互尊重、相互信任、推动创新的工作氛围。领导干部要强化服务意识、淡化领导角色，引导和支持科研人员自由探索、敢于创新。

（2021年6月21日提交全国政协十三届十七次常委会的发言）

青春的奔跑：致敬一百年前的年轻人

——电影《1921》观后感

　　在即将迎来中国共产党成立 100 周年的重要时刻，有幸和几位评论家一起观看了电影《1921》。看完电影，大家交口称赞，认为影片浓墨重彩集中描绘 1921 年的上海，在那个相对有限的时间和空间之中，把故事讲得如此精彩感人，全面展现五四运动的发生、《共产党宣言》的翻译出版、"南陈北李"相约"开天辟地"、上海英美烟厂工人罢工、共产国际帮助中共建党、国际和国内反动势力对革命活动的"围剿"、中共一大召开及从上海石库门转战嘉兴南湖红船等重要场景，非常不容易。

　　作为一名教育工作者，我还是更习惯于把视角聚焦于教育。我觉得，这既是一个党史的故事、革命的故事、英雄的故事，也是一个青春的故事、成长的故事、教育的故事。

　　影片讲述的是党史，更是讲述了一群年轻人的青春史。影片的主人公是一群年轻人，在他们的身上洋溢着朝气蓬勃的青春气息。13 位一大代表平均年龄 28 岁，最小的刘仁静只有 19 岁，年长的何叔衡也只有 45 岁。在 1921 年，他们也是青春年少。所以，他们有着与今天的"90 后""00 后"一样年轻的面庞，一样的对美好生活与爱情的向往，一样保存着童趣童真，所以我们也能够看见影片里刘仁静等几位年轻人在上海大世界快乐游玩的镜头。

　　影片讲述的是这群年轻人的青春史，更是讲述了这群年轻人的奋斗史。在这群人身上，我们特别地感受到 20 世纪初这群年轻人的使命担当，感受到他们对马克思主义的激情、拯救中国的豪情和对底层劳苦大众的同情。影片中，陈独秀执拗地向孙中山要教育经费，讲述"教育救国"的道理，甚至为了索要教育经费而放弃去上海参加"一大"；毛泽东说，他坚信最终一定能够"建立一个人民当家作主的新中国"……都让我对那个时代的年轻人心生敬意。他们以生命创造了历史，告诉人们，一个适逢其时的梦想，一股渴望改变的激情，是如何造就了一个伟大的政党，如何创造了一个伟大的奇迹。

在影片中，最打动我的，是奔跑的镜头。这两个奔跑的画面，给我留下了特别深刻的印象。

首先是毛泽东的奔跑。那是在法国国庆日，一方面旅法的中国留学生与法国人民一起在凯旋门下庆祝欢呼，另一方面是在上海租界的法国人一起合唱《马赛曲》，载歌载舞在公园里游行。但是毛泽东等中国人却被无情地拒之门外。法国人肆无忌惮在中国土地上欢乐，中国人只能在他们的门外，看着天空燃起的烟花……青年毛泽东从愤懑失望中升腾起一种不屈、一种自强，开始迅疾地奔跑。奔跑当中穿插的，是他对家乡生活的回忆，是被父亲追打的奔跑，以及母亲在身后的呵护。这个奔跑的桥段具有很强的寓意，它意味着青年毛泽东把向父权挑战的勇气转为向旧世界挑战的力量，从小我转向大我，从青涩转向成熟。奔跑中的毛泽东内心坚定、目光澄澈，热血沸腾、信心满满。从他青春奔跑的剪影里，我们看到了日后他奔向井冈山、延安、西柏坡、天安门的远大前程。真正的青春，正是永不停息的奔跑，是超越时空的奔跑。

其次是王会悟的奔跑。作为一部庆祝中国共产党成立100周年的影片，《1921》破例将以往不太引人注目的李达、王会悟这对年轻夫妻作为主线人物之一。王会悟是一位美丽、智慧、勇敢的新女性，因为共同的革命理想，和李达走到了一起，在陈独秀的家中结为伉俪。婚后的他们携手共进，全身心地投入革命事业，为筹备"一大"忙里忙外、殚精竭虑。在会场遭到特务监视的情况下，王会悟建议把会议转移到浙江嘉兴南湖，为一大顺利完成各项议程发挥了重要作用。影片中一个镜头，是王会悟准备向博文女校的校长借校舍给来参加一大的代表住，又担心校长看出破绽，李达就让她奔跑，训练她克服紧张的心理。最后，她在《国际歌》的旋律中奔跑，顺利完成了任务。一位 23 岁的女子，在充满青春活力的奔跑中，她的步伐如此坚毅、沉着，因为，这是向着光明的奔跑，向着未来的奔跑。

通过重塑中国共产党成立初期革命先驱的光辉形象，这部电影重现了中国共产党成立的"红色起点"，重温了党的历史上一个特别的"重要瞬间"，着力讲好党的故事、革命的故事、英雄的故事，为党史学习教育提供了生动鲜活的可视化学习教材，也为讲好、讲活党史故事提供了生动范本。影片反映出来的 20 世纪初年轻人的理想追求与使命担当，为今天的年轻人加深对中国共产党、对中国特色社会主义制度的认识提供了范本和榜样。

影片起用了许多青年演员，无论是五四运动的青年学生，罢工斗争的青年工人，还是一大的代表，他们都是年轻人。我相信，演出的过程也是今天的年轻人向 100 年前的年轻人集体致敬的过程，而观影的人们，也将会向 100 年前的年轻人致敬。

新的时代需要英雄，需要榜样。党史知识，并不是冰冷的过去，而是以信仰和热血铸就的言行。革命者，并不是老去的身影，无论 100 年前还是 100 年后，那些以国家民族为己任而奔跑的行动者们，他们永远活在人们心中，永远年轻。

（发表于 2021 年 6 月 28 日《人民政协报》）

进一步促进盲文书籍的出版和丰富

为残疾人阅读提供便利，是一个国家文明水平的重要体现，也是保障残疾人文化权益的题中应有之义。在实践中，保障盲人和视力障碍者的阅读权益确实是一个难点。联合国将每年1月4日设为"世界盲文日"，正体现了国际社会对这一特殊群体阅读书籍、获取知识、实现自立自强的特别关注。

近年来，我国盲文工作不断发展。截至2019年，500多家政府单位完成了信息无障碍公共服务平台建设，省、地（市）、县三级公共图书馆共设立盲文及盲文有声读物阅览室1174个。同时，也要看到，我国盲人群体规模较大，继续为他们的阅读做好支持和保障工作，尚有很长的路要走。比如，在思想认识上，不少盲人和视力障碍者对于阅读的价值和意义缺乏了解，也不清楚获取书籍、阅读书籍的渠道和方法，亟待加强教育引导；在图书种类和内容方面，每年针对盲人群体出版的图书种类还不够多，图书内容和形式也有待拓展、丰富和持续更新；在获取渠道上，图书租借还不够便利，单独购买又是一笔不小的开支……尽快补齐短板，持续做好盲人群体的阅读保障工作，才能让他们跨越视力障碍，更便捷地获取知识和文化给养。

保障盲人和视力障碍者阅读权益，离不开法律、政策层面的保驾护航。我国著作权法规定，已发表的作品改为盲文出版的，可以不经著作权人许可，不向其支付报酬，但应当指明作者姓名、作品名称。将这样的规定细化为可操作的具体措施予以推动，将进一步促进盲文书籍的出版和丰富。同时，建议对盲文图书、明盲对照图书的出版给予更多财政支持，加大推广力度，让更多盲人能够从最新出版的优质盲文出版物中获取新知识、新内容。盲文出版物的丰富和发展，也离不开社会力量的参与和投入。因此，需要制定科学有效的激励机制，吸引社会资本投入市场前景广阔的有声读物等领域，为盲人和视力障碍者提供高质量有声图书等产品，同时鼓励以公益捐赠等方式为盲人群体获取书籍提供帮助，进一步提升盲文书籍和相关阅读产品的可及性。

保障盲人和视力障碍者阅读权益，不仅要投入各方面资源，也需要加强相关研究和教育引导。在这个意义上，深化盲人和视力障碍者阅读的专项研究工作尤为必要。充分利用国内外各大院校、学术机构相关领域的科研资源，组建专业团队，进一步推进和强化关于盲人和视力障碍人群阅读的专项研究，才能为相关保障工作提供科学依据和方法。尤其需要充分发挥特殊教育学校的核心枢纽作用，吸引社会阅读推广机构进行合作，大力推广与盲人和视力障碍人群阅读有关的系列活动，开展优质高效的阅读辅导工作。

如今，包括盲文图书、有声读物等形式的书籍受到越来越多关注，特别是在语音识别、人工智能等新技术的加持下，盲人和视力障碍人群有了更多了解世界、学习知识、阅读书籍的窗口。无论是用手触摸，还是用耳聆听，书籍中的一个个字、一段段话、一篇篇文章，正串联起一架通往外界的知识阶梯，铺就一条通向未来的光明之路，让盲人和视力障碍群体感知更加多彩的世界、体验更加精彩的人生。

（发表于 2021 年 7 月 15 日《人民日报》）

你在读什么书？

编者按：阅读，给我们智慧，让我们更加真实地认识生活、认识世界。你在读什么书？浩瀚的书海里，你会发现自己喜爱的书，书里的话语会打动你、启迪你。全国政协常委、民进中央副主席朱永新在文化副刊开设"一言难忘"专栏，摘录阅读中难忘的文字，与读者分享他的感悟和理解。

伟大的作家会在时光的长河里互相对话，写书的人大多都是读书的，而大多数书里都留着丝丝缕缕成千上万本作家下笔前读过的书的痕迹。

——威尔·施瓦尔贝

这是美国一个知名出版公司 Hyperion Books 的总编辑威尔·施瓦尔贝在《为生命而阅读》这本书中的一句话。这句话与他在书的扉页上引用的乔治·马丁的名言有异曲同工之妙："读书的人可以经历一千次人生。不读书的人，只活了一次。"为什么这样说？因为我们每个人生活的时间、空间总是有限的。而通过阅读，我们能够穿越时间空间的限制，看见不同的生活，不同的风景，不同的人生。我们不需要通过自己的尝试错误而获得智慧，而能够通过观察别人的生命、了解别人的活动而增长自己的智慧。很重要的一点，是"大多数书里都留着丝丝缕缕成千上万本作家下笔前读过的书的痕迹"，也就是说，其实每本书的智慧，不仅仅是作者本人的智慧，更是包括他阅读了许多其他作品获得的智慧。人类的智慧，其实也是这样逐步积累发展起来的。

作家是创造精神景观的人，也是感受痛苦、体察孤独、永远在无所希望中希望的人。他不应该被坚硬的现实或消费主义所打败，而是在任何时候，都不放弃在人性中寻找神性。有了这个精神维度，作家的视野才是健全而不残疾的。

——谢有顺

前几年读到这段文字的时候，就很喜欢。是的，伟大的作家就是伟大的建筑师，他创造的精神景观，其宏伟、其瑰丽、其奇妙，绝不亚于任何伟大的物质的建筑，甚至也不亚于大自然鬼斧神工的作品。但是，如何才能创造出伟大的精神景观？这就需要作家自己的修炼，他参与生活与观察生活，他理解人性与寻找神性。伟大的作家，是能够引导人们向善向上，引导人们扬善弃恶，给人信念和力量的。伟大的作家，是能够帮助人们独立思考、坚守人格的。因为，他总能够在黑暗中看到光明，在人性中看到神性。伟大的物质建筑可能会遭到战争、灾害的毁灭，伟大的精神建筑，却能够永恒屹立。

人的存在之谜不在于他现在是什么，而在于他能够成为什么……我们对人所了解的，不过是人身上潜在要素的一小部分。描述人类现在是什么，是很容易做到的，但我们无法设想人类能够成为什么。

——赫舍尔

这是美国哲学家赫舍尔在《人是谁》这本书中的名言。是的，人的已经有的存在，是人的现实性。这是能够看得见的，也是相对容易了解和把握的。而人能够成为什么，那是一种未知的存在，是人的可能性。人的可能性，是不容易看见的，需要更敏锐的观察力和想象力，才能够看得见。人具有无限的可能性，这是人的神秘之处，也是人的伟大之处。优秀的作家，总能够在人的现实性的基础之上，不断追问人的可能性，而且努力去创造人能够抵达的可能性。这就是谢有顺先生所说的，在人性中寻找神性。

（发表于 2021 年 8 月 30 日《人民政协报》）

渔家傲·多党合作颂

使命担当一以贯，
百年恰是风华现。
傲骨下关昭惨案①，
肝胆见②，
锤镰③挥处山河换。
风雨同舟焉可撼，
为民为国协商办。
共识共情留镜鉴，
征途漫，
初心正道④开新面。

注：

①下关惨案：1946 年上半年，国民党政府完成了向中国共产党领导的解放区发动全面进攻的军事部署，全国内战一触即发。中国民主促进会等组成的上海人民团体联合会的代表去南京进行和平请愿。6 月 23 日，当代表团抵达南京下关车站时，民进主要领导人马叙伦、雷洁琼等均遭到国民党特务的围攻和殴打。事件发生后，在南京的中共代表团代表周恩来、董必武连夜赶往医院，慰问受伤人员。马叙伦先生对周恩来说：中国的希望只能寄托在你们身上。

②肝胆见：指中国共产党与各民主党派肝胆相照、坦诚相见。

③锤镰：代指中国共产党。

④正道：1958 年 6 月 5 日，已经久卧病床靠鼻饲进食、无法正

常书写的马叙伦先生，应护士柯贵贤之邀写下了这样一段话："我们只有跟着共产党走，才是在正道上行，才有良好的结果，否则根本上就错了。"谁也没想到，这些字竟是他生命中的绝笔，也是他留给民进的政治遗训。

（发表于 2021 年 9 月 13 日《人民政协报》）

大力弘扬新时代教师精神

新时代教师精神是以大爱情怀为基础，以大德风范为中坚，以大智风采为核心的价值取向。大爱情怀包含热爱祖国的崇高情怀、热爱教育的炽热情怀和关爱学生的慈爱情感；大德风范包括个人品德、职业道德和生命大德；大智风采包含渊博的知识积淀、终身学习和合作学习的习惯等。

教师队伍建设是建设高质量教育体系的关键环节，培育教师精神是建设教师队伍的重点内容。党和国家明确提出建设高质量教育体系的奋斗目标，这就对教师队伍建设、对教师精神培育提出了更高的要求。教师必须自觉加强精神品质的培育和建构，担当起培养堪当民族复兴重任的时代新人的历史使命。

教师精神的形成是在继承传统教师精神精髓，吸纳世界优秀教师精神文化，融合时代发展特征的基础上，理论与实践、职前与职后有机结合的终身发展过程。在中国古代，教师精神根植孕育于儒家思想，以"仁"为核心，以"礼"为规范，以"圣人"为最高标准，以"传道授业解惑"为己任，集中表现为"知其不可而为之"的积极进取精神和"先天下之忧而忧，后天下之乐而乐"的强烈社会责任感。"有教无类""学以致用""因材施教"等教育思想是教师精神的重要内容。孔子是中国传统文化中教师的典范，被尊称为"万世师表"。在中国共产党成立一百年的历程中，教师群体紧紧追随中国共产党，为党育人、为国育才，为实现中华民族伟大复兴的中国梦奋斗。新时代，习近平总书记对教师提出了"有理想信念、有道德情操、有扎实学识、有仁爱之心"等殷切期望和明确要求，为教师精神赋予了新的时代内涵。

教师精神以大爱情怀为基础

爱是教育的灵魂，也是教师精神的灵魂。与社会上其他职业精神相比，教师精神除了一般意义上对职业的热爱之外，还包含一种广博、深沉、持久的大爱情怀，主要体现为热爱祖国、热爱教育和关爱学生，把社会主义核心价值观贯穿教书育人全过程。

教师应有热爱祖国的崇高情怀。

教育要为党育人、为国育才。教师只有具有炽热的爱国主义情怀，才能传递正确的价值观，培育学生崇高理想信念，涵养学生爱国主义情感，种下为中华民族伟大复兴而奋斗的种子。中共中央、国务院《关于全面深化新时代教师队伍建设改革的意见》强调，弘扬爱国主义精神，引导广大教师热爱祖国、奉献祖国。引导党员教师增强"四个意识"，自觉爱党护党为党。

教师应加强中华优秀传统文化和革命文化、社会主义先进文化教育。教师的爱国情怀根植于中华民族深厚、悠久的文化土壤，传统文化滋养了我们的精神血脉，是每一个中国人的精神家园和开启未来的文化原点。中华民族传统文化中向来有深厚、强烈的爱国情怀，"长太息以掩涕兮，哀民生之多艰""位卑未敢忘忧国"……这种忧国忧民的爱国情怀滋养了教师的精神血脉，涵养了爱国之情、砥砺了强国之志、激发了报国之行。一百多年前，以李大钊、陈独秀为代表的教师，目睹国家积贫积弱的屈辱状况，在国家和民族危亡关头，他们以救亡图存为宗旨，积极传播马克思主义思想，宣传民主科学精神，成为中国共产主义运动的先驱者，掀开了中华民族历史转折新篇章的第一页。新时代，以钟南山、张伯礼为代表的教师群体，在与新冠肺炎疫情这场关系着全人类命运的殊死斗争中，以共产党员的热血担当和学者的铮铮风骨，在疫情防控和科研攻关等方面为党和国家做出了重大贡献。

教师应有热爱教育的炽热情怀。

　　热爱教育体现在三个方面。第一，职业认同感。可分为三种境界：一是作为谋生的职业，二是实现个人价值的事业，三是把职业视为与生命融为一体的志业。一位热爱教育的教师，要把教育作为此生生命意义之寄托，即使处于平凡岗位，也不磨灭对教育的理想与激情。第二，对教育有坚定的信仰。坚信教育能促进学生和自我生命成长。过去人们经常称赞教师有"红烛精神""春蚕精神"，其实，教师不只燃烧自己照亮他人，还在发展学生的同时自我也同步获得发展，"己欲立而立人，己欲达而达人"。第三，对教育有超越性的追求。教师通过不断创造，在成就学生的过程中，体会到自身的价值感和成就感，体验到知识的魅力和生命的自由感。就如李吉林、顾明远等教师一样，他们对教育饱含激情，终身学习，书写了自己的生命传奇，过了一种幸福完整的教育生活。

　　教师应有关爱学生的慈爱情感。

　　作家冰心说："有了爱，便有了一切，有了爱，才有教育的先机。"教育家夏丏尊说："教育没有热情，没有爱，如同池塘没有水。没有水就不能称其为池塘；没有情感，没有爱，也就没有教育。"从教师专业角度来看，爱学生不仅是一种情绪、情感，更是一种能力。优秀教师不仅要有爱的情感，而且要有爱的能力。

　　教师如何做才算爱学生？第一是积极的关心。就像母亲照顾襁褓中的婴儿一样，教师会为每一位学生的点滴成长而操心、操劳，付出汗水和辛苦。第二是责任心。这种责任心就像全国优秀教师张桂梅创办女子高中，矢志不渝改变山区女孩的命运一样，不是来自学校、领导等外部强求，而是源自内心的良知和悲悯。第三是尊重。教师要尊重学生的个性，让学生以自己的方式成长，而不是强求其成为教师希望的样子。第四是了解。没有了解，就谈不上尊重，关心和责任心就是盲目的。

　　教师对学生的爱还表现为对学生生命可能性的坚定信念，相信岁月、相信种子。没有这种信念，教师的爱就会泛化为一种情绪。就如"爱的教育"的倡导者和实践者霍懋征、"中国苏霍姆林斯基式的教师"李镇西一样，在他们心目中，每一位学生，哪怕是后进生都蕴藏着发展的无限可能，教师的责任就是给每个孩子最细致的培养与最温柔的呵护，让每个生命闪耀光芒。

教师精神以大德风范为中坚

习近平总书记倡导党员干部要"明大德、严公德、守私德"，这三点要求对教师精神培育也有现实的指导意义。教师的大德，主要体现在其胸怀与境界，能站在民族、人类的角度看待教育，有家国情怀，有构建人类命运共同体的思想格局。教师的私德，主要体现为个人的道德品格，关乎"修身、齐家"，如风度、孝敬、善良、自主、自尊、自律、进取等品质。

教师要修炼个人品德，做一位道德高尚的教师。

教师被誉为"人类灵魂的工程师"，肩负立德树人的神圣使命。学高为师，德高为范。历览如叶圣陶、于漪这样的优秀教师，无不为人师表，对学生言传身教。今天，众多工作趋于职业化，"破五唯"、彰显教育本质等是新时代教育的重要课题。在这样的背景下，重视教师的个人道德品质有重大的现实意义。习近平总书记在 2021 年 9 月 8 日给全国高校黄大年式教师团队代表回信，强调好老师要立德修身，潜心治学，开拓创新，真正把为学、为事、为人统一起来，当好学生成长的引路人，为培养德智体美劳全面发展的社会主义建设者和接班人、全面建设社会主义现代化国家不断作出新贡献。

教师要遵守职业道德，做一位敬业奉献的教师。

良好的职业道德，是做好教育工作的重要保障。近代以来，东西方文化均受工业时代科学化、职业化、专业化和标准化的影响，社会把教师看作与医生、律师、会计一样的职业，教师精神更多地融入包含职业道德、职业态度、职业规范、职业责任在内的职业精神。但教师工作对象、内容、方式、目的等的特殊性，决定了教师职业的特殊性。与其他职业相比，教师职业是一种用人格来影响人格的职业，也是一种具有技术性、艺术性和创造性的职业。归纳而言，教师的职业精神主要包括服务精神、敬业精神、仁爱精神。教育是国家对青少年提供的一种公共服务，这就需要教师具有一视同仁、热情主动的服务意识。教师的教育对象是还未完全成熟的学生，这就需要教师有高度的敬业精神，做到言传身教、认真负责和恪尽职守。与父母之爱相比，教师的仁爱是一种兼具感性和理性、无差别、不以回报为目的的职业情感，体现为对学生的关心、呵护和严格要求。今天，社会价值观呈现多元性，个人主义、成功学、实用主义等不同程度地对教师产生影响。面对这种情况，教师更要意识到职业道德的意义和价值，自觉用职业道德来规范和要求自己。

教师要弘扬生命大德，做一位有理想信念的教师。

当下，有的教师往往重视学校、学科、分数，忘记了中国传统知识分子向来重视的追求终极精神价值和生命意义的社会使命。古往今来，不论是说出"为天地立心，为生民立命，为往圣继绝学，为万世开太平"的张载，还是"捧着一颗心来，不带半根草去"的陶行知，都具有高远的眼光和超拔的气魄。他们是人类文明的守护者，是民族乃至世界进步的推动者。当代教师首先要有实现中华民族伟大复兴的历史使命感和责任感，要像习近平总书记要求的那样，心怀"国之大者"，"坚定信念，始终同党和人民站在一起，自觉做中国特色社会主义的坚定信仰者和忠实实践者"。

教师精神以大智风采为核心

2018年9月10日，习近平总书记在全国教育大会上指出："教师是人类灵魂的工程师，是人类文明的传承者，承载着传播知识、传播思想、传播真理，塑造灵魂、塑造生命、塑造新人的时代重任。"这一重要论断，体现出教师的大智风采。

教师应该是一位知识渊博者。

教师不仅要精通本专业的学科知识，而且要精通教育学、心理学，还应该博览群书，广泛涉猎哲学、管理学、社会学、经济学、历史学、地理学等知识。如此，才有可能在教育教学工作中游刃有余，获得在教育领域的自由。

教师应该是一位终身学习者。

人类社会从农业时代、工业时代进入知识时代，知识生产的速度越来越快，知识量越来越大。以往认为只有在学生时代、年轻人才学习的观念已经过时，学习是一个永无止境、伴随生命始终的过程。在工业时代，受主客体二元思维的影响，教育知识追求科学化、客观化、标准化，学习过程中知识与生命的分离，往往有枯燥甚至痛苦之感。随着社会进步，在对知识、教育、学习的不断反思中，教育家和教育研究者们越来越发现，知识是充满生机和活力的，学习不是僵死知识的堆砌，而是一个建构的过程，注重生命与知识的对话，重视知识与生命的交融，重视复活知识、创造知识。教学不仅要传递知识，还要让知识在生命中、在课堂里焕发生机。教师的学习还是一个"为学日益，为道日损"，无限丰富又不断简约的过程。所谓丰富，是指广泛吸收古今中外人类创造的一切优秀文化成果，不墨守成规，不僵化封闭，能向着实践、未来和可能性开放；所谓简约，是指逐渐领悟了此生作为教师的意义，坚定了修炼为"师者"的信念，领悟了"我从哪里来""我是谁""我到哪儿去"，灵魂更加清澈，精神更加精纯，生命更加饱满。

教师应该是一位合作学习者。

受应试教育激烈竞争的影响，传统型教师在职业中往往竞争多于合作，独学多于共学。现实中，课堂成了教师"独舞"的"独立舞台"，教研活动往往流于形式而缺乏高质量的研讨。随着知识的急剧增加、人才培养目标的变化、教学手段的现代化等因素，教师只有成为学生学习的合作者，才能克服自我的有限性，在与学生的交往中不断提升自身素养和师者修为。无论是美国教育家杜威，还是日本教育学专家佐藤学、英国伦敦大学罗斯玛丽·卢金教授等，都强调教师参与学习共同体进行合作学习的重要性。要成为合作者，关键是加入有共同愿景、共同使命、共同价值观的专业发展共同体。新教育实验也提出，教师专业发展共同体就是"专业交往"最重要的形式。

教师精神关系社会主义建设者和接班人的培养，关系教育改革，关系教师个体专业发展水平。作为社会主流文化一部分的教师群体，其精神应该以大爱情怀为基础，以大德风范为中坚，以大智风采为核心，努力为发展具有中国特色、世界水平的现代教育，为培养社会主义事业建设者和接班人，为建设社会主义现代化强国、实现中华民族伟大复兴做出新的更大贡献。

（发表于 2021 年 9 月 16 日《中国教师报》，与郝晓东博士合作）

向着明亮那方

——评《向北方》

"向着明亮那方，哪怕一片叶子，也要向着日光洒下的方向。"

"向着明亮那方，哪怕烧焦了翅膀，也要飞向灯火闪烁的方向。"

"向着明亮那方，哪怕只是分寸的宽敞，也要向着阳光照射的方向。"

不知道为什么，读《向北方》的时候，我脑海里一直盘旋着金子美玲的这些诗句。

1948 年到 1949 年间，中国各民主党派人士、社会贤达北上的历程，不就像那些小草、萤火虫和孩子们一样，无所畏惧地向着光明勇敢地前行吗？

北上，是民主党派向着明亮那方前行的历史性选择，是新中国成立前涓泉归海、天下归心的生动写照，是一次具有重要意义的伟大旅程。北上，也是中国共产党海纳百川博大胸怀的体现，是中国共产党领导的多党合作与政治协商制度形成的重要里程碑。这是《向北方》一书用大量的事实告诉我们的真理。

作为民主党派成员，对《向北方》一直有着特别的亲切感。因为对于大的历史背景，我们早已经烂熟于心。1945 年 8 月，中国人民经过多年的浴血奋战，打败了日本侵略者，取得了抗日战争的全面胜利。中国共产党为顺应尽快实现和平的民意，由毛泽东亲赴重庆与国民党谈判，签订了"双十协定"，达成了召开各党派参加的政治协商会议以解决国是等共识。但是，以蒋介石为首的国民党反动派却在美帝国主义支持下，暗地里积极准备发动内战。此举遭到全国人民的强烈反对，各地纷纷掀起了轰轰烈烈的爱国民主运动。

中国民主促进会就是在这一背景下成立的。1945 年 12 月 30 日，马叙伦、王绍鏊、林汉达、周建人、雷洁琼、徐伯昕、赵朴初、严景耀等 26 人在上海发起成立了中国民主促进会，公开亮出了反内战、争和平、促民主的政治主张。为了扩大和平民主力量，民进联络和团结上海 68 个主要群众团体组织，组成上海人民团体联合会。1946 年 6 月 23 日，以马叙伦为团长的上海人民团体代表团，前往南京请愿，呼吁和平。代表团抵达南京下关车站后，发生了震惊中外的"下关惨案"，马叙伦、雷洁琼等遭到国民党特务的围攻毒打。周恩来、董必武、邓颖超等同志代表中国共产党当天深夜赶往医院探望。毛泽东和朱德也发电报表示慰问。"下关惨案"让人们更加看清了国民党的面目，也让各民主党派更加坚定了跟共产党走的决心和信心。马叙伦对周恩来说：中国的希望只能寄托在你们身上。

全面内战爆发后，解放区军民被迫自卫，在先后粉碎了国民党军队多次进攻的基础上，于 1947 年 7 月开始由战略防御转入战略进攻。面对战场上的节节败退，国民党穷凶极恶，进一步强化白色恐怖，加剧迫害民主人士。各民主党派被迫转入地下开展活动，大部分民主党派总部及主要领导人秘密前往香港，一些进步的各界人士、社会贤达也纷纷避居香港。民进的主要创始人马叙伦、王绍鏊等也在 1948 年初来到香港，香港很快成为中国民主力量的聚集之地。

1948 年 4 月 30 日，中共中央审时度势，发布纪念"五一"劳动节口号，号召"各民主党派、各人民团体及社会贤达迅速召开政治协商会议，讨论并实现召集人民代表大会，成立民主联合政府"。这一口号旋即得到各民主党派和人民团体的热烈响应。李济深、何香凝、沈钧儒、章伯钧、马叙伦、王绍鏊、蔡廷锴、谭平山、郭沫若等民革、民盟、民进、民促、民联、致公党、农工党、救国会等民主党派和无党派人士，以联合通电的方式响应中共号召。

5 月 24 日，中国民主促进会举行理事会议，发表《响应中共"五一口号"不仅坐谈更应行动——中国民主促进会发表宣言》，认为"五一口号""为近百年来中国革命史的结晶，是今后中国政治运动舵向的指标"，表示要团结在"五一口号"的周围，形成巩固的爱国民族统一战线，为反帝国主义、反封建主义、反官僚资本主义而奋斗，"誓为实现此高尚的目的而奋斗不懈，使新政治协商会议及早召开，进而有步骤地实现召集人民代表大会，成立民主联合政府"。此后的 6 月和 7 月，民进在香港先后召开了三次理事会议，分别讨论了新政协召开时间、地点及召集人代表资格，对新政治协商会议施政纲要的意见，通过了《中国民主促进会拟提出于政治协商会议之行动公约及政治纲领》，提出新国体为中华人民民主共和国，为各阶级民主联合政权，必须无产阶级及其党之领导，人民享有各项基本自由，各级政治组织采用民主集中制，人民解放军亦即国家之武力，实行土地改革，促进工业生产现代化等政策。

　　虽然对以上大的历史背景相对熟悉，但是对于各民主党派在香港的活动，以及他们如何在中国共产党的精心安排之下，排除港英当局的百般阻挠，冲破国民党军队的重重封锁，秘密、安全地实现北上的许多细节，过去的文献却并不多见。所以，见到《向北方》这本书，的确如获至宝。据了解，这本《向北方》是全国政协文史馆的李红梅、刘仰东两位研究员在筹备《大道同行——从"五一口号"到协商建国重要史事回顾》展览的基础之上，通过研读大量的珍贵史料，爬罗剔抉，钩沉梳理，并且亲自赴北京、黑龙江、天津、山东等实地考察之后撰写的。这本书全面、细致、真实地呈现了由香港去北方解放区参加新政协、筹建新中国的非凡过程。

　　《向北方》通过翔实的史料告诉人们，北上的确不是一段一般意义上的旅程，而是一段伟大的同心同行的精神之旅。北上的途中看似没有战场的硝烟弥漫，但同样布满风险，可谓波澜曲折、惊心动魄。当时国共两党的部队正在沙场进行战略决战，通过陆路或空中直接把民主人士送到解放区几无可能，最后只能选择风险相对较小的海路运送，而运送路线因战事变化也不断调整。

　　不同的人读这本书会有不同的收获。我读这本书的时候，特别关注到中国民主促进会的主要领导人如何北上的具体过程。第一批"吃螃蟹"的人是沈钧儒、章伯钧、谭平山、蔡廷锴四位民主人士，他们通过乔装打扮"粉墨登船"，经过 15 天的海上旅程，尔后又乘 2 天专列后，才到达哈尔滨。第二批北上的民主人士较第一批人数更多，主要有马叙伦、郭沫若、沈志远、丘哲、陈其尤、侯外庐、翦伯赞、曹孟君、许宝驹、许广平等，其中马叙伦和许广平是民进会员。爱好摄影的许广平的儿子周海婴为这次旅程留下了大量珍贵的影像资料。第三批北上的是以李济深为首的民主人士，他和朱蕴山、彭泽民、茅盾等20多位民主人士随行，以"金蝉脱壳"的方式离开香港前往大连。第四批北上团以《庄子》的《知北游》命名，这是叶圣陶先生在开船次日为大家出的谜语之谜底。在27人的成员之中，叶圣陶和郑振铎为民进会员，叶圣陶的《北上日记》为这次旅程留下了翔实的文字记载。此外，民进创始人之一王绍鏊先生在中共安排下由香港经西朝鲜湾的南浦港到达哈尔滨。

作为教育学者，我对其中达德学院师生北上的一幕尤其感兴趣。这也是教育史上很少提及的史实。达德学院不仅是香港地区教育历史上的一个奇迹，应该也是中国教育史上的一个重要篇章。1946年的香港，聚集了许多受国民党迫害的爱国人士和进步青年。为了安置好这些人，并且为未来新中国培养人才，在周恩来、董必武等人的提议下，在香港建立了这样一所正规的高等学府。达德学院由蔡廷锴先生捐赠房产，聘请陈其瑗先生担任院长，邓初民、翦伯赞、胡绳、杨东纯、钟敬文、侯外庐、陶大镛、章乃器一大批知名学者担任教授，马叙伦、冯乃超、乔冠华、何香凝、郭沫若、周而复、夏衍、臧克家等学者和社会活动家到校讲学，可谓人师云集、群星璀璨。学院先后招收800多人，为新中国培养了一大批优秀人才。1949年被港英当局无理取消注册后，周恩来指示香港分局将其中优秀的教师和学生送到解放区，他们也成为北上队伍中一支重要的生力军。1949年3月21日，一支由民主人士、文化界人士及达德学院学生组成的250多人的浩荡大军，搭乘"宝通号"从香港启程前往天津，民进会员徐伯昕也在其中。

据参与运送工作的同志回忆和两位作者的考证，从1948年9月到1949年9月，由香港运送出的各界人士，大大小小有20多次，共1000多人，其中民主人士350多人，出席政协第一届全体会议的代表有177人，超过了代表总数的1/4。可以想见，如果没有北上这段历史，新中国和新政协的建立都会受到不可估量的影响。

这本《向北方》出版后得到了广泛好评，被中宣部作为主题重点出版物，同时被中国版协等评为"中国好书"月榜图书。这本书也成为各民主党派了解自己的前辈在香港和北上过程历史的重要参考书籍。感谢两位作者，用生动细致的文字描述、弥足珍贵的历史照片和精心设计的历史地图，为我们还原了这段鲜为人知的历史，把我们带到了那段峥嵘岁月。

（发表于 2021 年 9 月 28 日《人民政协报》）

发挥委员读书的外溢效应

　　非常高兴看到《家庭教育何为——全国政协委员谈》一书能够这么快出版，也非常高兴能够作为作者代表在这里发言。

　　我先简单介绍一下本书的成书背景。根据全国政协主席汪洋"委员读书群，不仅要有讨论，而且要有辩论；不仅要有交流，而且要有交锋"的指示，受"委员读书漫谈群"群主丁伟委员委托，从2020年12月1日至7日，我利用一周的时间，就中国家庭教育的热点、难点问题主持进行了一场颇有深度的大讨论。我们采用正反方辩论的形式，围绕"学校教育和家庭教育哪个对孩子影响更大""寄宿制管理的利与弊""家庭教育中要不要惩罚""中小学阶段出国留学的利与弊""隔代教育的利与弊""应不应该让孩子接触网络游戏""成人与成才、幸福与成功哪个更重要"等7个议题展开，共有20多位委员深度参与了正式辩论，发言的委员有数百位。作为此次辩论的重要成果之一，本书真实再现了这次交流讨论、形成共识的现场，原汁原味地呈现了委员们精彩纷呈的教育观点，也加入了委员们关于家庭教育的更多系统思考和数十位委员的家庭教育故事。相信通过本书，读者能够从委员的家庭教育理念与实践中得到启发，看到优秀何以炼成，优秀又何以传承，亦可从委员们围绕家庭教育的讨论中感受到协商文化的魅力。

　　这本书的出版，得到了全国政协文化文史和学习委员会、文史出版社、人民政协报社等单位以及数十位全国政协委员的大力支持，尤其是《人民政协报·教育在线周刊》主编贺春兰和她的团队的通力合作，在此一并表示感谢！

借这个机会，我就委员读书活动的外溢效应谈一点自己的看法。外溢效应，也叫溢出效应，一般是指一个组织在进行某项活动时，不仅会产生活动所预期的效果，而且会对组织之外的人或社会产生影响。委员读书活动，包括委员辩论，其开阔委员视野、提升履职能力的作用自不必说，那么其外溢效应是什么呢？我认为至少有以下两点：

一、引领阅读风尚。全国政协主席汪洋指出，政协委员应该是最喜欢读书的群体，最有条件读书的群体，最能够把书读好的群体。作为政协委员，我们不仅应该自己热爱读书，也应该成为全民阅读的模范。广大政协委员多是各行业的领导和精英，一举一动广受关注，委员们热爱读书，成为大众身边的"阅读推广大使"，将会在全社会引领阅读风尚。同时，通过出版各类政协委员读书笔记等固化读书成果的活动，让大众既能直观地了解委员们读书的过程，也能领略委员们因读书而产生的深邃的思想、智慧的火花，这会对大众产生强烈的引领、示范、带动作用，对于推动全民阅读、建设书香社会有着重要的作用。

二、传播教育常识。不同主题的读书活动，形成、传播的成果各不相同。单就我们开展的家庭教育讨论，以及基于此而出版的这本书、政协报所做的系列报道而言，对于推动全社会形成教育共识、传播教育常识来说有着非常重要的作用。我曾经提出，当下社会对于教育的焦虑，很大程度上是因为大家没有把一些教育的常识变成共识。例如，我们辩论的议题之一，"成人与成才、幸福与成功哪个更重要"，其实我认为应该是不言自明的：成人比成才更重要，幸福比成功更重要。但是社会上有许多不同的看法，类似的还有大众对于家庭教育的一些误解等。在目前国家大力推行教育"双减"的大背景下，不少父母的焦虑并没有减轻，甚至还产生了找不到辅导班的新焦虑，这充分说明普及教育常识的重要性。甚至可以说，只有大家对于这些常识有了共识，"双减"才能真正落地。所以，我也期待这本书能够被更多的父母、老师、教育管理者读到，其中观点，哪怕大家能认可五六、做到一二，也是我们委员读书活动非常可观的外溢效应了。

也基于以上两点，我认为结集出版全国政协委员读书活动读书系列成果是一项非常有意义的工作。希望委员读书活动将来能产出更多高质量的成果，产生更显著、更重要的外溢效应。

（2021 年 10 月 12 日在政协委员读书活动线下交流会暨政协委员读书笔记图书出版座谈会上的发言）

阅读改变世界

一切被写下的事物迟早都会泯灭，也许是千年之后，也许是几分钟之后。世界精神阅读着所有的文字及其消亡并且开怀大笑。对于我们来说，阅读过其中一些文字、了解到它们的含义是一件美好的事情。摆脱了所有文字，但却依然蕴含于其中的意义始终都是一个，也是同一个。

——［德］赫尔曼·黑塞

这是《书籍的世界》全书中最后一段文字的开头部分。这段文字是值得反复咀嚼的。"一切被写下的事物迟早都会泯灭"，说的是书籍的生命周期问题。有的书出生以后几分钟就死去了，有的书籍却在千年之后仍然活着。也许所有的书籍迟早都会烟消云散，但是对于那些读者来说，与美好的书籍相遇，本身就应该是一件美好的事情。一个人，在有生之年能够读到一些美好的书籍，欣赏到世界上最美丽的精神风景，应该是一件美好而幸福的事情。而那些美好的书籍，尽管由不同的作家用不同的语言写就，他们其实是叙述同一件事情："有趣的是每一次创新，引人入胜的语言和艺术中的每一次革命，令人陶醉的艺术家的所有游戏。他们想要借此说出的内容、那些值得去说或者永远无法完全说出的内容，永远都是相同的。"其实，这也正是文学艺术的魅力所在，是文字的魅力所在。文字的魔幻组合，创造出毫不亚于大自然鬼斧神工的世界上最神奇的精神景观，但表达的永远是人类最伟大的精神，真善美的世界。

阅读改变了人类的意识并且改变了世界。它不仅可以充当一种强大的交流媒介或娱乐资源，而且打开了通向几乎所有重要事物的知识之门。

——弗兰克·富里迪

弗兰克·富里迪是英国肯特大学的社会学荣休教授，也是英美学术界最负盛名的社会历史学家之一。在 2015 年出版的这本《阅读的力量：从苏格拉底到推特》，他运用和借鉴历史性、教育学、哲学、文学、心理学、医学等学科的研究成果与方法，深入考察了阅读、写作、读者、书籍和读写能力在人类社会的历史起源、发展演变、文化意义、复杂影响等，被认为是近年来研究阅读问题的重要代表作品之一。这段文字是全书前言的第一段开头的"警句"。这句简短的话，包含了关于阅读的四个基本判断：第一，阅读改变了人类的意识。通过阅读，人们的思维、认知、视野都发生了变化。第二，阅读改变了世界。人们的思维、认知、视野变化了，行为也会发生相应的变化，自然就会通过他们的科学创造等一系列行为改变生活，改变世界。第三，阅读是一种强大的交流媒介和娱乐资源。人们之间沟通交流经常是基于共同的阅读进行的，各种娱乐资源往往是基于各种阅读的文本进行的。第四，阅读是通向所有重要事物的知识之门。通过阅读，可以为我们打开所有学科、所有领域的知识之门。这句言简意赅、开门见山的论断，把阅读的力量讲得非常明确。

我们人类忽视了一个非常强大的选择：我们不喜欢做减法。我们总是有一堆要做的事情，但从不考虑放弃一些事情。我们会为提高绩效制定激励措施，但不能摆脱阻碍我们实现目标的障碍。我们设立了新的法律，但过时的法律却没有废止。无论是要培养孩子的行为，还是在工作中设计好的方案，我们都会系统性地选择更多而不是更少。

——莱迪·克洛茨

这段文字出自莱迪·克洛茨的《减法》一书。他曾经开创性提出减法概念，并且他关于"减法"的研究成果作为封面文章发表在了国际著名学术期刊《自然》杂志上，引发关注。他的研究发现，人们被要求改进物体、想法和现状的时候，往往更倾向于做加法而不是做减法。因此，人们总是优先直接用加法来解决问题，而不是选择把减法作为解决问题的方案，这样，就失去了许多让生活更加充实、机构运作更加高效、地球更加宜居的途径。甚至于，我们在做减法的同时，有时候加出来的东西比减掉的东西还要多。任何家庭，东西总是越来越多；任何机构，除非不得已，总是在增加人员；任何项目，除非财务紧张，总是在增加经费。学生在校的时间不断延长，学习的内容不断增加，为什么我们不能够多用一点减法，让自己把精力聚焦在更少的事情之上呢？所以，这本书提出了思维反转、拓展、提炼、坚持的四种方法，鼓励人们在用加法前先尝试用减法；既考虑加法也考虑减法；从关注事转向关注人；坚持做减法。减法，不仅仅是思维的方法，更应该是行动的策略。

（发表于 2021 年 10 月 16 日《人民政协报》）

今天该怎样做一名"陶行知"

编者按：今天，是伟大的人民教育家陶行知先生诞辰130周年。130年前，陶行知先生诞生于水深火热中的半殖民地半封建中国，但他凭借坚定的信仰和不懈的追求，为中华民族的前途、为中国的教育事业殚精竭虑、奋斗终生，也为后人留下了很多宝贵的精神财富；一百多年来，陶行知先生的"千教万教，教人求真""千学万学，学做真人"等博大精深的教育思想一直指引着后继者披荆斩棘、勠力前行。他的"捧着一颗心来，不带半根草去""为一大事来，做一大事去"的伟大人生追求，也鼓舞鞭策着更多的教师为教育事业无私奉献。陶行知先生的教育思想、人生追求对今天的教师有哪些启示？今天的教师应该如何学习陶行知？本刊特约请中国陶行知研究会会长、苏州大学教授朱永新为教师们进行深入解读。

伟大的人民教育家陶行知先生诞生130周年了，他告别这个世界也已经75周年了。但我们一直觉得陶行知先生并没有离开我们，我们的教育改革之路依然在陶行知教育思想的延长线上。陶行知先生百年前的一些理念、主张和实践，依然适合今天中国的教育。他的"生活即教育""社会即学校""教学做合一""教人求真""学做真人""解放儿童的创造力"等精辟的教育观点，好像就是针对当下的教育问题提出的，与当今党和国家提倡的"双减"等素质教育举措不谋而合。

结合当下我们的教育现状，我们的教师仍然可以从陶行知教育思想中获得直接的指导意义。

"牢记改造国民的大责任"

陶行知先生非常重视教师职业所承担的社会责任。在他看来，教育就是改造社会，教师就是改造社会的领导者。所以，他格外重视师范教育，主张教师要始终把建设理想的社会作为自己的人生目标，牢记自己肩负着改造国民的大责任。

如何实现改造国民的大责任？陶行知先生要求教师"必得有个理想的社会悬在心中"。他认为，作为教师，如果没有改造社会的精神，工作就会感觉枯燥无味。教师的胸怀决定了教师的格局。如果只看到自己眼皮底下的空间，就不会觉得教师职业有什么价值，这样的教师必然是走不远的。相反，教师如果有足够开阔的视野，如果有足够远大的理想，如果有改造社会的勇气，他就会看见教育的未来，就会为了未来而改变自己，提升自己，发展自己，最终造福于儿童和国家。

在陶行知先生看来，教育与改造社会不是两回事，而是一件事情。改造社会，必须从改造人心开始，必须从教育着手。如果办教育的人，没有改造社会的使命，便是没有目的，没有意义，没有生气。"在教师的手里操着幼年人的命运，便操着民族和人类的命运。"所以，我们的老师不要眼睛只盯住分数，那样的格局就小了，那样的教育，方向就错了。

陶行知先生一直认为，教育是立国之本，国家和民族的未来掌握在教师的手中，所以师范教育非常重要。他指出，"师范教育可以兴邦，也可以促国之亡"。从正面来说，师范教育可以帮助国家强大兴盛；从负面来说，师范教育可以促进国家衰败灭亡。为什么呢？如果师范教育完全脱离现实，"只是在那儿教洋八股，制造书呆子"，这些师范教育培养的"大书呆子"毕业以后分布到各地的小学里去，又以"几何的加速率制造小书呆子"，如果"再刮一阵义务教育的大风"，就可以把书呆子的种子布满全国，叫全国的国民都变成书呆子。这样的恶性循环，不就会促进国家衰败灭亡吗？所以，陶行知先生不断呼吁善待师范教育，尊重人民教师。

"捧着一颗心来，不带半根草去"

"捧着一颗心来，不带半根草去""为一大事来，做一大事去""千教万教，教人求真""千学万学，学做真人"……这些话都是我们教师耳熟能详的陶行知先生最著名的格言，它通俗、形象而深刻地表达了陶行知先生关于教师使命的观点以及他对教师的期许。要实现这样的使命，教师一方面要"自己会变"，能够不断成长、不断发展、不断变化，成为成长型教师；另一方面要"会教人变"，能够具备让学生不断成长、不断发展、不断变化的本领。

陶行知先生有一首自我勉励同时又激励同志的诗："人生天地间，各自有禀赋。为一大事来，做一大事去。多少白发翁，蹉跎悔歧路。寄语少年人，莫将少年误。"他告诉从事教育的人，虽然每个人的能力有高低，禀赋有不同，但是，只要立下志向，为教育这件大事情好好努力，矢志不渝，就不会虚度光阴，蹉跎岁月，从而有一个无悔人生。

陶行知先生说过：教师的职责是"千教万教，教人求真"，学生的任务是"千学万学，学做真人"。人是教育的中心。教育的最重要的目的，是培养人。这个人，应该是追求真理，拥有真性情、真情怀的人。所以，千教万教教人求真，千学万学学做真人。求真知识，有真性情，追求真理，做老实人，说老实话，是"教人求真"与"学做真人"的真谛，实实在在求学、坦坦荡荡做人。

"捧着一颗心来，不带半根草去"，也是陶行知先生最著名的格言之一。教育的非功利性决定了教师要有奉献精神。陶行知先生有一首形象地表达这一思想的四言诗："朝朝暮暮，快快乐乐。一生到老，四处奔波。为了苦孩，甘为骆驼。于人有益，牛马也做。"一个优秀的教师，从早到晚都能够快快乐乐地享受和孩子们在一起的时光，不抱怨，不烦恼，把教育的每一天变成阳光灿烂的日子。他希望教师要有不怕吃苦的骆驼精神，面对漫漫长路不知疲倦，在恶劣的沙漠环境中坚持长途跋涉，一步一个脚印地走向那片象征着希望的绿洲。

陶行知先生当年在分析教师队伍的问题时曾经指出，许多当教师的人，并不是因为热爱教育事业而来的。其中不少男教师，是因为一下子找不到合适的职业而暂时为之；不少女教师，是因为没有找到合适的人嫁出去而暂时为之。这样，把教师职业作为人生某一时期的权宜之计，当然是不可能有教育的长远打算的。所以，他希望，既然成为教师，就要铁下心来从教，男教师要把教育当作自己的妻子，女教师要把教育当作自己的丈夫，坚贞不渝，不离不弃，赴汤蹈火，在所不辞，鞠躬尽瘁，死而后已，而且，要有献了青春献子孙的精神。现在，我们的许多教师不让自己的孩子接班做教师，与教师职业的吸引力固然有关，也与我们对于教育的理解和信念有关。

"重师首在师之自重"

一个国家的文明程度和发展水平，在很大程度上取决于这个国家最优秀的人才是否能够成为教师，取决于教师职业能否得到真正的尊重。只有最优秀的人才做教师，才能培养出最优秀的学生。而只有全社会尊重教师，才能吸引最优秀的人才做教师。所以，陶行知先生说，如果农业不重视教师，农业就会破产；工业不重视教师，工业就会粗制滥造；国民不重视教师，国家和人民就不会富强；人类不重视教师，则世界就不会太平。但是，作为教师来说，"要人敬的必先自敬。重师首在师之自重"。也就是说，教师首先要自己尊重自己，学为人师，身为人范，才能赢得世人的尊重。

陶行知先生曾经对于当年教师的兼课取薪做法提出了批评，认为这样做弱化了教师与学生的联系，弱化了教师与学校的关系，不利于教育事业的发展。建议要保证每位教师的收入能够"足供生活之要求"，足以过体面的生活。当然，保障教师的权益，与倡导教师的服务精神并不矛盾，因为，只有教师的服务精神才是真正的"教育的命脉"，"金钱主义，最足破坏教师职业的尊贵"。陶行知先生这些文字，至今仍然振聋发聩，值得我们每一位教师认真阅读。

陶行知先生曾经模仿杜威的教育信条写了他自己的教育信条。其中有几则是关于教师的："我们深信教师应当以身作则。我们深信教师必须学而不厌，才能诲人不倦。我们深信教师应当运用困难，以发展思想及奋斗精神。我们深信教师应当做人民的朋友。……我们深信如果全国教师对于儿童教育都有'鞠躬尽瘁，死而后已'的决心，必能为我们民族创造一个伟大的新生命。"在陶行知先生看来，孔子提出的"学而不厌、诲人不倦"是教师的基本品质，而前者又是后者的基础。他认为，"教员最重要的精神，是求事业能力的长进"，要保证教材教法的"一天长进一天"，不能够年年"卖旧货"，拿着一张教育的旧船票，每天重复昨天的故事。

陶行知先生主张，教师的读书、做事、做人应该是一个有机的整体，不可偏废。他明确提出，"先生不应该专教书，他的责任是教人做人。学生不应当专读书，他的责任是学习人生之道"。教师的职责不是眼睛只盯住分数，只教人读书拿高分，不教学生做事做人、掌握人生之道的教书匠。教师和学生，都应该成为"有知识、有实力、有责任心的国民"，而不是只会坐而论道的书呆子。

陶行知先生认为，教师不仅要向书本学习，向实践学习，也要甘心情愿地向自己的学生和老百姓学习："我们应该崇拜两种素来没有想到过的老师：一、我们应该跟我们的学生学习，不拜儿童做先生，就做不好先生。……二、还有一位最伟大的老师，就是老百姓。"这样的学习才能把教师"思想的青春"留住，从而"永远不落伍"。只有这样的时时处处用心学习，教师才能不断超越自我，不断成长。

"创造出值得自己崇拜的人"

陶行知先生认为，教师的成功是创造出值得自己崇拜的人。"先生之最大的快乐，是创造出值得自己崇拜的学生。说得正确些，先生创造学生，学生也创造先生，学生先生合作，而创造出值得彼此崇拜之活人。"培养出比自己更加优秀更加卓越的人才，超出自己因而值得自己崇拜的人，这是教师的伟大之处，也是教师快乐幸福的源泉。所以，最好的教师应该是与学生一起成长的教师。教师创造学生，学生也创造教师。教师与学生一起彼此成就，共同成长，才是教育的最高境界。

教育是需要信仰的，大彻大悟的信仰，能够成为支持人们勠力前行的精神力量。所以，教师应该有教育的信仰，应该坚信教育的力量，应该创造教育的可能，要"认定教育是大有可为的事，而且不是一时的，是永久有益于世的"。这就需要教师摆脱小肚鸡肠的私心，摆脱鼠目寸光的狭窄，"把自己和学生的成见、武断、私心、偶像心理、公式主义、教条主义从头脑里肃清出去"，用更加开放的心态和更加清醒的认识来对待自己的工作。

陶行知先生主张教师要有建设的达观主义与创造的乐天主义。他曾经说："在晓庄一切诗化：困难诗化，所以有趣；痛苦诗化，所以可乐；危险诗化，所以心安；生死关头诗化，所以无畏。这是建设的达观主义，也可以说是创造的乐天主义。"陶行知的生活教育，本质上是一种诗化的教育，具体表现在如何对待困难、痛苦、危险和生死。把困难当作脚下的石头，就会成为阶梯，就会变得"有趣"；把痛苦当作成长的阵痛，当作成长过程之中不可或缺的经历，就能够坦然地接受，快乐地面对；把危险当作机遇，在危险之中发现、创造机遇，这样就不会焦虑紧张，而是心安理得地去悦纳；把生死当作人迟早要面对的现实，就会珍惜生命的每一刻时光，就会无所畏惧地面对所有的问题。总之，只要用建设的态度，用乐观的态度去对待生活、生命中的问题，就能够微笑着处理各种问题，享受我们的教育生活。

陶行知先生主张教师必须淡泊名利。他希望教师能够"一不要名，二不要利"，只要能够把教育办好；同时做到"一不怕难，二不怕死"，只怕不能够把教育办好。现在看来，让教师不要名利有点儿脱离实际，关键是能否不畏浮云遮望眼，不把名利放在学生的利益之上，放在教育事业之上。

二十年前，《中国教育报·读书周刊》原主编张圣华先生曾经发出过"我们今天是否抛弃了陶行知？"的疑问，现在，我们可以欣慰地回答说，我们不仅没有抛弃陶行知，而且有越来越多的教师正在真正地走进陶行知的心灵，践行陶行知的思想。

（发表于 2021 年 10 月 18 日《中国教育报》）

读书要防止"买而不读，读而不精"

　　生命是短暂的，在彼岸世界里，没有人会被问起他曾经读过的书籍的数量。因此，用那些毫无价值的阅读来消遣时光既不明智又毫无益处。在此，我想到的并非那些糟糕的书籍，而首先是阅读自身的质量。

——［德］赫尔曼·黑塞

　　黑塞是 1946 年的诺贝尔文学奖获得者，也是一位阅读量惊人的大作家，他先后发表了 3000 余篇书评文章，也就是说，他认真细致读过的书，就达到了 3000 本以上了。他浏览过的书当然更是远远超出他撰写的书评数量。关于阅读，他也有许多真知灼见。他主张读书就要读好书。既然人的生命是短暂的，如何让有限的生命有品质，就应该读那些有品质的书籍。那些没有价值的书，就像那些垃圾食品，不仅对人的健康毫无益处，更会伤害我们的身体。那些糟糕的书籍，不仅对我们的心灵毫无益处，也会伤害我们的心智。阅读的高度决定精神的高度，读经典的书、有价值的书，也会让我们的生命更加有品质，更加高贵华丽。所以，他主张每个人都要尽可能提高自己的阅读质量。

　　买书又有读书的时间，这是最好的现象，但是一般人往往是买而不读，读而不精。要求读书的人记住他所读过的一切东西，犹似要求吃东西的人，把他所吃过的东西都保存着一样。在身体方面，人靠所吃的东西而生活；在精神方面，人靠所读的东西而生活，因此变成他现在的样子。但是身体只能吸收同性质的东西，同样的道理，任何读书人也仅能记住他感兴趣的东西，也就是适合于他的思想体系，或他的目的物。任何人当然都有他的目的，然而很少人有类似思想体系的东西，没有思想体系的人，无论对什么事都不会有客观的兴趣，因此，这类人读书必定是徒然无功，毫无心得。

——［德］叔本华

　　"买而不读，读而不精"，是我们每个读书之人经常出现的毛病。其实，前者不是大问题，后者才是真毛病。对于那些渴求知识，勤于学问的人来说，这个"毛病"恐怕也是一下子很难改变，甚至有些人一辈子如此。我遇到的学者都有这样的感叹，家里的藏书一辈子都读不完。本人也属于这种类型。比这个"毛病"更大的真正的毛病是只读书不思考，只能照着别人的葫芦去画瓢。费尔巴哈曾经说过，人是他自己食物的产物。吃什么我们就成为什么，在身体方面，我们的饮食结构决定了我们的躯体发育成长；在精神方面，我们的阅读高度决定了我们的精神高度。同样，我们与食物之间是有着某种秘密的联系的。许多人对食物都有自己的爱好、自己的口味，我们的身体往往只吸收自己身体需要的"同性质的东西"，我们的精神也喜欢吸收与自己的思想体系"同性质的东西"。但是，也有一些人没有形成自己的"爱好"和"口味"，许多读者也没有自己的思想体系和价值体系，这个时候，他们的阅读往往也就会缺少方向感，缺少意义感，缺少能够统领他们阅读的灵魂性的框架，结果自然徒劳无功，毫无心得。所以，要真正地读好书，一方面要"放空"自己，全面正确地了解和把握书中的观点与内容，另一方面也要"以我为主"，把书中的内容经过自己的审视，作为建构自己大脑的原材料。

　　当我们问别人"你在读什么书？"时，有时我们会发现我们的相似之处，有时我们会发现我们不同的地方，有时我们会发现被隐藏的共同爱好，有时我们会打开探索新世界新想法的大门。当怀着真诚的好奇心时，"你在读什么书？"并不是一个简单的问题；这其实是在问"你现在是谁？""你正在变成谁？"

——［美］威尔·施瓦尔贝

　　我们与朋友见面时，嘘寒问暖打招呼，经常会问："最近去哪儿啦？""最近忙什么啦？"一般很少会问："最近你在读什么书？"施瓦尔贝说，其实我们应该多问问这个问题。他说："这是一个简单的问题，它可以改变生活，为被文化、年龄、时间和空间分割的人们创造一个共享的宇宙。"他举了一个很有意思的例子：有一位奶奶与外地的孙子定期打电话，通常问他学校怎么样，今天过得好吗？孙子总是简而言之：很好，挺好的，没有什么，没事。但是有一天奶奶问：最近在读什么书？孙子告诉她刚刚开始看《饥饿游戏》。这是一本反乌托邦的青春系列小说。奶奶第二天就去买了这本书读。下一次电话的时候，奶奶与孙子一起讨论书中的内容，讨论人类需要面对的关于生存与毁灭、忠诚与背叛及善与恶等重要的问题。两个人有了共同的语言。作者说，当他们讨论《饥饿游戏》的时候，他们已经不只是祖母和孙子的关系了，而是"两个走在同样旅程上的读者"。记得有几位全国政协委员告诉我，汪洋主席在和他们谈话的时候，也经常问："最近在读什么书？有什么好书推荐吗？"我想，这不是简单的寒暄，其实，也是在搭建一个真正的精神的桥梁。共同的阅读才能拥有共同的精神家园，共同的语言和密码，也才能真正走进彼此的内心世界。

（发表于 2021 年 10 月 25 日《人民政协报》）

在读书中探寻生存智慧

　　1毫米的努力也好，只要努力的人多了，也是一股巨大的力量。坚持努力，一定会成长。请大家也不要轻视"1毫米的能力"。

——［日］长谷川和广

　　长谷川和广是日本一个传奇性的企业家，曾经帮助 2000 余家企业扭亏为盈。他的《萧条中的生存智慧》在日本也是畅销书，先后再版了 24 次，被日本读者评价为实用度满分。这本书选择了他关于企业经营与人生哲学的论述 130 余篇，这段文字是其中的第 104 篇。"1毫米的成长"的典故来源于日本原男子足球国家队主教练加茂周担任日产球队教练时提出的"1毫米作战"战术。当时，日产球队与其他球队的差距非常之大，而且不是一般大，是相差"好几千米"的大。但是，加茂周要求队员"每个人要 1毫米、1毫米地成长"。他认为，一个球队由 11 人组成，每个人成长 1毫米，11 个人就会成长 11毫米。只要不停止努力，就会不停止成长。他们就这样 1毫米 1毫米地成长，积少成多地成长，14 年后，终于成为 1988-1989 年赛季三冠王的球队。是的，无论是个人还是企业，或者是其他组织，只要不放弃点滴地努力，就会不断地有点滴的成长。1毫米地成长虽然微不足道，但无数个 1毫米地成长就不可小视。任何成长都不是一蹴而就的，都需要有"1毫米作战"的精神，所以，我们要永远不放弃成长的努力。

　　当你开始感到丧失自信的时候，请你先罗列出自己的优点。细小之处也可以，不要胆怯，大胆写出来。养成这样的习惯，会让你发觉你比自己想象的更有才。

——［日］长谷川和广

　　人都是被自己打败的。对于缺乏自信的人来说，一件事情还没有开始，就已经在自己的心中溃败了。长谷川和广发现，在许多千疮百孔的公司里，很多人都缺乏自信心，都会对自己做出过低的评价。不管他们的外表看起来有多么彪悍，内心却被严重的自卑感禁锢着。所以，他帮助企业走向复苏的第一步，就是"完全击碎他们的自卑感，让他们彻底认识到自己的优点何在"。其实，自信心往往是人与人、企业与企业的差距形成的重要原因。缺乏自信心的人，往往就失去了进取的精神，失去了成长的勇气。而拥有自信心的人，就会相信自己，就会不断努力。对于缺乏自信心的人来说，不妨用一下长谷川和广的方法，好好罗列一下自己的优点。扬长才能避短。把每个人的潜能、积极性和创造性发挥出来，就会无往而不胜。

　　运气真正让人恐惧的是，对于被运气左右的工作结果，当事人却误以为那是自己的实力所致，反之推断亦然。

——［日］长谷川和广

　　我们许多人都很喜欢有一个好运气，这好像是很正常的事情。但是，长谷川和广先生却认为，运气是一个"挺恐怖的东西"。他为什么这样说呢？因为对于那些不走运的人来说，本来完全可能打胜仗的战役却一败涂地，因为意想不到的情况而失败、受挫，"被不走运光顾的人会失去信心，缩着肩膀，佝偻着腰背，因此更会给周围的人一种'失败者'的印象"。这是由于运气而怀疑实力。而对于那些运气好的人，也容易把成功当作是自己的实力得来的，"由此变得傲慢，小看了工作本身，然后吃了不少苦头"。很多人由于过早幸运地获得了成功，导致他们慢慢地放弃奋斗，从此再也没有什么成就，碌碌无为，晚年无比寂寞。这是由于运气而高估实力。所以，长谷川和广先生强调：运气绝对不是一种实力。他主张，"不管如何，都不能把受到运气左右的结果带到下一个工作中去，必须要学会做了断"。其实，运气总的来说应该还是好事情，只是，我们不要把倒霉的事情归结于运气，那可能是我们实力不够，或者努力不够。运气，总是垂青于有准备的人。也不要把好运气归结于实力，那可能只是我们真的很幸运，许多比我们实力强的人没有赶上这个运气。所以，仍然需要继续努力。

（发表于 2021 年 10 月 30 日《人民政协报》）

看清未来的方向

非常高兴参加 2021 年度的"世界教育前沿峰会"。

由于疫情尚未完全过去，我们采用了线上会议的方式举行。虽然不能够像以往那样面对面直接交流，但是，不妨碍我们直接地讨论和分享。同时，相信有更多的朋友能够因为网络的便利，了解会议的情况和专家们的精彩观点。

这次会议没有像以往那样，聚焦某一个重要的问题，而是围绕着"新常态：教育有什么新前沿？"摆出了 4 个前沿的热点问题——一是关于未来学校的问题，二是关于学习生态的问题，三是关于非智力因素的问题，四是关于网络素养的问题。

每个领域，程介明和谭力海先生都邀请了顶级的专家和核心人物来分享他们的研究与发现。

程先生关照我为他们报一个幕，以往每一届峰会也都是我开场报幕，所以恭敬不如从命，就这些问题谈谈我个人的一些看法。

人类的教育正处在一个大变革的前夜。这是摆在我们面前越来越清晰的事实。21 世纪以来，尤其是最近几年，世界的剧变是史无前例的。

第一，全球疫情的新发展。变异的"德尔塔"毒株导致疫情在全球持续蔓延，继续严重影响着社会经济的发展，也对教育造成了诸多改变。

疫情实时大数据报告显示，全球疫情死亡人数累计已经超过 500 万人，全球累计确诊超 2.2 亿例。

疫情迫使许多学校停学，采取网络的方式教学。近两年来疫情下的教育实践也表明，对于大部分学生来说，学生在线学习是可以做到的。据了解，疫情期间香港停课 18 个月，是全球最长的，但是焕发出很多新的技术、理念和愿景，香港大学陆慧英教授做了一个涉及6000 多学生几十所学校的研究，在国际上广为传播。

第二，世界格局的新变化。毫无疑问，世界正在进入大发展、大变革、大调整时代，我们正在面对"百年未有之大变局"。

虽然这样的格局不可能从根本上改变全球化的大趋势，也改变不了中国为构建人类命运共同体继续努力的决心，但是，对于世界教育格局和中国教育的未来发展战略，无疑还是会产生重要的影响。

第三，元宇宙的新诞生。2021 年 3 月 10 日，沙盒游戏平台Roblox 作为第一个将"元宇宙"概念写进招股书的公司，成功登陆纽交所，上市首日市值突破 400 亿美元，引爆了科技和资本圈。不久前，Facebook 变脸，改名"元宇宙"，引发了思想界、科技界、资本界、企业界和文化界，甚至政府部门的普遍关注。

"元宇宙"横空出世，这样一个平行于现实世界，又独立于现实世界的虚拟空间，究竟会对我们的教育产生什么影响？也给我们很大的想象空间。

第四，脑科学的新进展。2020 年 8 月，埃隆·马斯克为脑机接口公司 Neuralink 举行发布会，用"三只小猪"演示了可实际运作的脑机接口芯片和自动植入手术设备。被植入芯片的实验猪，向全世界展示了神经信号的读取和写入，研究人员可以通过芯片传导出来的信息看到猪的脑电图。目前，美国、日本、欧盟、中国等都在脑科学研究方面投入巨资，谋篇布局，以图通过绘制大脑工作状态下的神经细胞及神经网络的活动图谱，揭示脑的工作原理和脑疾病发生机制与人的学习机制。

这些脑科学的研究，无疑也会给教育带来一些革命性的挑战。这一次我们专门邀请了北京师范大学校长董奇教授介绍"中国脑计划"，他会为我们讲述国家在脑科学研究方面的最新进展情况。

第五，"双减"政策的新推行。2021 年 7 月 24 日，中共中央办公厅、国务院办公厅印发《关于进一步减轻义务教育阶段学生作业负担和校外培训负担的意见》，对学科类培训机构在上市融资、机构属性、收费、内容及上课时长均作出明确规定。

根据教育部的统计，仅仅 100 天的时间，培训市场虚火已经大幅降温，广告基本绝迹，资本大幅撤离，野蛮生长现象得到有效遏制。学科类培训机构大幅压减。在 12.8 万个线下学科类培训机构中，压减率超过 40%；263 万个线上学科类培训机构中，压减率近 50%。"双减政策"下的"三限"（限制机构数量、限制培训时间、限制收费价格）和"三严"（严管内容行为、严禁随意资本化、严控广告宣传）对于整个教育生态和学习格局，显然将持续产生深刻的变化。

如此重要而密集的变化，对于教育的挑战与变革，无疑将会产生我们难以想象的影响。

我们这一次的峰会，就是在以上的大背景之下进行的。

峰会的第一个主题就是未来学校。

我们知道，2020 年 9 月 15 日，经济合作与发展组织（OECD）发布了《回到教育的未来：经合组织关于学校教育的四种图景》（*Back to the Future of Education：Four OECD Scenarios for Schooling*）报告。这四种未来学校的教育图景具体为：1. 学校教育扩展（Schooling Extended）；2. 教育外包（Education Outsourced）；3. 学校作为学习中心（Schools as Learning Hubs）；4. 无边界学习（Learn-as-You-Go）。

比经合组织（OECD）早一年多，我在 2019 年 6 月出版的《未来学校》一书中，就曾经预测过包括这 4 方面内容在内的许多可能出现的变化，如打破学校的围墙，从学校走向学习中心；减少学习的科目，整合现有课程体系；吸引社会优秀人才进入教育，实现"能者为师"；取消传统课堂，进行项目学习；发展在线教育，建立国家教育资源平台；建设学分银行，改革一次定终身的评价方法等。而且，我最早提出这些变化的讲演是在 2016 年。这一切不仅是预测，其实也是我对于中国教育改革的建议和构想。

这一次，我们邀请到了经合组织《四种图景》报告的主要作者崔茜（Tracey Burns），来讲述她关于未来学校的构想，应该能够得到许多新的启发。同时，在王素和杨东平主持的分论坛中，我们还可以听到一些学校领导人讲述他们探索未来学校模式的故事，未来学校从理念走向实践，会让我们领略到什么叫未来已来。

　　峰会的第二个主题是学习的条件。

　　学习问题，是我们前沿峰会一直关注的领域。今年是学习科学诞生 30 周年，我们的峰会把"学习的条件"作为主题之一，有着特别的纪念意义。

　　1991 年，召开了第一届学习科学国际会议，同时《学习科学杂志》（*Journal of the Learning Sciences*）正式创刊。

　　1996 年开始，受美国教育部教育与改进办公室的委托，由 16 位美国心理学家、人类学家、教育学家以及计算机科学、数学、物理、历史、视觉与表演艺术家等组成的学习科学发展委员会，对人类学习的科学知识基础及其在教育中的应用进行了深入研究，出版了《人是如何学习的：大脑、心理、经验及学校》。

　　此后，美国国家研究院成立了学习研究与教育实践委员会，进一步对人类的学习进行多维的研究，得出了若干重要的结论并且出版了《人是如何学习的》一书。书中强调了三个重要的发现：第一，学生是带着有关世界如何运作的前概念来到课堂的；第二，为了发展学生的探究能力，必须让他们拥有事实性知识和理解性学习的机会；第三，教学的"元认知"方法可以帮助学生通过定义学习目标和监控达到目标的学习过程，来学会控制他们自己的学习。

　　这一次峰会，我们邀请到了最新出版的《如何学习 2》（*How People Learn 2*）的主要作者芭芭拉·米恩斯（Barbara Means）为我们分享她关于学习生态环境的精彩观点。

　　峰会的第三个主题是情意学习。

　　情意学习，在国际上大致可以被称为社会情感学习（Social emotional learning）。在一定意义上可以认为，这个主题是对第二个主题的补充或者"反动"。

　　因为，学习条件的研究主要聚焦在与学习"知识"相关的认知领域，虽然里面也涉及情感的发展，但很少关注社会情感学习。社会情感学习则是指学生在成长和发展过程中为了更好地适应社会环境、建立社会关系、履行社会义务、完成社会工作而进行的情感领域的学习活动。社会与情感能力研究借鉴"五大"人格模型（Big Five Model），建构社会与情感能力的测评框架。此框架主要分为五大维度：任务能力（尽责性）；情绪调节（情绪稳定性）；协作能力（宜人性）；开放能力（开放性）；交往能力（外向性）。

2018年4月，经济合作与发展组织（OECD）发布了最新的"教育2030：未来的教育与技能"项目立场文件《OECD学习框架2030》，明确把社会和情感方面的能力作为三大"技能"之一。同时，OECD启动了一项由9个国家10个城市参与、历时3年的大规模国际测评项目，最终形成了一份研究报告。

报告显示，社会与情感能力对教育、健康与生活质量（幸福感、生活满意度、考试焦虑）均产生影响，而影响社会与情感能力的重要因素包含学校归属感、师生关系、校园欺凌等。

OECD教育技能司司长安德烈亚斯·施莱克尔（Andreas Schleicher）先生在全球报告中介绍了若干重要发现：如进入青春期后，男孩表现出更高的情绪调节、社交能力和活力水平，而女孩则表现出更高的责任感、同理心和与他人的合作水平。社会经济地位前25%家庭的学生的社会与情感能力高于社会经济地位后25%家庭的学生。社会与情感能力是不同背景、年龄学生的学业成绩的有力预测因素。生活满意度和心理幸福感水平随着年龄下降，而考试焦虑随着年龄增加，尤其是女孩。15岁学生的创造力和好奇心水平明显低于10岁学生，这表明随着儿童进入青春期，创造力有所下降。参加课外艺术活动的学生，特别是15岁的学生，创造力水平更高。学校归属感与更高的学习成绩密切相关等。

我国以华东师范大学袁振国教授为首的研究团队参与了OECD的比较研究。他在中国的发布会上表示，一个人的发展、成功和幸福，是认知能力和社会与情感能力共同作用的结果。

顺便提及一下，我国关于社会与情感学习的研究探索，在20世纪80年代就已经开始。上海师范大学燕国材教授最早在《光明日报》提出了非智力因素的概念。1987年，燕国材教授与袁振国和我共同撰写出版了《非智力因素与学习》一书。这说明，中国的教育学者对于教育问题的敏锐性，并不一定输给国外学者。

当然，如何把中国的教育声音、中国的教育故事传播出去，我们还有很长的路要走。这一次我们邀请到的香港大学脑与认知科学国家重点实验室主任李湄珍教授，将有一个关于《神经科学和神经心理学对学习的启示》的发言，正好讲述了情绪和认知之间的关联，把这两个议题很好地整合起来了。而这两者的结合，恰恰体现了我们国家提出的"立德树人"与核心素养的目标。

在某种意义上可以说，情意学习是我们这次峰会的真正主题。

一方面，在北京师范大学认知神经科学与学习国家重点实验室陶沙教授主持的分论坛中，山东师范大学张文新教授的《中小学生学业成绩与心理健康间的动态关系及其教育启示》，天津师范大学白学军教授的《学生耐挫心理及促进研究》，首都师范大学罗劲教授的《学生创造能力的非认知促进策略》，北京师范大学秦绍正教授的《情绪脑科学对教育的启示》，都是从不同的侧面介绍关于情绪学习实证研究的成果。

另一方面，在香港大学教育学院陆慧英教授和陈嘉琪教授共同主持的板块《情意学习——培养为未来做好准备的学习者的关键》中，还要详细展示香港的教育界同人在这个领域的探索与研究，集中呈现一个区域的教育样本。从中我们会看到，"一国两制"下教育有许多共同的话题。

峰会的第四个主题是网络素养。

我们必须正视这样一个事实：00 后、10 后、20 后的儿童一代，已经是真正意义上的数字原住民。

中国新闻出版研究院第十八次全国国民阅读调查报告显示，2020 年，我国 0-17 周岁未成年人数字化阅读方式接触率为 72.3%，其中 0-8 周岁儿童数字化阅读方式接触率为 69.1%，9-13 周岁少年儿童数字化阅读方式接触率为 76.2%，14-17 周岁青少年数字化阅读方式接触率为 74.3%。中国网民每天花在移动互联网上的时长接近 6 个小时，短视频用户达到了 8.09 亿。

因此，在互联网信息量超大的情况下，需要学校教育提供更多特定的课程，教学生学习搜索、筛选、判断、反思，培养他们的网络素养。教他们具备网络自我保护能力与抵抗力，让他们远离恐怖、犯罪、网络暴力、诈骗等恶势力。

全美英语教师协会（National Council of Teachers of English，NCTE）

和国际阅读协会（International Reading Association，IRA）2013 年发出倡议书，提出"要想全面参与和融入 21 世纪全球化社会，孩子需要更复杂的读写技巧和能力"。他们认为，在 21 世纪，成为一个有读写能力的人，意味着需要掌握多种读写技能，意味着要能够理解通过多种形式呈现的信息，能够创造、批判和分析通过多种媒介呈现的文本。学生需要理解视频、数据库或者计算机网络中的信息，也需要更好地了解世界其他地区、其他语言和文化。这是经济全球化提出的新的挑战。青少年需要学会通过竞争和合作去创造一个共享的未来。他们把这种技能称为"21 世纪读写技能"。

这次我们很荣幸邀请到伦敦政治经济学院媒体与传播系社会心理学教授索尼娅·利文斯通（Sonia Livingstone）为我们带来《数码素养》的讲演。中国的读者对于利文斯通并不陌生，她的《儿童上网之机会与风险》和《理解电视：受众解读的心理学》都是深受欢迎的传播学经典著作。同时，我们邀请到谦润认知科技董事长王乐京和北京复数健康科技有限公司联合创始人等分别介绍《用认知科技探索教育前沿》和《AI 视觉技术下儿童成长发育大数据研究与未来应用》。

与上述主题相关，这次峰会的联合主办方深圳神经科学研究院谭力海院长将特别介绍他们在《语言能力提升与矫正》方面的研究，暨南大学粤港澳中枢神经再生研究院院长苏国辉院士也会为我们讲述生活方式的变化对心理健康的影响等。可谓精彩纷呈，值得期待。

思路决定出路。我一直认为，面临着信息时代的教育和挑战，中国教育的改革与发展需要顶层的设计，需要看清未来的方向。

世界教育前沿峰会，给我们打开了一扇小小的窗户。从这扇窗户，让我们能够看到外面的教育世界，看到各个国家的教育探索，看到教育学者和实践者在思考什么。适应工业化的传统学校需要让位于以学习者为中心的未来学校，以知识为本位的传统教学需要让位于以全人为目标的个性化学习，以教室、教材、教师为中心的教学模式需要让位于基于新的互联网、人工智能、元宇宙等技术的全时空学习。中国在这个大变革的时代，如何在教育上自我超越、不断提升，有着诸多的优势和可能性，需要我们以更加开放、更加多元的心态和更加智慧、更加卓越的方法去构架和探索。从这扇窗口，我们也让其他国家的同人看见我们的努力，在互相交流中，碰撞出更多的智慧火花。

让我们一起努力，为教育的美好明天添砖加瓦，做出新的贡献！

（2021 年 11 月 7 日第四届世界教育前沿论坛致辞）

机关干部要努力成为行家里手

——张登舟《帮忙不添乱》序言

中共十八大以来，以习近平同志为核心的中共中央把脱贫攻坚摆到治国理政的突出位置，作出打赢脱贫攻坚战的重大决定，组织实施了人类历史上规模最大、力度最强、惠及人口最多的脱贫攻坚战。经过8年的持续奋斗，在中国共产党的坚强领导、习近平扶贫开发重要战略思想的正确指引、全国上下的齐心不懈努力下，我们取得了脱贫攻坚战的伟大胜利，实现了现行标准下农村贫困人口全部脱贫、贫困县全部摘帽的目标任务，在中国广袤的大地上消除了绝对贫困和区域性整体贫困，创造了中国共产党带领中国人民实现民族复兴道路上的又一个伟大奇迹。

消除绝对贫困、全面建成小康社会是当代中国了不起的成就，世界上没有哪一个国家能在这么短的时间内帮助这么多人摆脱贫困。可以说，脱贫攻坚这一伟大壮举在世界上前所未有，必将写进人类减贫的历史。

为了打赢打好脱贫攻坚战，自2016年下半年以来，受中共中央委托，各民主党派中央对口8个脱贫任务重的中西部省区开展脱贫攻坚民主监督工作。民主党派开展民主监督，目的是帮助执政党坚持和完善中国特色社会主义路线方针政策，广泛达成决策和工作中的最大共识。由各民主党派中央开展的脱贫攻坚民主监督以丰富而雄辩的事实证明，与西方搞政党轮流坐庄、扯皮推诿、恶性竞争相比，中国新型政党制度更能凝聚共识谋大事，集中力量办大事，汇聚英才成大事。习近平总书记亲自谋划、亲自部署的这项工作在中国政治文明建设进程中也是前所未有的，必将写进我国多党合作的历史。

民进中央对口湖南省开展了为期 5 年的脱贫攻坚民主监督工作，如今回想起来，从初试到深耕，从懵懂到成熟，我们从来不曾懈怠，始终砥砺前行，伴随着脱贫攻坚战的最终胜利，我们的对口监督工作也顺利收官。回首来时路，五年亦沧桑。在这 5 年里，作为中国特色社会主义参政党的民进，高扬坚持中国共产党领导的旗帜，秉持参政为民的情怀，把自己摆进湖南，摆到贫困区域，摆入基层干部群众中去，颇有创造性地开展了一系列有深度、有温度、有力度的工作，探索形成了一系列有特色、有亮点、有实效的做法。民进中央主席蔡达峰指出"调研是民主党派履职的基本功"，我们在围绕脱贫攻坚履行民主监督职能的过程中，特别并始终强调将调研作为开展脱贫攻坚民主监督的基础性工作，在实践中逐渐建立并完善了多层次调研工作体系。

几年来，专项民主监督涉及范围之广、议题之多、调研之深前所未有。民进中央主席、常务副主席等领导每年都到湖南贫困地区进村入户了解情况。我作为分管副主席，自 2016 年以来 10 余次到湖南省农村地区进行实地调研。我们还鼓励机关干部到贫困村开展蹲点调研，深入基层"解剖麻雀"，掌握第一手素材并整理记录，这无论是对推进工作本身还是对干部自身成长都是非常有意义的。民进中央民主监督工作处的张登舟同志在这方面进行了有益探索，近年来他多次到湖南的贫困乡村开展自助式小分队调研，用脚步丈量乡村的每一寸土地，用心倾听农村干部群众的意见和心声，用笔记录每一个珍贵的瞬间。这本书就是他参与脱贫攻坚民主监督的全景式记录。

登舟同志在基层工作多年，对农村工作有一定了解，对农村工作饱含热情。自 2016 年启动脱贫攻坚民主监督工作以来，登舟同志即参与其中，工作中认真尽责，积极发挥能动性，勇于尝试，除了做好日常的调研、会议等活动的组织协调工作外，还自主探索并实践"解剖麻雀式"的小分队驻村调研。他经常匆匆背起行囊，一路星夜兼程，直奔贫困区县，或长驻一村，或来往乡间，与百姓同吃同行，深入脱贫攻坚战最前线，具体而微地感受农村贫困群众的生活，近距离地观察农村扶贫火热的实践，也亲身见证着湖南贫困乡村点点滴滴的向好向美。他自称"半个湖南人"，想必与这些履之蹈之的经历、念兹在兹的心绪有关。他和当地民进的机关干部和民进会员几个人组成一个调研小团队，不发通知、不打招呼、不听汇报、不用陪同接待，直奔基层、直插现场，深入一线倾听群众心声。这种调研方式规模小、切口小、现场小、干扰小，但小而易行，小而有用，便能更多听到来自百姓的真话、心里话，对认识农村扶贫工作、思考民主监督问题都大有裨益，毕竟实践之树长青。

　　良政善治需要监督，在中国的政治传统和现行政治体制中，从来不乏监督的制度设计。民主监督是我国社会主义监督体系的重要组成部分，是我国新型政党制度的重要内容，是中国特色社会主义参政党的基本职能之一。但就目前而言，这方面的实践探索与理论认识还处在起步阶段，随着我国多党合作事业的纵深发展、日渐成熟，发挥民主党派民主监督在党和国家监督体系中的重要作用是一个值得重视的课题。令人欣喜的是，在这本书稿中，登舟同志从一位民主党派中央机关干部的脱贫攻坚民主监督实践出发，一方面对脱贫攻坚民主监督的经验进行了梳理；另一方面延伸开去，对监督以及民主监督本身的问题进行了探讨，既有史料的佐证又有经验的支撑，既有成规的解读又有新意的阐发。例如他对监督定义的条分缕析基本符合经验的常识，对民主监督动力、特点、现状、问题和建议等方面的思考也颇给人启发，读罢掩卷，至少不是一派茫然。当然，随着今后诸如长江生态环境保护等主题的专项民主监督工作的不断深入，有一些问题和认识还值得进一步深入挖掘和拓展，希望登舟同志一如既往葆有实践锤炼的勇气、学术探知的好奇、有行有思的热情。

　　这本书稿中，保留了登舟在湖南乡村蹲点调研时写下的多篇原汁原味的调研日记。读了这些记录，眼前仿佛呈现一幕幕乡间访贫、农家问计的图像，可以比较真实地了解湖南部分乡村的真实面貌、群众的真实生活，也能够想象到攀高山、涉险路的辛苦以及"脚下沾着泥土、心中怀着群众"的真诚。善抱者不脱，我相信做这些事情需要一种信念，能够坚守这种求真和爱的信念，于个人是成长路上"故能就其深"，于民主党派的工作则是"弥远不能辍"。这些调研日记中记录的事情虽然琐碎，铺开的场景虽然有限，但一定意义上正体现了"监督"的本质要求，即：只有在实察中才能察失，只有具体的"看"才成其为"监督"。看三湘大地，感今昔巨变，由此彰显中国特色社会主义的制度优势。这也是记录的意义所在。

我经常说，我们民主党派的参政议政干部的水平，在很大程度上决定着民主党派的参政议政水平。因为民主党派的参政议政干部的视野与判断、鉴别力，会直接影响参政议政工作的效果。所以，我一直鼓励党派中央参政议政干部长期关注聚焦问题，用心钻研思考问题，用三到五年的时间，就可能成为某个领域里的小专家。民进参政议政能力的提升，不能仅仅寄希望于专家学者、专委会，也要寄希望于我们机关干部自身。看来登舟同志是听进去了，这本书尽管从立论到阐释、从逻辑到文笔等方面还略显稚嫩，但这种善于钻研的精神值得鼓励。期望在民主党派的年轻人身上看到这种乐于学习、善于钻研的精神蔚然成风。

（发表于 2021 年 11 月 8 日《人民政协报》）

成为真正热爱阅读的读者

成为一位真正热爱阅读的读者是永远不会太晚的，但是如果你没有阅读的习惯，或手边没有足够的可以随时取阅的书，那么要达成这样的目标就很难了。

——［英］艾登·钱伯斯

汉代刘向曾经说过："少而好学，如日出之阳；壮而好学，如日中之光；老而好学，如炳烛之明。"一个人少年时好学，就像早晨初升的太阳一样光辉灿烂；壮年时好学，就像中午的太阳一样光芒万丈；老年时好学，就像点燃的蜡烛一样，能够照亮黑暗的屋子。阅读也是如此。虽然我们很多人由于各种原因，错过了中小学的黄金阅读阶段，但是进了大学或者入了职场，都还可以开始阅读，甚至人到中老年，也可以像钱伯斯在《打造儿童阅读环境》中说的那样开始阅读生活，"成为一位真正热爱阅读的读者是永远不会太晚的"。我们这代从农村走出来的人，大部分是从大学时代才开始真正阅读的。当然，钱伯斯还提出了两个附加条件，一是要养成阅读的习惯，二是要有一些随时可以拿到的书籍。对于现代社会的人来说，这两个条件不是困难的事情，坚持每天拿出半小时、一小时读书，把阅读作为精神的运动，作为自己最重要的事情之一，这是每个人都能够办得到的。网上买书、图书馆借书，也是非常方便的事情。其实，最重要的还是阅读的愿望，还是精神的饥饿感，这又取决于是否真正享受过阅读带来的幸福，享受过精神风景带来的愉悦。

这是一个需要谨记在心的真理，因此，任务的成功与否，就看我们读了多少书，以及读了什么样的书。我们总会在不知不觉中，试着影响他人变成和我们一样的读者；我们总喜欢将自己最钟爱的书与大家分享，期待他们也一样能乐在其中；我们也会用自己的思想或谈论阅读心得的方式，引导周围的人用同样的方式来思考和谈论。不用多说，我们举手投足间就已经透露了我们生活中关于阅读的种种。

——［英］艾登·钱伯斯

雅斯贝尔斯曾经说过，教育的本质意味着：一棵树摇动另一棵树，一朵云推动另一朵云，一个灵魂唤醒另一个灵魂。其实，阅读也是如此，只有真正的读者才能培养出读者。一个父母不读书的家庭很难培养出酷爱阅读的孩子，一所校长、教师不读书的学校很难培养出酷爱读书的学生。我们每个人都有自己的职业，但是读者应该是我们共同的称呼。真正的读者是有自己的"味道"，有自己的气质的。熟读诗书气自华，一个人的儒雅气质，不要开口就能够感受到。一个人的学问修养，言谈举止就能够感受到。所以，阅读是可以"传染"的，可以"模仿"的。记得儿子小时候，我每天早晨伏案工作、阅读写作的时候，他会拿个小板凳坐在我的边上安静地看书。一位热爱阅读的老师喜形于色地谈论自己刚刚读过的书籍，或者与学生一起讨论他们共同阅读的书籍，无疑就会潜移默化地影响学生们的阅读。我曾经说过，有三个人群是天然的阅读推广者，领导干部、教师和父母对于推进全社会阅读、校园阅读、家庭阅读，是最直接、最有效的推动者，他们读了多少书，读了什么书，总会在不知不觉中，影响着其他人变成读者。所以，特别期待有更多领导干部、教师和父母成为真正的读者，携起手来共同建设书香中国。

教师这一项工作，是一个照顾所有年轻学子们的专业工作，同时也肩负着帮助孩子成为读者的责任。如果老师们进入自己的专业领域时，就对出版的儿童文学有完整而广泛的知识，也知道如何将这一切带给孩子们，那么，老师不但会在指导阅读时更有效率，也能为教学生涯的前几年建立一些图书信息的基础。

——［英］艾登·钱伯斯

　　教师，是把孩子们带到阅读世界的重要引路人。遗憾的是，我们的师范教育基本上不重视阅读科学，不重视阅读理论与实践的教学。我们的未来教师自己没有系统的阅读，也没有接受阅读方法的训练，以至于许多师范院校的学生根本不明白阅读对于学生精神成长和学业成就的作用，自然也不会在教育实践中开展行之有效的阅读活动。教师不成为读者，就不可能把学生们培养成读者。教师对文学、对专业没有较深的素养，就很难把完整而广泛的知识带给学生。所以，我一直主张，师范院校应该开设阅读课程，不仅仅是语言文学专业要开，所有专业都应该开，学科阅读应该成为所有老师的基础课程。要首先让教师成为读者。未来的教师要真正地热爱阅读，真正地进行专业阅读，才能成为知识与学生之间的桥梁，成为助力学生健康成长的导师。父母在家庭中也是最好的老师，上述的钱伯斯这段文字，对于那些渴望成长的父母来说，无疑也是适用的。

　　　　　　　　　（发表于 2021 年 11 月 13 日《人民政协报》第 7 版）

从百年党史中汲取教育改革发展不竭动力

百年大党风华正茂，百年教育桃李芬芳。在中国共产党百年华诞之际，党的十九届六中全会胜利召开，全会审议通过的《中共中央关于党的百年奋斗重大成就和历史经验的决议》（以下简称《决议》），站在党和国家事业发展战略全局高度，全面总结了党领导人民进行革命、建设、改革的百年历程，在承前启后的重要历史关头指明了前行的方向。作为教育界的民主党派政协委员，我们在中国共产党波澜壮阔的百年叙说中，读出了中国教育过去为什么能够成功的制胜法宝，坚定了中国教育在未来必将继续成功的信心决心，也更加体悟了中国教育改革发展生生不息的力量之源。

一、从党的全面领导中汲取教育改革发展强大的政治力量

全会总结了中国共产党领导人民百年奋斗的十条历史经验，其中第一条就是"坚持党的领导"，这是中国特色社会主义最本质的特征，是中国特色社会主义制度的最大优势，也是百年来我国教育事业发展兴盛的基本保障。建党百年来，我们建立了社会主义教育体系，实现了"穷国办大教育"，并向着建设教育强国之路阔步迈进，如此举世瞩目的教育成绩离不开中国共产党的正确领导和科学决策。百年来，中国共产党团结带领全国各族人民为争取民族独立、人民解放和实现国家富强、人民幸福不懈奋斗，奠定了人民当家做主的根本政治

制度，创造了经济发展的历史性突破。在党的领导下，中国教育百年也经历了由破到立、由大到强的发展过程。实践证明，中国共产党领导中华民族实现伟大复兴的现代化实践，始终将教育置于优先发展的重要地位，是百年来中国教育发展的兴盛之本。中国共产党能够领导好中国革命、改革和建设事业，能够领导好中国教育科学文化事业沿着社会主义道路和方向笃定前行。过去一百年，中国共产党向人民、向历史交出了一份优异的答卷，我们有理由相信，中国教育依然将从中国共产党新的百年奋斗中汲取强大的政治力量，创造中国教育第二个百年辉煌。

二、从党的理论创新中汲取教育改革发展强大的思想力量

科学的理论指导，是一个政党把准方向、永葆先进性的决定因素。中国共产党坚持把马克思主义基本原理同中国具体实践相结合、同中华优秀传统文化相结合，不断推进理论创新，并善于用新的理论指导新的实践。

百年来，中国共产党形成了毛泽东思想，实现了马克思主义中国化的第一次历史性飞跃；包括邓小平理论、"三个代表"重要思想、科学发展观的中国特色社会主义理论体系，实现了马克思主义中国化新的飞跃；新时代，创立了习近平新时代中国特色社会主义思想，实现了马克思主义中国化新的飞跃。党领导人民不断推进教育事业发展和改革的百年进程，实际上就是在马克思主义指导下，对我国教育事业发展规律认识不断深化和不断升华的过程。中国共产党在不同时期的理论创新为中国教育的改革发展注入了强大的思想力量。思想是行动的指南，在新的发展征程中，中国教育将继续从党的理论创新中汲取改革发展强大的思想力量。

三、从习近平新时代中国特色社会主义思想中汲取中国教育继续成功的强大力量

全会指出，党确立习近平同志党中央的核心、全党的核心地位，确立习近平新时代中国特色社会主义思想的指导地位，反映了全党全军全国各族人民共同心愿，对新时代党和国家事业发展、对推进中华民族伟大复兴历史进程具有决定性意义。习近平新时代中国特色社会主义思想是当代中国马克思主义、二十一世纪马克思主义，习近平总书记关于教育的重要论述，标志着党对教育规律的认识达到了新高度，为推进新时代教育改革发展提供了强大思想武器，也为中国教育事业提供了继续成功的思想武器。

在新的历史时期，我们要从百年党史中汲取教育改革发展的新力量，继续坚持党对教育工作的全面领导，贯彻落实立德树人根本任务，以"更好的教育"为奋斗目标，以改革创新为根本动力，以教师队伍建设为基础工作，推动中国教育事业进入更高质量、更有效率、更加公平、更可持续、更为安全的发展新阶段，推进中国教育现代化，谱写中国教育的新篇章。

（2021 年 11 月 22 日提交全国政协十三届十九次常委会的发言）

深入学习贯彻中共十九届六中全会精神　为全面建设社会主义现代化国家贡献力量

中共十九届六中全会是一次具有里程碑意义的重要会议，全会审议通过的《中共中央关于党的百年奋斗重大成就和历史经验的决议》（以下简称《决议》），全面总结党百年奋斗的重大成就和历史经验，突出党的十八大以来以习近平同志为核心的党中央开创中国特色社会主义新时代的伟大成就，是一篇光辉的马克思主义纲领性文献，需要下功夫学懂弄通做实。

一是要深化对"两个确立"决定性意义的认识。全会强调，确立习近平同志党中央的核心、全党的核心地位，确立习近平新时代中国特色社会主义思想的指导地位，反映了全党全军全国各族人民共同心愿，对新时代党和国家事业发展、对推进中华民族伟大复兴历史进程具有决定性意义。这"两个确立"是中共十八大以来最大的政治成果、最重要的历史经验，为我们增强政治自觉、理论自觉、行动自觉提供了重要指引。

二是要深化对统一战线地位作用的认识。《决议》以"十个坚持"总结了党百年奋斗的宝贵历史经验，"坚持统一战线"作为经验之一，深刻揭示了统战因党而生、为党服务、伴党而行、助党而兴的历史进程和历史规律。中共十八大以来，以习近平同志为核心的中共中央着力完善大统战工作格局，推动我国政党关系、民族关系、宗教关系、阶层关系和海内外同胞关系更加和谐，推动全体中华儿女心往一处想、劲往一处使，汇聚起同心共筑中国梦的磅礴伟力。

三是要深化对全过程人民民主的认识。全会强调，要发展全过程人民民主，保证人民当家做主。我国全过程人民民主包括民主政治的全部要素，涵盖了民主过程的一切领域，不仅有完整的制度程序，而且有完整的参与实践，实现了过程民主和成果民主、程序民主和实质民主、直接民主和间接民主、人民民主和国家意志相统一，是全链条、全方位、全覆盖的民主，是最广泛、最真实、最管用的社会主义民主，是我们树立高度政治制度自信的现实依据。

中共十九届六中全会已经发出了迈向第二个百年奋斗目标，实现中华民族伟大复兴的集结号与动员令。我们要坚持以习近平新时代中国特色社会主义思想为指导，深入学习贯彻十九届六中全会精神，进一步增强责任和担当，把全会精神不折不扣落实到各项履职工作之中。

一、深入学习贯彻十九届六中全会精神，夯实共同思想政治基础。学习贯彻十九届六中全会精神，首要的就是必须深刻认识"两个维护"的历史必然性和极端重要性，增强做到"两个维护"的自觉性和坚定性，始终在思想上政治上行动上同以习近平同志为核心的中共中央保持高度一致，坚持不懈用习近平新时代中国特色社会主义思想武装头脑、指导实践、推动工作。

二、深入学习贯彻"坚持统一战线"重要历史经验，着力凝聚智慧力量。要立足人民政协性质定位，高举爱国主义、社会主义旗帜，牢牢把握大团结大联合主题，正确处理一致性与多样性的关系，推动建言资政与凝聚共识双向发力，广泛凝聚共识，广聚天下英才，不断巩固和发展最广泛的爱国统一战线，把统战的同心圆越画越大，引导海内外中华儿女同心同德、同力同向，共同推动中华民族伟大复兴。

三、深入学习贯彻全过程人民民主，积极深入履职。要深刻把握新时代肩负的职责使命，增强思想和行动自觉，围绕"十四五"规划和 2035 年远景目标纲要，立足新发展阶段、贯彻新发展理念、构建新发展格局，不断提高协商议政能力，围绕党委和政府中心工作、重大问题和基本民生深入调研，积极主动反映社情民意，提供更多务实管用的对策建议，把新型政党制度优势转化为国家治理效能。

（2021 年 11 月 22 日提交全国政协十三届十九次常委会的发言）

从历史、人物传记中汲取经验教训

我觉得历史方面的书很有意思，可以从历史、人物传记中学到很多经验教训。比如说，他们面临的困难，他们如何克服困难。我喜欢莎士比亚，我的最爱之一。我还喜欢本·富兰克林。

——［美］马斯克

历史、人物传记、科学普及读物等都属于非虚构类书籍，对于人的成长起着非常重要的作用。许多孩子喜欢读小说、科幻等作品当然很好，但还是应该尽可能让他们有更加合理、全面的营养。例如，马斯克作为一位理工男，也很喜欢读历史与传记。为什么历史很重要？历史的书籍，有助于形成历史意识、悲悯情怀，形成历史地、辩证地看问题的方法。在某种意义上可以说，一切科学都是历史的科学。而人物传记，则有助于帮助孩子们寻找生命的原型、人生的榜样。富兰克林就是马斯克的偶像和生命原型，他认为，富兰克林不仅是一位伟大的发明家，而且"他还在正确的时间做了正确的事情"。马斯克说，他喜欢的人物传记还有牛顿、爱因斯坦、达尔文等。其实，新教育实验这些年来也一直在研究和探索人物传记的阅读问题。按照新教育的生命叙事理论，每个人都是自己生命故事的作者和主人公，在叙写自己的生命故事的时候，自觉不自觉都是有自己的生命原型的。这些原型往往就是照耀他们前行的灯塔，是他们战胜自己成长过程中各种困难的力量源泉。马斯克说，那些伟大人物如何克服困难的经历，给了他很大启发。罗曼·罗兰也说过，我们每个人都有疲倦的时刻，英雄的胸怀能够温暖我们，我们可以从他们身上汲取人生的力量。

我觉得我确实从很多科幻作品中汲取了灵感，这些作品具有非凡的想象力。想象一下走出地球探索恒星的场景，实在令人激动。我们的努力方向就是，让科幻作品不会永远是科幻作品，终有一天它们会变成现实。

——［美］马斯克

除了阅读历史与人物传记，马斯克也非常喜欢阅读科幻作品。在和钱颖一先生对话的时候，他就告诉大家，他特别喜欢阿西莫夫、海因莱因、克拉克等人的作品，当时他正在阅读班克斯的"文化"系列。他认为，科幻的魅力在于"突破常规的束缚"。虽然一般题材的书也很有趣，但是受到固定框架的限制，自由度非常有限。"科幻作品的自由度要大得多。"他坦诚自己从科幻作品之中汲取了许多灵感，他的梦想就是不能让科幻作品永远是科幻作品，而要让它们逐步成为现实。的确，人类科学技术进步的历程，正是一步一步把科幻作品的想象力变成现实的生产力的过程。嫦娥奔月的幻想，一直是人类飞天的源动力。《雪崩》里面对于真实世界与虚拟世界平行交错的想象，成为当下元宇宙的直接来源。而凡尔纳科幻小说中的许多场景，早已成为我们生活中的事实。想象力是需要激发的。科幻作品正是培养和激发想象力的重要阅读材料。

我觉得应该尽可能广泛涉猎各个科目。很多创新发明都是跨学科的成果。我们的知识储备越来越庞大，所以必须能够融会贯通。有人精通一个领域，而不了解其他领域，如果你能把不同领域的知识结合在一起，就有机会创造出超常成果，这里有大把的创新机会。所以我鼓励大家尽可能广泛地学习各个科目。对于工科学生，我建议去学一点经济学，学点文学，或者其他领域。我建议，在有兴趣的前提下。大家可以学习各个领域的基础知识，然后思考一下如何将不同领域的知识融会贯通。这样很容易产生奇思妙想。

——［美］马斯克

一般的人都认为马斯克是一位无法效仿的天才，他创办的多家公司领域各不相同，从火箭科学、工程、建筑、隧道、物理、人工智能到能源，每个领域都有革命性的突破。其实，这一切的背后，与他"广泛涉猎各个科目"，并且能够融会贯通有着密切的关系。据马斯克的哥哥介绍说，从十几岁开始，马斯克每天会阅读两本书，阅读范围涉及科幻小说、哲学、宗教、编程，以及科学家、工程师和企业家的传记。随着年龄的增长和职业兴趣的变化，阅读领域又扩展到物理、工程、产品设计、商业、技术和能源等方面。有人称马斯克为"现代博学者"。所以，他在与钱颖一先生对话的过程中，建议大学生文理融合、广泛涉猎、融会贯通，主张工科学生不妨去学一点经济学、文学和其他领域的知识。我多年前曾经建议高考取消文理分科，中学生加强文理综合知识的全面学习，也是基于这样的思考。有研究发现，历史上各个时期最重要的 20 位科学家中，有 15 位是博学者。而世界上最大的 5 家公司的掌门人，从比尔·盖茨、史蒂夫·乔布斯、沃伦·巴菲特到拉里·佩奇和杰夫·贝佐斯，也都属于"现代博学者"。他们都能够做到每周至少花 5 小时学习，在许多不同领域进行广泛学习，并且理解连接这些领域的更深层次的原则和思维模式。将不同领域的知识融会贯通就很容易产生奇思妙想，这是所有创新创意的不二法则。

（发表于 2021 年 11 月 27 日《人民政协报》）

如何为孩子选用于讨论的书？

我们得先读过一本书，才能展开讨论；想要有书可读，我们得先选出一本书来。一本书能提供的可供讨论的议题，包括主题、想法、语言、意向、对记忆的刺激等。由此可见，选择一本书来阅读是一件非常有价值的事。可以说，选择一本书就是行使一项权利。

——［英］艾登·钱伯斯

毋庸置疑，读什么，是阅读的出发点，也是钱伯斯"阅读循环"的逻辑起点。正如学什么是学习和教育的起点一样，我们每个人的精神世界，在很大程度上是由我们阅读的书籍建造的。虽然阅读对人会产生巨大的影响，但并不是所有书都给我们留下刻骨铭心的印记，更不是所有书都能够改变我们的价值观和行为。正如钱伯斯所说，并不是读过《圣经》的人都会改信基督教，读过马克思《资本论》的人都会变成共产主义者。但是，不可否认的是："只要读过肯定会留下某种影响。正因为如此，我们才认为，'读什么'以及'谁要你读什么'，非常重要。"也正因为如此，许多国家都非常重视为孩子和国民推荐、赠送相关书籍。

钱伯斯认为，为孩子选择合适的、用于讨论的书，需要考虑以下几个因素：第一是讨论的时间长度。一般而言，讨论一次的时间在45分钟到1小时之间，如果对于特定年龄孩子过于浅显或者过于无趣，或者过于艰深，或者时机不对，都无法开展正常的讨论。只有选对了书，才能让孩子们有话可说，集中精力参与较长时间的讨论。如果一次讨论不完，也可以持续地进行讨论。第二是讨论的方式。讨论必须在相对轻松自然的状态下进行，讨论越是放松，内容越能深入。所以师生之间应该有亲密的关系和良好的日常交流，平时就能够天南地北地聊天，在阅读讨论时就能够流畅地进行。"师生课余时间交流所建立的默契都有助于拓展'说来听听'的深度和广度。"第三是要尊重孩子们的品位。老师不应该以自我为中心，而对孩子们喜欢、痴迷的书不闻不问，要尽可能与他们一起选书，乐于考虑孩子们的选择。钱伯斯建议，"老师们应该通盘考虑，与其他老师共同努力，商量着开出最合理的书单，尽己所能地维护孩子们的权益"。选择阅读书籍也是一项权利，父母和老师都要谨慎地用好这个权利。

老师们应该了解，要敞开心胸观察一本书能被讨论到什么程度，要放手让学生激荡出各种想法。开放的心胸和放手让学生去做的气魄，才能造就出有自信的老师。

——［英］艾登·钱伯斯

老师在组织学生们讨论一本书的时候，除了不要急于发表意见之外，还需要注意哪些问题？钱伯斯在《说来听听：儿童、阅读与讨论》中主要从以下几个方面进行了论述。

第一，自己要对选定的书有深入的了解，"对所要讨论的书籍了解越深，你就越能明白孩子们想表达的重点，同时也更知道怎么根据情况提问"。尤其是对于新教师和年轻教师而言，不打无准备之仗，读透读懂准备用于讨论的书是非常重要的。第二，放手让学生讨论，让他们各抒己见、畅所欲言，彼此激荡、互相启发，不要回避自己不知道和搞不清楚的问题。要知道老师不是一把万能钥匙，更不是一个神，"身为老师，应该坦然告诉孩子们自己并非全知全能，但绝对愿意和大家一起动脑，试着找出答案"。所以，不懂没有关系，但不要装懂；不知道没有关系，但不要装着知道。第三，不要指望一次讨论就能解决所有问题，不解决问题不罢休，结果把大家弄得"兵乏马困"、疲劳不堪，"人人都倒了胃口"。有时候，留下一些悬而未决的问题，让孩子们有"继续挖宝"的期待，反而更能够使讨论深入下去，取得良好的成效。第四，在讨论出现困难、无法进行下去的时候，或者在发现孩子们实在无话可说的时候，也要当机立断终止讨论。因为，孩子们觉得有困难，往往意味着阅读的书籍选择得不合适，不符合孩子们身心发展的特点和阅读兴趣等。这个时候，可以和孩子们共同商量换什么书，或者提出一些候选书单，让孩子们自己选择。

读者是唯一知道自己想法的人。正因如此，"说来听听"的开宗明义就是要小组成员贡献只有自己"知道"的想法，由此才能建立起对文本丰富多元的认识……在讨论进入尾声之前，为了避免被学生当成"钦定"的观点，进而影响讨论的方向和顺序，老师是不提供个人意见的。

——［英］艾登·钱伯斯

在孩子们的阅读讨论过程之中，为什么老师不要急于发表意见呢？

钱伯斯分析说，无论年纪大小，大部分学生总是希望能够取悦自己的老师。在孩子们的眼里，老师就是百科全书，就是真理的化身，就是那个提供"唯一正确答案"的那个人。许多学生在讨论中的发言，往往不是讲自己的真实想法，而是揣摩老师的标准答案，以期得到老师的表扬。甚至当老师没有事先透露自己想法的时候，孩子们就会觉得很困惑。而当老师"一锤定音"后，学生的讨论自然就会沿着老师的思路与答案前行，讨论本身集思广益的功能就完全失去了。所以，老师的角色就像主持会议的主席，如果他有意影响与会人员的想法，就会先抛出自己的观点，再征求其他与会者的意见。但如果他想全面了解大家的真实想法时，他就会"按兵不动，直到对与会人员的意见做出总结，这才说出自己的看法"。所以，在和孩子们讨论阅读的内容时，父母和老师千万不要急于下判断做结论，而是应该引导学生充分发表意见，深入讨论交流。

（发表于 2021 年 12 月 11 日《人民政协报》第 7 版）

写作与思考

在硅谷让我感到非常有价值的一个方面，就是写作。不管是做科学的，做技术的，做创新的，如果你能写好一篇好文章的话，其实你都不需要成为一个作家，或者说一个小说家，基本上比普通人好一点点的话，那你就是很好的亮点了。你就可以获得别人的关注，你就能够获得别人的青睐。应当说，过去这10年当中最成功的这些风投家，他们之前都写过长篇大论的博客。如果说你也能够很好地写作的话，应当说，在硅谷是很好的一块敲门砖。

——［美］彼得·蒂尔

写作是人运用语言文字符号反映事物状况、表达思想感情、传递知识信息、实现交流沟通的活动。一般认为，写作只是人文社会科学的事情，尤其是作家的事情。但是，美国有研究机构对获得诺贝尔奖的科学家、美国国家科学院院士和一般的科学家进行比较研究后发现：有影响力的权威科学家和普通的科学家，他们的差别主要不在智商，不在学历，不在性别，甚至也不是科学素养、行动力、专注力、思考力，根本差别在于写作。他们的研究结果显示：获得诺贝尔奖的科学家，其写作能力比非诺贝尔奖科学家强许多倍！更没有想到的是，企业家的写作能力居然也如此重要。为什么？其实写作不仅仅是文字的清晰流畅、故事的曲折离奇和情感的真挚动人，能够写一篇好文章，更重要的往往是文字背后的思想、思维。钱颖一先生是最早在中国大学开设写作通识课程的。他把《中文写作》《中文沟通》《批判性思维与道德推理》作为清华大学经济管理学院最重要的课程之一，认为写作对于培养思维能力、沟通与表达能力具有非常重要的作用。写作为什么如此重要？在很大意义上可以说，写作的重要功能，就是整理自己的思维，使不被别人看见的东西外在化。正如作家叶开先生在《写作课》一书中所说的那样："'写作'的核心要义之一，是彰显暧昧不明的事物。写作如同一束光，照到不被看见的事物上。"硅谷的那些投资家之所以能够如鱼得水、长袖善舞，与他们的沟通表达才华和很强的写作能力是有着密切关系的。写作，不仅是作家的事情，也是我们每个人的事情。

真正的逆向思维是自己独立思考，不要人云亦云，也不是要跟周围的人唱反调，而是思考有意思、其他人甚至都没想过的问题。所以逆向思维就是探索你感兴趣但别人还没发现其有趣之处的方面。

——［美］彼得·蒂尔

彼得·蒂尔是 PayPal 公司的创始人和 Facebook 首位外部投资者，也是畅销书《从 0 到 1》的作者。2016 年 3 月 25 日，他和钱颖一先生在清华大学作了一个《理解历史，洞察未来》的对话，对逆向思维的问题进行了比较深刻的分析。他认为，逆向思维并不是为了和别人持不同意见，不是在主流舆论前面加一个负号，而是真正能够提出与别人不同而且高质量的问题。成功的博士生和不成功的博士生的差别也在这里。他认为很多人既聪明又努力，但是因为从来没有提出真正正确的问题，或者，"他们提出的问题是每个人都在问、很多人都在研究的问题，因此难以脱颖而出"。或者，问题虽然有趣，但是"不可能回答，也难以取得很大进展"。所以，他认为要提出那些非常有趣但是别人仍然没有发现其有趣之处，既有一定难度但是也可以挑战解决的难题。一句话，逆向思维的起点，不一定是给出不同答案，而是"提出没有人问过的好问题"。

每一个学生在读过选定作品后，写下三个自己想要深入思考的问题。各自选择同伴，相互提问准备好的问题，互相协商，从中选择三个彼此都还想多做探讨的问题。接着，每两组合为一组，也就是四人小组重复上述提问的过程，最后只能保留一个大家都想深思的问题。每组最后"存活"下来的问题就由全班共同来探讨。这个"问题淘汰制"最美妙之处在于学生的高度参与。

——［英］艾登·钱伯斯

　　"抓鬼游戏"是加拿大一所大学的英文系教授道格·希尔克提出来的。看起来名称不雅，但是其实很简单，就是选择什么样的问题用于讨论的筛选流程。具体方法是每个人在阅读结束之后，写出三个自己想要进一步深入思考探究的问题，然后再选择一位自己的伙伴，两人组成一个小组，在各自三个问题的基础之上协商讨论，筛选出两人认可的三个问题。然后，再与另外一个小组的两人组成四人小组，再次筛选出大家共同感兴趣的问题，如此循环往复，最后由全班同学共同讨论，决定最后"存活"下来的问题，这就是大家抓出来的"鬼"。钱伯斯认为，这样的"问题淘汰制"最美妙的地方就在于学生的高度参与，"每个人都兴致勃勃，毕竟讨论的问题都是自己提出的问题。每个人既是提问者也是解答者"。其实，问题筛选的过程，就是对所读作品的思考过程。不同读者从不同角度筛选出来的问题，有助于丰富各自对作品的理解，而彼此讨论抓出来的"鬼"，自然也是大家觉得挑战性最大、自己最感兴趣的问题。

（发表于 2021 年 12 月 25 日《人民政协报》第 7 版）

助力"双减"政策落地，促进教育均衡发展

半天的线上新教育实验区工作会议已接近尾声，借这个机会，我就新教育实验的发展，谈三点想法。

第一个关键词是欣喜欣慰。一个个新教育实验区蓬勃发展，取得喜人成绩，特别感谢大家对新教育的信任和支持，各地积极实践，区域新教育发展大有作为，相信大家在未来会创造更多的美好！

今天会议上，江苏徐州、海门，四川金堂、旺苍，江西定南，山东莒南，陕西宁强，山西临猗，重庆城口等新教育实验区作了很好的交流。由于会议时间等各种原因，还有很多非常优秀的实验区，没有机会作会议交流，但大家为区域新教育做的努力、贡献、创造，不仅写在家乡的田野上，也珍藏在我们每个人的心里。

新教育实验区是新教育实验推广和发展最重要的力量。从2004年起，新教育开始区域推进的探索，到今年10月，全国已有176个县级实验区、8326所实验学校、836万名师生参与新教育。新教育实验已经成为全国乃至全世界规模最大的教育实验之一。

推进区域教育高质量发展是一个重要的时代课题。新教育实验推进区域教育改革发展，有一个明显的特点，这就是民间公益教育智慧与政府体制力量的叠加融合。实践已经证明，并将继续证明，在新教育实验区内，自上而下的政府、教育部门的行政推动力量，与自下而上的校长、老师们自主自发的参与热情相结合，是区域教育改革发展的重要力量。

第二个关键词是坚定信念。我们要全面贯彻党和国家的教育方针政策，让新教育实验成为"双减"政策落地的引擎，以新教育实

为抓手，有效促进区域教育均衡、公平、高质量发展。

今年 7 月，中共中央办公厅、国务院办公厅出台《关于进一步减轻义务教育阶段学生作业负担和校外培训负担的意见》。如今，"双减"已经成为中国基础教育改革发展的"一号工程"，其目的就是全面贯彻立德树人、五育并举、全面发展的教育方针，重构中国基础教育的良好生态。

这次我们把会议主题确定为"助力'双减'落地，促进教育均衡"，希望新教育各实验区直面"双减"改革的大背景，充分认识新教育实验与"双减"的关系，扎实推进新教育实验，使之成为助力"双减"政策落地、促进区域教育均衡发展、生态优化的强大引擎。

首先，我们要看到新教育与"双减"政策价值追求上的一致性。新教育与"双减"政策都指向"过一种幸福完整的教育生活"。"双减"政策致力于解决作业过多、培训过滥、焦虑过度等问题，也正是要让师生"过一种幸福完整的教育生活"。

其次，我们要找准新教育助力"双减"提质的切入口。"双减"背景下，各新教育实验区、实验校一方面要继续大力推进学校文化建设、教师"三专"发展、构筑理想课堂、研发卓越课程、缔造完美教室、家校合作共育等行动，促进学校文化品质、学校管理质效、教师队伍水平、课堂教学质量、学生成长生态的提升和改善，努力真正实现轻负担、高质量，五育并举，全面发展；另一方面要通过新教育的课程、新教育的阅读行动丰富每天课后延时服务的内容，丰富学生节假日的生活，让所有学生都能在延时服务的时间段和节假日，找到最适合自己的学习方式、学习项目，更好地成长，"让每个孩子都有人生出彩的机会"。

第三个关键词是把握趋势。我们要充分认识新教育实验的本质和内涵，在整体推进中，注意突出重点，共同推动新教育实验为区域教育发展做出更大的贡献，为我们党的第二个百年奋斗目标贡献更大的力量。

今后，乃至以后若干年，区域推进新教育实验需要特别关注以下四个问题。

一是要特别关注新教育教师的专业成长。教师成长是新教育实验的逻辑起点。今后，一要努力把新教育生命叙事理论和"三专"理论体系化、操作化；二要选择与一到两所师范大学合作，重新构建教师教育课程体系；三要遴选一批乡村学校，与城市新教育学校结对，助推乡村教师成长；四要完善新教育网络教师学习中心。

二是要特别关注新教育的卓越课程探索。新教育要在区域教育中扎根开花，课程建设是根本。围绕"过一种幸福完整的教育生活"的核心理念，构建新教育课程体系，大幅度压缩和整合现在的学校课程体系，把更多的时间和空间留给学生，是减负提质的根本途径，是新教育课程研究的未来方向。

在未来若干年，新教育将继续对以大生命、大人文、大科学、大德育、大艺术为特色的新教育课程构架进一步从课程理念、课程标准、课程纲要到教材建设等方面进行全面、深入地研究，抓紧研发相应的课程，完善新教育课程标准，开发相关的教材等。

三是要特别重视新教育在区域综合改革、改变区域教育生态上的创造性实践。新教育实验始终与国家教育政策同频共振，服务于中国教育的发展大局。新中国成立以来，特别是改革开放以来，促进教育公平一直是国家教育政策的重要主题之一。新教育实验学校 62% 在农村或边远地区，我们要继续加强边远地区的新教育实验区建设，发挥新教育在推进教育公平方面的作用。未来的新教育实验资源配置方面，无论是实验区和实验学校的建立、种子教师的遴选，还是完美教室和新教育童书馆的资助等方面，要更多关注边远地区和少数民族地区，努力实现教育的共同富裕。

四是要特别关注未来教育的变革。2020 年突如其来的新冠肺炎疫情虽然是一个灾难，但同时也提供了一个未来教育的试验场，"新教育未来学习中心"正式上线。2020 年以来，"新教育未来学习中心"共建立了 100 多个云教室，吸引了数以百万计人次的校长、教师参训，实现了大规模、高效能的教师、学生及父母培训模式创新。这可能就是未来学校、未来课程和未来课堂的缩影。在未来几年中，新教育将继续研究未来学校的转型，开展未来学习中心试点。

2021 年底，我们相聚云端，共同谋划新教育实验区工作的新发展，共同描绘新教育实验未来的美好愿景，建立起更坚定的信念，激发起更强大的动力！让我们一起努力，共煮新教育实验这一锅鲜美的"石头汤"，为中国教育的美好明天贡献自己的光和热！

（在 2021 年新教育实验区工作会议上的讲话，发表于 2021 年 12 月 31 日《江苏教育报》）

以"模拟政协"活动培养青少年公共品格

习近平总书记在中央政协工作会议上指出,人民政协制度具有多方面的独特优势。中国式民主在中国行得通、很管用。新形势下,我们必须把人民政协制度坚持好、把人民政协事业发展好。青少年"模拟政协"活动,通过模拟人民政协的提案形成过程,可以了解我国民主政治协商制度,提升协商能力,是一项公益性青少年创新实践活动。

自 2002 年起,由中国致公党发起、多家组织机构参与的"青少年模拟政协活动"定期举办,取得了良好效果。例如,2016 年第三届全国青少年模拟政协活动中产生的优秀提案《以"互联网 + 老年人关怀之家"推进中国智慧养老的提案》被提交至 2017 年全国"两会",得到民政部的正式回复,学生们提出的"互联网 +"居家社区养老服务的新模式,目前已在一些地方探索实践。2017 年活动中产生的优秀提案——北京人大附中的《关于完善中小学性教育体系的提案》经许怡委员提交至 2018 年全国政协大会,10 月得到正式回复,被接受办理。事实证明,青少年模拟政协活动具有重要意义。

开启青少年实践之路。开启了青少年参与社会生活、承担公共责任、建立家国意识、培育公共精神的实践之路。青少年"模拟政协"活动,使青少年有了真实地接触社会、了解民生的机会,也有了在实践中锻炼公共品格的成长机遇。

为德育实践化提供了可参考的实践经验。长久以来,我国德育课程最大的问题就是脱离生活实际,远离学生的真实生活。青少年"模拟政协"活动,使学生通过了解政协历史、观摩政协议事活动,在生活中切实体会我国的民主政治体制，并从真实生活中发现问题、提炼提案，培育真实的德育品格。

以实际行动践行了立德树人根本任务与全面育人教育目标。要落实这一教育目标，不仅要培养青少年的私德，还要培养他们参与公共生活、承担公共责任的公德，更要在此基础上养成青少年学生热爱祖国、热爱中华民族的大德。青少年"模拟政协"活动，是一种可贵的公共品格教育探索，是已被证明的可行之路。

探索了社会主义合格公民的养成路径。青少年在模拟政协的过程中，学会按照法定程序和谐有序地参与身边家庭事务、学校事务和社区事务的过程，也是模拟协商民主生活实践的过程；青少年在协商民主实践中得到历练，学会如何以和平的、正义的、理性的民主方式表达自己的观点和诉求的过程，也正是一个合格公民的成长过程。为此，我们建议在全国中小学推广中学生"模拟政协"活动，以落实"立德树人"方针，培养青少年公共品格。

一是在有条件的城市成立"模拟政协"实践基地。如2016年至今，北京市政协与中小学合作，成立了50个"模拟政协"实践基地，取得了良好成效。二是鼓励学校成立"模拟政协"社团。如北京市人大附中、101学校、166学校等都先后成立了"模拟政协"社团。全国各地的模拟政协活动中，也都成立了相应的学生自组织。三是组织学生观摩全国政协和地方政协常规活动。在全国政协第二次公共开放日上，就有人评论说，虽然让中小学真正理解政协可能有一定难度，"但这并不妨碍通过体验和感受政协氛围，在孩子心里种下一粒协商民主的种子"。四是举办"模拟政协"提案评选活动。最近三年来，北京市就有200余项青少年"模拟提案"得到政协委员的关注，其中50余件提案经政协委员提炼修改后，上交北京市及全国"两会"。五是邀请政协委员与专家定期走进校园。委员、专家通过与学校师生开展研讨交流，使活动更深入，提案更有价值和可行性。六是举办"模拟政协"实践成果展示活动。通过评选优秀提案，现场模拟提案办理等展示交流活动，帮助青少年更好地认识政协，理解公共活动的程序与意义。正如2018年模拟政协活动的学生主席，来自上海交大附中模拟政协社团的郝隽永所说："模拟政协活动为我们提供了建言献策的渠道，让我们对社会有了更深的观察与思考，感到肩上的担子更重了。"让新一代通过模拟政协，深入实践，这是青少年公共品格的有效养成路径，让新一代更积极地投身到火热的生活之中。

（发表于 2021 年第 2 期《教育家》）

教育变革的力量从哪里来？

2018 年，笔者主编《当代中国教育改革与创新书系》时，曾经邀请时任海门教育局局长许新海博士撰写了一本《变革的力量：海门县域教育生态的蜕变》。策划这本书的目的之一，就是想告诉人们：教育理念是教育变革的力量源泉。

这本书，讲述了海门整体推进新教育实验 8 年来所发生的惊人变化。而导致这些变化的重要原因，在于他们坚持践行新教育的核心理念：过一种幸福完整的教育生活。很多人知道，笔者一直要求新教育实验学校在最醒目的地方应该有这句话、这个理念。

理念为什么很重要？因为人的行动是受理念支配的。人的行动，虽然并不完全是理性化的、经过深思熟虑的，但是总有背后支持这个行动的认知原因和动力机制。尤其是像教育这样长期的、系统化的复杂行为，更加会受到思想、理论和理念的影响。

教育是需要理念、思想、理论武装的。马克思在《〈黑格尔法哲学批判〉导言》中曾经指出，"批判的武器当然不能代替武器的批判，物质力量只能用物质力量来摧毁，但是理论一经掌握群众，也会变成物质力量"。中小学一线老师为什么经常会缺乏教育效能感？往往与他们缺乏理论、思想和理念的支撑有关。有些区域、学校为什么多少年浑浑噩噩、没有进步？往往与他们的局长、校长缺乏教育思想、教育理念、教育信仰的武装有关。

思想、理论、理念是什么关系呢？一般而言，思想，是指相对零散，但却也有真知灼见，并具有真理性的认识。理论，是指具有前后联结逻辑关系的"体系化、系统化"，并可以自圆其说的思想体系。

理念，则是把思想和理论高度概括、凝聚，同时伴有信仰、信念要素的纲领性话语。

所以，教育理念，是人类在教育实践过程中为了诠释各种教育现象，归纳或总结的教育思想、观念、概念与法则等。在人类演进的漫漫历史长河中，在不同的年代、不同的区域，通过教育实践形成了纷繁复杂的教育理念。伴随着人类认知的进步，有的教育理念逐渐淡出，也有不少教育理念被奉为经典而延续下来。

教育理念是学校管理和区域教育发展的前提。审视十几年来区域教育的变革之路，践行、总结、生成、提升区域教育发展理念，以实现理念引领发展，是许多学校和区域教育变革与跨越式发展的"不二法门"。在那些成功的学校和区域背后，我们总能够找到背后的理念支持和理论武装。

回到文章的开头，笔者为什么要新教育试验区和实验学校把"过一种幸福完整的教育生活"放到醒目的位置？就是要强化这样的理念：教育是为人的幸福奠基的。没有童年的幸福就没有人生的幸福。幸福比成功更重要。最好的教育就是让每个人成为最好的自己。

当然，理念不是靠挂在墙头就能够装在心头的。只有当思想、理论真正被老师、校长、局长所理解、所掌握、所信仰时，才能真正化为自觉的行动。所以，理念的形成需要一个内化的过程，需要一个不断地学习的历程。

回到经典，阅读经典，把教育思想化为教育理想，把教育理论化为教育理念，意义正在于此。

（发表于 2021 年 8 月刊第 4 期《教育家》）

我国家校共育的问题及对策

所谓家校共育，通常是说，使家庭、学校、社区充分联系起来，构建全新的合作伙伴关系，使教学资源得到更大的拓展，并且可以让家风朝良性的方向发展，进一步完善制度建设，让参与各方能够做好协调工作，让孩子、家长、教师都可以一起发展，拥有更大的成长空间。

家校共育在整个教育体系中具有十分重要的地位。首先，家校共育有助于家庭发挥其教育功能。把学校的孤军奋战变为家校携手共育，使家庭的教育力量得以充分发挥。其次，家校共育有助于建立现代的学校制度。家校共育强调重视学校与家庭、社会的互动过程，通过制度的安排协调校内和校外的关系，充分发挥家校社利益相关者在现代学校制度构建和发展中的作用。最后，家校共育有助于教育教学质量的提升和学校教育满意度的提高。家校共育能够让师生关系变得更加密切，家庭关系也能够更加稳定温馨，更有助于父母孩子的共同成长以及和谐社区的建立，能够增强社区居民的获得感和幸福感。

从许多家校共育的案例中，我们都能够了解到父母的参与给学校管理带来的巨大力量，以及对学校生态的改变。特别是新冠肺炎疫情之下，"停课不停学"使得孩子们的学习场景和学习方式发生了重要变化，学生在家学习的时间大幅增加，亲子关系与家校共育显得尤为重要。在未来社会，随着家庭教育重要性的日益凸显，家校共育在整个教育体系中将发挥更大的作用。

一、家校共育存在的主要问题

这些年，习近平总书记对家校共育问题非常关注，并且多次提及家庭、家教、家风建设的问题，有关部门和地区陆续出台了不少家校共育的政策，各教育主体也越来越认识到家校共育的重要性，一些地方和学校已经进行了很多家校共育的实践探索，涌现出许多创新之举，但也存在一些问题。

（一）对家校共育的认识有待进一步提高

国家对家校共育问题非常重视，相关部门陆续推出了一系列的政策、法规，其中都提出了学校要切实承担起对于家庭教育的指导责任。不过，通过调查可以清楚地了解到，92.1% 的人表示，该义务应该是由教师承担的；55.1% 的人表示，对家庭教育进行一定的指导，应该体现在道德上，并没有法律上的约束。学校和教师认为自己的职责主要是传授各学科科学文化知识，思想道德教育以及指导家庭教育并不是必须的，甚至认为是增加了工作量，对家校共育活动采取消极态度。学校只有在学生遇到某些问题、需要和父母讨论学习成绩或者需要父母给予配合的时候才会和父母进行沟通。

父母对于家庭教育的主体责任也存在缺失的现象。《全国家庭教育状况调查报告（2018）》指出，一些班主任表示，在学生家长中，50% 以上的家长并不清楚自身在教育孩子中的重要作用，并认为这是教师和学校的一种义务和责任。

父母和教师对于家校共育的意义和价值认识不够，导致双方经常出现互相推脱责任或者相互裹挟的现象。例如，教师让父母监督、辅导和检查孩子作业，参与手工制作等，父母成了教师的助教，家庭教育变成了学校教育的附庸。有的父母也会对学校、教师进行责任的推诿，认为孩子上学了，有关的教育无论是文化知识的传授还是思想品德的培养都是学校和教师的责任，自己只需要保障孩子的身体健康、满足其基本的物质需求就可以了，缺少参与学校管理的意识。

（二）缺少长效运行管理机制，很多家校共育方式流于形式

尽管教育部有相关文件规定，家长委员会有三种职能：在学校管理中发挥作用、在教育工作中积极参与、沟通学校与家庭。但是，有关研究数据表明，只有 27.1% 的小学校长、18.7% 的初中校长认为，家长委员会的作用比较突出，推进了学校的相关决策的制定；只有 29.2% 的小学校长、20.8% 的初中校长认为，家长委员会的作用比较突出，为教学工作带来了大量资源、帮助。究其原因，主要是因为缺少长效运行的管理机制，国家虽然出台了很多相关政策，要求各中小学校建立家长委员会，但并没有说明具体的操作规则，很多家长委员会没有规定明确的权责、义务，没有建立长效的运行机制，在实施过程中容易流于形式。

在家校互动的方式上，很多家校共育的活动是以学校为主导，往往是学校单方面向父母传递信息，忽略了父母的需求和资源，父母只是配合学校，真正的参与度并不高。还有些父母虽然有很强烈的参与意识，但参与行动却不高。

（三）家校共育的沟通机制不畅

虽然家校之间通过协商解决问题的意识越来越强，但学校和教师仍然占据家校沟通的强势地位，父母缺少说话的机会，出现了沟通中一方的"沉默"现象，这是低效沟通或假沟通的一种典型表现。也就是说，即使是父母在有能力促进家校共育的情况下，出于某些原因，也选择沉默。

从家校共育的沟通内容看，应该是以学生的发展为中心，目的是服务于孩子的健康成长。不过，通过对当前家校合作的情况进行调查可以看到，当前的一些交流一般集中在学习、成绩等内容上。虽然家长与教师保持了良好的沟通，但沟通最多的还是"学习""成绩"等内容，不是很有兴趣了解家庭教育、孩子爱好、交往等相关的内容。

（四）教师和父母家校共育的胜任力不足

相关调查表明，差不多全部的班主任都有共识：要想做好家校合作，需要教师具备更出色的能力。但许多教师缺乏应有的家校共育

能力，胜任力明显不足。首先，教师在该领域没有足够的相关知识。在相关的培训活动中，对于家校共育部分没有涉及。其次，没有太多的互动手段，很多年轻教师在遇到和学生父母沟通问题时经常面露难色，不知道如何处理，甚至还会造成家校冲突、矛盾。最后，不少教师没有真正了解家校共育的价值所在，也不清楚自己在其中的定位，所以家校共育的相关行为就会出现偏差。据统计，有不少教师表示，不需要帮助家长提高他们的家庭教育知识与技能用以处理相关的家庭教育问题，这一数据达到了 13.9%。家庭是非常重要的，父母在孩子的一生中更是占据重要的地位，家庭教育应该从自发走向自觉。但是目前，在家校共育方面，父母对学校和教师的依赖性很大，他们的家庭教育观念、方法和能力都有待提高，而学校对家庭教育的支持力度还不足以满足父母们的需要，家校还没有形成真正的合力。

二、加强家校共育的对策

习近平总书记多次提及家庭教育的重要作用，指出"家庭是人生的第一所学校，家长是孩子的第一任老师，要给孩子讲好'人生第一课'，帮助扣好人生第一粒扣子"。这段话对新时代家庭教育建设和家校共育实践具有重要的指导意义。

（一）进一步完善家校共育的法律法规，加强制度建设

要将相关的事务做好，就要有完善的制度作为重要的前提。一直以来，党和政府对制度是非常重视的，持续推进制度建设，并且制定了相关的政策、法规，有效促进了家校共育的发展。早在 2010 年 2 月，相关部委就已经积极展开行动，推出《全国家庭教育指导大纲》。在后续的日子里，为了适应发展需要，又相继推出一系列文件，其中就包括《关于进一步加强家长学校工作的指导意见》，有效推进了相关工作的开展，为家校共育带来了重要的政策支持。2015 年，教育部通过对当时的教育问题进行深入探讨，有针对性地推出《关于加强家庭教育工作的指导意见》。2016 年，经过协调磋商，全国妇联联合

教育部等部门一起推出《关于指导推进家庭教育的五年规划（2016-2020年）》。正是有了这些文件，进一步促进了家校共育工作的落实，为其提供了重要的支持，相关部门也在积极行动，协同引导家庭教育工作的开展。

但是，《全国家庭教育指导大纲》并没有明确规定不同部门的职能，这就导致各部门存在职能交叉的问题。在具体实践中形成了比较灵活的格局，其中，最为典型的模式有三种。一是淮安模式。该模式的牵头部门是关心下一代工作委员会。江苏淮安教育部门和政府部门加强合作，建立了市委、市政府有关领导加入的家庭教育领导小组。在具体执行上，主要由关心下一代工作委员会执行。同时，积极鼓励已经退休的老干部和教师等建立代理家长的制度责任，成立专门的志愿者服务队，为学生建立成长档案，记录、关爱孩子的成长。二是中山模式。该模式的牵头部门是妇联。广东中山妇联开设了中山市家庭教育指导服务中心，这也是全国第一个具有事业性质的家庭教育指导中心，该中心设置了专门的人员编制，主要职能就是进行家庭教育方面的工作。之后，还成立了指导师协会，邀请家长进入课堂学习，加强不同家庭、家长之间的互动。中山市之所以能在家庭教育方面表现优越，主要还是当地妇联加大了对项目、人员等方面的投入。三是潍坊模式。该模式的牵头部门是教育局。潍坊市教育局高度重视家庭教育问题，成立了专门的指导中心、中小学生成长导航站、中小学健康成长研究中心等专业机构，成立中小学家长联合会，形成了政府主导、教育主管部门全力搭台，社会全面支持，加强对不同部门的整合，建立健全了家庭教育运行机制，开展了"亲子共成长"工程、"父母大讲堂"公益讲座、"家庭教育乡村行"等活动。通过这些实践可以发现，虽然各地牵头部门不同，但只要政府足够重视，就会做好此项工作。然而，从家校共育的长远发展来看，这项工作还是需要教育部门的重视和协调。

另外，学校和家庭要各司其职。家庭教育的本质是生活教育，是给生活以教育、用生活去教育，是在日常生活中培养子女良好的思想品德、行为习惯、社会生活适应能力等。学校教育具有较强的制度性，各项要求比较明确，在具体目标和制度管理方面都有明确要求，要根据社会的实际需求来培养人才。但当前家庭教育学校化的情况比较严重，在家校共育实施过程中如何避免家庭教育缺位和学校教育的越位，也是即将出台的《家庭教育法》应该进一步明确解决的问题。

（二）学校要为家庭教育提供专业的指导，为教师赋能，加强父母教育培训

为了提高教育质量，进一步深化教育改革，中共中央、国务院印发《关于深化教育教学改革全面提高义务教育质量的意见》于 2019 年 6 月颁布，其中强调了学校需要承担的职能。在家庭教育中，学校要充分发挥其指导和服务的功能，为家长提供指导服务，最大限度地发挥主导作用，加强学校和家庭之间的联系，建立更加和谐的家校关系。教师是家校共育实施的具体执行者，这就要求教师能够有家校共育的胜任力去指导家庭教育。为教师赋能，提升教师家校共育的专业素养必不可少。一方面，教师要通过自主学习，提升对家校共育的认识；另一方面，学校要为教师搭建家校共育的学习、实践平台，重点要增强教师特别是班主任的家庭教育指导意识，提升其指导能力。但是，如何通过制度化的安排，不断提升教师在指导家庭教育方面的能力？人才、资源、资金从哪里来？这些也都是摆在我们面前的现实问题。

家长作为家庭教育的责任主体、家校共育的另一方，要从思想上让他们正确认识到家校共育的重要性，首先就是要进行家长教育和培训。打造专门的家庭教育指导队伍，根据父母的需要开设父母教育课程，目前也迫在眉睫。

（三）支持家校共育的平台和载体建设

一是家校合作委员会。家校合作委员会和现在许多学校的家长委员会有着不同之处，家校合作委员会必须有家庭、学校、社区的三方代表参与，分为班级、年级、学校三个层面，是学校治理中的一个法定机构。为了能够使家校合作委员会的活动有法可依、有章可循，可制定《家校合作委员会章程》，规定家校合作委员会的权利、责任、义务以及运行机制、管理机制等具体内容。

二是父母学校。父母学校也就是现在大家普遍说的、学校普遍设立的家长学校。但是，考虑到"父母"比"家长"更加平等、民主，更倾向于用"父母学校"的提法。父母学校是家校共育的重要平台，如何保证父母学校的教育教学质量，如何能够更好地发挥父母学校的作用就显得尤为重要。这就需要从父母学校的课程纲要、标准、教材建设等方面进行全面落实。

（四）整合资源，发挥社会资源的作用

从根本上说，家校共育是一种协调学校、家庭、政府及社区关系的培育方式。虽然学校和家庭在其中起着关键作用，但社区融合也必不可少。社区要积极配合家庭和学校的各项活动，利用自身优势，建立更好的资源开放机制，确保家校合作能有效发挥，这对于教育质量的提升和美好生活的创建大有裨益。与此同时，还要积极鼓励民间机构的发展，通过家校合作的方式，建立共育机构，同学校形成联盟，加强合作，共享各种教育资源，确保家校合作共育实现更好的发展。

（发表于 2021 年第 1 期《教育研究》）

中国共产党与中国教育百年（摘要）

中国共产党自建立之日起，就将教育摆在重要位置。中国共产党在领导中国进行伟大革命、伟大斗争、伟大建设的世纪征程中，中国教育事业也发生了改天换地的变化。党领导人民独立探索中国特色社会主义教育百年，是坚持以人民为中心初心使命的百年，是中国教育走向现代化的百年。

回顾与总结过往教育事业发展的经验，有利于推动我国教育事业百尺竿头更进一步。具体来看，百年来中国共产党领导教育事业发展的主要经验表现在以下几个方面。

（一）坚持党对教育工作的全面领导

一个国家选择什么主义和道路，关键在于能否解决问题。建党一百年来，我国教育事业取得了举世瞩目的成绩，实现"穷国办大教育"，并向着建设"大国办强教育"之路阔步迈进。必须看到，这一系列成绩的取得，显然离不开中国共产党的英明领导和科学决策。中国共产党之所以能够领导中国教育跨越式发展，原因就在于其有科学理论的指导，有明确的奋斗目标，有严密的组织架构，有人民群众的支持，有数以千万计先进分子的孜孜以求。此外，中国共产党还是一个勇于自我革命、与时俱进的党。因此，中国共产党的领导地位是历史和人民的选择，是一个自然形成的过程；坚持党的领导，是进一步推动我国教育事业发展的有力保障，也是客观要求。

中国共产党所践行的教育使命，可以从两个层面进行归纳。一是中国教育与中国共产党在思想纲领上的同心同行。自党的二大宣言中首次提出教育平等与普及的理想，至中华人民共和国成立前夕提出发展以"为人民服务的思想为主要任务"的新民主主义文化教育；从党的八大明确文化教育事业在整个社会主义建设事业中的重要地位，到党的十二大报告提出发展"各级各类教育事业，培养各种专业人才，提高全民族的科学文化水平"的教育方针；从"走自己的道路，建设有中国特色的社会主义"，到坚持"四个自信"，扎根中国大地办教育。可以说，中国共产党领导新民主主义革命、领导社会主义现代化建设、实施改革开放以及新时代领导中国特色社会主义建设事业的擘画蓝图，是百年来中国教育发展的动力之源。二是中国教育与党领导下的中国现代化进程同向共进。中华人民共和国成立之初毛泽东提出的现代化目标中，科学文化的现代化即是题中之义；邓小平进一步指出："不抓科学、教育，四个现代化就没有希望，就成为一句空话。"随着改革开放的深入，教育被视作社会主义现代化建设的基础，是民族振兴、社会进步的基石，对实现全面建设小康社会奋斗目标、建设富强民主文明和谐的社会主义现代化国家具有决定性意义。习近平总书记站在新时代党和国家事业发展全局的高度，指出"要坚持把优先发展教育事业作为推动党和国家各项事业发展的重要先手棋"。可以说，党领导中华民族实现伟大复兴的现代化实践即是中国教育百年的发展和兴盛之本。

习近平总书记在全国教育大会上的重要讲话，明确坚持党的全面领导对于发展我国教育事业的重要意义，为进一步推动我国新时代实现教育强国目标、办好人民满意的教育指引了方向，提供了遵循。首先，马克思主义是建党建国的根本理论，无论是课堂教育教学，还是学校日常运行管理，均需以马克思主义作为根本思想遵循。其次，立德树人是教育的根本任务，必须在思想深处弄清教育"为谁培养人、培养什么人和怎样培养人"的问题。最后，发展依然是解决一切问题的关键，在我国进入新发展阶段的当前背景下，要进一步加强党的全面领导，深化推进教育改革，服务"以国内大循环为主体、国内国际双循环相互促进"的新发展格局中，建设高质量教育体系，提高发展的质量和效益。

（二）坚持以人民为中心，优先发展教育

发展教育事业，必须坚持以人民为中心，这是中国共产党的使命与初心，也是共产党人忠贞不渝的奋斗目标和动力来源。自诞生之日起，中国共产党就一直以人民为中心来发展教育、改革教育。以毛泽东为主要代表的第一代领导集体，确立了"民族的、科学的和大众的"办学方向，真正赋予人民群众平等接受教育的权利。

进入新时代，以习近平同志为核心的新一代领导集体，进一步明确了以人民为中心发展教育的宗旨，把办好人民满意的教育，满足人民群众对于美好教育的向往，作为教育发展和改革的目标追求，秉持为人民服务，为中国共产党治国理政服务，为巩固和发展中国特色社会主义制度服务，为改革开放和社会主义现代化建设服务，应党和国家发展教育事业之所需，致力于不断满足人民群众新要求新期望，努力建设公平而有质量的教育事业。

坚持以人民为中心，是发展社会主义教育的根本宗旨。在社会主义中国，发展生产的首要目的，即在于不断满足人民群众日益增长的物质和文化生活需要，使人民群众享受到美满幸福的生活。同样，党和国家优先发展教育事业，为的就是丰富人民群众精神生活，提高科学文化水平，形成健康文明向上的精神气质。教育是最大的民生工程，关乎亿万人民的切身利益，是以人民为中心的重要表现。

以人民为中心，除了发展教育为人民之外，也要依靠人民发展教育事业。百年来中国教育事业的伟大征程，便是中国共产党和人民始终站在一起、奋斗在一起的生动写照和体现。从扫盲教育、义务教育，到大力发展高中阶段教育，再到实施高等教育成本分担机制，从促进学前教育到大力发展职业技术教育等，人民群众都发挥了重大作用、做出了重要贡献。"人民教育人民办，办好教育为人民"，动员一切力量、智慧和资源发展教育，依靠人民发展教育，是中国共产党领导中国教育事业发展取得的一条宝贵经验。面向新的百年，要继承和弘扬党和人民艰苦奋斗的优良传统，坚持依靠人民群众加快推进教育现代化、建设教育强国。

（三）坚持推进教育公平

推动共同富裕，是社会主义的本质要求，也是中国特色社会主义制度优越性的集中体现。习近平总书记强调，我们追求的发展是造福人民的发展；我们追求的富裕是全体人民的共同富裕。中国共产党领导人民，从革命到建设，从发展到改革，目的是让人民群众过上更加美好幸福的生活，先富带后富，向实现共同富裕迈进，使每一个人都有尊严地、体面地生活。大力发展教育事业，推进教育公平，是达到共同富裕的重要路径。

中国共产党向来重视发展教育公平，一百年时间里，始终为促进和实现教育公平不懈地奋斗着。中国共产党成立之初，即已注意到这个问题，并结合革命和战争需要，在解放区大力发展教育和文化事业，包括扫盲、发展成人补习教育、职业教育、军事教育，等等，取得了丰富的经验。改革开放以来，尤其是党的十八大以来，持续加大对西部和农村教育事业的投入，合理配置教育资源，东西部地区、发达地区与落后地区、城乡之间的教育发展不均衡的问题有所缓解，正向着教育均衡发展迈出稳健步伐。

教育公平是社会公平的基础，必须让教育惠及全体人民，以教育公平促进社会公平。今天，我国已由人口资源大国一跃成为教育资源大国，正昂首阔步迈向教育强国行列。当前，党所追求的教育事业公平，是建立在经济社会发展以及高等教育变革基础上的更高水平更高程度的公平，即更加优质和更加公平的教育。公平而有质量的教育之蕴意，就是要创造条件使每一个社会成员都能够有机会享受到这种优质而公平的教育资源，都能够获得良好的发展机会，进而都能够成为对国家和社会有用之才。

（四）坚持遵循教育发展规律

中国共产党是马克思主义政党，始终自觉地以马克思列宁主义为指导思想。一百年来，党领导人民所致力于的教育事业发展和改革进程，实际上就是在马克思主义指导下，对我国教育事业发展规律认识不断深化和不断升华的过程。从毛泽东的"德智体美劳全面发展"到邓小平的教育"三个面向"，从江泽民的"教育创新"到胡锦涛的教育"科学发展观"，中国共产党一直把握着时代的机遇脉搏。尤其是党的十八大以来，习近平总书记站在党和国家事业发展全局的高度，面向中华民族复兴千秋伟业，就教育的一系列根本问题做出了明确论断，凝练出教育改革发展的"九个坚持"，把中国共产党对于教育的规律性认识发展到了一个全新的时代水平，极大地丰富、深化和发展了马克思主义教育理论成果。一百年来的实践证明，中国共产党不仅能够领导好中国革命、社会主义建设、改革开放和社会主义现代化建设，而且能够领导好教育科学文化事业。

面向新的百年，应当充分运用好过去一百年形成的重要理论成果，传承好发扬好过去一百年积累的宝贵经验，继续深化对教育规律、办学规律、人才培养规律的认识，加快推进教育事业现代化、加快建成教育强国。

回首来时路，在中国共产党的领导下，中华人民共和国经历了从站起来到富起来，再到强起来的辉煌历程。中国教育百年也历经了由破到立、从大到强的发展过程。事实证明，只有在中国共产党领导下，我国教育事业才能取得如此成就，才能实现中华民族伟大复兴的中国梦。

今天，中国迎来新时代、面临新格局，我们必须始终坚持中国共产党领导，坚持中国特色社会主义道路，坚定"四个自信"，不断总结新经验、解决新问题，努力办好人民满意的教育，为加快推进教育现代化、建设教育强国做出新的贡献。

（发表于 2021 年第 7 期《教育研究》，与罗晶博士合作）

一本微言大义的家庭教育指导书

——解读《中华人民共和国家庭教育促进法》

2021 年 10 月 23 日，第十三届全国人民代表大会常务委员会第三十一次会议通过了我国首部《中华人民共和国家庭教育促进法》（以下简称《家庭教育促进法》）。作为曾经在全国"两会"上多次呼吁制定《家庭教育法》的人大代表和政协委员，作为中国教育学会家庭教育专业委员会的理事长，我感到非常高兴和欣慰，在我们的教育法律体系中终于有了家庭教育的一席之地，家庭教育的重要价值终于得到了重视与认可。这是适应信息社会的新时代，中国教育与时俱进的一部重要法律，对于未来教育的发展具有重要的意义。

这部法律最重要的意义，是明确了家庭教育的责任、国家支持家庭教育的责任和家、校、社、政协同育人的责任。这里，从家庭教育的责任主体、根本任务与主要原则、主要内容与方式方法三个方面，对该部法律中关于全社会协同夯实家庭教育责任的内容进行一些分析。

一、明确了家庭教育的责任主体

自从家庭出现之后，在人类漫长的历史中，家庭一直是教育的"主场"。在子女的教育上，父母和家庭中的老人一直扮演着最重要的角色。只有少数人，才能有机会在专门的教育机构中接受教育。

随着工业化革命而来的现代学校制度，在很大程度上中断了这样的历程，家庭开始把自己的教育权"让渡"给学校。一方面是由于父母尤其是母亲就业的大量增加，许多人成为职业女性，没有时间和精力教育孩子；另一方面是由于学校教育相对专业化，系统的教育大纲、教科书、班级授课制，受过专业训练的教师，在教育上有着天然的优势。

但是，人们一直没有注意到，在孩子进入学校前的阶段，恰恰是人的身心发展最为关键的阶段。"三岁看大，七岁看老"这句古老的中国民谚，已经被脑科学的研究成果所验证。在人的成长过程之中，大脑发育成长最快、建立突触联系最密集的时期就是 0~7 岁这个阶段。孩子进入小学之前，他们的认知风格、个性特征、行为习惯等已经初步建立。

所以，《家庭教育促进法》把家庭教育界定为"父母或者其他监护人为促进未成年人全面健康成长，对其实施的道德品质、身体素质、生活技能、文化修养、行为习惯等方面的培育、引导和影响"，并且规定父母或者其他监护人是家庭教育的主体和责任人。

《家庭教育促进法》第十四条明确提出："父母或者其他监护人应当树立家庭是第一个课堂、家长是第一任老师的责任意识，承担对未成年人实施家庭教育的主体责任，用正确思想、方法和行为教育未成年人养成良好思想、品行和习惯。共同生活的具有完全民事行为能力的其他家庭成员，应当协助和配合未成年人的父母或者其他监护人实施家庭教育。"

《家庭教育促进法》第二十一条也明确规定："未成年人的父母或者其他监护人依法委托他人代为照护未成年人的，应当与被委托人、未成年人保持联系，定期了解未成年人学习、生活情况和心理状况，与被委托人共同履行家庭教育责任。"也就是说，无论父母是否与孩子居住在一起，无论是否委托他人代为照护孩子，父母都是家庭教育的责任人。

二、明确了家庭教育的根本任务与主要原则

《家庭教育促进法》对家庭教育的任务、原则、内容和方法等都有充分的论述。该法律明确指出，家庭教育"以立德树人为根本任务，培育和践行社会主义核心价值观，弘扬中华民族优秀传统文化、革命文化、社会主义先进文化，促进未成年人健康成长"。这与学校教育、社会教育的根本任务是一致的，都是为了全面落实党的教育方针，促进未成年人的健康发展。目标的一致性，是家庭教育的基本要求。

《家庭教育促进法》提出的家庭教育的五项要求，可以视为家庭教育的基本原则。

一是要尊重未成年人身心发展规律和个体差异。孩子的成长是有阶段性、规律性和个体差异性的，只有尊重孩子身心发展的内在规律，尊重每个孩子独特的个性，才能取得良好的教育效果。许多父母或者超越孩子的发展阶段揠苗助长，或者一直把孩子当作长不大的儿童哄着教养，或者总是用"邻居家的孩子"来攀比、要求自己的孩子，或者把自己没有实现的梦想强加给孩子，这些都是违背孩子身心发展规律和个体差异性的表现。

二是要尊重未成年人人格尊严，保护未成年人隐私权和个人信息，保障未成年人合法权益。按照马斯洛的需求层次理论，尊重是人最重要的心理需求。儿童的内心深处，是渴望平等和尊重的。父母不能把自己凌驾于孩子之上，不能简单地把孩子当作小孩子。陶行知先生曾经写过一首《小孩不小歌》："人人都说小孩小，谁知人小心不小。您若小看小孩小，便比小孩还要小！"在家庭教育中，父母要学会听取孩子的意见，家庭事务尽可能多地与孩子协商，共同决策，共同遵守家庭规则。要学会保护孩子的隐私权，保障他们的合法权益。被尊重的孩子，才会尊重别人，才会有更健康的人格。

三是要遵循家庭教育特点，贯彻科学的家庭教育理念和方法。家庭教育有自己的特点和规律，不能把家庭办成"第二学校"，成为学校教育的应声虫，成为应试教育的"加油站"。家庭教育是生活教育，

是人格教育，是通过父母自身的榜样的影响，是通过父母与孩子的共同成长，是通过吃饭、聚会、旅游等各种各样的日常生活来进行潜移默化的教育。有什么样的家庭生活，就有什么样的家庭教育。所以，父母要精心设计家庭教育的内容与方法，让孩子通过"润物细无声"的生活教育悄然成长。

四是要做到家庭教育、学校教育、社会教育紧密结合、协调一致。家庭教育不是教育的"孤岛"，而是与学校教育、社会教育一体化的"岛链"。所以，家庭教育要取得好的成效，自然离不开与学校教育、社会教育的通力合作、协调配合。《家庭教育促进法》第十九条明确要求："未成年人的父母或者其他监护人应当与中小学校、幼儿园、婴幼儿照护服务机构、社区密切配合，积极参加其提供的公益性家庭教育指导和实践活动，共同促进未成年人健康成长。"所以，父母要积极主动参与学校教育生活，了解孩子在学校的情况，也向教师通报孩子在家庭的情况，尤其是对于某些问题儿童，更要加强家校之间的沟通联系，及时反馈各种信息。有条件的父母，还可以为学校提供各种教育资源，做学校的志愿者。同时，要利用社区的教育资源，经常带孩子到附近的博物馆、美术馆、科技馆、少年宫，走进大自然等。

五是要结合实际情况采取灵活多样的措施。家庭教育是不可能按照事先编好的脚本进行的，充满各种不确定性和无法预料的变数。不仅每个孩子都不相同，而且同一个孩子在不同的时期、不同的环境、不同的心境下也会有完全不同的行为表现。所以，家庭教育的智慧就是尽可能通过"不教之教"去影响和改变孩子。父母不应该处心积虑地想着如何对付孩子，如何与孩子斗智斗勇，而应该成为孩子的朋友，站在孩子的立场换位思考，帮助他们应对成长的烦恼。如果孩子真正把父母当作朋友，就没有迈不过去的坎。

三、明确了家庭教育的主要内容与方式方法

关于家庭教育的内容，《家庭教育促进法》重点强调了 6 个方面：

一是教育未成年人爱党、爱国、爱人民、爱集体、爱社会主义，树立维护国家统一的观念，铸牢中华民族共同体意识，培养家国情怀；二是教育未成年人崇德向善、尊老爱幼、热爱家庭、勤俭节约、团结互助、诚信友爱、遵纪守法，培养其良好社会公德、家庭美德、个人品德意识和法治意识；三是帮助未成年人树立正确的成才观，引导其培养广泛兴趣爱好、健康审美追求和良好学习习惯，增强科学探索精神、创新意识和能力；四是保证未成年人营养均衡、科学运动、睡眠充足、身心愉悦，引导其养成良好生活习惯和行为习惯，促进其身心健康发展；五是关注未成年人心理健康，教导其珍爱生命，对其进行交通出行、健康上网和防欺凌、防溺水、防诈骗、防拐卖、防性侵等方面的安全知识教育，帮助其掌握安全知识和技能，增强其自我保护的意识和能力；六是帮助未成年人树立正确的劳动观念，参加力所能及的劳动，提高生活自理能力和独立生活能力，养成吃苦耐劳的优秀品格和热爱劳动的良好习惯。

这6个方面的内容，是社会主义核心价值观在家庭教育中的具体细化和落实，强调了大德、公德和私德的培育，身心健康与习惯养成，强调了家庭教育不同于学校教育的独特性。

《家庭教育促进法》对于家庭教育的具体方式方法也提出了明确而详细的要求。

第一，亲自养育，加强亲子陪伴。童年只有一次，陪伴无法替代。亲子养育，加强亲子陪伴，应该是家庭教育的第一要义。我曾经说过，父亲是男人最重要的工作，母亲是女人最神圣的天职。中国教育学会家庭教育专业委员会曾经进行过中国城市家庭教养中的祖辈参与问题调查，结果显示，有近八成的家庭是祖辈参与教养的。其中幼儿园前为77.7%，幼儿园期间是72.9%，到小学阶段仍占60.1%，农村祖辈教养更是高达90%以上。应该承认，隔代养育有经验丰富、时间充裕、情感亲近等优势，但也有观念相对落后、方法相对陈旧、边界难以把握等缺点。《家庭教育促进法》提醒父母，父母是儿童成长的首要责任人，陪伴孩子度过短暂的童年应该是父母的重要使命。即使有隔代抚养，祖辈也不应该替代父母承担责任，而应该发挥辅助、协助作用。

第二，共同参与，发挥父母双方的作用。教育孩子是父母双方的共同责任，父亲和母亲都不能缺位。在许多中国的传统家庭，往往是"男主外，女主内"，教育的责任主要由母亲承担，许多家庭中父亲教育缺位，成为所谓的"影子父亲"，这对于孩子的成长是不利的。《家庭教育促进法》明确提出要发挥父母双方的共同作用。其中第二十条还规定："未成年人的父母分居或者离异的，应当相互配合履行家庭教育责任，任何一方不得拒绝或者怠于履行；除法律另有规定外，不得阻碍另一方实施家庭教育。"也就是说，即使是分居和离异家庭，父母双方也应该履行教育子女的义务。

第三，相机而教，寓教于日常生活之中。生活是最好的老师、最好的教育。家庭教育的最本质特点就是寓教于日常生活之中。正如陶行知先生所说的那样："是好生活就是好教育，是坏生活就是坏教育；是认真的生活就是认真的教育，是马虎的生活就是马虎的教育；是合理的生活就是合理的教育，是不合理的生活就是不合理的教育；是康健的生活就是康健的教育，是不康健的生活就是不康健的教育……"在家庭中，到处是教育的资源，也是教育的契机。父母应该抓住各种机会，用生活本身来教育和影响孩子。《家庭教育促进法》第二十二条特别对健康合理的家庭生活提出了建议，如"未成年人的父母或者其他监护人应当合理安排未成年人学习、休息、娱乐和体育锻炼的时间，避免加重未成年人学习负担，预防未成年人沉迷网络"等。

第四，潜移默化，言传与身教相结合。无论孩子还是成人，都不希望自己"被他人教育"。最好的教育是在潜移默化中实现的，是在"随风潜入夜，润物细无声"的过程中达成的。所以，父母的教育方式即使是正确的、合理的，也尽可能不要用强制的、灌输的方法，不要居高临下、我说你听，更不能家庭暴力、我打你挨。在家庭教育中，教育孩子的过程，其实也是孩子模仿父母行为的过程。孩子不仅复制了父母的遗传基因，也复制了父母的行为特征。要让孩子成为一件更好的"复制品"，首先要求父母自己成为更好的"原型"。在家庭中，父母既要说得对，更要做得好，言行一致才能成为孩子的好榜样。

第五，严慈相济，关心爱护与严格要求并重。在家庭教育中，经常容易发生溺爱和严厉两种极端行为，有的家庭则分别由母亲和父亲担任"白脸"和"红脸"两种不同的角色。爱是教育的底色，也是教育的前提，这是毋庸置疑的。但是，爱是有原则、有智慧、有底线的。过度宠爱会让孩子"消化不良"，过度严苛也会让孩子不堪忍受。在家庭教育中，把严格要求与关心爱护相结合，关键在于父母掌握教育的度，智慧地平衡两者的关系。

第六，尊重差异，根据年龄和个性特点进行科学引导。世界上没有两片相同的树叶，更没有两个完全相同的孩子。每个孩子都具有许多可能，但只有少部分人把可能性变成了现实。教育的目标，不是用同一个标准把本来具有无限可能性的孩子变成相同的人、单向度的人，而是让每个孩子成为真正的自己。孩子就是种子，每一粒种子都蕴藏着巨大的可能性，教育的作用不是增加种子的可能性，而是尽最大的努力把可能性变成现实性，让树拥有树的挺拔，让花散发花的芬芳。所以，尊重孩子的差异，挖掘孩子的潜能，根据孩子的年龄特点、性别特征和个性差异进行有针对性的教育，是家庭教育应该特别注意的问题。

第七，平等交流，予以尊重、理解和鼓励。由于父母的年龄、知识、经验、能力等天然的优势，在家庭教育中很难以平等的身份与孩子商量、讨论、交流，而更多是命令、教训、强制甚至责罚。正如蒙台梭利所说，"成人以盛气凌人的态度对待儿童，这在家庭中十分普遍，即使是备受宠爱的儿童，也有可能被成人的权威压制住自己的个性"。作为具有独立人格的儿童，或者是处于叛逆期的青少年，对此具有天然的抵触情绪。以这样的方式进行家庭教育，自然不可能取得好的效果。为此，《家庭教育促进法》第二十三条还特别规定："未成年人的父母或者其他监护人不得因性别、身体状况、智力等歧视未成年人，不得实施家庭暴力，不得胁迫、引诱、教唆、纵容、利用未成年人从事违反法律法规和社会公德的活动。"

第八，相互促进，父母与子女共同成长。父母是儿童最初的世界。苏霍姆林斯基曾经说过，如果我们身后想给社会留下一点什么，不一定是非要成为著名的作家、学者、宇宙飞船的发明者、元素周期表上新元素的发现者不可，把孩子培养成好公民和劳动者，好儿子、好女儿和好父母，同样能够向社会证实我们的价值。蒙台梭利说：儿童是成人之父。许多优秀父母的案例告诉我们，教育孩子的过程也是向孩子学习的过程，孩子是一个个未经雕琢未受污染的个体，他们身上保存着人类最珍贵的品质：好奇好问、纯洁天真、无忧无虑、活泼好动、不惧权威等，怀着敬畏心教育孩子，也就是在教育自己，与孩子一起成长是家庭教育最好的风景。

第九，其他有益于未成年人全面发展、健康成长的方式方法。这是一个开放式的提示，教育有方，教无定法。关键是父母要真正意识到家庭教育的意义与价值，不是把家庭教育作为沉重的负担，不是被"不让孩子输在起跑线上"等各种家庭教育的广告所裹挟，既不为孩子能否考上名校、找到好工作而焦虑，也不因为教育的内卷而"躺平"。《家庭教育促进法》第十八条提出："未成年人的父母或者其他监护人应当树立正确的家庭教育理念，自觉学习家庭教育知识，在孕期和未成年人进入婴幼儿照护服务机构、幼儿园、中小学校等重要时段进行有针对性的学习，掌握科学的家庭教育方法，提高家庭教育的能力。"父母好好学习，孩子天天向上，有智慧的父母自然能够找到和创造科学的养育方法，享受与孩子一起成长的快乐，享受人生难得的天伦之乐。

当然，家庭教育不仅是家庭的事情，家庭教育的责任也不仅是家庭的责任。《家庭教育促进法》还用专章讲述了"国家支持"与"社会协同"问题，明确了国务院和各级政府，教育行政部门和妇女联合会，居民委员会和村民委员会，中小学校和幼儿园，公安机关、人民检察院和人民法院，民政、卫生健康和市场监督管理部门，家庭教育指导机构、婚姻登记机构、收养登记机构、儿童福利机构和未成年人救助保护机构，婴幼儿照护服务机构、早期教育服务机构和医疗保健机构，图书馆、博物馆、文化馆、纪念馆、美术馆、科技馆、体育场馆、青少年宫、儿童活动中心等公共文化服务机构和爱国主义教育基地，广播、电视、报刊、互联网等新闻媒体在家庭教育方面的责任与义务，构成了一个全社会协同育人、合作育人的教育网络。这是中国特色社会主义家庭教育的特色和优势，如何发挥好这个优势，需要我们真正地学好用好这部《家庭教育促进法》，落实各级政府、各个部门、各个机构的责任，发挥好各自的作用。

总之，《家庭教育促进法》准确定位了新时期家庭教育的任务、目标、内容、原则和方法，对于进一步夯实家庭教育责任，引导全社会注重家庭、家教、家风建设，增进家庭幸福与社会和谐，培养德智体美劳全面发展的社会主义建设者和接班人，具有非常重要的意义。从某种意义上可以说，《家庭教育促进法》不仅是一部关于家庭教育的法律，也是一本家庭教育的教材，是一本微言大义的家庭教育指导书。

（发表于 2021 年第 22 期《人民教育》）

我建议设立"阅读节"

1995 年，联合国教科文组织宣布每年的 4 月 23 日为"世界图书与版权日"，号召散居在全球各地的人们，无论年老还是年轻，贫穷还是富有，患病还是健康，都能享受阅读带来的乐趣与成长，都能保护知识产权，尊重和感谢为人类文明奉献力量的人。这一节日在中国简称为"世界读书日"，以"读"一字概括了推进阅读公平的行动，把促进社会和谐变成蕴含在这一节日中的梦想。

社会公平的基础是教育公平，当社会能为受教育者提供相对公平的教育资源时，不同区域、不同群体的学生才有可能真正站在同一起跑线上。自改革开放以来，党和政府在缩小教育差距、促进教育公平方面做了大量工作，硬件的差距已逐步改善。这一切，无疑为社会公平提供了坚实的基础。

我国的东部与西部地区、城市与乡村、重点学校与薄弱学校之间，仍然存在着较大差距。这个差距尤其表现在教师质量方面，短时间内难以根本性改变。要想进一步提升教育公平，从而更快地推动社会公平的进程，需要更多的路径和更好的方法。

社会在推进教育公平时，往往会忽视一个非常重要的领域——阅读公平。研究表明，阅读一直是社会进步的重要力量，也是改变社会分层、促进社会公平的重要工具。

苏联教育家苏霍姆林斯基曾说："当偏僻乡村学校的孩子们有了与中心城市的孩子一样多的优质图书时，他们精神发展的起点就站在了同样的起跑线上。"这与美国学者艾瑞克·唐纳德·赫希的观点一致，他在《知识匮乏：缩小美国儿童令人震惊的教育差距》一书中提出，阅读的差距恰恰是社会不公平的重要原因所在，"我们只有在妥善处理好阅读问题后，才能在知识经济时代的竞争中处于最佳地位，才能实现保证每位学生人生起点公平的目标。与经济繁荣和社会公平相比，解决阅读问题才是当下最为紧要的事情"。所以，他发起的核心知识运动，就是要努力让所有学生能和伟大的经典对话，用阅读填平社会的沟壑。

近年来，由于工作需要，笔者走进了许多不同区域、不同类型的学校，发现那些注重阅读、图书馆品质高、阅读氛围好的学校，无论是在师生的精气神，还是在文化建设、各类教学品质的考核方面，几乎都无一例外地表现优越。这类各项指标都超过城市学校的农村学校，早已不是个案。事实证明，阅读是提高国民素质、缩小教育差距、推进社会公平最有效、最直接、最便捷、最廉价的路径。

在此，笔者再度建议，以孔子诞辰日9月28日作为我国的"国家阅读节"，倡导全民阅读。节日的功能除了庆祝之外，莫过于提醒。设立"国家阅读节"，就是要提醒人们思考：如何向乡村的孩子、弱势人群的孩子、边远地区的孩子提供更多更好的图书？能否有更多阅读推广人、志愿者为这些孩子提供阅读指导，让他们享受阅读、热爱阅读、学会阅读？能否加强西部地区、民族地区、薄弱学校的图书馆建设，帮助孩子办好身边的"精神食堂"？

与设立"国家阅读节"相配套，建议把全民阅读作为国家战略，成立国家全民阅读指导委员会，设立国家全民阅读基金，设立国家公共图书馆和大中小学图书馆标准，为贫困家庭和弱势人群发放免费购书券，为新生儿赠送阅读包。笔者相信，通过倡导全民阅读，让每个孩子、每个家庭、每所学校都能得到相对公平的阅读资源，社会公平和教育公平就有了最基础、最根本的保障。用全民阅读填平社会沟壑，我们将因此拥有一片更适宜人类文明发展的原野。

（发表于2021年第1期《同舟共进》）

从阅读公平走向社会公平

党的十九届五中全会强调，为推动"十四五"期间我国经济社会发展，必须坚持推进国家治理体系和治理能力现代化，人民平等参与、平等发展权利得到充分保障。十九届五中全会的目标要求我们，应该大力推进公共服务的均等化，推进社会公平，促进人的全面发展，特别要注重满足人民群众日益增长的精神需求，提高国民素质和社会文明程度。教育公平是社会公平的重要基础，要促进社会公平的实现，最根本的就是保障教育公平。

一、社会公平的基础是教育公平

教育公平是中华民族一直以来孜孜以求的理想。春秋时期孔子提出的"有教无类"教育公平观是我国教育几千年来坚定不移的一种价值追求。

新中国成立初期确立的"教育向工农开门"方针，更是表明了我国要实现教育公平的决心。自新中国成立以来，国家和政府为推动教育公平做出了巨大努力，我国的教育事业取得了前所未有的发展，教育公平程度也在不断提升。例如，2004年，国家启动西部地区"两基"攻坚计划（2004-2007年），中央投入100亿元专项资金建设了8300多所寄宿制学校。同时实施对义务教育阶段贫困家庭学生实施补助生活费的办法，解决了大多数学生入学路途远、上学难的问题。

2010年颁布的《国家中长期教育改革与发展规划纲要》将"促

进公平"作为教育方针，奠定了教育公平作为社会公平的基础地位。其后，教育部与四川、西藏、甘肃、青海等四省（自治区）政府建立了中央和地方政府协同推进的机制。2019 年，《全国义务教育均衡发展督导评估工作报告》指出全国 2767 个县（市、区）通过基本均衡督导评估，占全国总数的 95.32%。

当我国对教育公平的认识和理解越来越深刻，推动教育公平的路径越来越明晰，措施越来越有力，基本解决了教育硬件"有没有"的问题时，人们逐渐转向关注教育的软实力，关注教育中"好不好"的问题。但为了发展经济，我国走了一条效率优先的教育发展道路。对教育效益的追求造成了各类教育资源在地区之间、城乡之间、学校之间及不同社会群体之间的不均衡，东部与中西部、城市与农村、重点学校与非重点学校间的差距乃至鸿沟越来越大，教育资源的不均衡配置在相当程度上制约着教育公平的实现。

教师是教育的关键因素，谁站在讲台前，谁就决定教育的品质。但由于一方面，偏远地区、农村地区教师可用资源少、薪水低、职业发展机会有限等原因使得优秀大学毕业生更倾向奔赴经济发达、公共服务完善、前景良好的城市或城郊地区谋求发展；另一方面，乡村教师留不住的问题仍然比较突出，教师刚做出一点儿成绩就容易被抽调到城镇的现象也非常普遍，优秀教师很难真正走到或者留在农村、中西部地区。

教师这一教育宝贵资源配置不均衡，尤其是教师质量的地区间差距这一问题，严重限制着我国教育公平的推进，制约着真正的社会公平的实现。而在短时间内，很难从根本上通过改变教师配置不均衡这一路径去推动教育公平。

二、教育公平的基础是阅读公平

既然说我们在当前面对多种教育公平问题的现实困境中，短期内难以通过解决教师配备不均衡这一问题来提升教育的公平性，那么有没有相对容易的途径来促进教育公平，尤其是提高师资力量较弱的乡村、中西部地区的教学品质呢？答案就是：促进阅读的公平！让每个孩子、每个人都有书可读，都可以读到想读的书籍，通过阅读公平保证教育公平。国家和政府应通过提倡全民阅读，保障阅读公平来促进教育公平，进而保障社会公平。但在教育实践中，我们往往忽视了阅读这一个非常重要的领域。

苏联著名教育家苏霍姆林斯基敏锐地发现了阅读对于教育公平的基础性作用，并明确指出："读书应成为最重要的兴趣发源地，且学校应成为书籍世界。"也就是说，阅读可以增强我们对兴趣、对爱好的发掘，会开阔我们的眼界，而学校的一个重要职能就是保证每位学生都能接触到丰富多样的书籍，满足学生对知识的追求、对世界的了解的渴求。尤其是经济不发达地区的学校，应承担起保证阅读公平的职责。

作为一个从乡村走出来的学者，笔者个人成长的历程就是阅读对个人成长具有重要导向性意义的生动验证。小时候，笔者所在的学校基本没有图书可读，乡里的文化馆也只有几十本政治类为主的书籍。很幸运的是，因为笔者住在招待所，能够向南来北往的客人借书看，所以笔者在年幼时候就接触到了、品味过了丰富多彩的书籍世界。但由于客人经常是第二天就要离开，所以经常连夜看完一本书。尽管那时候借书来读的过程非常艰辛，但正是由于那时对于书籍、对于外面世界、对于知识的渴望，让笔者在那时就已经知道了图书是世界上如此美好的东西，并到处寻觅各种各样的书来阅读。书读多了，就想表达，就想写作。到了中学的时候，笔者就开始写小说，并给自己取笔名为"过江""过海"。儿时在乡村的阅读经历，让笔者接触到了众多先贤伟人，看到了一个更广阔的天空，通过阅读更壮大了自己的内心世界、提升了自己的格局，这为日后的学习、工作打下了坚实的基础，无形中提供了良好的方向指引。

美国著名学者赫希指出："阅读的差距，恰恰是社会不公平的重要原因所在，阅读能力是民主教育事业的核心，是'新民权前沿'"。与经济繁荣和社会公平相比，解决阅读问题才是当下最为紧要的事情。赫希发起的核心知识运动，就是努力让所有学生能够和那些最伟大的经典对话，用阅读填平社会的沟壑。

　　笔者发起的新教育实验，也一直在提倡阅读。新教育实验多年来"营造书香校园"的教育实践，也让笔者更加坚定了以阅读强壮乡村教育的信心。20年来，新教育实验从一所学校发展到有160多个实验区、5600多所实验学校、600多万师生参与的民间教育改革实验，一条重要的经验，就是坚持以营造书香校园为基本的行动路径。实际上，新教育实验学校有一半左右在乡村，我们在推动营造书香校园的过程中，尤其注重对乡村学校的扶持，通过建立农村学校图书馆、班级图书角等方式，确保每个孩子都有书可读，每个孩子都能读到感兴趣的书籍，让每个孩子获得读书的乐趣，让每个孩子都养成读书的习惯。

　　我们注意到，那些图书馆品质高、师生阅读氛围好的乡村学校，师生的精神面貌更积极向上，各类教学品质考核也均名列前茅。通过注重阅读，使得各项教育指标均超过城市学校的乡村学校已是相当普遍。例如，湖北随县从2011年成为新教育实验区后，通过对"营造书香校园"这一倡议的践行，乡村学生的阅读量、学业测评的成绩均远远超过城市学校。再如，安徽霍邱新教育实验区的乡村女教师董艳，通过带领孩子"晨诵午读暮省"，让所有孩子都爱上了阅读和写作，甚至智力有缺陷的孩子也写出了属于自己的诗歌。这些实例都生动证明：一方面，通过提升乡村孩子的阅读水平，是完全可以改善区域教育生态的；另一方面，学校规划在推动阅读公平中起着关键性作用，学校要做出合理规划来促进学生们通过阅读寻找人生方向和价值追求。我们要善于通过阅读这一最基础、最便捷且最为有效的路径来提升教育品质。笔者始终坚信，阅读公平定会通过促进教育公平的实现，极大提升社会公平。

三、用阅读公平推动教育公平

　　近年来，因为脱贫攻坚、民主监督等工作需要，笔者走访了众多农村学校。调研发现，九年义务教育政策、西部地区"两基"攻坚计划，尤其是脱贫攻坚行动的落地实施，让农村学校教育条件，尤其是农村学校的校舍和硬件，得到了很大的改善。如，以往的大通铺变成了一人一床，教室里也均配备起多媒体装置，但是，学校的图书馆建设仍有不尽如人意之处。

首先，图书配备品质较低。由于大部分农村中小学图书馆的图书是通过各种捐赠或招标而来，所以学校中的经典作品很少，且相当多的图书并不符合本学段学生阅读要求。在一些乡村小学，笔者看到许多机械加工、石油勘探、恋爱秘诀等方面的书籍，而真正适合他们的经典童话、儿童诗歌、人物传记却很少见。

其次，图书馆利用率极低，管理水平较差。由于图书有限，校馆图书往往按照年级轮流借阅，不能保证每名学生每周都能借到书。此外，大部分学校没有专门的图书管理人员，图书管理员大多由任科教师兼职担任，专业课教师由于缺乏关于图书管理的专业训练，难以对学生阅读提供有效指导。不少学校虽然配有大量图书，但却无人问津。

最后，部分学校校长和教师对阅读的重视程度普遍较低。比如，许多学校都没有设置阅读指导课程。当问到"你印象最深的一本书"的时候，很多同学竟然不知如何应答。

当然，也有一大批社会公益组织和志愿者积极投身到乡村振兴和农村教育工作中，他们通过培训乡村教师、建立乡村书院、关注留守儿童、改善阅读条件等方式，为提升乡村教育生态水平做出了重要贡献。

由此，笔者建议，在"十四五"期间，结合"'十四五'教育发展规划"，在继续做好农村中小学免费营养午餐工程的同时，推出农村中小学"精神正餐"工程，大力推进农村学校书香校园建设，加强农村中小学图书馆建设，为学生运送阅读包。通过为乡村中小学配备最好的图书，培训乡村阅读推广人，滋养农村孩子的精神世界。具体而言：

一是推出农村中小学图书馆标准化建设工程。邀请专家参考已有的成熟书目定制中小学图书馆的基本书目，规范农村中小学图书馆图书配备，确保好书进入农村学校，把好乡村学校的图书"进口关"。此外，建立乡村学校的藏书透明制度，让公众了解每所学校的藏书情况，有针对性地进行补充和捐赠图书。

二是制定图书质量标准，定期检查并剔除劣质书籍。保证老师和学生在图书馆里接触到的书籍都是高质量的、能促进自身成长的。

三是设置专职图书管理员岗位，吸纳阅读能力强、阅读体验丰富的人员兼任图书管理员。加强对图书管理人员的专业训练，使他们能够起到引导学生阅读的积极作用。

四是充分发挥社会公益组织以及民间团体对乡村中小学生阅读的支持作用，争取他们在捐赠图书、推广阅读、开展阅读活动等方面的帮助。

需要指出的是，阅读公平的问题不仅仅是乡村与城镇学校间存在的问题，不同人群间的阅读公平也非常值得关注。以残疾人为例，据《2019 年残疾人事业发展统计公报》，2019 年我国有 3.6 万名残疾青壮年文盲接受了扫盲教育，说明残疾人中还有相当的人口缺乏基本的阅读能力。2020 年 11 月 20 日，笔者与中国残疾人联合会理事长张海迪就推进残疾人阅读，通过阅读公平推进社会公平的问题进行了深入讨论。张海迪介绍说，国家在推进残疾人阅读方面做了大量工作，如组织研制国家通用手语和国家通用盲文水平等级标准、手语翻译资格（水平）等级标准，细化国家通用手语水平等级考核标准；组织制定国家通用手语语料库技术规范，研制国家通用盲文测试大纲和题库；开展国家通用手语和国家通用盲文的国家级培训，受训骨干人员954 人；国家通用手语和国家通用盲文相关学习应用程序正式上线，进入聋校、盲校的部分义务教育阶段教材；使用国家通用盲文的新书发稿 824 种，发稿字数 6477 万字，完成图书 713 种；30 个省（自治区、直辖市）制定了国家通用手语和国家通用盲文推广方案等。她认为，推进残疾人阅读，为残疾人创造更加便捷的阅读机会，是推进教育公平的重要手段。她在给我的信中指出："我国有 8500 万残疾人，残疾不是哪一个人的痛苦，而是人类的痛苦和困境。我们既要改善残疾人的物质生活，也要丰富他们的精神文化生活。阅读是超越痛苦的力量，也是促进平等、参与、共享的力量。"

知识就是力量，阅读改变命运。阅读公平是推进教育公平最廉价、最基础、最便捷、最有效的办法，也是推进社会公平最重要的路径。笔者相信，只要对孩子的精神和身体给予同样的重视，我们就能以阅读强壮教育，以教育进一步强大中国。

（发表于 2021 年第 3 期《中国出版》）

议政网事

在互联网时代，网络已经成为参政议政的利器。无论是远程协商座谈会还是委员读书群，无论是短视频还是自媒体，委员在互联网上的履职已经成为参政议政的常态。

每年的全国"两会"前后，通过互联网与网友交流；每天清晨，通过新浪微博和头条《朱永新教育观察》的专栏，与网友交流关于教育等问题的思考，也成为我的生活常态。

中国网：对话朱永新：和美好相遇的过程，就是教育的过程

有位教育大家曾经说过，享受教育的幸福是教育的一种境界。他行走在新教育的路上，对中国教育改革有着深刻的思考，他是新教育实验发起人、全国政协委员、民进中央副主席、中国教育协会副会长朱永新教授。

只要行动就有收获　只有坚持才有奇迹

中国网：朱老师，您好！我最近正在阅读您的著作《我的教育理想》，这本书提到了十大教育理想，并探讨了中国基础教育的十大趋势，受益良多。《我的教育理想》实际上是新教育诞生的一个标志，您能跟我们分享一下，当初为什么提出新教育理念？这个理念和中国传统教育有什么样的区别和特点呢？

朱永新：新教育实验的发起有偶然性，也有必然性。

从偶然性来讲，我 1997 年底到苏州市人民政府担任分管文化教育等社会事业的副市长。从事管理工作后，就开始有意识地读一些管理学著作，1999 年，正好读到了《管理大师德鲁克》这本书，他在书中讲了一个故事，他和自己的孩子去看望他的导师、著名经济学家熊彼特。熊彼特跟他说：我现在到了这样一个年龄，除非能够改变人们的生活，仅仅靠理论流芳百世是不够的。

这句话给我很大触动，因为在此之前我还是更多地向往成为一

名纯粹的学者，向往在大学里发表著作，出成果，拿项目，在学术上有影响力。读了德鲁克的著作之后才发现，所有的这一切其实都不重要，重要的是我们能不能真正地去影响别人，去改变别人的生活。从教育学者的角度来说，就是你能不能影响教师、影响孩子，能不能改变我们的教育。

众所周知，20 世纪末 21 世纪初是全社会对应试教育高度不满的时候，大家都迫切期望教育变革。那时候我就开始思考，教育到底应该怎么去做，到底怎么样才是理想的教育。从 1999 年下半年开始，我陆陆续续就理想教育问题去思考、去讲演及发表文章。2000 年《我的教育理想》正式出版，这本书提出了十大教育理想，从理想的教师、理想的学生、理想的父母、理想的校长，一直到理想的德育、智育、体育等，同时也对整个中国基础教育和高等教育的发展趋势做了一些研究，这样就为新教育实验的发展奠定了比较好的基础。

从必然性来讲，作为教育学者，我一直期待着能够为中国教育贡献一些思想、智慧，甚至去改变教育现状。世纪之交的中国，无论是政府还是民间，都在用心思考怎么改变教育。从政府的角度来说，最近一场叫新课程改革；从民间角度来说，除了新教育实验以外，还有叶澜老师发起的新基础教育实验。大家都想迫切地进行教育变革的尝试，新教育实验是在这个情况下应运而生的。

新教育实验首先是一个民间教育改革，我是以一个学者的身份，以民间的方式推进教育改革，这是一个鲜明的特征。同时，新教育实验也继承了历史上新教育运动的传统。100 多年前在欧洲诞生了"新学校（教育）运动"，英国教育家塞西尔·雷迪（C. Reddie）在英国创办了世界上第一所新教育学校，预示着整个新教育运动在欧洲的兴起，这所学校的一批教师到欧洲的其他国家，法国、比利时去创办一些新学校，后来又影响到美国的进步主义教育运动。当年欧洲的新教育运动也影响到像陶行知、陈鹤行这样一批中国的教育家。20 世纪二三十年代，中国的教育家也都把他们的教育变革称之为新教育。新教育实验继承了这样的传统，倡导尊重学生的个性，建立了一批实验学校，试图对当下的教育和社会进行创新和改良，是民间草根的自发行动。

中国网： 据我所知，在全国已经有 60 多个实验区，3000 多所学校在实践新教育的教育理念，目前推广得怎么样了？

朱永新： 这些年新教育实验的发展很快。我们从 2002 年正式启动，到现在已经拥有了 3000 多所学校，地方教育行政部门也非常欢迎我们这样一种教育改革的努力，大概有 100 多个县级教育局在区域内推广新教育实验。按照我们倡导的方法去实现的学校就更多。所以，在一定的程度上，新教育实验已经成为中国民间比较大的教育改革运动或思潮，已经在悄悄影响或者改变着学校，乃至影响改变着教育生态。

中国网： 有媒体称，中国教育实际上是戴着镣铐跳舞，新教育实验如何具体落地，和传统教育形成对比和互补，如何解开镣铐？

朱永新： 最初在推进新教育时，很多人并不很看好。虽然大家都期待教育的变革，但是很多人都说，朱老师你没法做，因为在考试制度不变、评价制度不变的情况下，任何的教育改革都很艰苦。就像你说的戴着镣铐怎么跳舞？我跟他们讲，戴着镣铐，同样可以跳出精彩的镣铐舞。只要你想改变，总是有可能的。

作为老师来说，关起教室的门你就是国王。作为校长来说，关起校园的门你就是国王。只要你用心地迫切地想去改变现状，我们就可以有所作为。即使在大家都抱怨应试教育的氛围下，中国还是涌现出了不少好的教育探索，涌现出了不少好学校，涌现出了不少好老师。抱怨是没有意义的，我们需要的是行动，我们需要的是坚持。新教育实验倡导"只要行动就有收获，只有坚持才有奇迹"的这样一种行动的精神和理想主义情怀，呼唤我们通过自己的努力去改变教育。

一所没有阅读的学校　永远不可能有真正的教育

中国网： 新教育实验实际上是以教师的成长为起点，以推广"书香校园"等十种途径作为推广方式。新教育实验是如何推动阅读的呢？

朱永新：这几年来整个中小学的阅读情况还是有所好转，尽管我们和世界上一些国家相比，对阅读的重视程度、阅读力、图书馆建设、书香社会的推动力度都还有差距，可喜的是，这些年我们确实看到，无论是国家新闻出版部门，还是图书出版发行单位，还是学校、家庭，对教育的问题越来越重视，阅读力也在稳步上升。

从新教育实验来说，我们从第一天开始就把"书香校园"作为四大行动之首。我们一直认为，一个人的精神发育史就是阅读史，一个民族的精神境界取决于这个民族的阅读水平，一个没有阅读的学校永远不可能有真正的教育。

阅读首先就要解决读什么的问题。从调查来看，我们的阅读面不是很广，阅读力不是很高，同样我们对读什么的问题还也没有得到很好解决。很多父母、老师不知道给孩子读什么书，而且我们的学校、公共图书馆在这方面也没有自觉地承担起为大家推荐好书这样一个功能。

所以，我们从九十年代末就开始做新世纪教育文库，当时就是想为中国的孩子、中国的老师、中国的父母去挑选一批最好的书，让他们知道应该读什么，在新教育实验之初就推出这一批书目，推动了实验的进程。

到了 2010 年，我们就专门成立了新阅读研究所，组织专家做"中国人基础阅读书目"，从中国幼儿、小学生、初中生、高中生、大学生、教师、父母、企业家、公务员等不同群体，去研制基础阅读书目，为中国社会的不同群体提供精神营养餐的菜单，这样大家可以按图索骥，参照着去选适合自己的好书。费尔巴哈说过，读什么，你就会成为什么。我们认为，阅读的高度直接影响到精神的高度，所以读什么的问题，我们这些年来一直努力地在推动。

读什么的问题解决以后，就是怎么读，需要好的方法，阅读技巧，培养学习能力。所以我们发起了领读者计划，想通过我们的努力，把中国阅读推广人、推广机构组织起来，一起培养更多的人来热爱读书，推广阅读。

在我们新教育实验的学校里，有大量的阅读方法、项目。比如倡导"晨诵、午读、暮省"的生活方式，我们每天都用一首新的诗开启新的一天，大概有两千多首诗伴随着一个孩子的童年，所以对学生的精神成长，具有非常重要的作用。为此我们还在实践了16年之后，专门编写出《新教育晨诵》丛书，为从幼儿园大班到高中提供精神食粮，上市一周就销售35万册，被《中国教育报》评选为2016年度"教师喜爱的100本书"。

另外，我们还开展了儿童阶梯阅读、整本书共读、亲子共读、师生共读、教师专业阅读等一系列阅读的研究与推进，应该说新教育实验做了非常大的努力。

当初新教育实验提出"书香校园"这一概念的时候，全社会还所知不多，现在已经成为一个非常普及的、全社会都认同的一个概念了。我们现在提出建设书香中国，成立新父母研究所，推动家校共读。

中国网：您刚才提到了，学生们该读什么，然后怎么读，我觉得最根源的是要解决他们为什么读书这样一个问题。事实上，中国社会的阅读环境并不是很好，为什么我们不爱读书呢？根源是什么？

朱永新：我想第一个根源就是我们的传统文化里面阅读的功利性色彩比较强。我们讲书中自有黄金屋、书中自有颜如玉、书中自有千钟粟，就是阅读本身是为了做官，阅读本身是为了科举，阅读本身是为了成为一个社会的精英分子，并没有真正强调阅读为了心灵的成长，阅读是生活的享受这样一种文化。从我们的文化基因来说，我觉得过分强调功利阅读，是我们没有真正热爱阅读的一个很重要的原因。

从现实原因来说，我们应试教育的体系主要培养机械地以背诵知识为前提的学生，所以在学校，学生的时间、空间都被教科书、教辅书填满了，根本就没有时间去阅读。课外阅读好像对他的考试没有太大作用，其实本身就是错误的认知，阅读对人的智力背景和发展起着非常重要的作用，是有助于人的学习成长的。

中国网：我们也知道，如果让孩子们提高阅读兴趣，校长和老师要先阅读，新教育实验如何推动校长和老师阅读呢？

朱永新：我们一直认为教师是整个教育过程最关键的因素。孩子们喜欢不喜欢阅读，有没有阅读兴趣，阅读能力高不高，在很大的程度上取决于教师。新教育把教师成长作为新教育实验的逻辑起点，提出了教师专业发展的三专理论：专业阅读、专业写作和专业交往。

专业阅读就是要求教师有大量的阅读经验，要在阅读书目上用心考量，读那些真正的伟大的思想。我们一直认为，你要成为好的教师，首先必须要有阅读的生活，因为那些最伟大的教育智慧就在那些最伟大的书里。作为教师，不可能所有的教育行为都要自己去尝试，应该借鉴从孔子以来的那些优秀教育家的智慧、思想和方法，这样才能游刃有余地运用到自己的教育生活中。

阅读对于教师来说不仅是为教书，也是教师获得幸福感的重要来源

我最近写了一本书叫《致教师》，在这本书里我就跟老师们讲，阅读是真正让人能够拥有幸福生活的重要路径。我们每个人都生活在两个世界中，一个物质的世界，一个精神的世界，大多数人过分关注物质生活以后，就会很焦虑，不断地和别人比较，想比别人住更大的房子，比别人赚更多的钱，穿更漂亮的衣服，吃更好的美食……这样一比他就会越痛苦，因为总有比他厉害的人，总有比他有钱的人。回到精神生活里，他就会平和得多、宁静得多，同时也更能够拥有幸福感和满意度。所以作为教师，这样一种阅读生活是非常重要的。

教师的阅读水平提升了，就可以指导学生的阅读生活，带领孩子进行师生共读、班级共读。我们新教育实验的老师有很重要的特点，就是本身非常热爱阅读，所以才能把阅读给自己带来的幸福感、满意度、精神的愉悦传导给孩子们，同时还能指导孩子怎样进行有效的科学的阅读。

给校长更多办学自主权　是教育改革的一个方向

中国网：新教育实验追求不是考试的成绩，而是要过一种幸福

完整的教育生活。那么在现有的体制下，我们如何才能实现这种个性化的发展，怎么才能成为更好的自己呢？

朱永新：新教育实验的宗旨就是过一种幸福完整的教育生活。所谓完整性，就是让人的身心和谐发展，他的自然生命之长、社会生命之宽和精神生命之高，都得到拓展。怎样实现幸福完整的教育生活？除了书香校园以外，在教育过程中我们提出来，应该让学校成为汇聚美好事物的中心。学校不能只关心分数，只关心成绩，把所有人的眼睛全盯着考试。应该把人类那些最美好的东西在学校里汇聚，让孩子们从中发现自己，从中寻找到感兴趣的东西。和美好相遇的过程，就是教育的最好的过程。

新教育实验，要让人成为他自己。我们教育很大的问题就是，它是选拔性的，不断地以培养少数成功者和大部分失败者为代价，因为在考试面前永远只有一个英雄，其他人在一定程度上都是失败者。我们往往用统一的大纲、统一的考试、统一的评价，把本来千姿百态的孩子培养成一样的人，他只要一个分数好就够了，这个方向其实是错的。

因为每个孩子都是一个小小的精灵，他来到这个世界上都应该有他存在的理由和价值，应该有他实现理想的空间和平台。我们的教育，应该是帮助孩子真正地享受教育的过程，去找到属于他自己的那方天空和世界，让孩子不再自卑。其实，每个孩子都有自己的优势，用不同的标准去评价，每个孩子都是成功者，所以我们的评价观要发生变化。

中国网：新教育实验在不断落地的过程中是怎样进行评价的，是怎样融入教学生活中的呢？

朱永新：新教育实验强调"底线＋榜样"的管理方式，其实就是一种评价的标准，强调每个区域、每个学校乃至每个班级，都要有自己的榜样可以学习，有自己的底线必须遵循。

新教育实验的具体实施，不是简单地做加法，不是在学校生活之上增加课程，增加行动，这样也会加重学生的负担。新教育实验是希望大家转变教育理念，将我们所研究的教育方法技巧，将我们推进的项目运用到教育教学之中。

对于新教育实验的本质有所理解、兴趣浓厚的人，他不会感到需要融入，更不会感觉负担重。你像很多人打游戏通宵达旦，喜欢的事情会非常忘我。新教育实验把美好的东西呈现给老师，呈现给孩子，他们会比较享受学习的过程。

中国网：您曾经提到教育没有爱就如同池塘里没有水。教师怎么样把自己的爱融化到学生的生活中呢？

朱永新：新教育提出了一个关键词，叫"智慧爱"，教育仅仅有爱是不够的。过去的教育家比较多的强调爱，但是也有教育家曾经说过，仅仅有爱，那是连母鸡也会做的事。我们的父母不爱孩子吗？我们的老师不爱孩子吗？关键是要学会智慧的爱。什么叫智慧的爱？当然是要遵守教育的规律，遵守儿童成长的规律，尊重儿童的个性。这样的教育才是有真正的爱。

中国网：改革开放以来，中国教育取得了很多的成绩，实现了穷国办大教育的目标。但这个过程还是以牺牲教育公平为代价的，您如何看待教育公平，我们目前应该怎么做？

朱永新：2010 年，我们国家推出了国家中长期教育改革与发展规划，已经把推进公平作为教育的一个基本方针。公平永远在路上，它是一个没有止境的过程。但是从教育政策的制定来说，我们怎样去鼓励公平，这是需要研究的。因为过去我们的确比较多的教育政策的倾斜是效率优先，兼顾公平。所以相当长的一段时间里，我们强调的是办好一两所重点学校，所以各级政府都把有限的教育资金投向少数最好的学校，这样就造成学校之间的差距越来越大，区域之间的教育不平衡现象也越来越严重，这就导致了非常严重的不公平问题。

很多弱势人群的教育诉求，我们考虑得不够，比如说农村和城市相差比较大，东部和西部相差比较大，男孩和女孩之间，留守儿童、外来民工子弟等的教育问题。我们国家提出科学发展观以来，就已经开始重视教育公平的问题，这些年来国家在这个方面做了很多工作，国家教育资金的投入指向，更多地指向西部，指向农村，指向边缘地区，指向弱势人群，应该说还是有很大进步。

但是，总体来说，距离我们的理想，当然还有很多改进的空间。比如说像特殊教育，我们这几年特殊教育经费增长得很快，但是总比例依然很少，和世界的发达国家相比还是有很大差距。接受特殊教育的孩子专业的指导还不够，他们接受学前教育的比例非常低，高中教育以上的比例更低。我们在教育公平上还有很大的空间可以去提高。

中国网：正如朱教授所说，公平永远在路上，我经常听到来自一线校长的声音，他们很多人认为中国教育改革的根源在于实现校长负责制，对于这样的建议您怎么看？

朱永新：作为校长，他应该对学校发展负最主要的责任，因为他是一个学校的长官，一个学校的领导。之所以校长有这样强烈的呼吁，就说明我们的确给校长的自主权太少。以课程为例，现在我们的国家课程加上地方课程，基本上把学生的时间都排满了。校长要想做校本课程，难度很大，校长想要进行自己的变革，难度很大。另外，我们各级各类的教育考核评价也特别多，校长要不断地围绕这些外在的东西去转，很难有自己的教育思想和教育探索，就谈不上自主权的问题。

改革开放三十年的时候，我曾经写过一篇文章，我说我们的教育还是要尽最大可能去解放局长、校长、教师，真正让他们有更多的自主权，有更多自由的探索，这样才能让教育更有个性，让学校更有特色，让教师更好地成长。我们可以讨论是不是称为"校长负责制"，但是我觉得给校长更多的办学自主权，这是我们教育改革中需要努力的一个方向。

中国网：与美好相遇的过程，就是教育的过程。在与朱教授的访谈过程中，我想到中国女排在里约奥运会上取得的胜利。郎平指导说，中国女排靠的不仅是女排精神，更是技术和实力。正如朱教授所言，教育不仅要有爱，而且要有智慧爱，愿我们每个从教者，在智慧爱的滋养中实现教育的幸福，也愿新教育能够惠及更多人。

（发表于 2021 年 1 月 29 日中国网·教育名人堂）

中国网教育频道：未来教育中家长角色将"王者归来"

——王素云端对话朱永新

今年全国"两会"，中国网特别推出了《两会超话》线上对话节目，特别邀请人大代表或政协委员与教育专家对"两会"提案或者议案进行交流探讨。

《两会超话》第一期，中国网教育频道特别邀请了中国教育科学研究院国际与比较教育研究所所长王素与政协委员朱永新，就"未来学校"等教育话题进行了对话。以下为《两会超话》线上对话文字实录，以飨读者。

王素，中国教育科学研究院国际与比较教育研究所所长，研究员，中国教育科学研究院未来学校实验室主任，中国教育科学研究院STEM教育研究中心主任。主要研究领域涉及实证的国际教育政策比较研究、未来学校研究、中小学STEM教育研究、青少年科学素养监测研究、学校建筑与学习空间研究等。

朱永新，中国民主促进会中央委员会副主席，全国政协副秘书长、常务委员会委员。

王素：朱老师，您好！中国网教育频道专门推出了《未来学校》栏目。因为您在未来学校方面做了非常多的研究，还出了两本书，所以我们今天想跟朱老师交流几个相关话题。

话题一：生命教育

王素：第一个话题是，当前，整个世界范围内都在讨论未来教育，这实际上是由整个工业革命带来的。大家其实在反思，在这个快速发展的世界，教育的根本目的到底是什么？

因为您在提案当中也谈到了"中小学生命教育的指导纲要"，所以想请您谈一谈：生命教育在未来教育的目标当中，应该处在一个什么样的地位？您对于生命教育在我国中小学教育当中的开展，有什么更好的建议？

朱永新：在《未来学校》和《走向学习中心》这两本书里，我对于未来学校的课程问题做了比较系统的构建。

其中，我把生命教育作为未来教育的基础课程。因为教育本来是为生命而存在的，生命没有了，教育就没有意义了。

所以，教育首先应该帮助人延长生命，让他生命有长度；拓宽生命，让他生命有宽度；同时提升生命，让他生命有高度，即拓展生命的长、宽、高。我觉得这是教育的基本问题、根本问题和基础问题。

这次提案里，也专门谈及了生命教育的问题。现在的课程对生命的关照不足，怎么样才能让学生关照、关心自己的生命？

让父母、教师、学校能够更多地关心、关怀学生的生命，是教育非常重要的关键性问题之一。我们应该告诉学生怎么吃饭、怎么喝水、怎么睡觉、怎么吃药、怎么保护自己，碰到各种灾难怎样去应对。像这样最基本的东西，应该教给我们的学生。

另外，学生是社会的人，如何与他人和谐相处？有的孩子为什么非常脆弱，碰到一些困难就与父母和其他人产生激烈的对抗，甚至自残、跳楼？因为他们缺乏与人相处的基本能力，这和生命的宽度有关。

同时，生命还是有高度的，人是一个价值性的动物，是个符号性的动物，怎样能够有比较好的价值观、比较好的人生信仰与追寻，这也是应该教给学生的。但这些在传统教育中的地位不足，所以我特别提出来要加大生命教育的力度。

王素：非常认同朱老师的观点。现在的教育对学生人格的建立、价值观的培养不够系统，或者说教学的方式还存在一定的问题。

话题二：如何"教育"家长

王素：我看到在《未来学校》和《走向学习中心》这两本书里，您对于未来教育做了很多的畅想。未来的教育，应该说不仅是学校教育，还是一个更广阔的生态。在这种生态中，它涵盖了学校和很多其他的社会机构，而家庭肯定是当中非常重要的一环。

在今天，很多家长处在一个极度焦虑的状态，因为他们不知道怎么科学地教育孩子。家长们也很想让自己的孩子在竞争中获胜，但是他们不知道如何去支持孩子。

您也谈到了关于家庭教育的一些问题，那您觉得在未来教育中，家长本身是否也应该是教育的对象？应不应该给家长提供更加系统的支持？

朱永新：这是毫无疑问的。我提出，未来教育中家长是"王者归来"，即他们在整个教育中会发挥越来越大的作用。这是基于多方面的考虑：

第一，未来人们的工作方式会发生很大变化，居家办公将成为未来社会中非常重要的一种形式，这就意味着父母会有更多的时间陪伴孩子。

第二，在孩子成长时，尤其是 0-7 岁学前的这一段时间，是孩子整个生命发展最关键、最重要的时期，也是认知风格、行为习惯、个性特征养成的最关键时期，如果孩子得到比较好的熏陶和教育，他就会更好地成长。

在这个时期，父母和孩子是接触最多的，必须对孩子有较好的理解。所以，教育父母，是整个教育中非常重要的基础。

苏霍姆林斯基谈到在他的学校里，孩子没有上学之前，会先用两年的时间对父母进行教育。父母先做学生，然后孩子才能做学生，这应该是未来教育的基本样态。

因为我还是中国教育学会家庭教育专业委员会的理事长，所以我也主持编写了一套给家长的系列教材（0-21岁每年一本）——《这样爱你刚刚好》。

最近我们和广西省教育厅在合作，也会为边远地区、农村的父母编写一套适合他们的教材。父母好好学习，孩子才能天天向上，家里的书房就是最好的学区房。

怎么样帮助父母更好的懂得教育？现在，很多教育问题和父母过分焦虑有很大关系。

其实我们知道，孩子本身差别是很大的，要让所有的孩子都去上北大、清华，这不现实，也没有必要。即使孩子上了北大、清华，也不一定能够获得人生的幸福。

所以我提出，幸福比成功更重要，成人比成才更重要。这些对父母基本教育理念的转变是非常关键的，父母必须接受教育，这是一个教育的常识。

话题三：让家长积极学习的方法

王素：目前，家长可以通过两种方式学习，一种是自我学习，比如家长利用业余时间去找一些有用的资料；另一种即家长学校。

但是这两种方式都不是强制性的，家长可学也可以不学，那您觉得家长的学习是否也需要督促？或者有什么办法能让家长更好地学习？

我曾在网上看到，四川省成都市有一个区执行这样的办法：家长要持证上岗。我相信这个区的目的，是想让家长积极主动地学习，但是在没有督促的情况下，即使该区提供了很多好的学习资源，家长也不一定有学习的动力。

那么，您觉得我们应该用什么方式让家长更积极、更主动地去学习呢？

朱永新：我觉得可以从两个方面进行。

第一个方面，未来或现在的教育改革中，怎样让家庭教育的知识、做父母的知识在基础教育中得到初步的解决？

据我所知，有一些国家已经考虑在高中开设相关的课程。过去的高中有所谓的家政课，其实除了做家务以外，带有这方面的功能。

教育应该给人一生最有用的东西，所以我一直认为，在未来，家庭教育的知识应该纳入基础教育的体系里，成为一门课程。

这样，除了家庭教育以外，还有基本的家庭知识。现在离婚率这么高，很多年轻人根本没有家庭的概念，也不知道家庭的责任、义务。所以，家庭教育的知识应该是基础教育的一部分。

第二个方面，我们在新教育实验学校探索"新父母学校"。即，学生进校时，父母同时要进入新父母学校进行学习，同孩子一起来学。

这样就能保证父母及时得到相应的知识与观念、理念的学习。

国外有叫家委会（Parent–Teacher Association）的机构，我认为中国也需要建立新型的家委会，让家长能有更强的教育意识和参与学校教育活动的主动性。多管齐下，我认为可以解决这个问题。

王素：特别期待！我觉得刚才您提的建议非常好。首先，课程纳入基础教育当中；同时，孩子接受教育的时候，家长也要接受教育、共同成长。

话题四：教育供给的社会化对未来教师的影响

王素：我们下面聊一聊另一个话题，在整个学校教育变革中，教师是核心。没有教师的转变，整个学校教育很难发生转变。

在未来教育当中，教师的角色会发生很多变化，过程中还面临着教师男女比例失衡的严峻挑战，特别是在小学。

未来教育是一种教育生态，在教育供给这个方面，学校只是其中的一部分，或者说学校固定聘任的教师只是一部分。

我们看到，一些学科、项目已经开始教育供给的社会化，即大学教师、企业工程师，甚至一些企业培训的教师，都有可能进入学校。由此，学校教师的构成会更加多元化，对教育也带来很多挑战。

关于这个话题，您也提出了相关提案。那么，您觉得这种教育供给的社会化会对未来教师产生什么样的影响？

朱永新：教师的问题与父母的问题一样，父母叫"王者归来"，教师则称"能者为师"。

所谓能者为师，首先是教师的来源会进一步多元化。现在，我们过分多地强调师范教育体系的教师资源，其实未来的教师资源会进一步多元化。

我们新教育专门成立了艺术教育研究院，目前正在做艺术学习中心的尝试，未来期望成为艺术课程的资源提供者。

这样未来学校或学习中心可以不用配备艺术教师，我们可以提供所有的艺术资源，包括教材、场地等，即由艺术家来做艺术教育。

同样，其他课程完全可以应用。比如，北大附中的艺术课程已经开始走艺术家的道路：开设艺术教育工作室，由各个工作室来进行艺术课程的教育。这样能够鼓励社会精英成为教师。

过去，简单地通过师范教育训练教师的单一方式逐步会被改变。以体育学科为例，一些优秀的主教练、运动员，可能会成为专项体育教师，针对乒乓球、网球、游泳等进行专门教育，比一般的体育教师会更好。

当然，体育不仅是教技能，还有关于身体、心灵、团队活动的其他功能。

不可否认的是，未来教师的多元化将会成为很重要的景观。

我这次在"两会"提出的关于教师性别比例的问题，是针对当下男女比例失衡问题提出一些建议，聚焦于解决教师结构失衡的问题。

未来，更多要靠市场的主动配置，同时鼓励更多的社会精英，科学家、艺术家等各行各业的专家，把他们最好的资源提供给教育、提供给我们的孩子们。

王素：特别期待这样一天的到来！这样的话，学校的教育质量都会更加专业化，因为教师会更加专业化。比如艺术领域，艺术老师和艺术家之间还是有差异的，如果说这一批更优秀的人能够进入教育的队伍中来，能够进入学校课程，我觉得是非常好的一件事情。

话题五：引导游戏行业服务教育

王素：另一个现在大家讨论比较多的话题，是关于学习方式。

特别是这次疫情之后，在线教育在社会上得到了更好的认识。当然也有关于培训机构的诟病，但这是另外一回事。疫情促使整个社会的数字化程度得以提高，教育不可避免地也是。

这种提高其实对每一个人而言都会有很大的挑战，尤其是将来产生更多在线化的学习资源，将有悖于很多家长的意愿。家长特别不喜欢孩子用终端，担心孩子会玩游戏。而且网游开发行业十分火热。这个问题对教育产生了很大冲击，我们也特别期待能有更好的解决方式。

这次您也提了相关的议案。那么，除了对学生的保护，您觉得有没有另外一种可能性，即引导游戏企业将激励机制更好地用于课程教学上来？

未来，游戏化的教学，或者自适应的学习将成为趋势，那是否能让我们的学科，比如数学变得更有趣？一种方式可能是以通关、打怪，闯关成功即数学毕业的方式教学，还有一种是进行综合素质评价，但其中软技能的评价目前并不太好操作。

其实，在游戏即虚拟教学当中，如果学生能组团共同完成一个任务，我们可以对学生合作、创新的情况有更好的过程记录。

所以，在未来的教育发展过程中，您觉得是否有可能更多地去引导游戏行业进入教育，为教育服务，而不是像现在一样只开发商业游戏，且导致学生的沉迷？

朱永新：其实现在无论在国外还是国内，学习型的游戏还是越来越多了。那么，学习的游戏化，或者说游戏化的学习，我相信它是未来学习的重要样态之一。

因为人总是有游戏精神的，游戏也是符合儿童的身心发展特点的。所以将游戏往学习化的方向引领、做学习化的软件是很好的方式。

我在上面提到的两本书里也介绍了国际上的探索和国内的相关

研究，我相信这条路一定能走得通，是可行的。不要简单地把游戏和学习对立起来，这是一个最基本的观念。

当然，目前在商业化游戏的浪潮之中，在孩子的自制能力还比较差的情况下，如何帮助学生有更好的游戏管理？我这次也提出要建立国家标准，这是规范企业、学校和整个游戏行业非常重要的方法。

其中，这里面有一个很大的问题——提升中小学师生网络素养的问题。

现在的孩子都是互联网时代的"原住民"，让他们离开终端、手机，是不现实的。无非就是将这些事物作为工具，教育孩子如何更好地使用。

其实，电视机产生以后，每一次新的技术进入教育时，教育都面临过类似今天的问题。但是，事实证明，这个阶段是技术进步、社会发展不可抗拒的阶段。

所以，我们怎么样让互联网时代的"原住民"能够有更好的网络素养，能够懂得更好地寻找自己所需要的信息，能够懂得避免不良信息的干扰和影响，能够学会自己控制上网时间，这些是比较紧迫的任务。

王素：当下，这也是所有的家长和学校最关心的一个问题。

话题六：未来教育与乡村教育的关系

王素：另外一个希望跟您交流的问题是，现在脱贫攻坚战已结束，下一步便是进入乡村振兴，乡村教育振兴肯定是这个过程中的重要环节。

无论是对于未来学校还是未来教育，很多人的认识存在偏颇。他们会觉得，只有城市学校、有钱的学校才能建设未来学校、推行未来教育，认为这件事与乡村教育毫无关系。

我想请您谈谈，您对未来教育、未来学校与乡村教育之间的关系，有什么看法。

朱永新：未来学校，城市或者乡村是没有太大差异的。

首先，它是一个教育理念，即教育要培养什么样的人，又如何为未来社会培养所需要的人。这是未来教育最根本的出发点。

如果把它理解成用先进的技术去培养适应旧时代的人，这是毫无意义的。因为，未来社会不需要传统教育培养的在生产线上简单操作的人，而是需要有创造性、有团队精神、有成长的正能量的人。

所以，首先我们必须要研究，未来社会到底需要什么样的人。这个与城市、乡村没有什么关系，这是一个最关键的问题。

当然，未来社会离不开适应未来的一种技术手段。所以我们国家在推进未来教育的过程中，怎样去提供城乡一体化的优质教育资源，非常重要。

目前，乡村得到的网络资源、教育资源不太平衡，信息鸿沟依旧存在。

因此，乡村迫切地需要国家层面进行制度的设计，建立国家平台，为边远地区、农村、弱势人群提供优质的教育资源。

去年，我在"两会"上提出，给边远地区农村和贫困家庭的孩子补贴流量、免费上网、提供学习资源的便利等，都是消灭信息鸿沟的措施。

可见，从本质上来说，未来教育更重要的是一种教育理念，对城乡是一致的。因为它是基于信息化社会、基于互联网这样一个大平台的教育。越是如此，越是有利于教育公平的推进，越是不依赖于单独的校园硬件和学习条件。

王素：您的这番话可以澄清很多人错误的迷思。我也特别相信，在未来，除了政府给予乡村教育的政策支持，通过技术赋能也可以帮助乡村教育有更好的发展。

（发表于 2021 年 3 月 9 日中国网，编辑：彭可馨）

人民网：2021年全国"两会"民主党派中央负责人访谈录

主持人： 各位网友大家好！这里是人民网2021年全国"两会"特别访谈节目《高谈客论》。今天我们邀请到的嘉宾是全国政协常委、副秘书长，民进中央副主席朱永新，您好。

朱永新： 您好，主持人，各位网友大家好。

主持人： 请您介绍下去年全国"两会"民进中央提案和大会发言等的办理情况，有哪些提案推动相关工作取得进展。

朱永新： 2020年，在全国政协大会发言工作方面，民进中央作了题为《推动全民阅读，建设书香中国》的大会发言，得到媒体广泛报道和社会各界广泛关注，体现了民进持续不断为推进全民阅读鼓与呼的情怀与担当。此外，民进中央还提交了《规范和支持并重，促进民办教育发展》《重视健康心理，成就阳光少年》2篇书面发言，同样对于促进民办教育发展、学生心理健康建设等方面工作起到了积极推动作用。

在提案工作方面，民进中央共提交党派提案46件，得到了媒体和社会的广泛关注，并得到了有关部委的高度重视，积极促进了有关问题的解决和相关工作的开展。截至去年年底，共有43件提案得到相关单位办理答复，占比约93.5%。

值得一提的是，在全国政协十三届三次会议重点办理提案中，民进中央共有5件党派提案位列其中。《关于加快建立"互联网＋基础教育"公共服务体系的提案》得到教育部高度重视，新冠肺炎疫情期间，开通国家中小学网络云平台，提供了"双师型""翻转课堂"等丰富的教学手段、案例、模式及课程资源，访问人次达 19.5 亿；《关于落实中小学办学自主权，激发办学活力的提案》得到教育部高度重视，并会同其他 7 部委于 2020 年 9 月联合印发了《关于进一步激发中小学办学活力的若干意见》，对落实中小学办学自主权激发学校办学活力进行了全面系统的设计；《关于加快推进黄河流域上中游地区水环境综合治理的提案》得到了生态环境部、水利部高度重视，在统筹推进黄河中上游生态保护、加强水环境综合治理、提升信息化管理水平、加大项目资金支持力度等方面采取了积极有效措施；《关于促进健康管理服务发展的提案》得到了国家卫健委高度重视，积极贯彻《"健康中国 2030"规划纲要》《中国防治慢性病中长期规划（2017–2025 年）》要求，在以健康促进和健康管理为手段，提升全民健康素质、降低高危人群发病风险、提高患者生命质量方面取得积极成效；《关于巩固边疆民族地区脱贫成果的提案》得到国家发改委高度重视，会同有关部门在延续和完善扶贫政策、建立健全生态补偿机制、加快推进教育发展、加大卫生投入力度、解决部分地区安全性住房问题等方面采取积极措施，取得积极成效。

主持人：请您再介绍一下今年全国"两会"民进中央提案的有关情况。

朱永新：今年，民进中央共收到提案素材稿 282 份，主要来自 29 个省级组织、9 个专门委员会、参政议政特邀研究员、参政议政合作平台、国家有关部门、教育研究机构，以及民意信息转化等方面。经过参政议政部门初评修改、专家研讨论证、民进中央主要领导和分管领导审核把关等程序，提交全国政协十三届四次会议的党派提案 46 件。

从提案内容来看，围绕教育文化出版主界别，拟提交提案 19 件，其中教育领域 14 件，主要涉及振兴县域普通高中、推进农村中小学书香校园工程、促进普惠性民办幼儿园高质量发展、建设高质量教育体系、提升中小学教师在线教育教学能力、加强和改进教育评估工作等内容；文化领域 3 件，涉及发挥文化建设在实施乡村振兴战略中关键作用，解决文物保护管理"最后一公里"问题，系统推进不可移动文物防灾减灾工作等内容；出版领域 2 件，涉及规范、促进网络文学发展，尽快批准加入《马拉喀什条约》保障视力障碍者文化权益等内容。聚焦"十四五"时期国家发展战略、反映百姓关注的热点问题方面，拟提交经济领域 8 件，主要涉及深化供需双侧改革加快构建新发展格局，缩小居民收入差距扎实推动共同富裕等内容；科技医疗卫生领域 7 件，主要涉及完善我国高技术发展战略规划，规范医疗健康数据标准推动智慧医疗建设与发展等内容；资源环境领域 6 件，主要涉及统筹谋划推进新时代治沙工作，优化以国家公园为主体的自然保护地体系建设等内容；社会法治领域 6 件，主要涉及加强社区人才队伍建设，深化大数据应用提升社会治理效能，加强司法救助防止因案致贫返贫等内容。

主持人：请您介绍一下去年民进中央在参政议政工作方面的特点和亮点。

朱永新：2020 年是具有里程碑意义的一年，脱贫攻坚任务如期完成，"十三五"圆满收官，全面建成小康社会取得伟大历史性成就。同时，也是民进成立 75 周年、民进中央履职能力建设主题年。参政议政工作坚持围绕中心、服务大局，广泛开展调研，积极建言资政，取得了一定成绩。

一是政党、政协协商有新作为。政党协商方面，在中共中央主要领导同志主持召开的党外人士座谈会上，就新冠肺炎疫情防控工作、《政府工作报告》、经济形势和经济工作、制定国民经济和社会发展第十四个五年规划和二〇三五年远景目标、"提升基层治理效能、促进社会和谐稳定"等重大议题，认真发表协商意见和建议。通过"党派直通车"向中共中央和国务院领导同志报送 20 篇建议，多篇建议得到重要批示。另外，向中共中央统战部报送建议 11 篇，向政府有关部门转送建议 10 篇，推动了一些重大问题的解决和重要政策的制定。政协协商方面，先后 2 次在全国政协常委会上，分别就"助推南疆四地州稳定脱贫""促进'十四五'文化产业高质量发展"问题作口头发言；承办全国政协"推动中华优秀传统文化进课本、进课堂、进校园"远程协商座谈会，4 名民进界政协委员在座谈会上发言；2 名民进政协委员分别在"推进粤港澳大湾区创新合作""发挥文化建设在实施乡村振兴战略中的作用"专题协商会上积极建言。

二是考察调研活动有新成果。围绕"提升基层治理效能，促进社会和谐稳定"主题开展年度重点考察调研，召开专家座谈会，聚焦调研重点，形成调研提纲；印发《关于民进中央 2020 年重点考察调研有关事项的通知》，组织 28 个省级组织、民进中央 4 个专门委员会同步开展调研；赴贵州、河南进行实地调研，通过微信"问卷星"小程序开展网络调研，回收调研问卷 11433 份，形成民进中央重点考察调研报告，并向中共中央报送建议书，得到重要批示；汇总形成民进全会重点考察调研成果集，重点内容向全国政协报送提案和社情民意信息。同时，民进中央各专门委员会发挥自身特色优势，分别围绕"基层教育服务供给和教育治理""推动我国公共文化服务专业化发展""加快完善著作权保护制度""完善社区治理体系""推动智慧医疗健康发展""黄河大保护和绿色发展""多方合力解决社区民生难题""三线建设工业文化保护与利用""提升基层社会治理精准高效智能化水平"等主题开展专题调研，形成一批高质量调研成果。

三是反映社情民意信息有新进步。2020 年共向全国政协、中共中央统战部报送社情民意信息 1135 期，386 篇被全国政协采用，25 篇信息经由全国政协专报中共中央和国家领导同志，132 篇信息被全国政协转送相关部委，部分建议得到推动落实。

四是参政议政活动平台有新发展。坚持集智聚力、共建共享，参政议政活动的质量和效果明显提升。以"高质量教师队伍建设的体制机制改革"为主题，举办中国教师发展论坛；以"弘扬劳动精神，落实劳动教育"等为主题，举办两次基础教育改革座谈会；以"守正创新：出版传媒业发展空间和方式探索"为主题，举办开明出版传媒论坛；以"回望：北魏文化与民族融合；展望：文化与城市转型发展"为主题，举办民进开明文化论坛，在主界别领域持续发出强有力的声音。在新领域持续关注生态文明建设，以"聚焦绿色转型和发展"为主题举办"2020·长江保护与发展论坛"；以"臭氧防控和碳排放达峰"为主题，举办第三届粤港澳生态环境高端论坛；举办黄河生态保护与文化发展论坛。在相关论坛活动中，通过采取同步网络视频直播等新形式，扩大影响力、发出好声音。

五是专项民主监督工作有新经验。聚焦如期全面完成脱贫攻坚目标任务，注重做好对口湖南的脱贫攻坚专项民主监督工作。民进中央领导多次带队调研，同时委托民进湖南省委会及 13 个市级组织，在 3 个县级观察点、26 个村级观察窗口，通过实地察看、网络问卷、电话采访、个人访谈等方式，开展调研 40 余次。同时，组织专家组和专干小分队开展"四不两直"调研，发动 16 个省级组织开展同步调研、3 个省级组织在湖南开展帮扶，切实掌握一手资料、听取一线声音，及时向湖南省反馈监督意见。围绕"深度贫困地区巩固脱贫成果的政策需求""完善'互联网＋教育育人'模式助推城乡教育均衡发展"等课题，采取上下联动方式深入开展研究，取得一定成果。编印《脱贫攻坚民主监督的民进实践与探索》一书，拍摄制作宣传片，注重讲好脱贫攻坚和多党合作故事。

六是自身能力建设有新提升。2020 年，民进中央以履职能力建设主题年为抓手，对民进 29 个省级组织和 277 个市级组织进行摸底调查，全面掌握履职工作基本情况，针对存在的问题不足，提出针对性整改、帮扶意见，着力提升全会履职能力。召开民进中央履职能力建设主题年工作会暨 2020 年参政议政年会，全面总结主题年工作成果和经验，对 121 个先进集体、396 名先进个人、253 件参政议政成果进行表彰。研究制定《中国民主促进会参政议政工作条例》和《中国民主促进会参加中国共产党领导的政治协商工作条例》，参政议政制度建设更加完善。收集 1949 年至 2019 年间民进优秀提案，计划出版《民进好提案》一书，集中展示民进提案工作成果，为广大会员提升提案工作水平提供学习借鉴。

主持人：2021 年是实施"十四五"规划、开启全面建设社会主义现代化国家新征程的第一年，同时也是中国共产党成立 100 周年。围绕这些重大主题，民进中央今年的参政议政工作会有一些什么样的计划或考虑？

朱永新：2021 年，民进中央将围绕"十四五"时期国家发展战略，认真贯彻落实中共中央各项决策部署，坚持建言资政和凝聚共识双向发力，奋力实现参政议政工作迈上新台阶。

一是围绕中心，搞好顶层设计。聚焦 2021 年党和国家中心工作，以及扎实做好"六稳"工作、全面落实"六保"任务等关乎民生改善和社会稳定的当务之急，结合年度政党、政协协商活动议题，制定印发《民进中央 2021 年重要履职活动及重点议题计划》，召开系列参政议政专题座谈会，指导各省级组织、专门委员会围绕民进中央安排开展履职活动，加强上下联动，广泛集智聚力，为实施"十四五"规划、全面建设社会主义现代化国家贡献智慧和力量。

二是聚焦重点，广泛开展调研。围绕"加强科研队伍建设，为强化国家战略科技力量提供人才保障"主题，制订年度重点考察调研工作方案，聚焦重点选题、深入广泛调研，充分调动民进各省级组织、专门委员会开展同步调研，形成高质量调研报告、调研协商座谈会发言，以及报送中共中央、国务院的建议。同时，以社情民意信息、提案等形式充分反映调研成果。

三是深化合作，丰富履职活动。加强与政府部门、参政议政合作平台的沟通联系，巩固拓展多方参与、共建共享的合作格局。举办中国教师发展论坛、基础教育改革座谈会、开明出版传媒论坛、开明文化论坛、黄河保护与发展论坛、粤港澳生态环境高端论坛等议政活动。结合年度重要履职活动和重点议题，确定各项议政活动主题，加大活动宣传力度，激发会内外各方参与热情，扩大社会影响力。

四是多措并举，强化信息工作。2021 年，是民进中央反映社情民意信息主题年。为确保主题年活动成果，认真制订主题年工作方案、细化任务清单和进度表，通过采取考察调研、完善制度、编印教材、专题培训、充实队伍等实际性举措，提升信息工作质量，扩大信息工作参与面，逐步实现基层组织反映社情民意信息全覆盖。

五是总结经验，提升监督能力。认真贯彻落实全国政协主席汪洋同志在 2020 年各民主党派中央脱贫攻坚民主监督工作座谈会上的讲话精神，全面总结脱贫攻坚民主监督工作的成果、经验，完善工作机制，规范工作流程，提高民主监督能力。同时，落实中共中央关于专项民主监督工作的部署和要求，制订专项民主监督工作计划。

六是完善制度，强化自身建设。围绕贯彻落实《中国民主促进会参政议政工作条例》《中国民主促进会参加中国共产党领导的政治协商工作条例》，开展多种形式的学习宣传活动，以制度落实推进履职能力提升。同时，制定政协大会发言产生办法、反映社情民意信息工作条例，修订参政议政成果奖励办法，不断完善参政议政制度体系。

主持人： 自新冠肺炎疫情暴发以来，各民主党派同中国共产党想在一起、站在一起、干在一起，同舟共济、肝胆相照，为统筹疫情防控和经济社会发展出主意、想办法，为中共中央科学决策、民主决策提供了重要参考。请您介绍一下民进的有关工作情况。

朱永新： 新冠肺炎疫情暴发以来，民进全会深入学习贯彻习近平总书记关于疫情防控工作的重要讲话和重要指示精神，坚决拥护和积极响应中共中央的决策部署，第一时间成立领导小组，动员和组织全会参加疫情防控，及时报送抗疫建议 28 件、社情民意信息 335 期；全会 5548 名医卫界会员逆行出征、奋战一线，甚至以身殉职，涌现出"全国抗击新冠肺炎疫情先进个人"于铁夫等一批先进典型；全会各级组织和广大会员踊跃捐款捐物，累计捐款 1.44 亿元，捐物估值 5.15 亿元，并积极开展线上教学、心理辅导、文艺展演、产品助销等各种支援活动，为抗击疫情贡献力量。

主持人： 经过 8 年持续奋斗，我国如期完成了新时代脱贫攻坚目标任务，现行标准下农村贫困人口全部脱贫，贫困县全部摘帽，下一步民进在巩固脱贫成果、助力乡村振兴方面将有哪些举措？

朱永新： 为巩固拓展脱贫攻坚成果，助力全面推进乡村振兴，民进中央将在贵州省安龙县、金沙县持续开展以"彩虹结对""彩虹关爱""彩虹励志"为主要内容的深化"同心彩虹行动"。各省级组织将以三项行动为抓手，对接好机关、会员资源，针对不同群体，深入调研，摸清需求，开展帮扶，打好组团式教育帮扶"组合拳"。"彩虹结对"将继续围绕建设高质量教育体系，尤其是聚焦乡村教育短板，在缩小城乡义务教育差距上加大帮扶力度，继续开展乡村德、智、体、美、劳教师队伍建设，有针对性地推动美育共建，提升乡村教师培养学生认识美、爱好美和创造美的能力，努力培养一支扎根乡村的高素质教育队伍；"彩虹关爱"在捐款捐物的基础上，将采取多种方式力所能及、尽力而为地帮助弱势群体实现对美好生活的更高期待；"彩虹励志"着力探索职业教育合作办学、校企合作方式举措，协调职业学校、职业教育平台、就业平台向两县学生开放，激发青年就业内生动力，提升就业致富能力。将继续推进西部 7 省 52 个县（原挂牌督战县）的乡村教师、乡村医生公益培训项目。

　　脱贫攻坚阶段，我们发挥民进组织优势，通过产业项目引入、生产技术指导，搭建电商平台、开展直播带货推广、协调产销对接等，持续开展了以"抓两头"，即生产、销售为重点的产业帮扶工作。全面推进乡村振兴，国家在产业发展任务中明确了全产业链的规划，我们的产业帮扶工作也需要从重点抓"两头"转到"带中间"的全面推进阶段。我们将主动衔接全面推进乡村振兴的产业发展，积极帮助扶持农产品加工、流通等全产业链建设，增强产业发展动力和效益，助力乡村产业一二三产融合发展，为全面推进乡村振兴做贡献。将精准把握金沙、安龙两县全面推进乡村振兴战略的总体要求和具体工作，认真领会新发展理念深刻内涵，聚焦产业振兴、绿色发展、人力资源开发、体制机制创新中的短板难点，汇集各方智慧，围绕当地全面推进乡村振兴和贯彻新发展理念示范区建设需求，深入调查研究，积极建言献策。

　　主持人：感谢朱副主席。今天的访谈到这里就全部结束了。各位网友，再见。

　　　　　（发表于 2021 年 3 月 10 日人民网，责任编辑：闫研、秦华）

人民政协网：朱永新跨界对话曹德旺

核心提要：

●要相信善的力量。在一定程度上，"善"比读、写、算的能力还重要。

●一个人有知识、有专业，没有境界，也做不成伟大的事情。

●我们迫切需要从"学历社会"走向"学力社会"。

在 12 月 4 日举行的中国教育三十人论坛第八届年会上，全国政协常委、副秘书长，民进中央副主席朱永新与有着"汽车玻璃大王"之称的第十二届全国政协委员，福耀玻璃工业集团股份有限公司创始人、董事长曹德旺视频连线，就人才培养、高等教育、家庭教育等话题展开了一场精彩讨论——

谈人才培养：养成好习惯　有家国情怀才能成大事

朱永新：我们俩有许多相似的地方，比如我们都早起，据说您每天 4 点就起来工作了。还有，我们都喜欢读书。我想问，您如何看待早起和阅读这两件事情，它们对于您来说究竟有多重要？

曹德旺：早起是我从小培养的习惯。母亲教育我说，早起三天就等于多出了一天的时间。另外，从健康的角度来讲，每天早一点起来去迎接新生的太阳，也有益身体健康。我认为读书必须坚持"三性"：

韧性，长期坚持，锲而不舍；悟性，只有悟到才能消化掉；记性，将书中的真理、内核性的内容融入血液里，只有这样，才能够记住它。

朱永新：确实，养成早起和热爱阅读的习惯对一个人十分重要。您还说过：做人要有高度的社会责任感，要有强烈的民族和国家意识，这样才会成功。这样一种社会责任感，您是如何培养起来的？

曹德旺：我认为一个人的发展要和整个社会结合起来。首先应该培养年轻人的自信，比如文化自信、政治自信、能力自信和行为自信。同时，一个人还要学会怎么与他人共处，能够很好地融入社会。当然，培养自信的时候，不仅是教他相信，还要让他运用多学科的知识来学会判断。

朱永新：曹先生特别强调信仰和自信。信仰和自信都是"信"，你要相信这个世界，你要相信自己，你要相信善的力量，你要对人生充满期待，你要对未来充满希望，你要对孩子们、对这个世界充满爱，这是整个人类所倡导的最美好的价值。在孩子们心中怎么播下善的种子，是我们的教育要认真研究的，在一定程度上，"善"比读、写、算的能力还重要。

在福清这样一个资源不算很丰富的城市，您的企业能做到本领域的世界第一，是相当不容易的。我们国家目前最缺的是"从 0 到 1"的创新型人才，我也注意到曹先生一直呼吁要培养创新人才。作为一名企业家，您对学校教育在创新人才培养方面有怎样的期待？未来您的企业对创新型人才有什么样的期待？

曹德旺：我希望看到教育界培养出更多热爱工作、热爱专业、热爱自己的家，有报国胸怀的学生。一个人若有知识、有专业，但没有境界，我想他也做不成伟大的事情。我建议教育界可以展开对"学而优则仕"这句话的讨论。我个人理解，"学而优"是要寻求报国为民的机会，而不是窝在家里，不是学而优以后祸国殃民，品优结合的人才会做成大事。

谈高等教育：期待从"学历社会"走向"学力社会"

朱永新： 2021 年 5 月 4 日，您创办的河仁慈善基金会决定出资 100 亿元筹建"福耀科技大学"，此前还捐资 4 亿元建设了福清德旺中学。您如此真金白银地支持教育事业让我很感动。教育在您眼里究竟有多重要？

曹德旺： 我认为，一个国家的教育事业迅速发展了，科技才能随之发展。因此，我想探索一种"双师制"的办学方式。即：大学生有两位导师，一位是教育的老师，另一位是关注实践的老师。比如，有企业经验的高级工程师教学生动手实践，不仅教授学生知识，还要培养他的自信，相信自己能够走上成才的道路。

我们企业里最初是没有研究生的，员工有大学本科生，还有中专生。但我很自豪地讲，我们现在好几个员工是国务院政府特殊津贴获得者。我相信，当员工得到适当合理方式的培养，他们一定会成才的。而且在这里，他们热爱工作，热爱自己的事业。所以，我认为，要把企业做好，要先把人培养好，在教会他技术的同时，更要提高他的境界、胸怀和高度，这是我想探索教育改革的初衷。我办一所大学的目的，不是让中国多一所大学，我们要吸取日本和德国在培养学生方面的一些好做法，并找到一条属于我们的路。

朱永新： 教育需要资金的支持，同时更需要智慧的支持。我们不能跟在西方教育后面走，我们在教育领域怎么成为领跑者，同样需要思考，需要更多的社会精英来关注教育问题。我特别欣赏曹先生讲过的一句话，中国的希望在于中国人自己的觉悟。如果每个行业都有人执着地把自己的事业与国家的发展联系起来，执着于这项事业的人不但能够成为自己这个行业的领袖，为自己和社会创造财富，而且有机会跻身于世界大舞台，为世界创造价值和财富。但一所学校仅仅有钱是不够的，您对这所大学有什么期待，您认为它多长时间可以走在中国乃至世界前列？

曹德旺： 这所大学的实验室能力很强，拥有非常强的装备，包含信息超算中心等。在产学研方面，我们对接了一些全球的企业，有很多资源用在学校的发展上。我们的学生平常在实验室，假期会带他们深入企业实践，培养其动手能力。之后，若有需要我还会凑出 100 亿元作为学校的奖励基金。当然，在大学的发展中会碰到很多困难，我们也希望社会各界支持关注它的发展。

朱永新：我们非常期待更多像曹先生这样的企业家能够把自己在企业发展的过程中积累的财富用来办教育。我们会热切地关注福耀科技大学的成长，我们也愿意参与其中，因为我们特别期待中国在高等教育上能够有自己新的标杆。我想问：您会亲自来管这所大学吗？还是交由未来的校长？这是很重要的管理模式。我们非常期待您能够将您的智慧更多更好的用在这所大学上。

曹德旺：学校是交由未来的校长来管理。目前建设资金已经到位了。之后校长会海聘，由校长组建教育团队、教师团队，我们负责社会协调等相关事宜。毕竟专业的事情应该由专业的人来做，我希望在我有生之年，能将这所大学办好。我注意到您很关心未来的教育发展趋势，我想请教您，您认为我们的大学将会是什么样子？

朱永新：就像您做企业一样，只要曹先生用心办教育，我对这所大学是充满信心的。我认为，一个人只要有了信仰和抱负，就一定能够做成事，无非是困难大一点还是小一点，问题多一点还是少一点。我们期待福耀科技大学拥有自己的独特性，成为一所真正意义上的大学。我认为，在尊重大学教育规律的同时，一定要打破很多限制，包括招生、学习方式等，这是我特别期待的。

曹德旺：让我不理解的是，现在有很多大学毕业生宁可去送快递、送外卖，等着考公务员，也不愿意到企业就业，您认为这是什么原因造成的？

朱永新：当前，我们的高等教育已经走向了普及化阶段，高中的入学率超过 90%，高等教育的普及率已经超过 50%。但大学生的文凭不等于水平，学历不等于学力，我们迫切需要从"学历社会"走向"学力社会"这样一个新的发展时期。

最近我读了一本美国人写的书——《反对教育的理由》，书名很骇人听闻，书中观点认为我们的人才被浪费了，现在的学习不是为了真正地提升能力，而是为了拿到文凭，文凭已经成为一个标志物、一个符号。当一个人为符号去努力的时候、为外在的标志服务的时候，方向就错了。

其实您刚讲的大学生不愿意进企业的问题，一方面是大学生就业难，另一方面是企业招人难，我觉得这是一个结构性的矛盾。如果我们培养的是创业者，不仅仅是就业，同时还能创造岗位——比如比尔·盖茨、乔布斯，他们大一大二的时候就弃学创业了——那就不一样了。我认为不是大学生就业难，而是我们培养的大学生还不能很好地适应社会需求，还不具有真正的创业精神和情怀，所以我们的教育要更好地去适应社会、适应时代，这是我们迫切需要的。

另外，大学生毕业的时间过于集中，也是个问题。如果学生的学习是弹性的，是可以不断流动的，工作与学习之间是个不断交互的过程，一个人想工作的时候就可以工作，想学习的时候就可以学习，产学研更好合作起来，也是解决大学生就业难的一个方向。现在我们的学校还是封闭的，如果社会跟企业有更多的合作，就业难度问题会得到缓解。

谈家庭教育：父母好好学习，孩子才能天天向上

曹德旺：《家庭教育促进法》即将施行，我也曾在政协提案里建议落实家长教育，生孩子之前家长要先培训。为什么家庭教育有这么多问题？怎么解决这些问题？

朱永新：我经常讲，教育是从家庭开始的，没有家庭教育的基础、没有家庭教育的成功，教育无路可走。

当孩子从家庭来到学校的时候，其实已经是个半成品了。根据心理学的研究，孩子7岁以前，他的认知风格、行为习惯、个性特征，都已经基本成型。一个7岁孩子大脑发育的成熟度跟一个成年人非常接近。一个人一生中最重要的本领就是在幼儿园前、小学前获得的，比如：语言、交往等，所以家庭教育太重要了。

当我们很多父母在焦虑、纠结，在埋怨学校的时候，在对比"邻居家的孩子"而着急的时候，其实他们没有考虑到自己才是教育最重

要的力量，父母和孩子一起成长才是整个教育最重要的基础和基石，父母对教育的理解也是教育能成功的最重要标志。

　　其实成功绝对不意味着幸福，幸福是一种能力，我们要让孩子享受学习的收获，享受跟周围人一起生活的快乐。要让更多的人知道，最重要的是成为最好的自己，每个生命都有存在的价值和理由，帮助孩子享受他的独特性，发展他的潜能，这是父母亲要考虑的，不能老是看到"邻居家的孩子"。家长要享受自己跟孩子在一起的每一刻，带给他关爱，让他感受到爱，让他感受到家的温暖，这是家庭教育最关键的问题。

（发表于 2021 年 12 月 8 日人民政协网，整理：张惠娟）

媒体关注

今年全国"两会",全国政协委员、江苏锡山高级中学校长唐江澎在"委员通道"上答"教育真谛"之问的 4 分多钟短视频,很快就冲上热搜,平台播放量过亿。媒体,将智者的声音快速远播。

如何把自己关注的问题变成公众的话题?如何让人们看见委员的日常?如何避免媒体为吸引观众眼球而断章取义的报道?这些都需要善用媒体。善用媒体,也是履职的基本功。

《中国新闻出版广电报》：为建设文化强国固本培基

今年的《政府工作报告》提出，"推进城乡公共服务体系一体建设，创新实施文化惠民工程，倡导全民阅读"。

从 2014 年至 2021 年，"全民阅读"已连续 8 年写入《政府工作报告》。这一消息，让参加今年全国"两会"的代表委员们很是振奋。大家一致认为，国家的现代化离不开人的现代化，人的现代化离不开阅读。对一个人而言，读书学习是提升自己最为有效的途径。只有个体的提升，才有社会的整体进步，建设文化强国才有强大的根基。

倡导推动　书香越来越浓

"这是一件非常好的事情，写入《政府工作报告》有特别的意义。"谈及"全民阅读"第 8 次写入《政府工作报告》，全国政协常委、民进中央副主席朱永新表示，"报告是一年工作的总纲，写进去的每一项任务都要落实，此举有助于全民阅读工作抓紧抓实抓好"。

作为全民阅读活动一直以来坚定的倡导者、推动者和践行者，朱永新在近 20 年的履职中，始终为全民阅读鼓与呼。今年的全国"两会"上，他再次带来了《关于建议设立"国家阅读节"的提案》。他说："希望通过设立阅读节，增强阅读的仪式感，推动全民阅读进一步上升为国家战略。"

在朱永新看来，在众多有识之士的大力倡导和推动下，当下的全民阅读已形成氛围，"多读书，读好书"越来越成为社会共识，"开展全民阅读，建设书香社会，是推动文化建设、促进国家和民族发展的重要内容"。

"如今，全国各地的书店越开越多，越开越有特色，书香味儿是越来越浓。"全国政协委员、演员张光北深刻地感受到倡导全民阅读多年来的变化，"阅读，已经成为我们全社会的一种习惯。今年《政府工作报告》中又提到了'倡导全民阅读'，这一点我非常支持，这有助于推动全社会形成共识，把读书当成一种生活方式和休闲方式"。

"既觉得信心满满，又深感责任重大。"看到"全民阅读"再一次被写入政府工作报告，全国政协委员、中国作家协会网络文学委员会主任陈崎嵘这样感慨道："作为文化工作者，要把文化创造和文化传播放到推进我国社会主义现代化建设历史进程的全局中来认识，增强自己的历史使命感和社会责任感。"

推动全民阅读要避免"急功近利"，不能搞"一阵风"式运动，要扎扎实实做活动、读好书。正如全国政协委员、江苏省作家协会第九届委员会名誉主席范小青所说："书籍对人的影响，更多是天长日久的，更多是日积月累的。所以只要你能坚持阅读，你的人生一定会有很大的变化。"

"要成为一个现代人，一定要继承人类已有的精神文明。在生活之上，还有更为迷人的精神世界。这些精神文明就保存在书籍中，阅读这些精神食粮才能获得我们身心的成长。"全国政协委员、中国社会科学院哲学研究所研究员陈霞表示，"生活在当下的我们，读书是生存的必需品。"

勇于担当　多出良心精品

"全民阅读"连续 8 次写入《政府工作报告》，极大地鼓舞了出版业，提振了精气神。

"这个话题热度不能减退。"全国人大代表、读者出版集团副总经理富康年谈到《政府工作报告》中提到的"倡导全民阅读"时，心情很是激动，"这是行业从业者多年来大声呼吁、积极推动并实施，全社会形成的一种共识。我们要倡导全民阅读，建设书香社会，共推文化强国建设"。

"倡导全民阅读、建设文化强国，出版人必须勇挑重担。"全国政协委员、中国出版传媒股份有限公司副总经理于殿利认为，出版业要以供给侧结构性改革为核心，"提供反映时代之需的高质量图书产品，是重中之重"。

"身为一名出版人，要在倡导全民阅读的行动中，发挥主力军的作用，为人民出好书、出精品，满足他们对美好精神生活的需求。"富康年认为，要在政府的大力倡导和推动下，整个社会形成合力，共同长期推动，才能终见成效。

对此，全国政协委员、文物出版社社长张自成也表示认同，"推广全民阅读，非一时应景，需要多方努力，构建长效机制，久久为功。"

"在倡导全民阅读中，政府层面应加大引导、规范。"张自成建议，对全民阅读的管理体制、财政投入、指标体系、重点任务以及读者的阅读权益保障等作出规定。

"出版机构应针对市场需求组织出版多层次、多品种的优质出版物，以更好地满足读者的高品质阅读需求。"张自成表示，为适应数字阅读新趋势的发展，出版机构要全面落实中央关于"加快培育数据要素市场"的要求，加大相关数据资源的处理和新技术应用，持续快速推出成体系、有厚度的知识性数字产品。

"我们将抓住党和国家倡导全民阅读的历史机遇，在推进文化强国建设中，坚守主阵地、当好主力军、唱响主旋律，为全国全省的全民阅读提供优质出版产品和出版服务。"全国人大代表、贵州出版集团有限公司董事长黄定承表示，身为出版人，要重点出好"三本书"，即"主题书""传世书"和"良心书"。

成风化人　优质服务下沉

关注推动新时代全民阅读向基层延伸，助力形成覆盖城乡的全民阅读推广服务体系，成为代表委员们关心的话题。

在推进全民阅读的进程中，朱永新一直大力倡导推进阅读公平："阅读公平是社会公平的基石，教育公平是社会公平的基础，所以阅读公平可谓是基础中的基础。我们通过倡导阅读公平，让每个孩子都能拥有'人生出彩'的机会！"

"要进一步提升各地公共图书馆、农家书屋、社区书屋、职工书屋、乡镇综合文化站、实体书店、阅报栏等全民阅读基础设施规模、设备升级和内容建设质量。"张自成强调，尤其是要向农村、偏远山区扩展延伸，"以切实解决读书难，特别是读好书难的问题"。

"让优质全民阅读服务下沉农村，要充分发挥好已经建成的农家书屋的作用，进一步提升农家书屋配书质量，有针对性地推出适合农村群众的阅读交流分享活动，激发他们的阅读兴趣。"全国人大代表、河南省作家协会副主席廖华歌表示，这样才能真正实现文化惠民的目的。

"要让文化扎根乡村，让阅读滋养乡亲们的心田、丰富精神需求。"全国人大代表、农民作家马慧娟牵头组织成立了"泥土书香读书社"，带领附近的乡村姐妹们识字读书，"我要发挥基层人大代表的作用，带头读书，为农村文化建设奉献力量"。

"要动员其他社会力量发挥优势，形成全民阅读全民参与、全民共享的局面。"全国人大代表、南京图书馆研究馆员刘忠斌建议，要充分发挥政府的组织力量、行业单位的专业力量、专家学者的引导力量、媒体的宣传力量，等等，"将这些力量汇聚起来，才能系统化推进全民阅读提质增效，早日推动建成覆盖城乡的全民阅读推广服务体系"。

（发表于2021年2月3日《中国新闻出版广电报》，记者：李婧璇等）

《南方都市报》：朱永新谈教育"内卷"：把幸福还给孩子，父母不应成为老师的助教

"家长群变作业群"、教育"内卷"、培训机构爆雷……去年来多个教育话题频频出圈，掀起全民讨论。

这些也受到了朱永新的关注，作为长期致力于教育改革的学者和微博"大V"，家庭教育是他近年来反复被问及的话题。

在朱永新看来，父母不应成为教师的助教。他认为，家庭教育是一种人格的教育，父母要有更多时间陪伴孩子，"只有高质量的陪伴，孩子才能有高质量的成长"。

面对当下愈演愈烈的教育焦虑，朱永新称，最根本的是要提升父母的基本教育素养，倡导"成人比成才更重要，幸福比成功更重要"的教育理念。在他看来，电影《你好，李焕英》火热的背后，一个重要原因就在于它传达了家长要把幸福还给孩子的理念。

再过几日，全国"两会"就会召开，同往年一样，朱永新还将继续为教育改革鼓与呼。围绕这些问题，南都记者再次对话朱永新。

连续19年呼吁设"阅读节"：期待真正把阅读作为国家行为

《南方都市报》：这是你第19年提出设立"国家阅读节"，今年将从什么角度切入？

朱永新：今年是从弘扬优秀传统文化的角度，最近中共中央、

国务院专门出台《关于实施中华优秀传统文化传承发展工程的意见》，要弘扬传承中华传统文化，就需要一定的仪式、庆典及代表性人物，中国传统文化最具代表性的人物毫无疑问是孔子。孔子不仅是万世师表，还是一位很重要的阅读推广人，设立一个国家阅读节，既是向孔子致敬也是向中国传统文化致敬。

《南方都市报》：这些年收到了怎样的答复？

朱永新：以前是说国家已经有很多节日，不增加新的了。但其实我们的节日还在不断增加，我觉得它（阅读节）的意义不亚于农民丰收节和航海节，这些都是在我提出阅读节以后新出来的节日。

也有人说已经有了阅读节，就是"4·23"，这其实是世界图书与版权日，确切地说它还不是阅读日，更重要的是"4·23"纪念的是塞万提斯和莎士比亚，跟中国文化没有太大的关系。近几年，特别是中宣部分管这项工作以来答复都比较积极，最早提出的这些理由，现在基本上已经不太提了。

《南方都市报》：但这么多年都没有成功，你为什么还在坚持提，单设一个"阅读节"有这么重要吗？

朱永新：近 20 年我一直提这个提案，也是期待真正把阅读作为一个国家行为。阅读既是个人的行为，也是一个国家的行为，一个国家能不能有力量、有竞争力和凝聚力，和这个国家的国民有没有学习力有很大的关系，而一个国家国民的学习力和成长力，很大程度取决于他是否善于和能够把阅读作为生活方式，只有国民成为真正的读书人，他们才能有创造力，才有学习的力量，成长的力量。

《你好，李焕英》：呼吁父母释放焦虑，把幸福还给孩子

《南方都市报》：教育减负的问题讲了这么多年，负担似乎并没减下来，去年"家长群变作业群"又再次成为热点，你对此怎么看？

朱永新：教育减负是一个系统工程，我觉得这是一个非常复杂的问题，制度上是要解决，比如规定孩子的作业时间或作业量，尤其是小学低年级，即使留作业也可以在回家前就做完，那就不存在家长

帮他做作业的问题，我认为要有一些这样的硬性规定。

《南方都市报》：孩子没有作业了，回家可以做什么？

朱永新：不做作业不等于不学习。我们不能让父母成为教师的助教，但不能因此否认父母的教育，父母还是应该有更多的时间陪伴孩子，亲子共读，一起走进大自然，一起运动，只有高质量的陪伴，孩子才能有高质量的成长。

《南方都市报》：在你看来，家庭教育和学校教育的职责分别是什么？

朱永新：家庭教育的内容、重点体系跟学校不一样。家庭教育在很大程度上，是一种人格的教育、生活的教育，帮助培养孩子的生活能力，跟孩子一起做家务，运动，养成良好的亲子关系，这是父母和孩子一起做的，让父母给孩子改作业，那当然就没有必要。

《南方都市报》：但现在有个问题是教师减负家长又会增负，校内减负在校外培训班又会增负，如何缓解这种教育焦虑？

朱永新：我觉得最根本的是要提升父母的基本教育素养，让他们有一些好的教育理念，比如我一直说的"成人比成才更重要，幸福比成功更重要"。现在家长都是过分焦虑和紧张，喜欢用邻居家的孩子来评价自己的孩子，而且很多父母习惯用自己孩子的缺点去比别人孩子的优点，这样比来比去就更焦虑。

其实每个孩子都是不一样的，家长要善于发现自己孩子的闪光点，帮助他成为最好的自己。电影《你好，李焕英》为什么那么火？其实它呼吁和反映了家长的焦虑要有释放，整部电影传达的就是这样的理念，要把幸福还给我们的孩子。有很多人考上了北大、清华又怎么样，拿到百万年薪又怎么样，如果不幸福，天天搞得很紧张，甚至跳楼自杀，那还不如幸福地活着。很多家长迷信补习，其实大数据研究已经表明，补习并不是对所有孩子都管用，有些孩子可能不补习，更有助于他的发展。

《南方都市报》：你如何看待校外培训机构的作用？

朱永新：我写过两本书叫《未来学校》和《走向学习中心》，其实最根本的思想就是校外培训机构也应该像学校一样变成学习中心，变成政府可以采购的教育资源。这样学生就没有必要在学校里学英语，放了学再去校外补习英语。谁教得好，政府就可以采购它成为正式的国家课程。

我觉得未来没有什么课内课外、校内校外，教育资源都打通了，政府用教育券的方式发给父母，学生可以自己选择最适合他的老师和学习中心去学习。

这也会促进教得差的老师提升水平，否则没人选了就得淘汰。而且政府购买服务的好处是它可以给贫困家庭、贫困学生提供更多的教育券，帮助他们有更多的教育机会。

谈青少年心理健康：呼吁将生命教育作为国家课程建设

《南方都市报》：你刚提到要把幸福还给孩子，现在青少年心理健康问题也比较严重，你今年也带来了相关的提案。

朱永新：这次疫情的确暴露出我们的生命教育和心理健康教育还比较薄弱，青少年家庭关系紧张，沉迷于游戏，甚至自杀的情况都比过去有所增长。所以我这次专门提出两个提案，一个就是加强中小学生命教育课程，现在生命教育还没有成为一门正式的课程，我提出要把它作为一个国家课程建设。

《南方都市报》：生命教育涉及哪些内容？

朱永新：在我们新教育研发的课程里面是把生命教育作为基础课，所有人都要学，因为教育首先为生命而存在，命都没了，教育还有什么意义，所以让学生珍惜生命、热爱生活、成就人生，这是生命教育非常重要的一个目标。拓展生命的长宽高，现在我们很少考虑教学生怎么吃饭、怎么睡觉、怎么喝水、怎么运动、怎么吃药、怎么自救和他救，这些都应该教给学生，让学生知道生命比什么都重要，让他知道人的生命的珍贵性、奇特性、丰富性。

《南方都市报》：关于心理健康教育提出了哪些建议？

朱永新：很多家庭、父母、老师都把人的道德问题和心理问题混淆起来，把很多心理问题当作品德问题来对待，不懂得怎么跟孩子有效地沟通、怎样帮助孩子更好地面对生活中的各种困难。像这些都是可以教给他方法的，那他就能更好地成长，但是我们现在缺少这样的老师和课程，所以怎样有效加强，我也专门提交了提案。

《南方都市报》：你非常重视家庭教育，去年《中华人民共和国家庭教育法（草案）》提交全国人大审议，里面有些条款还存在争议，比如规定"家庭不得对孩子进行任何暴力行为"，一些网友觉得在家庭中暴力行为是很难界定的，你认为这部法律如何才能更具操作性？

朱永新：它虽然是一部带有强制性的教育法律，在实施过程中肯定也会面临一些问题，其实暴力不仅是体罚暴力，还包括冷暴力。像现在在国际上，对于学龄前儿童，父母不能把他一个人丢在家里，我们这个草案里面还没有这一条；父母如果打孩子，邻居举报了，警察就要来抓了，这是国际上的观念，要尊重孩子的人权。我觉得这样的法律出台后会倡导一种好的教育理念，就是好孩子不是打出来的。

《南方都市报》："孩子不打不成才"也是我们一个非常传统的教育观念，如何改变这种观念？

朱永新：过去我们很多父母都认为体罚，打孩子很管用，"鞭子本姓竹，不打书不读，不打不成才，一打分数来"。我曾经写过文章，我说体罚其实是无能的表现，其实是你找不到办法了。每个孩子都是可以找得到教育他的方法，只是我们家长没耐心，没有好的理念去发现、找到和他沟通的办法，认为休罚最简单。

其实不是这样，体罚会让孩子崇拜武力，你体罚他，他会养成用武力解决问题的思维方式和价值理念，可能会用武力去对付动物，对付比他更弱的人，这是体罚的一种效果。另外，打了孩子后他会有无力感，这没有解决他真正的思想性的问题，所以我觉得父母还是要学会在家庭教育法的新的法律框架下来约束自己的行为，去寻找更合适的、更好的教育方法。

《南方都市报》：还有网友认为，孩子遭受了家长的暴力对待，也不敢主动举报。

朱永新：肯定不可能所有的体罚都会被发现和被举报，但至少法律是有一种震慑的作用，现在很多法律其实在执行过程中也不能得到很好的实施，比如《义务教育法》规定父母有把孩子送去学校接受义务教育的责任，不送孩子去读书是违法的，但过去我们发现也有一些不送孩子去读书的家庭，所以说没有被发现，不能说是法律本身有问题。

谈"阳刚之气"：性教育是从小就要开始的教育过程

《南方都市报》：我们关注到，你今年提出"提高中小学男教师比例，鼓励退役军人从教"的建议，也引发网友广泛讨论。

朱永新：我提案里面有数据，我国中小学男教师比例在不断下降，对孩子的影响其实是很大的，学生的阳刚之气会受到一定的影响。家庭里父亲的缺位跟学校里男性教师的缺失其实有类似的地方。这个现象在国际上也都发生过，随着经济的增长，教师职业自身吸引力的缺乏，会有越来越多的优秀男性教师离开教育岗位，报考教师的优秀男性也会越来越少。在这时国家要出台政策来鼓励优秀的男性从教。在国际上有一些办法，比如美国专门出台了一部法律鼓励退伍军人接受师范教育的训练，然后再鼓励他们去从教。

《南方都市报》：最近"阳刚之气"的话题在网上也引起了较大争议，有人提出这存在性别歧视，你怎么理解"阳刚之气"？

朱永新：性别本身是平等的，阳刚有阳刚之美，阴柔有阴柔之美。但总体上，对于男性和女性，社会上有一定的评价标准，如果说全部变成了女性化，当然也不利于人的成长，所以在这个时候就需要平衡。我们知道性别不仅是生理上的，也是心理上的，有些女性可能是女强人，有些男性可能也有一些女性的性格，我觉得这个没有问题，我们没有必要去强求所有的女人都女性化，所有的男人都男性化。但是在解决社会问题，甚至在科学创造等所有的领域都需要两性的平衡，这是自然和人类社会发展的一种规律，如果偏离这个规律，把社会所有人都变成女性化或男性化，社会肯定就会缺乏一种真正的活力。

《南方都市报》：有学者提出当前我们的性别平等教育很缺乏，要把全面性教育纳入义务教育课程中，你怎么看？

朱永新：性教育是从小就要开始的教育过程，它是一个不断发展的过程，是生命教育非常重要的组成部分，让孩子有性别意识，知道人是怎么来到这个世界的，让孩子知道男女之间应该拥有怎样的健康良性的关系，知道怎么避免过早地发生性行为，知道性行为发生的后果，知道怎样正确地恋爱，这些都是性教育非常重要的内容。

从国际上来说，在不同的阶段有不同的教育重点，在我们新教育研发的生命教育课程里也有专门的性教育的内容。我们过去都谈性色变，难以启齿，其实这个在国际上都有比较成熟的做法，有些课程是男女分别上，有些是男女一起上，如何帮助孩子更好地面对自我同一性，正确认识性别，有更好的性别意识，拥有更好地和异性相处和交往的能力，这本身是一个非常重要的教育内容。

（发表于 2021 年 3 月 2 日《南方都市报》，责任编辑：程姝雯）

《中国妇女报》：朱永新：实现自我教育，让孩子成为更好的自己

家庭教育是教育人的起点和基点，是中国文化的优势资源。当代中国正处于社会转型期，家庭教育也面临着种种挑战。2021年1月20日，《中华人民共和国家庭教育法（草案）》提请十三届全国人大常委会第二十五次会议审议，家庭教育正式纳入国家教育事业发展规划和法治化管理轨道，家庭教育被提升至一个新的高度。

在家庭教育中，如何激发孩子的潜能，实现孩子的自我教育，使他们成为更好的自己，对孩子至关重要。就此问题，中国妇女报·中国妇女网记者专访了民进中央副主席、中国教育学会第八届理事会学术委员会顾问朱永新。

家庭教育"王者归来"了

朱永新深耕教育领域近40年，他在多个场合多次强调家庭教育的重要性，对于此次的家庭教育立法，他表示"很及时""很关键""意义重大"。

"近年来，整个社会对教育越来越重视，但却忽视了家庭教育。"朱永新表示，实际上，家庭是教育最重要的基石，在教育的众多问题中，如果没有家庭的参与，没有家校合作，仅仅依靠学校教育是没办法解决教育的根本问题的。"教育是学校的事，也是家庭的事，社会的事，国家的事。"

当前，"不打不成才，一打分数来""棍棒底下出孝子"等不科学的教育理念依然存在。在朱永新看来，家庭教育对父母是有要求、有规矩、有底线的，而把家庭教育纳入法治化的管理轨道，进一步明晰和加强学校、家庭、社会、政府的责任，可以让每个角色更好地认识到教育的特点和规律。

"国家对家庭教育的重视，也正体现了未来教育的一个重要发展趋势。"朱永新说，纵观我国的教育发展史，经历了从家庭教育转向学校教育的过程，而未来还会回归家庭。朱永新在去年出版的《未来学校：重新定义教育》一书中提到，家庭教育到了"王者归来"的时候了，"也就是说，未来，家庭在教育中发挥的作用会越来越大。"

朱永新提出，家庭教育应该是学校教育的有益补充。学校教育偏重于知识领域，是以知识、技能、素养为主要目标，家庭教育则更侧重于帮助孩子学会做人、做事、生活。"家庭是一个小社会，在这个小社会里，家长要让孩子懂得做人的道理，懂得怎么去尊重和理解别人，懂得怎么去独立生活，懂得怎么成为积极向上的人。"正如朱永新经常强调的，"在家庭里，幸福比成功更重要，成人比成才更重要。"

"点燃"内驱力要做到"四自"

教育的目的是什么？朱永新对此的答案很明确：激发孩子的潜能，培养孩子良好的行为习惯，养成孩子自我教育的能力。这是学校教育和家庭教育共同的使命。朱永新为此提出了"四自"方案，即自信、自强、自律和自省。

自信可以让孩子有一种向上的力量，可以更好地激发潜能。"很多父母经常过多地批评孩子、用邻居家孩子的优点来对比自己家孩子的缺点，这会让孩子丧失信心，抬不起头来，他的潜能自然没办法得到激发。"朱永新说，家长要通过鼓励、引导、教育等方式帮助孩子形成自信心，帮助他看到自己的优点和强项，好的教育应该是"扬长"，而不是"补短"。

而有了自信以后，孩子要通过不断的努力和坚持得以更好成长，这时就需要自强。家长如何帮助孩子做到自强？朱永新提出一个简单的方法：树立榜样，看榜样的传记。"榜样的激励对孩子是很有效果的，比如孩子喜欢科学和创造，家长可以引导孩子看看乔布斯、居里夫人的自传；有领袖才能的孩子，可以看看毛泽东、邓小平的人物传记……通过榜样的作用激发孩子向上的动力。"

"自律就是要自我控制，一个是要控制自己不去做想做的事；另一个是让自己必须去做不想做的事，因为这是成长的需要。"朱永新支招，家长在培养孩子养成自律习惯的过程中，可以通过奖励、约定等方式。

比如玩网络游戏，家长禁止和放任不管，孩子都很难做到自律，家长要让孩子玩，但要有限制，比如和孩子约定好每天做完作业后玩 20 分钟等，这样就比较容易养成自律的习惯。再比如读书，约定好每天读书的时间，可以不用长，但一定要坚持。"坚持一段时间后，家长可给予一定的奖励，比如看电影或其他想做的事。""把该做的事情变成一个自我约束的行为，那么自律就可以慢慢养成了。"

"而自省和自律是紧密联系在一起的，自省本身就是在培养自己的好习惯。"对于自省的养成，朱永新的建议是让孩子写日记，每个人每天把自己做得好的地方和做得不好的地方都记录下来，不断地反省自己，而在反省的过程中，再加强自律。

朱永新特别强调，在要求孩子做到"四自"的过程中，家长的态度非常重要。"父母不要把自己当成一个高高在上的权威，而要用平等的角色跟孩子去讨论问题、协商契约、制定奖惩措施等。让孩子感觉到家长对自己的尊重，那么孩子会更愿意完成任务。"

在"点燃"孩子内驱力方面，朱永新提醒家长还要注意三点：一是要满足孩子的好奇心，二是要尊重孩子的兴趣，三是要养成孩子的阅读力，这被朱永新誉为"培养内在动力的重要基础"。

他进一步解释说，善于提问是一个很重要的品质，但很多家长对孩子的好奇经常是一问三不知，这样会不断挫伤孩子的好奇心，家长要做的是鼓励孩子多提问题，并想办法满足孩子的问题；对于兴趣，家长要善于发现孩子的喜好，并多鼓励、多引导、多陪伴孩子向着自己喜欢的方向去发展，不要因为孩子喜欢的东西跟语数英没有关系，就不断打消他。往往是，通过这个方面的学习会带动其他方面的学习。

养成阅读力，是朱永新在推进教育理念中不断强化的概念。他认为，人类最伟大的思想，最重要的智慧都在书里。阅读是学习最本质的特征，要形成智慧没有阅读能力是做不到的。"培养孩子的阅读兴趣、阅读习惯和阅读能力，可以真正点燃他的内在动力。当一个孩子喜欢上了阅读，他就会主动去寻找第二本，第三本……帮助孩子养成阅读兴趣后，等于交给他一把打开知识宝库的钥匙。"

家长与孩子平等协商、共同成长

朱永新认为，今后，网络素养是学生素养的一个重要方面，完全排斥上网是不可能的，作为家长，在网络使用方面要做到有效陪伴——陪伴孩子一起上网，一起通过网络寻求知识的答案，要让孩子知道网络可以解决什么问题，哪些事情是网络无法满足的……培养良好的网络素养是关键。

在采访中，朱永新多次强调家长的有效陪伴，不管是哪种好习惯的养成，都需要家长的有效陪伴。他认为，"要有计划地安排孩子的学习生活，要通过讨论和孩子一起去解决问题，要和孩子共同参加一些活动，要做到和孩子一起成长。""家长和孩子不是警察和小偷的关系，而是平等的亲子关系，不要一味地想着去监督、控制孩子，而应该在尊重孩子的前提下，平等协商，有效陪伴，共同成长。"

（发表于 2021 年 3 月 2 日《中国妇女报》，责任编辑：胡梦飞）

中国青年网:《使命与担当：全国政协常委朱永新2019年履职实录》出版

今年全国"两会"前夕，全国政协常委、民进中央副主席朱永新的新书《使命与担当：全国政协常委朱永新2019年履职实录》由团结出版社出版发行。

该书由全国政协副主席、民进中央常务副主席刘新成作序，全书50余万字，通过"两会"手记、个人提案、调研手记、参政之声、媒体关注、议政网事几部分，呈现了全国政协常委朱永新作为全国政协委员和民主党派领导人2019年履职的主要情况。

朱永新从2003年开始履职全国政协委员，2008年担任全国人大代表，2013年再履职全国政协常委、副秘书长至今。他始终"把自己的工作与家国命运联系在一起，将自己的事业与天下苍生的苦难捆绑在一起，把天下国家纳入自己的视野关注之中"，牢记初心使命，以委员之职，尽担当之职。

在前言中，朱永新说出了自己在履职过程中的使命与担当，他说："我希望，通过好教育，让更多人小家幸福，祖国大家庭强大。在新的一年，我会继续弘扬家国情怀，继续关注家庭家教家风建设，把事业放在心上，把责任扛在肩上，我将努力做一名懂政协、会协商、善议政的政协委员。我会继续努力，勇于担当，'不驰于空想，不骛于虚声，而唯以求真的态度作踏实的功夫'，用新的答卷完成更好的政协履职报告。"

据了解，《使命与担当：全国政协常委朱永新2019年履职实录》并不是朱永新教授关于"两会"的第一本书，此前，团结出版社还出版了《春天的约会：全国政协常委朱永新两会手记》，这是国内外第一部专门记录"两会"的全国政协委员日记。接下来，团结出版社将继续出版《书香政协满庭芳：全国政协常委朱永新2020年履职实录》。

正如民进中央常务副主席刘新成对朱永新的评价："朱永新教授的个人叙事能从一个微观视角反映当代中国的政治生活，展现中国共产党领导的多党合作和政治协商制度的运作，因而有着不平凡的意义。"

（发表于2021年3月2日中国青年网，记者：李华锡）

澎湃新闻：朱永新委员再建议：将9月28日孔子诞辰日设为国家阅读节（摘要）

2021年全国"两会"召开在即。澎湃新闻从民进中央获悉，大会期间，全国政协常委、民进中央副主席朱永新拟提交《关于弘扬中华优秀传统文化，将孔子诞辰日设为国家阅读节的提案》。这已是朱永新连续18年建议设立国家阅读节。

朱永新在今年的提案中介绍，中共中央办公厅、国务院办公厅印发的《关于实施中华优秀传统文化传承发展工程的意见》（以下简称《意见》）提出，到2025年，中华优秀传统文化传承发展体系基本形成，研究阐发、教育普及、保护传承、创新发展、传播交流等方面协同推进并取得重要成果，具有中国特色、中国风格、中国气派的文化产品更加丰富，文化自觉和文化自信显著增强，国家文化软实力的根基更为坚实，中华文化的国际影响力明显提升。

"这是新中国历史上第一次以中央文件形式要求全国开展传统文化传承发展活动，对于厚植中华文化底蕴、涵养家国情怀、铸牢中华民族共同体意识具有重要的意义。"朱永新表示，《意见》对实施中华优秀传统文化传承发展工程进行了全面部署。从教育角度来看，弘扬中华优秀传统文化，需要一定的向传统致敬的庆典仪式，需要有一定的工作载体。

为此，朱永新再次提出将孔子诞辰日设立为国家阅读节。

值得一提的是，这已是朱永新委员连续18年提出有关设立国家阅读节的建议。

2020年1月，《光明日报》曾刊发朱永新署名文章《我为什么连续十六年建议设立国家阅读节》。

他在文中写道，"2019 年全国'两会'，我提交了三个阅读方面的提案。其中第一个就是关于设立国家阅读节、建设书香中国的提案。这已是我连续十六年提出相关提案。"

对于外界好奇他"为什么如此执着地坚持呼吁设立国家阅读节"，朱永新在文中回应，一个人的精神发育史就是他的阅读史，一个民族的精神境界取决于这个民族的阅读水平，一个没有阅读的学校永远不可能有真正的教育，一个书香充盈的城市才能成为美丽的精神家园，共读共写共同生活才能拥有共同语言、共同价值、共同愿景。

在他看来，这些年，全民阅读在我们国家受到了前所未有的重视，但是与世界上许多国家相比，我们全民阅读的水平还相对较低，还有很长的路要走，他将继续为之鼓与呼。

另据中国新闻网消息，2020 年全国"两会"期间，朱永新继续建议将 9 月 28 日孔子诞辰日设立为国家阅读节。他当时表示，4 月 23 日世界读书日与中国文化的关系不深厚，世界上很多国家都有自己的阅读节。阅读节的仪式感能够提醒国民阅读的重要性，也能鼓励国民阅读。

和朱永新持类似观点的，还有全国政协委员、中国美术出版总社原总编辑林阳。今年全国"两会"期间，他也将提交《关于建议设立"国家阅读节"的提案》。

林阳认为，每年 4 月 23 日的"世界读书日"还无法很好地呈现中国文化的特点，也不能算是真正意义上中国自己的"国家阅读节"。并且，随着全民阅读活动深入人心，已有一些省份借书展等时机，设立自己的读书月、读书节。这种情况下，需要有一个全国性的节日来集中规范。

林阳因此提出，设立"国家阅读节"是必要的，时间可以参考朱永新等委员提出的孔子诞辰日 9 月 28 日。条件成熟时，可研究探讨国家级节庆日的设置程序和管理规范，在充分调研基础上，使之与社会和行业的发展更加适应。

（发表于 2021 年 3 月 3 日澎湃新闻，记者：程真）

《中国教育报》：朱永新委员建议：提升我国中小学男教师比例

　　"近年来，教师队伍建设得到全面加强，教师队伍年龄和学科结构得到明显优化。但调研发现，教师队伍性别结构问题日益突出，男女教师比例失衡问题日趋严重。"全国政协常委、民进中央副主席朱永新表示，应妥善解决中小学教师队伍性别结构失衡问题，提升中小学男教师比例。

　　根据教育部公布的统计数据，2018 年我国小学、初中和高中男教师的比例分别为 31.25%、43.22% 和 46.11%，较 20 年前累计降低了近 20 个百分点。尤其是北京、上海、天津、杭州、武汉等发达城市，男教师比例急剧下降。上海初中男教师比例（28%）已经低于经合组织成员国平均值 32%，低于日本（58%）、澳大利亚（38%）等国家。

　　一组组数据让朱永新感到忧心。"基础教育阶段是学生身体发育和心理成长的关键时期，对学生性别角色定位和品格发展有十分重要的作用。世界上许多国家都意识到，教师性别比例失衡不利于学生性格、心理和行为方式的健全发展"，他说。

　　为解决教师性别比例失衡问题，不少国家出台了一系列应对措施。朱永新介绍，美国、英国有鼓励退役军人当教师项目；澳大利亚昆士兰省曾实施"男教师行动"项目，把每年增加 10% 的男性大学师范生入学率作为项目考核指标；加拿大安大略省实施"吸引男教师从教研究"。

　　为此，朱永新建议，在借鉴世界各国经验的基础上，采取有效措施，提升我国中小学男教师比例。实施退伍军人教师培养计划，师范院校开通退伍军人专门招生通道，国家通过奖学金、助学金等方式支持有从教意愿的退伍军人进入师范院校就读，地方教育和人事部门在教师招聘中，要优先考虑退伍军人师范生；改革师范教育招生和培养体制，为男教师的补充建立稳定渠道；加大师范教育宣传和资助力度，吸引和动员更多男生就读师范专业。

他建议，督促地方政府切实将教育放在优先发展的战略位置，拿出真金白银提高教师待遇保障水平，落实"义务教育教师平均工资收入水平不低于当地公务员"政策，吸引更多优秀人才从教。

（发表于 2021 年 3 月 3 日《中国教育报》，记者：焦以璇等）

《中国青年报》：朱永新委员：制定未成年人游戏国家标准

"制定未成年人健康游戏方面统一的国家标准，并由国家推动强制执行成为当务之急。"全国政协常委、民进中央副主席在提案中表示，家校企要协同履行监护责任。

根据艾瑞咨询报告数据，2019 年未成年游戏用户规模已达到 1.07 亿人，对未成人健康游戏的防护也成为全社会关注的焦点。

新出台的《中华人民共和国未成年人保护法》修订案中，将未成年人网络保护单设一章，明确了家长的监护责任，规定了一系列防止未成年人沉迷网络的措施，初步构建起我国未成年人网络保护的法律基础，符合时代发展的要求。

朱永新指出，目前，许多游戏企业也响应国家要求，各自建立起了如健康系统、防沉迷系统等未成年人保护平台。但由于缺乏全国统一的未成年人保护机制落地标准，行业数据不互通、家长责任意识薄弱等因素，这些保护机制和规则仍存在优化空间。例如，单就实名注册，有的企业率先接入了公安实名系统验证，虚假身份信息无法通过，有的则没有。

为此，朱永新提出制定未成年人健康游戏方面统一的国家标准，并由国家推动强制执行成为当务之急。

首先是"前置防护"，要通过将家长等监护人与未成年用户游戏账号的绑定，实现家长对未成年人的游戏操作记录查询、游戏消费记录查询以及游戏操作提醒、游戏消费提醒、游戏操作时段设置和游戏消费限制。

其次是"事中保护"，游戏中按照标准设立统一的自动管控系统。

朱永新建议进一步加大力度，在现行行业规范的基础上，结合头部企业实践经验，由政府牵头制定国家标准，建立统一的防沉迷平台，整体接入公安实名验证系统，推动所有企业以统一的力度和方式予以落实执行。

对于现实中常遇到的"未成年人冒用家长账号绕过游戏限制"问题，一直有人呼吁游戏企业采取人脸识别措施，对用户在游戏登录、支付时进行人脸识别验证，但同时也出现了不少担心隐私泄露的声音。所以在这个问题上不能"一刀切"，对于人脸这种生物隐私信息需慎重，应鼓励有能力的企业先行积极探索，另外也希望尽快形成人脸识别技术运用的国家标准，明确规范适用范围及使用程度等。

最后是"事后服务"，要求所有企业建立并公开投诉和举报渠道，制定统一清晰的退费标准，并给有需要的家庭特别关怀。标准应要求各家企业应将未成年人游戏客服专线作为运营标配，提供未成年人非理性消费的申诉与受理机制，及时受理并处理设计未成年人游戏的投诉和举报，并制定统一清晰的退费标准，要求所有企业按此执行。针对个别存在家庭教育、亲子沟通问题的情况，应给予一对一的深度辅导服务。

朱永新表示，有关部门在行业"防止未成年人沉迷网络游戏"的现有规则标准上，结合企业实践，由政府有关部门制定未成年人游戏防沉迷保护的国家标准，从而解决不同企业、不同平台因保护规则标准不一和各自为政造成的漏洞问题。

（发表于 2021 年 3 月 3 日《中国青年报》，记者：樊未晨）

《团结报》：让"视力障碍者"获得更多的文化权益

　　阅读书籍是人们接受教育和参与文化生活的主要方式。然而，现在社会上有一部分人还无法正常阅读书籍，比如盲人、视力低下的人或者有阅读障碍的人。虽然他们有的可以通过矫正来治疗，但也无法达到正常阅读书籍所需的视力。而这些人，我们统称为"视力障碍者"（以下简称"视障者"）。

　　目前，我国视障者数量较大，仅登记的就有1263万人。多年来，由于受到版权问题的制约，我国制作无障碍格式的文化作品成本很高因而数量有限，无法完全满足广大视障者分层次、多样化的阅读需求，影响了视障者群体文化素质和精神文化生活质量的提升，限制了视障者的职业发展以及脱贫减贫。

　　据了解，针对视障人士的出版物，由于版权、成本等原因，全球范围内都非常稀缺，甚至有"书荒"之称。而《马拉喀什条约》就是为解决关键的版权问题而诞生的国际条约。为此民进中央今年向全国政协十三届四次会议提交了《关于尽快批准加入〈马拉喀什条约〉，充分保障视力障碍者文化权益的提案》。

　　全国政协常委、民进中央副主席朱永新介绍说："我国盲文出版社只有中国盲文出版社一家，每年仅出版1200种盲文图书，且多为教材教辅、医药保健等，种类单一。"而且盲文书制作成本高，以《红楼梦》为例，32开全套《红楼梦》的普通版本书籍是4本，但做成盲文书是25本；而且盲文书校对过程烦琐，相比普通出版物，盲文出版物还会在"三校"后增加"一通读"，即在三次校对之后，再由专门的盲文专家通读书稿全文，成本远高于普通书籍。

民进中央表示，中国《残疾人保障法》《著作权法》《信息网络传播权保护条例》等对保障盲人、视障者等享有公共文化服务作出了相关规定，但是，在缺乏国际条约的情况下，这些规定能否适用于外国作品存在不确定性，影响了我国视障者获得国外出版作品的权益。

对此，民进中央建议，对我国现行著作权法与《马拉喀什条约》不一致的个别规定进行修改，并在相关法规规章中进行具体规定，以尽快批准加入《马拉喀什条约》。《马拉喀什条约》要求缔约方允许无障碍格式版的跨境流动，为我国向海外华人和汉语使用者提供中文无障碍格式版创造了条件，这对促进文化"走出去"，加深海外华人视障者与国内的联系，推动我国优秀作品海外传播具有积极意义。

朱永新表示，尽管我国《信息网络传播权保护条例》规定："不以营利为目的，通过信息网络以盲人能够感知的独特方式向盲人提供已经发表的文字作品，无须经过著作权人许可并付费。"但是，有声读物和大字本印刷却需要考虑著作权问题。

针对这个问题，民进中央建议，要完善现行著作权法律法规的配套措施。拓展盲人公共文化服务供给，在版权方面，设置豁免条款，对视障群体实现有限开放，也可参照国外一些国家，进入政府采购目录的产品必须提供无障碍版。

（发表于 2021 年 3 月 4 日《团结报》，记者：张雯宁）

《北京日报》：全国政协委员朱永新：实施退伍军人教师培养计划（摘要）

如何提升我国中小学男教师比例？朱永新建议，改革师范教育招生和培养体制，抓住实施"教师教育振兴行动计划"契机，高度重视教师队伍性别结构失衡问题，进行顶层政策设计，切实提高教师待遇水平，创新师范男生招生、培养机制，为男教师的补充建立稳定渠道，加大师范教育宣传和资助力度，吸引和动员更多男生就读师范专业。此外，还可实施退伍军人教师培养计划，师范院校开通退伍军人师范生的专门招生通道，每年招收一定数量的退伍军人师范生。国家通过奖学金、助学金等方式支持有从教意愿的退伍军人进入师范院校就读，地方教育和人事部门在教师招聘中优先考虑退伍军人师范生。

（发表于 2021 年 3 月 4 日《北京日报》，记者：孙颖）

中国青年网：朱永新：建议将生命教育纳入中小学课程体系

　　"未成年人是国家的未来、民族的希望、家庭的梦想，关系着中华民族伟大复兴和亿万家庭的幸福安宁。随着我国经济社会发展，未成年人保护面临许多新情况、新问题。"今年"两会"，全国政协常委、民进中央副主席朱永新将向大会提交《关于在中小学系统开展生命教育的提案》。他建议，应制定出台《中小学生命教育指导纲要》，将生命教育纳入中小学课程体系，将生命教育纳入教师教育内容和通识培训，政府要把促进家庭生命教育纳入民生工程，发挥学校在学生和家庭之间的桥梁作用。

　　朱永新认为，现代社会物质生活的日益丰富和社会环境的纷繁复杂，使未成年学生的生理成熟期明显提前，极易产生生理、心理和道德发展的不平衡现象。长期以来，由于生理发展过程中出现的困惑常常得不到及时指导，对无法预料且时有发生的隐性伤害往往难以应对，导致一些学生产生心理脆弱、思想困惑、行为失控等现象。

　　目前，生命教育在学校中被弱化、在家庭中被软化、在社会中被淡化的情况比较严重。学生生命教育问题不断出现，具体表现为：生命教育定位不明，课程量设置不足；生命教育内容碎片化，不能涵盖全部学段，无法满足学生生命发展的需要；生命教育的资源不足，学校、家庭和社会整合不够；生命教育教学模式固化，教学水平落后，生命教育教师培训不足。为此，朱永新提出五点建议。

　　一是制定出台《中小学生命教育指导纲要》。朱永新建议尽快组建专家团队系统规划、顶层设计，研制《生命教育国家课程标准（纲要）》。明确加强生命教育的指导思想、原则内容、方法途径，解决师资配备、投入保障、课程建设等瓶颈问题，推动相关政策落地落实。

二是完善生命教育课程体系。将生命教育纳入中小学课程体系，建立以专设课程为主导，与其他课程的教学及各类教育活动有机渗透、相互配合、共同推进的实施机制。鼓励各地各校因地、因校、因时制宜地开展生命教育，科学编制和有效使用地方生命教育读本，创新教学方式和评价机制，建立健全国家生命教育资源库。

三是将生命教育纳入教师教育内容和通识培训。把生命教育列为师范生必修课，纳入大中小学幼儿园教师通识培训，提高各学科教师开展生命教育的意识和能力，重点提高班主任的生命教育指导能力。鼓励具备资质的专业机构开展生命教育教师专业能力培训及继续教育。试点开展生命教育专业师范生的培养。

四是整合利用生命教育社会资源。积极引导社会力量在中小学校、校外教育场所（少年宫、医院、监狱、戒毒所、精神卫生机构、研学基地、革命纪念馆等）建立公益性生命教育馆（室），指导中小学校充分利用各类场馆资源开展生命教育。推出生命教育线上教学资源库、客户端 App、智能学习终端等。

五是积极构建生命教育共同体。构建"政府、学校、家庭、社会"四位一体的生命服务模式，共同营造良好的生命教育氛围，形成符合时代要求的价值导向。

"政府要把促进家庭生命教育纳入民生工程，发挥学校在学生和家庭之间的桥梁作用，指导和帮助家长正确养育孩子；借力社会服务，发挥社区及相关专业社会机构的协同和支持作用，优化学生成长环境。"朱永新说。

（发表于 2021 年 3 月 4 日中国青年网，记者：李华锡）

"外滩教育"：缓解教育"内卷"，靠强制摇号，不如让孩子阅读

教育资源一直是许多家庭关注的问题。

此前，"期末考差就跌房价""小区家长帮孩子补习"等新闻都能迅速吸引诸多关注。可见，即便有公民同招等政策的出台，家长们对于"名校"的追捧之意依旧火热。

这背后反映的，正是当下教育资源不足所导致的"教育不公平"现象。

对此，民进中央副主席、新教育实验发起人朱永新就曾在全国"两会"提案中指出：要用"阅读公平"来促进"教育公平"。"外滩君"特别与朱永新教授就这个主题进行了一次谈话。

学校之间的差距，根源在于教师的差距

拿教育经费来说，上海学生的生均经费比贵州高好多倍，这样各地之间的教育发展就很难平衡。

而城市的教育公平问题主要体现在两个方面：

1. 公办学校和民办学校的关系没有很好地平衡；

2. 学校和学校之间的差距比较大。

针对第一点，朱永新分别用北京和上海举例，在不同地区，公办学校和民办学校的地位存在差异：

在北京，公办学校呈现出强势的样态，诸如人大附中、北京四

中、清华附中、北京十一学校之类的名校都属于公办；

而在上海，则有许多成绩非常突出的民办学校。

理想状态下，公办、民办学校应该处于相对均衡的状态。其中，民办学校主要来满足家庭个性化的需求。但现在，两者正在错位发展，处于此消彼长的竞争状态。

家庭对教育的选择，既是造成这种现象的原因，也是其结果。

家庭总是倾向于选择优质的教育资源，这就造成了更多更好的资源会向这些学校集中，形成"马太效应"。自此，为了挤破头进名校，"教育军备竞争"愈演愈烈。

为了遏制这种现象，摇号入学的政策进入大众的视野。但是，朱永新认为，这并不能从根本上解决问题。

从本质上来说，有选择才能促进品质。摇号政策是在整个教育资源非常短缺的情况下，出于无奈的选择，它不应该是一个方向。

说到改变这一现状的策略，其一，是政府要努力提升公办学校的品质。可以通过购买课程、托管等方式来实现。美国和英国在提升公办学的教学水准方面，都做出了相当的努力。

其二，要引导民办学校走公益化发展道路，不能过分强调商业化。放眼整个国际，私立教育机构也有许多是以提供公益、优质的教育为目标的。比如，各种类目的奖学金、助学金计划都让不少学子不用受制于经济状况，可以安心求学。

但是从本质上，朱永新说，造成教育资源不公平，以及学校差距的最重要的原因还是教师，有没有好老师是关键。

一方面，是师资存量不足。好老师本身就是一种稀缺的教育资源，是各方争夺的对象。

村里的好老师会被镇里挖走，镇里的好老师会被市里挖走。收入少、文化环境差的地方很难留住人。

武汉大学乡村治理研究中心调查一个乡镇中心学校时发现，近 5 年来该校新招聘的乡村教师流失率达 45.5%，留下的一些老师在等待调走时机，处于"人在心不在"的状态。

即便是在聚集了全国最多师资的上海、北京、深圳这样的大城市，"挖人"现象仍然存在，一些学校不惜花重金聘请教学能力优异的老师。

而上海市教委等部门近日联合出台的《关于进一步加强上海市中小学教师人事管理制度建设的指导意见》也印证了师资稀缺的现状。

规定新评特级校长、特级教师、正高级教师不低于 20% 左右的人员流动到乡村学校或初中强校工程实验学校支教 3 年；每位上海教师 10 年内须有规定的流动记录。

另一方面，是增量需要长期积累。

培养一名教师，尤其是优秀的教师很不容易，且需要时间的沉淀。当下，随着教育领域许多理念的更新，以及对于学生综合素质的进一步重视，老师这一行业已经从过去的"教书匠"升级为了"多面手"。不仅需要升级各种多媒体教具，还要从教学方法上进行变革，激发孩子的学习动力。

同时，教师培训对于学校来说也是一项不小的成本，青涩的教师成长为优秀的教育实践者往往需要好几年时间，并且培养出来的好老师又可能被其他学校挖墙脚。

对于学校来说，这样的结果似乎有些得不偿失，而选择直接"挖人"也加剧了优秀教师的存量危机。

阅读是弥补教师差距的重要方法

那么，除了提升教师水平，是否存在一种更加便捷的方法可以提升孩子的学习环境，缩小教育在不同地区和学校的差距？

对于这个问题，不少学者都提出过类似的观点：

苏联著名教育家苏霍姆林斯基曾经说过，当偏僻乡村学校的孩子有了与中心城市的孩子一样多的优质图书时，他们精神发展的起点就站在了同样的起跑线上。

美国学者赫希曾在《知识匮乏：缩小美国儿童令人震惊的教育差距》一书中提出，"我们只有在妥善处理好阅读问题后，才能在知识经济时代的竞争中处于最佳地位，才能实现保证每位学生人生起点公平的目标。"

朱永新也深以为然：

一个人的精神发育史就是他的阅读史，一个民族的精神境界取决于这个民族的阅读水平。

以图书和阅读来缩小教师差距的过程很简单。

任何一位老师，一个人能够传递的知识总是有限的。但是如果能够借助书籍，一个是教师能够用自己的视野、经验、见解为孩子们的阅读提供指导，帮助他们在阅读过程中得到更好的提升；另一个是孩子自己在阅读的过程中，视野、境界、知识结构会发生深刻的变化，建构知识处理信息的能力进一步加强。

因此，想要推动孩子们阅读，非常需要老师以身作则，带领孩子们阅读。在朱永新看来，老师阅读是学生阅读的前提，甚至是整个教育的前提。

苏霍姆林斯基曾说："只有把自己知识的1%用于课堂讲授就够了的教师，才是真正热爱自己学科的人。"

在发挥老师带头作用方面，朱永新提出了三点建议。

1. 老师自身要热爱读书，成为一个真正的读书人，用自己对阅读的坚持对学生耳濡目染。当下社会，老师们工作时间长，也面临读书时间少、读书少、效果差的难题。要改变这一现象，朱永新建议老师们还是要合理安排时间，挤出时间读书。

2. 老师自己要有鉴别书优劣的能力，乐于阅读优质书籍。与自己专业领域相关的书，重在精读；其他好书则可以用来提升自己的内在涵养。

3. 老师要耐得住性子，不抱着功利心态阅读。冰冻三尺非一日之寒，阅读的成效无法在短时间内显现，但是持之以恒、非功利化的初心一定会带来成长。

在老师的引领下，学生增加阅读后的成效，朱永新也在教育实践中真真切切地看到了。

2016年4月，湖北随县召开了一个新教育大会。原本，随县是新建的一个农业为主的县，原来没有城区。随县参加新教育实验仅仅5年，5年以后，它所在的随州市进行了一次综合测评，以初中为例，随县的23所学校全部进入全市前30名，全市前10名随县更是拿下

7 名。

朱永新和团队专门去看村小的孩子，发现他们的阅读量和精神状态与城市的孩子没有什么两样，甚至还更好。

改良阅读结构　阅读内容需要多样化

除了要增加阅读量，朱永新还指出，当下国内孩子的阅读结构还存在缺陷，主要就体现在阅读内容不够多样化。

这不仅是老师们需要注意的，也是教育的另一重要场景——家庭——这一情景下需要注意的问题。

其一，是孩子的课外书太少，教科书以外的书没那么多。朱永新将教科书比作母乳，不可否认它很有营养，但是 6 个月以后，母乳已经无法满足孩子的需求了。

其二，是跨领域的阅读太少。与文学相关的小说看得多，但是社会科学、自然科学、传记文学，甚至充满艺术感的诗歌也应该为孩子的阅读提供养分。与朱永新对话教育的麦克法兰先生对于这一点也颇为赞同，他认为阅读影响着想象力，而想象力是孩子脱离自身，了解其他世界的重要能力。他推荐孩子阅读小说、诗歌，还有儿童故事来培养想象力。

通过阅读小说，我们可以进入作者创造的另一个世界中。如果想要了解 19 世纪初期英国中上层阶级家庭的模样，就可以阅读奥斯丁等小说家的作品；要了解 19 世纪晚期的俄国，就要读陀思妥耶夫斯基、托尔斯泰等人的作品。

诗歌则通过运用押韵、节奏、想象、比喻等手法让读者脱离自身去体会作者希望表达的情感，我们可以从莎士比亚的很多作品中感受到。这一点是其他形式无法实现的。

此外，英国乃至整个欧洲传统上都有十分丰富的儿童文学作品，当然其他国家也是。

儿童故事是一种奇幻文学作品，像《哈利·波特》《爱丽丝漫游仙境》等可以将我们带入一个亦真亦假的想象世界，激发我们对另一种现实的感受。

但阅读也不仅仅是语文的事，所有学科都有阅读的需要。自然科学领域，数学、物理、化学、生物，不论哪个领域都需要阅读大量文献。

学艺术的孩子需要培养自己的艺术视野、鉴赏能力，可以看世界名画、听大师的谱曲与弹奏；读了《元素的故事》的孩子或许会就此对化学产生兴趣；看过《从一到无穷大》的孩子可能会走向数学科研道路。

拓宽阅读的内容，也就是在拓宽孩子未来的发展方向。

（发表于 2021 年 2 月 20 日微信公众号"外滩教育"，作者：Luna）

中国日报网：校内减负校外增负如何破解？

迎接 2021 全国"两会"，《中国日报》推出《委员说》英文系列视频。在本期节目中，全国政协常委、副秘书长朱永新指出，学校给学生减负的同时，校外辅导机构却在给学生增加负担。作为教育专家，朱永新表示，应该进一步推动教育改革和规范校外机构。

对于中国教育的对外开放话题，朱永新认为，中国在此领域的脚步不会停滞，中国对外教育合作与交流的发展方向是提质增效，以此服务于整个国家高质量发展的需要。

朱永新说："我们致力于建设人类命运共同体。我们坚信，中国与世界相互依存。随着中国教育与文化的持续改革发展，中国教育对外开放将进入高水平、高质量的发展阶段，为世界教育发展做出更大的贡献。"

（发表于 2021 年 3 月 4 日中国日报网，记者：邹硕、张怡）

《中国教育报》：家庭教育是影响国家未来的大事

全国"两会"前夕，全国政协常委、民进中央副主席、中国教育学会家庭教育专业委员会理事长朱永新和全国人大代表、北师大中国教育政策研究院执行院长、首届教育部基础教育教学指导委员会家庭教育专业委员会主任张志勇，来到中国教育报刊社"两会 E 政录"融媒体特别报道直播间，解读年初提请十三届全国人大常委会审议的《中华人民共和国家庭教育法（草案）》的重大意义和现实价值。

两位嘉宾认为，此次家庭教育立法具有重要意义，是顺应时代发展的大势所趋。朱永新认为，家庭教育绝不仅是一件私事，而是影响到国家未来命运的国事和大事，"今天孩子的模样，就是明天国家的模样"。

"立法是推动家庭教育理念现代化和提升家庭教育品质的一个有力的政策工具，同时让家庭教育更符合整个国家和社会的发展方向。"朱永新特别强调，无论是在过去、现在还是未来，家庭教育都有其不可替代的重要性。在我国现代化教育发展和推进过程中，一方面需要通过立法程序来规范家庭教育行为，另一方面国家对家庭教育的责任、社会对家庭教育的支持，也需要通过立法得到体现。

张志勇谈到，从世界范围看，我国对家庭教育立法是顺应时代发展的趋势。不少国家和地区在教育基本法里有家庭教育的条款，或已推出专门的家庭教育法。自 2016 年起，重庆、贵州、山西、江西、江苏、浙江、安徽、湖南等省市相继通过了地方家庭教育促进条例。

从草案的一系列规定中可以看出，草案鼓励各方力量参与家庭教育指导服务公共体系的建立。张志勇提到，公共服务体系建立的几个主要路径,除了在县级层面成立家庭教育指导服务中心、开设家庭教育网上学校和网络课程、建立中小学幼儿园家长学校外,此次立法又明确提出建立社区家长学校,在社区普遍引入家庭教育公共服务指导力量。

两位嘉宾都表示,相信家庭教育立法必定大踏步推动父母法律意识和教育观念的提升,也必然促进我国家庭教育公共服务体系的建设和完善,让父母在家门口就能接受良好的家庭教育指导和服务。

(发表于 2021 年 3 月 5 日《中国教育报》,记者:杨咏梅等)

《中国少年报》：朱永新委员谈教育培训广告满天飞：如此"烧钱"营销不可取

"现在，无论大家走到哪里，或者打开网络、电视节目，到处可见在线教育机构的广告。"全国政协常委、副秘书长，民进中央副主席朱永新对在线教育目前的这种生态状况感到担忧。他接受未来网记者采访时说："教育培训的本质是教育，大量'烧钱'进行营销宣传的做法不可取，建议这些机构少做广告。"

继中央纪委国家监委点名在线教育后，《人民日报》两次发文，评论在线教育行业大规模的营销投放、虚假宣传等问题，明确指出，在线教育首先要教育"在线"，在线只是形式，本质还是教书育人。

2018年，在十三届全国人大一次会议记者会上，教育部部长陈宝生回答未来网记者提问时曾指出，各种成功学、各种培训机构的广告满天飞，带来的结果就是家长的口袋空了，学生的负担重了，学校的教学秩序乱了。

在广告营销的裹挟下，家长深陷其中。

陈宝生强调，有一些不符合教育规律、不符合孩子健康成长需求的理念到处流传，给家长制造焦虑，给孩子制造负担，这种现象绝不允许。他说："那些培训机构炫耀的培训成绩单、广告词，很多都是鸡汤加忽悠。鸡汤喝得众人醉，错把忽悠当翡翠，这是不行的，不听忠告听忽悠，负担增加人人愁。"

2021年1月，教育部部长陈宝生在全国教育工作会议上的讲话中再次强调，大力度治理整顿校外培训机构是2021年的重点工作之一。其中，虚假广告就是治理的重点之一。

朱永新表示，"羊毛出在羊身上"，在线培训"烧钱"宣传的费用最终还要算到孩子们的学习费用里，由家长出。若各大在线培训机构相互攀比，"烧钱"做广告，会扰乱教育生态，需要相关部门加强监管。

朱永新还建议，教育行政和工商部门加强对在线教育培训机构资质的审定监管。

（发表于 2021 年 3 月 5 日《中国少年报》，记者：李盈盈）

中国新闻网：民进中央副主席朱永新：聚焦"十四五"调研建言 增强参政党责任担当

　　全国政协常委兼副秘书长、民进中央副主席朱永新在接受中新网记者采访时表示，"十四五"开局之年，民进中央高度重视发挥提案工作积极作用，已向全国政协十三届四次会议提交党派提案46件。

　　"作为中国特色社会主义参政党，民进要进一步增强责任担当。"朱永新说。

　　他回顾，由于新冠肺炎疫情影响，2020年政协第十三届全国委员会第三次会议推迟举行，民进中央在提案和发言工作中积极克服疫情影响，总体上取得了不错的成绩。

　　例如，在政协大会发言工作方面，民进中央副主席张雨东代表民进中央作了题为《推动全民阅读，建设书香中国》的大会发言，得到媒体广泛报道和社会各界广泛关注，体现了民进持续不断为推进全民阅读鼓与呼的情怀与担当。此外，民进中央还提交了《规范和支持并重，促进民办教育发展》《重视健康心理，成就阳光少年》等2篇书面发言，同样对于促进民办教育发展、学生心理健康建设等方面工作起到了积极推动作用。

　　在提案工作方面，去年，民进中央共提交党派提案46件，得到了有关部委的高度重视，积极促进了有关问题的解决和相关工作的开展。截至去年年底，共有43件提案得到相关单位办理答复，占比约93.5%。

　　值得一提的是，在全国政协十三届三次会议重点办理提案中，民进中央共有5件党派提案位列其中。如《关于加快建立"互联网＋

基础教育"公共服务体系的提案》得到教育部高度重视，新冠肺炎疫情防控期间，开通国家中小学网络云平台，提供了"双师型""翻转课堂"等丰富的教学手段、案例、模式及课程资源，访问人次达19.5亿。

朱永新介绍，2020年，根据中共中央安排部署，民进中央将"提升基层治理效能，促进社会和谐稳定"作为年度重点考察调研主题，并注重充分发挥自身优势，不断完善年度重点考察调研工作，提高调研质量和实效。

"此外，为充分实现调研成果转化，我们汇总形成重点考察调研成果集，作为开展工作的重要参考资料和存档的重要文献资料，并将调研中较为成熟的成果转化为民进中央拟提交全国政协十三届四次会议的党派提案。"朱永新说。

2021年是"十四五"开局之年，民进中央高度重视发挥提案工作积极作用。此次向全国政协十三届四次会议提交党派提案46件。

从提案内容来看，围绕教育文化出版主界别，提交提案19件，其中教育领域14件，重点关注振兴县域普通高中、推进农村中小学书香校园工程、加强和改进教育评估工作、支持民办学校加强教师队伍建设等；文化领域3件，重点关注发挥文化建设在实施乡村振兴战略中关键作用，解决文物保护管理"最后一公里"问题等；出版领域2件，重点关注规范、促进网络文学发展等。

聚焦"十四五"时期国家发展战略、反映百姓关注的热点问题方面，提交经济领域提案8件，重点关注深化供需双侧改革加快构建新发展格局，缩小居民收入差距扎实推动共同富裕等；科技医疗卫生领域7件，重点关注完善我国高技术发展战略规划，规范医疗健康数据标准推动智慧医疗建设与发展等；资源环境领域6件，重点关注统筹谋划推进新时代治沙工作，优化以国家公园为主体的自然保护地体系建设等；社会法治领域6件，重点关注加强社区人才队伍建设，深化大数据应用提升社会治理效能等。

经过8年持续奋斗，2020年底中国如期完成了新时代脱贫攻坚目标任务。朱永新介绍，在巩固脱贫成果积极探索与乡村振兴有效衔接方面，民进中央将在贵州省安龙县、金沙县持续开展以"彩虹结对""彩虹关爱""彩虹励志"为主要内容的深化"同心彩虹行动"。

今年中国共产党将迎来百年华诞。谈起中国共产党领导的多党合作和政治协商制度，朱永新指出，100 年来，中国共产党团结带领全国各族人民前赴后继、英勇奋斗，不断夺取革命、建设、改革的重大胜利。特别是中共十八大以来，以习近平同志为核心的中共中央，带领全党全国各族人民积极应对前进道路上的困难和挑战，坚定不移深化改革开放，开启了中国改革开放和现代化建设的新征程。

历史和现实证明，中国共产党领导的多党合作和政治协商制度，是从中国土壤中生长出来的新型政党制度，既植根于我国的历史文化，又反映了中华儿女团结奋斗的现实需要，是适合中国的、民主的和有效的政治制度。

朱永新表示，作为中国特色社会主义参政党，要在建设新时代中国特色社会主义伟大事业中，把我国新型政党制度坚持好发展好完善好。特别是各级组织和广大会员要在开展参政议政、社会服务、宣传思想、港澳台侨联谊、反映社情民意信息、社会调查等工作的过程中，广泛宣传习近平新时代中国特色社会主义思想的实践伟力，广泛宣传中国特色社会主义制度和新型政党制度的独特优势，积极传播正能量，为新时代改革开放伟大事业凝心聚力。

（发表于 2021 年 3 月 6 日中国新闻网，记者：邢利宇）

《南方都市报》：学习类 App 不应诱导缴费答题闯关，拍照搜题不妥

　　学习类 App 问题引发再度热议。近日，全国政协常委、民进中央副主席朱永新提交提案，呼吁对学习类 App 进校园要避免"一刀切"式的监管，建议建立全行业黑名单，给予学习类 App 自我纠正的过渡期。

　　提案中，朱永新建议，完善学习类 App 进校备案工作，包括取消对学习类 App 实施学校和教育局的"双审查"；借鉴直播平台的管理经验，通过实施平台所在地备案制度，对学习类 App 实现实时监管，备案标准、监管要求和奖惩治理实行全国"一盘棋"，建立起出现一次问题给予警告，两次问题停业整顿，三次问题全行业黑名单的制度；为学习类 App 进校通过备案审查设立必要的过渡期等内容。

　　对于规范学习类 App 管理，南都记者 3 月 7 日上午专访朱永新，谈及对学习类 App 进校备案、教育游戏化、监管应如何发挥作用等问题。

　　《南方都市报》：你如何看待对学习类 App 进校备案的相关规定？

　　朱永新：提案中，我建议取消对学习类 App 实施学校和教育局的"双审查"，这个规定不符合教育发展方向。学习类 App 需要分类进行管理，像技术比较好的、在社会上已经有非常好信誉的企业，可以由教育部组织专家进行一次性认定备案，通过后即可进入学校。此外，更多采取过程管理的方法，在运营过程中只要有违法的，对照互联网管理的办法，该停的停，该关的关，该抓的抓，没有必要用很多

限制性的规定一家一家地去备案，否则整个人力、物力、财力都会受到很大影响。过度的准入管理，不利于整个"互联网＋教育"的发展。

《南方都市报》：很多学习类 App 的答题游戏设置成收费闯关模式，你怎么看待教育游戏化？

朱永新：发挥游戏在教育中的作用，是一件好事，让学习变得更有趣、更生动、更快乐，这是没有问题的。关键是，不能把游戏作为一个诱导学生进入再收费的一个手段，我们要引导学习类 App 尽可能往公益性的方向去发展。此外，收费要清清楚楚、明明白白，尤其是不能面向那些缺乏自制力的儿童，要求不断地缴费来进行学习，所有的学习类游戏的缴费都应该由成人来负责，不应该由儿童来转入。

《南方都市报》：你如何看待主打"拍照搜题"功能的学习类 App？

朱永新：拍照搜题，对学习本身是不利的，学生必须要通过自己探究性学习去得到结论。这种直接找现成答案的学习类 App，没有提供一个好的学习方式。

《南方都市报》：你认为政府在促进在线教育行业发展上，还可以做些什么？

朱永新：整个"互联网＋教育"本身就是推进教育公平的一个非常好的利器，一个好的教育资源，通过互联网、学习 App 传达，对于推进教育公平不可缺少。政府未来完全可以发挥更大的主导性作用，在发现优秀的"互联网＋教育"企业的基础上，购买他们的公共服务，把好的教育资源推送下去，推动教育信息化。

《南方都市报》：你如何看待教育新业态在新一年的发展趋势？

朱永新：对于所有新的东西，只要符合社会发展的方向，符合技术发展的趋势，我们都应该去拥抱它，都应该去支持它。因为说不定它就是下一个淘宝，说不定就是下一个支付宝，尤其是在教育领域，我们需要这样一种包容和鼓励。

（发表于 2021 年 3 月 7 日《南方都市报》，记者：张雅婷等）

《中国青年报》：家长"咆哮式"育儿如何约束

"这小a，你整大A干吗？""你都学了些什么？"这类父母"咆哮式"辅导孩子作业的网络视频，戳中了不少家长的痛点。

"不写作业母慈子孝，一写作业鸡飞狗跳。"提起"陪娃写作业"，很多家长五味杂陈。家住北京的晓丽是两个孩子的家长，看到孩子不好好写作业，她总忍不住对孩子大吼大叫，甚至破口大骂。她认为，家长有权利对孩子进行管教，"吼叫"是为了让孩子"长记性"。

那么，父母"咆哮式"育儿属家庭暴力吗？家长教育不当有法律约束吗？今年全国"两会"，有代表委员提议，要为家庭教育立法破解这些问题。

全国政协常委、民进中央副主席朱永新接受中青报·中青网记者采访时表示，家长在教育孩子时咆哮、吼叫、责骂、数落都属于语言暴力，是家庭暴力的一种，有时候语言暴力对孩子的伤害比动手还要严重。

"对孩子来说，语言暴力和其他肢体惩罚一样，不适于家庭教育。"朱永新认为，父母教育孩子应心平气和，平等对待。"孩子与父母有平等人格权，家长应以尊重孩子作为教育前提。"

1月20日，《中华人民共和国家庭教育法（草案）》（以下简称《草案》）正式提请十三届全国人大常委会第二十五次会议审议，标志着家庭教育正式纳入国家教育事业发展规划和法治化管理轨道，"家事"不再仅是家事，让家庭教育有法可依。

《草案》规定，未成年人的父母或者其他监护人在实施家庭教育过程中，不得对未成年人有性别、身体状况等歧视，不得有任何形式的家庭暴力，不得胁迫、引诱、教唆、纵容、利用未成年人从事违反法律法规和社会公德的活动。

朱永新认为，对孩子使用家庭暴力的父母毕竟是少数，如何提升其家庭教育素养更加重要，"大部分父母都没有接受过科学育儿的培训指导。中国父母重视教育，却也最容易在教育上犯错"。

"吃得苦中苦，方为人上人""鞭子本姓竹，不打书不读""不打不成才，一打分数来"……这些口口相传的民谚，误导了中国的家庭教育。朱永新认为，家庭教育立法可以规范家庭教育行为。通过法律的倡导、约束，让父母知道，什么可以做，什么不能做。

"高校学科建设和人才培养要发挥重要作用。"朱永新建议，把家庭教育作为师范教育的必修课程，在高校普遍开设选修课程，让更多人拥有家庭教育的基本素养。"家庭教育作为一项事业，光靠政府是不够的，还可通过购买公共服务方式支持民间发展相关研究和培训。"

朱永新建议把民间力量和智慧吸引到家庭教育领域，建立家庭教育民间机构，"比如说，成立家庭教育相关的行业协会，推动家庭教育发展"。

全国人大代表、北师大中国教育政策研究院执行院长张志勇认为，家庭教育立法还需加强家庭教育服务人员培训，建立相关公共服务体系，让家长遇到问题时可以找到"组织"。

为此，他建议：县级层面要建立家庭教育指导中心；建立家庭教育网上学校，开设网络课程；中小学幼儿园要普遍建立"家长学校"，提供家庭教育的辅导和帮助；社区要普遍引入家庭教育服务的公共力量，开展普及型指导工作。

"通过这'四张网'，可以在家长们想要寻求家庭教育指导的时候，获得帮助。"张志勇希望通过这项立法大力推动家庭教育公共服务体系建设，让家长能够在家门口就受到良好的家庭教育辅导和服务。

张志勇补充说，对于《草案》还要进一步完善，比如明确家庭教育中有哪些违法情形，对违法行为如何惩戒，"尽可能减少法律出台后执行过程中的模糊地带。"

（发表于 2021 年 3 月 7 日《中国青年报》，记者：李华锡）

《中国教育报》：朱永新委员：项目学习是推动课改和教改的抓手

近年来，项目学习在国内逐渐受到重视。2019 年，《国务院办公厅关于新时代推进普通高中育人方式改革的指导意见》提出注重"项目设计"等跨学科综合性教学，《中共中央　国务院关于深化教育教学改革全面提高义务教育质量的意见》也提出开展"项目化学习"。

"国外大量研究表明，项目学习不仅可提高学生学习成绩，而且对思维能力、深度学习、跨学科学习能力、可持续发展能力等具有很好的促进作用。"全国政协委员、民进中央副主席朱永新认为，一方面，项目学习以真实情境的问题解决为任务，学习者超越学科界限理解和识别问题的本质，应用多学科知识和不同技能解决问题。在此过程中，教育不再是培养百科全书式的知识拥有者，而是培养能够运用知识去探索、创造新知识的人，知识本身从目的走向手段；另一方面，项目学习也解决了学校分科过细、学习面过窄的问题。

尽管国内已经有了不少项目学习的实践，但总体而言，依然存在对项目学习研究不足、理论体系不够完善、开发课程内容领域不广、在学校开展的实践活动不够广泛、过程缺乏支持、评价几近空白、师资水平欠佳等问题。

"项目学习对教师提出了更大的挑战和要求。"朱永新说。项目学习跟传统教育并不矛盾，仍然是依托学科，只是各学科的课程目标、教学要求是蕴含在项目学习当中的，需要教师进行统合、梳理、提炼，教师做项目学习的指导会比传统上课的难度大很多。

苏州大学新教育研究院教授王伟群分析，过去教师只学一个专业，而项目学习需要多学科的知识和能力，对教师的知识背景是一个挑战，而更大的挑战在教学理念和教学方式上。

"过去教师在现有课程设计下组织教学，是有相对固定步骤的，通过考试可以对知识掌握的程度进行直观考核。而项目学习给予学生学习较大的空间，教师不应该也难以完全按事先的设计开展教学，教师是学生学习的引领者和合作者。目前教师的课程开发、教学能力等都会有所不足。"王伟群说，同时，项目学习中学生最终不一定都能圆满完成项目任务，但这并不意味着学习的失败，这也与以往以知识传输为主的教学经验有较大差异，学习效果的考核难度较大。

对此，王伟群建议，要做好教师的引领、培训和成长。一方面让教师"走出去"，学习先进理念和实践经验；另一方面，在课程开发上，将专家"请进来"，协助教师和学校做课程开发。

事实上，两年多来，王伟群和团队已经在甘肃、陕西、新疆、湖北、湖南等十几个省市的贫困地区的 25 所中小学进行了科技项目学习的培育。

"比方在新疆，结合戈壁滩缺水、荒漠面积大的特点，我们给几所学校做智能菜园项目课程。这个项目带着孩子通过动手和亲身实践认识现代农业的智能化，更重要的是让孩子们知道了用科技的力量可以更好地开发和利用这片土地。"王伟群说，学校在开展项目学习时不要操之过急，可以在科学课、跨学科的综合实践活动或研究性学习中先行先试，每周给出两节课或半天固定时间进行学习试验。

在王伟群看来，项目学习着眼于培养学生在真实情境下运用知识解决问题的能力，是符合新高考改革方向的，也更有利于学生的长远发展，关键在转变学校和教师的观念，并提升教师的综合素养和能力。

"项目学习是推动课程改革和教育改革的抓手。"朱永新认为，如果说过去的课改更多基于原有学科的变革，下一轮课改应该是基于项目学习的新课改。

（发表于 2021 年 3 月 8 日《中国教育报》，记者：董鲁皖龙、刘博智）

《中国教育报》：家庭教育立法带来挑战与改变（摘要）

今年年初，《中华人民共和国家庭教育法（草案）》提请十三届全国人大常委会审议，意味着广受关注、期待已久的家庭教育立法终于要实现了。家庭教育关系到千家万户的幸福和每个孩子的健康成长，但不少人却认为教育孩子是家庭领域的私事。家庭教育法把这件私领域的"小事"上升到国家法律的高度，对每个家庭意味着什么？对广大父母将带来哪些约束和挑战？政府将为家庭提供哪些支持？2月27日，中国教育报刊社"两会E政录"融媒体特别报道邀请到两位重量级嘉宾——全国政协常委、民进中央副主席、中国教育学会家庭教育专业委员会理事长、中国陶行知研究会会长朱永新和全国人大代表、北京师范大学中国教育政策研究院执行院长、首届教育部基础教育教学指导委员会家庭教育专业委员会主任张志勇来解读这个话题。

家庭教育是私事也是国事　立法是时代发展的大势所趋

家庭教育立法最早进入公众视野，是2010年国务院审议通过的《国家中长期教育改革和发展规划纲要（2010-2020年）》。两位嘉宾都认为，此次家庭教育立法具有重要意义，是顺应时代发展的大势所趋。家庭教育看似是发生在每个家庭里的小事，但家国一体，家庭是社会最基本的细胞，孩子又代表着国家的未来，因此家庭教育绝不仅是一件私事，而是影响到国家未来命运的国事和大事。

"今天孩子的模样，就是明天国家的模样"，朱永新特别强调，无论是过去、现在还是未来，家庭教育都有其不可替代的重要性。"在现代学校制度产生之前，教育基本都是在家庭里面发生，家庭教育的历史比学校教育要长很多。中国传统文化中也将'家'和'国'紧密联系在一起。自从有了现代学校，特别是女性走向职业化道路后，很多家庭开始把教育权让渡给学校。"朱永新用"王者归来"来形容家庭教育日益凸显的地位，认为未来家庭教育的重要性将不亚于学校教育。

"从我国现代化教育发展和推进的过程看，家庭教育立法符合时代需求。"朱永新认为，家庭教育目前存在一些问题，如果不通过国家立法来规范，会直接影响到家庭教育的品质，从而影响到未来的国家品质和社会状态。"家庭教育行为需要通过立法来规范，国家对家庭教育的责任、社会对家庭教育的支持，也需要通过立法来明确。立法能帮助提升家庭教育品质，能让家庭教育更符合整个国家和社会的发展方向。"

立法带给父母警醒与挑战，教育孩子不能再为所欲为

对每个普通家庭来说，家庭教育立法在规范行为和提升质量方面是一个好消息，同时也必然给父母的一些教育观念和行为带来警醒和挑战。教育孩子不再被看作家庭领域的私事，父母不能对孩子为所欲为，以往某些习以为常的家庭教育行为或习惯，一不小心很可能会触及法律的红线。

比如此次草案中受到网友热议的父母和其他监护人在实施家庭教育过程中不得有任何形式家庭暴力的规定，朱永新认为，这对中国传统文化中的"不打不成材""棍棒底下出孝子"的观念的确是很大的挑战。"长期以来，打孩子在中国似乎是一件司空见惯的私事，但实际上家暴行为是对孩子人身权利的侵犯，对孩子身体和心理都造成伤害，是需要特别关注的一个现实问题。"

朱永新认为，这条家庭教育法中的刚性规定，是会对教育产生

直接影响的内容之一，对父母绝对是一种警醒，父母需要改变观念并规范自己教育孩子的行为。"不能再将打孩子看作是一件与旁人无关的私事，邻居要是看到你打孩子是可以报警的，孩子自己如有证据也可以举报，国家就可以按照法律出面干预。"他认为立法就是用强制手段来帮助父母提升教育理念，规范教育行为，去寻找除了体罚以外更好、更有效的方法来管教孩子。

草案明确规定，未成年人的父母或者其他监护人是实施家庭教育的责任主体，意味着养育孩子的责任不仅是给他吃饱穿暖就可以了，父母还必须尽到家庭教育的责任。那么，中国目前还有数量庞大的留守儿童父母，如何界定这一群体的行为和责任？

两位嘉宾都认为，留守儿童是中国城市化进程中的一个特殊现象，在全世界都少有。朱永新认为，这种情况要根据具体案例来进行判定。"父母因为某种原因在一定时间内离开孩子，可以把孩子托付给其他监护人，比如孩子的祖辈，在我国农村目前大量存在这种情况。"他认为，要结合监护人本身的条件、与孩子的关系以及实施监护的可能性等来判断具体案例，总体原则是要保障孩子的健康成长和合法权益。

草案中有明确条款，要求父母"亲自养育，加强亲子陪伴"。对此，朱永新建议父母和孩子"不要成为同一个屋檐下的陌生人"。他说："在很多家庭，父母看起来和孩子在一起，但事实上并没有真正有效的陪伴，而是成为'影子父亲'或'影子母亲'，实际上这也是一种不负责任的行为，并没有真正履行父母对孩子应尽的家庭教育的责任。"

政府主导民间参与各方协同，着力构建家庭教育指导服务体系

我国政府一直高度重视家庭教育工作的开展，草案明确提出"各级人民政府领导家庭教育工作"。张志勇提到，此次家庭教育立法明确了政府是重要的主导者、推动者和保障者，家庭教育指导和服务公

共体系也由政府主导构建。

对此，朱永新建议高等院校要将家庭教育学科作为教育学科中一个非常重要的分支学科来建设，家庭教育必须作为师范教育专业的必修课程和通识课程，还应该在高校普遍开设家庭教育选修课程。"一些国家在高中就有'怎么做父母'的课程和教育，我们也可以把它作为生命教育的重要内容，让更多人具有家庭教育的基本素养。"张志勇也倡导在国民教育体系的高中到大学阶段就开设关于如何做父母的课程。

朱永新认为，家庭教育作为一个事业，完全靠政府包揽是不够的，应该鼓励更多的民间机构在家庭教育领域进行更多参与和探索。他看到草案鼓励各方力量参与家庭教育工作和公共服务体系的建立，"政府可以通过购买公共服务的方式，支持民间力量发展家庭教育研究、培训、推广和管理等"。

朱永新认为民间机构的一些诉求和声音，也可以推动家庭教育的发展。比如美国的全国家长教师协会（PTA），作为一个全国民间组织阵容很强大，几乎每个学校都有这个机构。"不能政府一头热，一定要把民间力量和智慧吸引到家庭教育领域，才能更好地推进家庭教育事业的发展。"

家庭教育立法之后如何深入人心、落到实处？两位嘉宾都认为，法治社会的建设是一个漫长历程，不可能一蹴而就，也并非一日之功。张志勇说，首先要肯定立法本身就是一个重大进步，是我国在全面建立健全教育法律进程中的一个重要举措，其次也要看到法律执行的长期性和艰苦性。朱永新则认为："虽然从有法可依到违法必究还要走过一条艰难而漫长的道路，但国家必然会对法律的执行情况进行监督检查，更重要的是依靠我们每一个人的法律自觉，相信家庭教育立法一定会落到实处，不会成为一纸空文。"

（发表于 2021 年 3 月 9 日《中国教育报》，记者：杨咏梅等）

人民网·中国共产党新闻网：朱永新：深化"同心彩虹行动"，助力全面推进乡村振兴

2021年全国"两会"期间，全国政协常委、副秘书长，民进中央副主席朱永新做客人民网"两会"特别访谈节目《高谈客论》，就民进中央提案、大会发言、参政议政等工作与网友进行了交流。

"民进中央向全国政协十三届四次会议提交党派中央提案46件。"朱永新介绍说，今年，民进中央共收到提案素材稿282份，主要来自29个省级组织、9个专门委员会、参政议政特邀研究员、参政议政合作平台、国家有关部门、教育研究机构，以及民意信息转化等方面。从提案内容来看，涉及教育文化出版、经济、科技医疗卫生、资源环境、社会法治领域。

参政议政是民主党派的重要职能。"在全国政协十三届三次会议重点办理提案中，民进中央共有5件党派提案位列其中。"在回顾2020年参政议政工作时，朱永新表示，民进中央坚持围绕中心、服务大局，广泛开展调研，积极建言资政。通过"党派直通车"向中共中央和国务院领导同志报送20篇建议，多篇建议得到重要批示。另外，向中共中央统战部报送建议11篇，向政府有关部门转送建议10篇，推动了一些重大问题的解决和重要政策的制定。

为巩固拓展脱贫攻坚成果，助力全面推进乡村振兴，"民进中央将在贵州省安龙县、金沙县持续开展以'彩虹结对''彩虹关爱''彩虹励志'为主要内容的深化'同心彩虹行动'。"朱永新谈到，民进各省级组织将以三项行动为抓手，对接好机关、会员资源，针对不同群体，深入调研，摸清需求，开展帮扶，打好组团式教育帮扶"组合

拳"。"同心彩虹行动"将继续围绕建设高质量教育体系，尤其是聚焦乡村教育短板，努力培养一支扎根乡村的高素质教育队伍；在捐款捐物的基础上，将采取多种方式力所能及、尽力而为地帮助弱势群体实现对美好生活的更高期待；着力探索职业教育合作办学、校企合作方式举措，激发青年就业内生动力，提升就业致富能力。

谈到今年工作，朱永新表示，民进中央将聚焦 2021 年党和国家中心工作，以及扎实做好"六稳"工作、全面落实"六保"任务等关乎民生改善和社会稳定的当务之急，结合年度政党、政协协商活动议题，制定印发《民进中央 2021 年重要履职活动及重点议题计划》，召开系列参政议政专题座谈会，指导各省级组织、专门委员会围绕民进中央安排开展履职活动，加强上下联动，广泛集智聚力，为实施"十四五"规划、全面建设社会主义现代化国家贡献智慧和力量。

（发表于 2021 年 3 月 10 日人民网·中国共产党新闻网，记者：闫妍）

《人民政协报》：以委员之职 尽担当之责

获奖感言"为天地立心，为生民立命，为往圣继绝学，为万世开太平"，横渠四句，是自古以来中国知识分子对自我的最高期许。用所学专业报效国家，在政协平台参政为民，是我作为一位民主党派政协委员的人生理想。虽不能至，心向往之。

3月3日，深夜12点5分，记者焦急又心怀愧疚地拨通了全国政协常委、副秘书长，民进中央副主席朱永新的电话。

"喂？"电话铃响了两声，朱永新的声音传来。

"朱副主席，我们还在等您今天的'两会'手记，请问您写好了吗？"

"真是抱歉，我还以为是从开幕日开始交，耽误你们工作了，我这就起来写。"

交往多年，记者深知朱永新的作息习惯：11点睡觉，早上5点前起床读书、整理工作日记，凌晨时分，一定是他的休息时间。但也正因这份了解，知道他对待工作的态度，记者才敢在深夜打扰。实际上，多年的采访和接触，记者已有无数次的"午夜凶铃"打扰到他。

对媒体工作者的真诚相待、密切配合只是朱永新作为政协委员履职尽责的一个小小缩影。

2020年新冠肺炎疫情发生不久，朱永新发起建立了第一个线上读书群——"防控疫情读书会"并担任群主，以服务好、引导好、管理好读书群为目标，充分运用自身长期参与全民阅读活动的经验和资源，在确立主题、选择书目、引导发言、做好表率、把握方向方面尽心尽力。4 月 23 日"全国政协委员读书活动"正式启动后，朱永新又先后担任全国政协委员读书指导组成员和"委员读书漫谈群"核心团队成员，积极参与读书活动线下交流会、群主工作交流会、读书活动启动仪式等各类会议、各项工作。策划组织了"学校教育和家庭教育哪个对孩子的影响更大""寄宿制管理的利与弊""家庭教育中要不要惩罚"等关于家庭教育的 7 个专题的大讨论。此外，他还结合自身工作，在各种场合主动宣传政协委员读书活动，在中央社会主义学院和江苏常熟、镇江等地作了关于政协委员读书活动的专题报告。

朱永新曾说，提案是政协委员给共和国的礼物。礼物不分大小轻重，但一定要饱含着委员的思想与情感，承载着百姓的期待与梦想。提案，也是给人民的考卷，敷衍了事的提案、不切实际的提案、假大空的"雷人"提案，都无法得到满意的分数。你的礼物精彩，共和国就出彩。你的考卷优秀，人民就满意。

秉持这一信念，朱永新每年都在调研中下足功夫。2020 年，他第 17 次在全国"两会"上提交了关于设立阅读节的建议和提案。2021 年"两会"，他又为全民阅读、书香政协鼓与呼。此外，促进青少年心理健康、提高中小学男教师比例、支持中国民办教育"走出去"、完善学前学会普通话政策、鼓励政府购买课程服务等提案也尽数提交。

不驰于空想，不骛于虚声，而唯以求真的态度做踏实的工作，这就是朱永新的人生态度。把事业放在心上，把责任扛在肩上，用新的答卷完成更好的政协履职报告，这就是朱永新的新年期盼。

（发表于 2021 年 3 月 15 日《人民政协报》，记者：吕巍）

《中国教育报》：我们为何需要不标准答案

迈克尔·莱维特：2+5>7

我工作效率最高的时候，是我在家办公或者说在家做研究那段时间。那个时候，我是全职"奶爸"。后来孩子稍微大一点了，我在他们身上花的时间稍微少一些了。我这种工作过于努力的状态，一直持续到60岁左右。60岁左右，我的人生中出现了一个契机，当时有人介绍我徒步登山。

第一次徒步登山，是和学校一群年轻人一起去的。去之前，我没有仔细看关于那次徒步旅行的介绍，等我走完以后，才知道一下子走了40公里。回来以后，我整整一个星期走不了路。

这次徒步旅行使我意识到，其实我可以把一周7天进行更好的安排，可以周一至周五专注于科研，周六、周日去徒步旅行。因为我发现，在徒步旅行过程中，整个人处于高度活跃的状态，整个机体都专注于徒步这件事，大脑在疯狂地、深入地汲取养分，这个时候反而能够让人得到一种平衡。

后来我发现，徒步旅行回来之后的5天，我的工作效率会比原来高得多。两天的徒步旅行，让大脑汲取了充分的氧气，进行了充分的休息，反而事半功倍。后来我总跟别人说，2+5 ≠ 7，2+5>7。

朱永新：艺术教育能够"成人之美"

伟大的科学家往往有艺术精神，因为艺术是灵性的体现，是创造性最集中的表现。中小学生学艺术，不是简单地学一门技艺，学会弹琴、学会写字、学会画画，远远不是如此。艺术的最高境界在空白处，在连接处，在真正能够激发你的想象力和创造力的地方。艺术是没有标准答案的，艺术是需要个性的。越是有个性的东西，越能体现艺术的本质特征。

新教育实验正在研发一门大艺术课程，抽出艺术教育中最关键的一些概念，把戏剧、电影、设计、雕塑、建筑等各种艺术形式整合起来。艺术教育能够"成人之美"，让我们更有灵性、更有创造性。如果学生能学点音乐、学点绘画、学点书法、学点设计、学点雕塑，等等，无论今后我们从事什么工作，都会因此而奠定重要基础。

中学阶段是人生中最为关键的阶段，西方心理学家将该阶段看作"最危险"或"心理断乳"时期。这一阶段，青少年自我开始觉醒，想要在更多方面追求独立与自主，但心理还不成熟，容易与他人、与世界发生冲突。如何处理好自己与自己、与父母、与教师、与同伴的关系，如何应对学习中的压力与挑战，如何提高自身审美等，这些问题伴随着成长不断涌现。

如何解决中学阶段的成长烦恼？如何才能拥有一个美好的中学阶段？针对这一话题，苏州大学教授朱永新与 2013 年诺贝尔化学奖获得者、斯坦福大学教授迈克尔·莱维特近期在北京中学展开主题为"教育与人生"的高端对话。人生没有标准答案，但两位学者的分享与探讨，会给予我们启示。

中学阶段要保持好奇心，不断挑战与尝试

每个人的中学时代都是不一样的，但在我们走向人生更高目标的过程中，这一阶段的经历又十分重要，甚至会对自己的人生产生深

远影响。

莱维特：我的中学阶段在南非度过，南非的学制与其他国家有所不同，在小学外有 5 年的中学阶段，没有初中和高中这样的划分。而我自己的中学阶段相对短暂，只学了 3 年就毕业了。这一段中学生活给我的最大启示就是，虽然你会做很多计划，但计划永远赶不上变化。很重要的一点就是，要根据现实情况不断去调整自己的计划，对新事物新领域葆有好奇心，不断去挑战自己不擅长的事情，要与时俱进。

其实我在中学的时候不算是班上成绩最优异的学生，还好吧，排名也就是第三名左右，但学业问题对我挑战性不大。学生时代，对那些我不知道、不了解的事情，比如音乐，还有其他一些相对来讲比较冷门但是对我来说很有趣的领域，我都非常好奇。直到现在，我一直都特别喜欢去尝试自己不擅长的事情，喜欢去学习新知识。教育经历是比较有趣的一件事情，只是，为什么我的少年阶段这么快就结束了？

我还记得，我读中学的时候曾经一度沉迷于台球游戏，深夜才回家。母亲在担心我的安全与学业之余，有了一个特别大胆的想法，让我用暑假 3 个月时间，把接下来两年的课程全部自学完。我竟然同意了她的建议，愿意去尝试一下。学习的过程尤为艰难，因为需要学习的课程很多，除英语、拉丁文、希伯来语、南非语等语言课程外，还有数学、历史等。但我最终还是做到了，成功通过高考，在第二年开学时就直接去上大学了。

对我而言，这是人生中一个非常大的跨越。我也意识到，个人的潜力是无限的，只要你勇于去尝试，或许就会被自己"惊讶到"或者"惊喜到"。

朱永新：莱维特教授用 3 个月的时间就修完整个高中课程，这一段经历很传奇。我在中学阶段也有相似的经历，初二假期时心血来潮，学完了整个初三的数学，后来到初三时学得很轻松。这说明，只要能够不断挑战自己，不断去尝试，每个人都有很大的发展潜力和发展空间。

莱维特教授提到的好奇心问题，我也十分认同。我们来到这个世界时，本身就充满好奇，而教育的一个很重要的使命，就是让我们不断地对这个世界充满好奇心，对未知世界充满探索的愿望。而传统的教育模式，却在不断地摧毁我们的好奇心，不断把所谓"标准"的答案给学生，再用标准答案来评价所有人。当只用一把尺子来度量所有人时，教育就走向了错误的方向。

教育需要告诉孩子们，这个世界充满着各种各样的可能性，值得探索与研究。很多像莱维特教授这样的科学家的成长与突破，很大程度上都是在好奇心驱使下实现的，而科学的批判质疑精神也在此中彰显。

找好自己的人生坐标，写好自己的人生故事

中学阶段是人生发展的关键时期，很多学生的差距就是从这个时候拉开的。如果找不到自己的方向，找不到人生的意义，就很容易迷茫，甚至迷失。

朱永新： 我所进行的新教育实验提倡一种生命叙事理论，即人生就是一个故事，一个从摇篮到坟墓的故事，需要人们不断去书写。有的人能够把自己的故事写成一部伟大的传奇，有的人写出了一个平凡的故事，但也有人把它写成了事故。故事走向如何，取决于写故事的人。每个人都是自己故事的主人公，写好故事的前提，是找到自己的人生原型。

小学时，我们都曾被问过"将来想成为什么人"的问题，到了中学阶段，就要开始寻找自己的人生坐标，寻找生命的榜样。以他们为原型，幻想自己的人生，放飞自己的梦想。如果你想成为科学家、教育家或文学家，就要从现在开始做准备。

莱维特： 朱永新教授的观点，我认同。我想补充的是，在我们的人生故事中，要善于抓住偶然机会，因为它很可能是人生非常重要的转折点。从某种意义上来说，运气很重要，但我们到底怎样才能够获得更多的好运呢？很关键的一点，就是要时刻做好准备，要伸展自己的触角，将自己暴露在不同的领域、不同的话题、不同的环境中，让

自己对这些环境、领域和话题，都充满着探索欲，至少要有所接触。

如果喜欢数学，不妨去试试诗歌和文学；如果喜欢历史，不妨更多地去尝试挑战自己数学方面的天赋。天赋与潜能就像宝藏，需要不断挖掘，所以在中学阶段我们要学会跳出自己的舒适圈，去尝试那些可能让你暂时不太舒服或不太自在的东西，因为它很可能为你带来无限好运。其实对于所有行业来说，包括对于科学家来说，很关键的一点在于新的想法和创意。有时候，当你突然迸发出一个很好的创意的时候，你会发现，自己也不知道这个创意是从哪里来的。但这些灵感和创意的产生，是一个厚积薄发的过程，正是因为有很长时间的储备，不断把自己暴露在新的环境当中、新的场景当中，才积累出这些能够让你迸发出很好创意的源泉和基础。

今天早上，我看到学生正在学书法、学古乐、学茶艺。这些看上去与我们现在日新月异的、由科技所引领的 21 世纪相去甚远，因为今天我们谈的都是人工智能、云计算、大数据这样一些东西。但是，很有可能，你的一个新灵感，就是在你行茶艺的时候突然迸发出来的，这个想法可能会改变整个世界。

我们永远都不知道这些新的想法、创意什么时候会突然迸发出来，可能在你早上起床的时候，可能在你运动健身的时候。正是在你特别努力地去思考，想要逼迫自己能有这样一个创意的时候，你最能想到一个好主意。所以说，我们一定要培养自己广泛的兴趣爱好，多去运动，去学习不同的东西，去挑战自己。有可能，在你下一次行茶艺的过程中产生了一个想法，这个想法很有可能就会成为 22 世纪计算机模型的雏形，从而改变世界。

在科学之旅中培养艺术精神　在艺术教育中提升创造力

科学与艺术，是人类智慧的两座山峰，两者在最高处是相通的。在中学生成长过程中，科学的重要性不言而喻，但艺术在培养审美力、道德力方面的作用也不可小觑。

莱维特：想跟大家分享一个想法，就是艺术的重要性。艺术在培养一个人的美感、审美以及对周围事物的理解方面，发挥了很重要的作用。我刚走进这个礼堂的时候，看到这个背板，发现下面的这些图形实际上是中国传统画作里的山脉。这些图形突然把我带回到了20世纪70年代，那时我们在实验室里研究计算机模型。看上去，背板里这些山脉好像是由非常简单的线条组成的，但是在20世纪70年代，我们要在电脑上画出这样的山脉图形是非常难的。有一个理论叫"隐线理论"，你在看到这条山脉的时候，计算机画出了它所有不同维度的线条，但你看不到这些线条究竟是怎样用计算机呈现出来的。在过去的时间里，有非常多的科学家，付出了很多努力，设计出大量的计算机算法和建模。正是因为有了这些计算机算法和建模，今天你才能够只需输入一些简单参数，就可以看到这样一座山脉的模型。这也是一个很好的例证，它说明了，在大量的数学、计算机科学背后，艺术所体现的对大自然的审美以及自然能够给予我们的灵感。

朱永新：正如莱维特先生所说，我们也看到，伟大的科学家，往往有艺术精神。因为艺术是灵性的体现，艺术是创造力最为集中的表现。在当下的课程体系中，艺术教育或美育是一个非常重要的板块。现在很多学校设置了书法、绘画等艺术课程，但其目的不是培养一门技艺，而是通过这些艺术教育真正激发学生的想象力和创造力。

艺术是没有标准答案的，它是需要个性的，越是有个性的东西，越是体现艺术的本质特征。也许会有人问，我如果以后不做艺术家，那还学艺术干什么？其实音乐、绘画、设计、雕塑等这些艺术课程，对我们今后无论做什么工作，都具有非常重要的基础性功能。因为，艺术的追求是真善美，这也是教育非常重要的组成部分。

从良好的人际关系中汲取成长能量与灵感

共情是我们与这个世界沟通的能力，但在中学阶段，学生的自我虽已开始觉醒，却尚未成熟，往往会与自己、与父母、与同伴、与老师产生冲突。青少年如何处理好人际关系，是中学阶段成长和学习的必修课。

朱永新：我一直认同这样一个观点，有好的关系才有好的教育。我们可能会因为喜欢一门课老师的风格，或者得到一门课老师的夸奖，而学习特别用功，甚至想成为相关领域的专业人士。人作为社会动物，能在生活中、学习中与他人形成良好的交往关系，就显得非常重要。在疫情期间，很多中学生由于跟父母关系紧张导致心理问题，甚或走向冲突与极端。而中学生如果能和父母、老师、同伴形成一个和谐的关系，学会分享快乐，就会为自己的成长积蓄不竭的动力。

做科学研究也是如此。早期的科学研究都是以个体为主，现代的很多科学研究已经不是靠一个人单打独斗就可以完成的，而是需要整个团队共同探讨、研究，这是一个双赢的时代。

莱维特：我们平常不太注意生活中的人与人之间的交往，实际上它可以促进和开发我们的智慧不断成熟、成长，能够在未来的生活中取得进步。

人生成长中很重要的一点，就是人与人之间真诚地交流与社交共情能力。我们是社交动物，所以可以在跟别人的互动过程中，汲取很多能量、创意与灵感。

人与人之间的同理心、社交的共情能力，在中国教育中都是非常重要的。

有的时候，人在学习、研究过程当中，会进入一种执念或者钻牛角尖的状态，别的东西都看不见、听不见了，一直在偏执地做一件事情。这种偏执，是不太被鼓励的。你可能会说，我要每天学习 24小时，连续学习 100 天，等到 100 天之后，数学考试成绩肯定会很好。但是这样一种做法，我们是不鼓励的，因为它是不健康的。人的大脑，就像走路时的肌肉、机器运转时所用的零部件一样，是会疲惫的。当你不断逼迫自己的大脑一直沉迷于或者说偏执于某一件事情，大脑也会疲惫，大脑的活动水平可能会降低，然后你的生产力、生产效率会下降。即使付出再多的努力，你的产出或者说你大脑的聪明程度，也不会比你在放松的时候表现得更好。这样可能会产生危险，导致心理学上所说的"完全的消耗"，甚至可能会患抑郁症。

从整个人生历程来看，学校阶段是非常短暂的，大家不要因为时间短暂就把自己完完全全地"消耗"掉。其实，人生就像爬山。你在攀爬一座高山的时候，如果一开始就拼命地向前冲，把所有的劲儿都用完了，可能还没走多远，就再也没有力气继续向前走了。这样的人反而没有办法登顶。所以说，在攀登人生这座高峰的旅途中，给自己一些时间去休息，去享受一下周围的美景，你会发现可能分散你注意力的东西。这是一种平衡而和谐的方式，它会让你在享受的过程当中逐步淡定。

朱教授刚才谈到了家庭环境还有社交在人生当中的重要性。其实，这些就是非常好的旅途风景，能方便我们小憩一下，去享受到其他的、能够分散我们过度集中的注意力的美好时光。

有时候，我们会特别努力地去试图解决某一个难题，把所有精力都花在尝试解题的过程中了。过分的专注可能会带来一些其他问题。其实，人类本身是非常善于去解决问题的，但是，如果你把自己逼得太狠的话，反而会得不偿失。当你花了太多的时间去寻找答案，但又一直百思不得其解的时候，不妨休息一下，给自己小小的、中途的暂停时间，去看个电影、散个步，跟小狗一起出去玩一会儿，或者去见见朋友。这些分散注意力的方式，能够让你释放之前因过分专注造成的压力。

当一个人身体压力激素水平降下来的时候，大脑的效率和行动力反而会上升，两者之间呈反比关系。其实，在人生当中也是这样，很多大的成就、突然让人茅塞顿开的事情，都是在最不经意的时候发生的。所以，我经常工作两三个小时，觉得自己已经快疲惫不堪的时候，就会停下来，去跟我的宝宝们玩一段时间。再回来工作的时候，我会发现，效率一下子高了很多。大家听上去可能觉得不可思议，因为大家常常觉得，只有在没有任何东西分散注意力的情况下，工作效率才是最高的。我想说的是，这些所谓的分散注意力的东西，有可能是成就你工作质量的最关键的源泉。

（发表于2021年4月15日《中国教育报》，由本报记者李萍根据朱永新与迈克尔·莱维特的对话整理而成）

《瞭望》：民进中央副主席朱永新：我们离未来教育已经很近了

新冠肺炎疫情让朱永新成为不少教育界人士心目中的"预言家"。

他曾大胆预言：今天的学校会被未来的学习中心取代，并认为"研究越是深入越发现，学习中心就代表着未来教育的走向"。

朱永新是民进中央副主席、新教育实验发起人。朱永新多年躬身于观察和反思中国教育，通过参与教育规划制定、出版论著、主持承担国家重大科研项目等方式推动更好的教育发生。

究竟未来学习中心有什么特征？为何它比传统学校更适合未来社会发展？如何加速传统学校向未来学习中心转型？带着这些问题，《瞭望》新闻周刊记者专访了朱永新。

未来教育与传统教育最大的差别在于注重创造性

《瞭望》： 无论传统学校还是未来学习中心，出发点和落脚点都是更好地培养时代需要的人才。在我国全面建设社会主义现代化国家和世界百年未有之大变局双重背景下，国家再向前走需要什么样的一代人？

朱永新： "培养什么样的人"是未来教育发展要回答的根本问题。从国家教育方针来说，当然是培养德智体美劳全面发展的社会主义建设者和接班人，这是我国对教育培养什么人的基本规范。

进入信息化时代，世界各国及联合国、OECD等都对未来社会需要的人才做出一些结构性描述。我国也提出面向 21 世纪学生发展的核心素养和构成核心素养的若干方面，比如人文底蕴、科学精神、学会学习、健康生活、责任担当、实践创新六方面，这些都为我们理解时代需要的人才特征提供了画像。

无论如何，有一点是肯定的，那就是，未来需要的人才绝不仅仅强调掌握专业学科知识这些智力因素，还更强调非智力因素。比如，有理想、有积极向上的力量，能与人合作、能创造，等等。

《瞭望》：你认为培养未来需要的人才，需要提供什么样的教育？

朱永新：这是一个很重要的问题。应该说，为满足工业化大生产需要而产生的学校教育，目的是培养能适应流水线工作、拥有基本读写算能力的大批技术工人，也就是能掌握和应用既成知识的人，所以传统学校教育的特征是传承知识，侧重考查学生的知识记忆和掌握能力。但进入现代社会，随着新技术不断发展，流水线上的很多重复性劳动已能被机器替代，仅传承和掌握既成知识已远远不够，还要有创造新知识，发展创造力和应对生活工作新挑战的能力。从这个意义来说，面向未来的教育要更注重创造性，这也是未来教育和传统教育的最大差别。

当前项目制学习（PBL）风靡全球，就是因为这种学习方式是用工程研究、项目作业的方式解决现实场景中的一些真问题。它不像传统教育只强调接受知识，还要学生主动探究和创造。2019 年我和美国圣地亚哥高科技高中创始人拉里·罗森斯托克交流获悉，该学校的学生 70% 的时间都在进行项目制学习，即学生自己提出问题，在老师指导下自主探索研究，形成的成果在学校发布或展示。我认为这样的教育契合未来教育特征，学生不仅是知识的学习者，还是知识的创造者，能发展出创造精神、创造能力和创造习惯。

未来学习中心：让每个人都有条件选择适合自己的教育

《瞭望》：你坚信未来学习中心代表着未来教育的发展方向，能描摹一下你对未来学习中心的构想吗？

朱永新： 未来学习中心肯定跟今天的学校不一样。今天的学校某种意义上还是孤岛，可以相对独立地办学，完全能实现自己的封闭性内循环，本质上也不需要和外部世界进行更大的连通。未来学习中心则是彼此连接的环岛，学生可以不再像现在这样固定在一所学校学习，而可以在不同的学习中心学习。比如可以在这个学习中心学习数学，在那个学习中心学习艺术，在另一个学习中心学习科技，而且可以跨区域、跨国界选择不同的学习中心。未来学习中心可以是实体型的，也可以是网络型的。

这就相当于把学校这一垄断教育的"围墙"拆了，同时把千千万万个围墙里可以实现自循环的教育资源进行拆分，再让他们和社会中的教育资源进行整合和再排列、再组合，最后形成一个更大、更开放、更多样，可跨国界、跨区域、跨领域、跨学科、跨时空的教育资源互动体系，学生在里面可以自主选择适合自己的教育课程。

未来学习中心会让教育呈现更多新景观。比如，班级、年级、教室等概念将被重构，固定的班级、教室格局会被打破，学生上课要用教室时每个房间都要预约；因适应工业化生产方式和成年人工作生活节奏而设计的学校生活节奏和节假日也会被打破，学习时间很可能变得更加弹性，甚至没有周末、寒暑假，也没有上学、放学时间，学习中心很可能为满足学生个性化学习需要变成全天候服务。类似好未来、新东方等教育机构，将会成为政府购买公共服务的学习中心，社会培训机构、教育机构和正规学校的壁垒也会因统一的学习中心身份而被打破，学生没必要疲于奔命—放学就去培训机构，负担大大减轻，学习幸福感也会提升。到那时，哪个学习中心好就注定更受欢迎，最后在优胜劣汰机制下，教育资源会保持持续更新迭代的动力，促进教育质量整体跃升。

《瞭望》： 你认为今天的学校会被未来的学习中心取代，是什么让你坚信未来学习中心会比传统学校更优越？

朱永新： 传统的学校教育体系是在教育资源尚不充沛的情况下，把所有教育资源集中到一个称之为学校的地方，实现对工业化社会所需人才的大规模培养。这种教育体系最大的问题在于强调效率优先，用工厂化的生产方式"生产"人才，用整齐划一的教育模式安排教育生活，除了统一的入学时间和统一的上课时间，还用统一的教学大纲、统一的教材、统一的教学进度和统一的考试评价来培养年龄相同但个性迥异、能力水平不一的人，结果往往为培养一部分人要以牺牲另一部分学生的发展为代价。

与此同时，整个教育场景发生的变化也让传统学校进入"无可奈何花落去"的衰亡期。最主要的变化是，教育资源的泛在化已使学习无处不在、无时不发生，学生可通过图书、媒体、网络等途径随时随地获取知识，不用非得去学校学习。一些地方的实践还证明，如果做好家校合作，线上学习的效果不一定逊于学校，甚至可能好于学校。这种趋势变化从根本上挑战了传统学校在知识和教育上的垄断地位，势必是一个革命性变化，会让教育景观发生更多变化。

未来学习中心基于现代教育场景而设，既紧密结合现代科学技术发展，又精准回应时代的人才需求，是更有未来感、更有生命力的教育。它最大的特点是给学生创造了多样选择，让每个人都有条件选择适合自己的教育，成为更好的自己。

中国最有可能在未来教育发展上"弯道超车"

《瞭望》：你曾说对未来学习中心的构想虽然是对教育"应当如此"的思考，但更多是对未来教育"肯定如此"的合理预期，你的判断依据是什么？

朱永新：我有两个重要依据：一是从教育本性出发，我认为，好的教育的最根本性标志，不是把不一样的人用一样的标准培养成一个模子，而是把每个人培养成他自己，让每个人成为更好的自己。这样才能最大程度释放人的能量，释放人的可能性。这也是教育最重要的使命。二是从未来学习中心的可行性出发，我认为，今天整个教育场景发生的变化让我们看到了未来学习中心呼之欲出。首先，人工智能、互联网、区块链、大数据等新技术的发展，已足以支撑教育面向各级各类学生提供个性化服务。其次，我对未来学习中心的所有构想都有原型。比如学分银行，它是适应未来学习中心的教育评价系统，在这个系统里，所有学习者的学习成果将以学分为单位进行度量、存储、认证、积累和转换，有利于促进人人、时时、处处学习。

因此，无论从理想还是从现实，从可能性还是从可行性来讲，未来学习中心都应该做到、完全能做到，而且我认为中国最有可能做到。

《瞭望》：为什么这么说？

朱永新：首先，在教育理念上我国一点不输于西方教育，某种程度上还走在世界前列。业内一般认为，经济合作与发展组织（OECD）的教育理念代表着前沿，可是我们发现 2020 年 9 月 OECD 发布的《回到教育的未来：经合组织关于学校教育的四种图景》，几乎未超出我们的预见。

其次，从技术上我国正快速发展的人工智能、大数据、区块链等技术已走在国际前列，完全能够支撑未来学习中心的构建。

最后，我国是一个有强大政府体系的国家，只要政府下决心，就一定能做到。

《瞭望》：你是说我国离未来教育、未来学习中心已经很近了？

朱永新：是的，已经很近了，近到我们已经站在了门槛上，就差临门一脚，未来学习中心就在眼前了。换句话说，中国最有可能在未来教育发展上"弯道超车"，引领世界教育发展的方向。

《瞭望》：未来怎样做才能加速我国推开未来学习中心的大门？

朱永新：首先，政府要下决心推动建立一个更开放的教育体系。一是调整一些教育政策，比如承认培训机构和社会教育机构为学习中心，认可那里学习的成果也能积累学分、转化学历，并允许政府向各种学习中心购买课程，那么在竞争机制下，这些大大小小的学习中心就会不断优化教育资源，吸引更多各行各业的精英投身教育，促成一个"能者为师"的时代到来。二是搭建国家级公共教育服务平台，类似教育资源的"淘宝网"，吸引全球优质教育资源入驻，以便拥有不同学习需求的机构或个人能从中选择适合自己的教育资源。三是允许学生自主选择学习方式，甚至政府可以把生均经费给到个人，同时设计好人才素养的底线标准和评价体系，让家庭和学生自主选择去学校还是去学习中心。

其次，鼓励民间大胆创新创造。特别要探索一套推动教育创新交流、展现、表彰的机制，让实践中涌现的好教育实验、教育课程为更多学校看见，并推动更多学校借鉴。

最后，给予校长更多办学自主权，鼓励学校大胆探索。前段时间，我去重庆九龙坡区谢家湾小学调研，这是目前中国教育领域第一个也是唯一一个获得"中国质量奖"的学校。这所学校的上学时间是早上9点，比一般学校晚1个小时，学校的考虑是让学生多睡会儿并避开早高峰的交通拥堵。此外，学校也没有上下课的铃声，完全把上课时间交给老师和孩子自主决定，孩子上课期间若想上厕所，无须举手报告，只要悄悄走出去即可，时长不作限定。

这样的改革让我们看到，在公立学校，一些让学习变得更宽松的改革已在真实发生。遗憾的是，这样的改革还是极少数。希望未来教育能给校长更多办学自主权，让他们的创造性也得到激发。

（发表于2021年4月27日《瞭望》，记者：刘苗苗）

中国新闻网：教育学家朱永新：助力乡村振兴，用阅读公平推进教育公平（摘要）

  以"推进乡村师生阅读，助力乡村教育振兴"为主题的第八届读书论坛4月21日在商务印书馆举行。教育学家、中国陶行知研究会会长、新教育实验发起人朱永新教授指出，乡村振兴离不开教育，要用阅读公平来推进教育公平。

  朱永新表示，我们不仅要重视农村孩子的营养午餐，更要重视孩子们的精神正餐——读书。目前城乡学校最大的差距，并不仅仅是硬件设施，更重要的是软件环境。乡村振兴离不开教育，而阅读则是教育最重要的基石。"好的教师往往会往上一层流动，农村家庭里家长很多缺乏阅读动力，无论是教师还是家庭，都不是一时能解决的问题；这个时候，用阅读公平来推进教育公平更有可操作性。我建议，直接把书送到农村学校和家庭，而且农家书屋最好能办到村小学里去，从小培养孩子阅读的兴趣。"

  他认为，将阅读作为提高学生综合能力的重要途径，要加强书目的研发，为乡村开展阅读方法的指导，加强对"阅读指导师"的培训等。为此，全社会应大力推进农村学校书香校园建设，让农村孩子从阅读的精神世界得到文化滋养，以阅读强壮乡村教育，以乡村教育进一步助力乡村振兴。

  大家一致认为，要提升农村的教育质量，阅读是最好、最容易推动的策略之一，全社会应共同关注农村学校师生的阅读问题，推动乡村校园阅读水平的有效提升。大力弘扬脱贫攻坚精神，通过教育阻断贫困的代际传播，提升乡村师生的阅读质量是全面提高我国教育水平、消除城乡教育差异、助力乡村振兴的有效措施。

（发表于 2021 年 4 月 21 日中国新闻网，记者：应妮）

《新民晚报》：全民阅读形象代言人，为阅读鼓与呼

阅读虽然是个体行为，但每个个体行为汇聚起来就会成为一个国家行为，成为一个民族行为，继而造就一个国家的精神世界。

朱永新拥有很多头衔和无数荣誉，但他最看重的有三个：发起新教育实验，为中国教育探路；成为全国政协常委、民进中央副主席，为中国教育改革发展资政建言；成为全民阅读形象代言人，为全民阅读鼓与呼。

在每年全国"两会"上他永远是媒体追逐的"明星"委员，他的提案总能击中社会和时代的焦点热点；他发起的新教育实验，让千千万万的老师成为追随他的"铁粉"；作为全民阅读形象大使，他的很多言论成为传播甚广的"金句"。

显而易见，他身上有一种偶像气质，我想这里面有与生俱来的先天禀赋，更缘于他永不倦怠的后天修为。

人生关键词："教育"和"阅读"

朱永新写过一篇《新时代知识分子要做行动着的思考者》的文章，他说知识分子最怕的就是关起门来做研究、高谈阔论写文章、满世界飞行讲演，知识分子最需要的是扎根生活、深入田野。知识分子需要思想也需要行动，应该努力成为行动着的思想者、思想着的行动者。

　　我们不妨抽取出他 2021 年 3 月 3 日这一天来看，想来这也是他的平时写照：早晨 4 点 50 分就起床了，读完《剧变——人类与国家危机的转折点》一书；上午、下午参加政协会议，用往返路上 3 个小时的时间读完了《把自己作为方法》一书；又用中午和晚上休息时间接受《人民日报》等媒体采访；晚上 9 点半，浏览当天报纸和相关报道；10 点写"两会"手记，11 点准时洗漱睡觉。这种刻苦的工作状态和规律的作息并不是阶段性的，而是从童年就养成了并且几十年一以贯之。

　　1958 年，朱永新出生于江苏省大丰县（今为盐城市大丰区）一个叫南阳的小镇。父亲是乡村教师，母亲是镇政府招待所所长兼招待员、会计、出纳、清洁工。全家人的梦想就是有属于自家的住所，为了赚钱，母亲找了很多零工给朱先生兄妹三人做，有好几年，他的业余生活就是在缝麻袋、压芦帘中度过的。从小学一年级，父亲每天早晨五点半就会准时把他从床上拖起来，无论是酷热难熬的夏日，还是滴水成冰的冬天，他都要临摹柳公权帖。早起的习惯就一直坚持了下来，他的很多论著都是在早晨四五点钟时完成的。

　　1977 年高考恢复，朱永新顺利考入江苏师范学院，从小镇来到人间天堂苏州。作为恢复高考后的第一届大学生，他乘着中国改革开放的东风走进大学校园，人生也由此随着改革开放的大潮涌动。1980 年 9 月来到上海师范大学的教育心理学研修班学习，走上了学术研究之路。

　　1980 年 9 月，朱永新到上海师范大学教育心理学师资班学习。

　　1993 年成为全国综合性大学最年轻的教务处处长。1988 年 4 月成为中国民主促进会会员。1987 年破格晋升为当时江苏省最年轻的副教授，1997 年从苏州大学转任苏州市副市长。2003 年成为全国政协常委，开始了在全国平台上参政议政。2007 年底，担任了民进中央副主席。2008 年 3 月从全国政协常委转任全国人大常委会委员，2013 年 3 月又回到全国政协，担任常委、副秘书长。

　　回望这一路走高的人生轨迹，我们会发现无论职务怎么变化，"教育"和"阅读"从来都是他生命中不变的两个关键词。

中国新教育实验的播火者

武汉大学原校长刘道玉先生称朱永新先生是"中国当代新教育实验的播火者"，这是同为著名的教育改革家之间的心心相印和惺惺相惜。

新教育实验的缘起可以追溯到 1999 年。当时常州一所叫湖塘桥的中心小学，邀请朱先生去指导，在这所学校，他把多年来对学校的认识、理解和思考与那里的老师进行了沟通，得到了认同，还认了一个徒弟。他的教育理念让这所只有两排破旧平房的学校在经过几年努力后发生了天翻地覆的变化。

2000 年，他将自己的教育思考和在各地的讲演整理成一本书，叫《我的教育理想》，这本书阐述了他的思想，如他的心目中好的学校是什么样，好的教师什么样，好的校长什么样，好的父母什么样。这本书出版后，受到了教育界的广泛好评。很多老师跟他讲，这本书点燃了他们心中沉睡已久的教育理想和教育激情。但是，也有老师看这本书后很困惑，说："朱老师您讲得真好，我们看了以后很振奋也很激动，但是现实的教育生活不容乐观，我们只要一回到学校，沸腾的热血就冷却了，在应试教育的环境下，我们戴着镣铐跳舞。"

他想，既然大家认为这些理念是对的，这些理想是值得追求的，为什么在现实生活中无法把理想变为现实呢？他于 2002 年在昆山玉峰实验学校启动了新教育实验，20 年前新教育还是朱先生心头的一个梦而已，20 年后，这个梦想已经遍地开花。如今，3000 多所学校，350 万师生参与，是目前中国规模最大、参与人数最多、效果最为显著的一次民间教育科研实验。他提出的新教育实验的核心理念"过一种幸福完整的教育生活"也成为众多教育者的信念。梦想在心里形成一个稚嫩的芽，然后开花结果，直至葱郁成林，这是一个多么艰辛的不可思议的过程，但是朱永新以其坚决的行动力实现了这一切。

全民阅读形象代言人

朱永新有一个著名论断："一个人的精神发育史就是他的阅读史，一个民族的精神境界取决于这个民族的阅读水平，一个没有阅读的学校永远也不可能有真正的教育，一个书香充盈的城市才能成为真正的精神家园。"多年来，他一直倡导全民阅读，倡导要建立"国家阅读节"，建立全民阅读基金，推进整个国家的阅读工程。有人问，阅读本来是很个体化的事情，为什么要上升到国家的高度呢？朱永新认为，阅读虽然是个体行为，但每个个体行为汇聚起来就会成为一个国家行为，成为一个民族行为，继而造就一个国家的精神世界。

2012 年朱永新被新闻出版总署任命为"全民阅读形象代言人"，2020 年荣获"IBBY-iRead 爱阅人物奖"。朱永新的童年和少年基本是处于图书稀缺的时代。乡村文化站书架上孤零零的几十本书早已满足不了他的胃口，于是，他就向住在招待所的过往客人借书读。有 4 本书对他的生活和工作产生了重要影响，对他影响最大的第一本书是青年时代读过的《产生奇迹的行动哲学———一个日本青年改革者的自述》，这激发了他的理想和激情；他从苏州大学调往苏州市政府担任副市长时读过的《管理大师德鲁克》，帮助他用行动的精神走进教育生活；2006 年读到的《如何改变世界：社会企业家与新思想的威力》，激励他有勇气努力去改变教育生活；《从优秀到卓越》启示他追求卓越的新教育。

朱永新曾在他的专著《新教育》中引用澳大利亚未来研究会主席埃利雅德博士的话说："未来不是一个我们要去的地方，而是一个我们要创造的地方。通向它的道路不是人找到的，而是人走出来的。走出这条路的过程既改变着走着路的人，又改变着目的地的本身。"我觉得他正是这样的一个人。

【作者手记】

少年心事当拏云

十几年前第一次见到朱永新先生，他那时已到知天命之年，身材魁梧，笑声朗朗，热情健谈，我脑海里不由自主浮起的都是诸如"缚虎手，悬河口""少年心事当拏云"这样的词句，仿佛无情岁月独独放过了他，让他的内心没生一道皱纹。

事实上，我总共只见过朱永新先生三四次，主要是在研制"中国小学生基础阅读书目"的会议上，面对每年多达 4 万多册的新版图书和古往今来卷帙浩繁的图书，要给全国的小学生推荐一份 30 部基础书目和 70 本的推荐书目，真有老虎吃天——无从下口的茫然感。很多时候，专家们因为争议太多，步伐无法向前迈进，这个时候，会听到朱先生说："先做起来，先做起来。"他会制定一个详尽的时间表，无论有多难，事情总是在向前推进。有时候会议要开一天，每次午饭，朱先生都是和我们一起吃盒饭。他没有架子，无论长幼，他都称为"老师"。他也没有套话、空话。据说，研制书目的启动资金都是从他的稿费中出的。"理想主义"和"行动"是在短短的相处中朱先生给我感受最深的两点。

（发表于 2021 年 4 月 23 日《新民晚报》，作者：李东华）

《中国教育报》：对话朱永新：以阅读强壮乡村教育

　　2020 年全国"两会"，全国政协委员、民进中央副主席朱永新提交了加强农村中小学图书馆建设的提案；2018 年提交的是关于实施"乡村教育振兴行动计划"的提案。作为中国陶行知研究会会长、新教育实验发起人，他对乡村教育的关注由来已久。这些年他走访了 100 多所深度贫困地区的中小学，提出用教育阻断贫困的代际传递，倡导以阅读强壮乡村教育。"世界读书日"前夕，本报记者专访朱永新，围绕阅读助力乡村教育振兴展开对话。

　　《中国教育报》：朱老师，我看过一篇您写的调研手记，对其中一个细节印象很深：在双龙镇岩罗村一所九年一贯制寄宿学校，您留意到"在三楼的六年级教室，有两个孩子写小说呢，已经写了厚厚一叠"。

　　朱永新：对，那是 2019 年，大约就是现在这个季节，我和有关专家以及参政议政部的同志，专程到湘西自治州进行脱贫攻坚民主监督调研。看到那两个写小说的孩子，我就想，如果他们能有足够高质量的阅读作支撑，说不定将来可以成为作家。

　　《中国教育报》：那您所了解到的乡村学校阅读状况是什么样的呢？

　　朱永新：近些年，我先后考察过百余所深度贫困的中小学，看到营养午餐的问题基本解决了，而且管理规范，但中小学图书馆建设的问题令人担忧。从走访过的中小学图书馆我发现，不符合中小学阅读要求的图书非常多，图书质量、品质比较差。有的学校图书馆和村里的农家书屋是一体的，但很多都是"铁将军"把门，不开放；规模大一点儿的学校，学生想每周借一次书都难以实现。大部分学校没有专人管理图书，老师也不了解什么年龄段的学生应该读什么书，更谈不上指导，校长和老师对阅读普遍不够重视。在西部县城的一些重点学校，我看到大量图书堆在仓库里，有的放了两三年甚至更久；还看到一些乡村学校在改建时，把所有图书全部封存在仓库，我问校长为什么不开放，他回答说现在没人管。

《中国教育报》： 习近平总书记在党的十九大报告中指出，实施乡村振兴战略。到2050年，乡村全面振兴，农业强、农村美、农民富全面实现。您如何理解教育在实施乡村振兴战略中的地位和作用？

朱永新： 乡村振兴战略的实施，基础在教育。乡村学校是村庄的灵魂，乡村的精神寄托在于乡村学校，乡村文化的传承也依靠乡村学校。我认为，教育是文化创新、文明演进、国家发展和人类进步的基本动因，教育改革可以成为社会转型、文化变迁的导向性力量。振兴乡村教育是实施乡村振兴战略的必由之路。

《中国教育报》： 教育公平是社会公平的重要基础，要促进社会公平的实现，最根本的就是保障教育公平。要保障农村学校的教育公平，在您看来，有没有相对容易的途径？

朱永新： 苏霍姆林斯基讲过，当一个边远地区的农村孩子能读到和城里孩子一样好的图书时，其实他们就已站在了同一起跑线上。短期内要提高西部欠发达地区的师资水平有一定难度，但让优秀的图书进入农村应该说容易得多。

最近我在看美国学者艾瑞克·唐纳德·赫希在2006年写的《知识匮乏：缩小美国儿童令人震惊的教育差距》。在美国，学校和学校之间的差距也主要体现在阅读上。我以为，要提升农村学校的教育质量，倡导阅读是最好、最易推动的策略。让乡村的每个孩子、每个人都有书可读，都可以读到想读的书籍，通过阅读公平保证教育公平，这是一条可行的路径。

《中国教育报》： 您一向关心中小学师生尤其是偏远贫困地区孩子的阅读问题，这是否与您个人的成长经历有关？

朱永新： 一本好书能对一个孩子的成长发挥很大作用。作为从乡村走出来的学者，我深切感受到阅读对个人成长的引领作用。小时候，我所在的学校基本没有什么书可读，乡里的文化馆也只有几十本政治理论书。幸运的是，因为我住在招待所，能够向南来北往的客人借书看，所以我在年幼的时候就进入了丰富多彩的书籍世界。但由于大多数客人第二天就要离开，所以我经常要连夜看完一本书。尽管借书读的过程非常艰辛，但正是由于对书籍、对外面的世界、对知识的渴望，让我在幼时就知道了图书是世界上无比美好的东西，并想方设法寻觅各种各样的书来读。书读多了，就想表达，想写作。中学时，我开始写小说，还给自己取了笔名叫"过江""过海"。儿时在乡村的阅读经历，让我通过书看到了一个更广阔的世界。阅读强健了自己的内心、提升了自己的格局，也为我日后的学习、工作打下了坚实的基础，无形中提供了良好的方向指引。

《中国教育报》：对改善乡村学校的阅读现状，您有哪些建议？

朱永新：中小学阶段是学生精神成长的关键期，农村学校与城市学校最大的差距，不是硬件设施，而是软件环境。我认为，在当下中国，农村学校可以将阅读作为提高学生综合能力的重要途径之一。我建议在继续做好农村中小学免费营养午餐工程的同时，及时推出农村中小学"精神正餐"工程，大力推进农村学校书香校园建设，让农村孩子的精神世界得到滋养。

一是推出农村中小学图书馆标准化建设工程。建议邀请专家参考已有的成熟书目，作为中小学图书馆的基本书目，规范农村中小学图书馆图书配备，确保好书进入农村学校。二是组织专项行动，检查剔除劣质图书。明确中小学图书的质量要求，将不适合中小学教师及学生阅读的图书、音像制品和电子出版物剔除出学校图书馆。三是根据不同学校的规模，设置专兼职结合的图书管理员岗位，积极推进相关培训，加强对农村中小学师生的阅读指导。四是鼓励社会公益组织和民间团体支持农村中小学的阅读工程建设，在捐赠优秀图书、培训阅读推广人、开展各种阅读活动等方面给予帮助。

《中国教育报》：您发起的新教育实验一直在倡导阅读，在"营造书香校园"的教育实践中，有哪些经验可供借鉴？

朱永新：前边提到的那次调研，我们考察的湘西自治州花垣县第二小学，2016 年加入新教育实验。这所学校有留守儿童 369 人，建档立卡贫困户子女 97 人，城乡低保户子女 249 人。通过扎实有效的专业阅读、专业写作、专业交往，老师的专业素养大幅提升，学生开始热爱阅读、热爱学习、热爱学校，厌学率大幅降低。特别让我感动的是，我们在一间陈列室里看到了校长龙正忠数百万字的教育随笔，他不仅自己坚持多年，而且带领学校师生写作。新教育实验让这个贫穷地区的教育扶贫工作获得了强大的助力。这是我特别欣慰的。

新教育实验从一所学校发展到现在的 160 多个实验区、5600 多所实验学校、600 多万名师生参与，一条重要的经验就是坚持以营造书香校园为基本的行动路径。实际上，新教育实验学校有一半左右在乡村，我们在推动营造书香校园的过程中，尤其注重对乡村学校的扶持，通过建立农村学校图书馆、班级图书角等方式，确保每个孩子都有书可读，每个孩子都能读到感兴趣的书籍，让每个孩子都获得读书的乐趣，让每个孩子都养成读书的习惯。

我注意到，那些图书馆品质高、师生阅读氛围好的乡村学校，师生的精神面貌更积极向上，各类教学考核也成绩不俗。对阅读的重视，使得各项教育指标均超过城市学校的乡村学校已相当普遍，这些都让我更加坚定了以阅读强壮乡村教育的信心。

（发表于 2021 年 4 月 24 日《中国教育报》，记者：王珺）

澎湃新闻：朱永新：治理网络暴力，检察机关可以主动作为，"自诉转公诉"（摘要）

4月30日，浙江省杭州市余杭区法院依法公开开庭审理被告人郎某某、何某某诽谤一案。杭州市余杭区检察院派员出庭支持公诉，郎某某、何某某及其辩护人到庭参加诉讼。

法院当庭宣判，分别以诽谤罪判处被告人郎某某、何某某有期徒刑一年，缓刑二年。

此前，杭州市谷女士因在小区取快递时被郎某某偷拍，偷拍视频被郎某某、何某某配以捏造的微信聊天对话截图发至微信群内，谷女士被捏造成"出轨快递小哥"的"荡妇"。

该案中，郎某某、何某某的行为不仅损害了被害人名誉权，还严重危害了网络社会公共秩序，给广大公众造成不安全感，这也是网络暴力的一个缩影。

"随着网络发展，诸如网络诽谤等网络暴力行为频繁发生，甚至有愈演愈烈之势。"

谈到这起刚宣判的网络诽谤案，十三届全国政协常委兼副秘书长，民进中央副主席朱永新在接受记者采访时表示，网络暴力中的"网络暴民"利用网络世界的虚拟性、开放性对当事人实施人肉搜索、集体审判、人身攻击，一系列的行为失范最终导致当事人合法权益受到侵害，其实质是社会暴力在网络上的一种延伸。

对此，检察机关应加强对网络暴力的治理，特别是在涉及公共利益的自诉案件中，检察机关可以主动作为，行使公诉权。

虽然工作繁忙，但朱永新一直关注社会热点事件，同时笔耕不辍。每年撰写履职报告，记录自己参政议政的历程，是朱永新从 2003 年担任全国政协委员开始就一直坚持的。

2021 年，朱永新出版了新书《使命与担当：全国政协常委朱永新 2019 年履职实录》。这本书约 50 万字，通过"两会"手记、个人提案、调研手记、参政之声、媒体关注、议政网事几部分，讲述了朱永新作为全国政协委员 2019 年履职的故事。

2020 年出版的《春天的约会：全国政协常委朱永新两会手记》，这是国内外第一部专门记录"两会"的全国政协委员日记，同年的履职手记《书香政协满庭芳》也已经完成，交付出版社。

"我一直认为，只有做得精彩，活得精彩，才能写得精彩。记录、写作是为了更好、更自觉地履职。"朱永新这样写道，在新的一年，无论是我们政协委员，还是作为专门协商机构，都要继续书写新故事，展示新风貌，创造新成绩。

网络暴力是社会之殇

"网络的出现及快速发展，改变了人类的生活形态、价值观念以及传播方式。截至 2020 年 12 月，我国网民规模达 9.89 亿，互联网普及率达 70.4%，互联网成为人们表达自己观点的高地。"

在朱永新看来，技术往往都是一把"双刃剑"，利用与被利用终会造成两种不同结局。网络暴力便是人们非理性利用网络技术的苦果。

据朱永新介绍，由于网络传播速度快、范围广，其杀伤力呈指数级增长，往往给被害人和社会造成较大负面影响。

中国内地第一个"网络暴力"现象——2006 年的"高跟鞋虐猫事件"进入公众视野已有 14 年，此事件之后，网络暴力愈演愈烈，成为社会之殇。

朱永新认为，究其原因，主要是网络媒体的隐匿性和开放性，"法不责众"效应明显。

网络的隐匿性在追求言论自由的同时也为网络施暴者培育了行

为失范、无责任感的沃土。

并且，伴随网络互动开放性的特性，网络权利行使的成本在降低，借助网络平台发布诽谤、诋毁他人的言论易如反掌，"网络民主"被滥用。

"另外，由于网络发展十分快速，网络暴力表现形式更是花样百出，而我国的立法工作进度缓慢，难以与其同步。到目前为止，我国没有具体明确的法律规定和司法解释来规制网络暴力，也没有明确其法律方面的内涵，导致立案困难、取证艰难，受害者陷入维权困境。"朱永新分析。

以诽谤罪为例，作为告诉才处理的犯罪，只有达到"严重危害社会秩序和国家利益"的程度，才属于公诉案件。在目前的司法实践中，诽谤案件数量很少。

在裁判文书网可以检索到的 900 余万件的刑事案件裁判文书中，诽谤案件的相关裁判文书仅有 2000 余件。这样的结果与诽谤罪本身的性质分不开，尤其是网络诽谤案件，更是很难作为公诉案件处理。

而自诉案件对于自诉人取证、举证责任有一定要求，不借助公权力的介入，自诉人所取证据往往很难达到确实、充分的证明标准。

"此外，某些网络平台受商业利益驱动，为取流量获取广告收费等进行非正常舆论引导，为网络暴力提供滋生土壤。因缺乏专业的知识，网民对每天呈指数级增长的信息缺乏辨别能力，极容易受到煽动和不良引导。"朱永新说。

加强对网络暴力的治理

为此，朱永新建议，一方面，立法机关应当主动作为，对网络暴力内涵予以法律界定，并根据实际及时制定和更新民事赔偿和刑事惩戒等方面的司法解释，弥补法律滞后性的不足。

另一方面，继续完善网络电子证据规则。健全的电子证据制度将是网络暴力追查和问责必不可少的助力，对证据制度的补充起到不可替代的积极作用。

"在加强对网络暴力监管上，不仅要继续落实网络实名制，同时健全完善个人信息保护机制，还要加强对网络平台的监管，加强对网络用户发布信息进行审校和管理，强化针对平台和个人的惩罚机制建设。"朱永新说。

"有一点值得注意，针对网络诽谤等网络侵权案件，可以设定特殊诉讼规则，完善自诉转公诉的衔接机制，便于受害者维权。"

在朱永新看来，对涉及公共利益的自诉案件，检察机关可以主动作为，行使公诉权，形成对此类犯罪的震慑。

比如最近引起广泛关注的杭州"女子出轨快递小哥"案，最初法院是以自诉立案，但检察机关及时介入，将涉嫌诽谤的两名犯罪嫌疑人以公诉立案，就是检察机关主动作为的表现。

朱永新还表示，在构建网络法律道德规范上，要不断加强普法宣传教育，强化公民对"网络不是法外之地"的理解；推进媒介素养教育普及，提高公民对网络信息内容和非正常舆论引导的辨别能力；教育主管部门可利用好青少年成长期对社会认知的时间窗，通过多种手段加强青少年的网络社交礼仪与是非甄别教育，引导青少年用户文明科学上网。

值得注意的是，有必要引导全社会认识网络时代的特征，打造并推广符合未成年人的人生发展和社会化需要的网络素养教育体系。

"调查表明，我国未成年网民规模达 1.69 亿，未成年人的互联网普及率达到 93.7%，即便在农村，未成年人的上网比例也高达89.7%。但是，未成年人的网络技能主要用于聊天购物和娱乐游戏，基本技能缺失严重。"

在朱永新看来，一般而言，我国未成年人的网络知识和技能的获得，主要由同学、朋友或者其他等"非正规"教育渠道完成。这导致了青少年网络素养存在明显的短板，存在过度沉迷、网络欺诈、网络暴力等很多隐患，也充分反映出青少年在网络时代的主动学习、自主学习的特点。

在朱永新看来，目前在现有的课程体系之下，网络素养相关的教育内容并没有被全面、合理、科学地纳入普及性义务教育的各个阶段。无论是课程内容和课时数量，还是师资队伍和教学水平，都远远无法满足提升未成年人网络素养的需要。由此形成了两个完全脱节的世界，一边是孩子们在网络中自然生长，建立自己的秘密花园；另一边是家庭学校视网络为洪水猛兽，只关心学生的学科成绩，漠视他们在网络中的言论与行为。因此，有必要将网络素养纳入普及性义务教育基础课程，系统规划与组织。

此外，朱永新表示，家庭应承担起未成年人网络素养教育的责任。父母的网络素养对未成年人有言传身教的作用，良好的亲子关系对未成年人健康上网有促进作用。

"调研中的父母大多认同互联网对孩子有帮助，应该多接触而不与时代脱节，但自己又不知道怎么引导孩子。因此，网络素养教育体系中，应当将家庭纳入其中，首先让父母懂网，学习如何在网络问题上与孩子建立开放友好的沟通。"

因此，朱永新认为，应该充分结合这一特点，协助孩子通过阅读网络主题的图书、欣赏网络主题的影视等有效的手段，不仅让青少年自主提升了网络素养，而且提高了阅读能力，提升了欣赏水准，强化了核心素养。

同时，也应发挥网络平台和互联网企业的作用，通过"科技向善"，探索新的数字技术，为未成年人打造一个健康友好的网络环境。

（发表于 2021 年 5 月 7 日澎湃新闻，转载自《方圆》，作者：刘亚、方圆）

中国新闻网：新教育实验发起人朱永新呼吁：每个孩子身上都有潜能

　　全国政协常委、中国民主促进会中央委员会副主席、新教育实验发起人朱永新的新作《每朵乌云背后都有阳光》日前由人民文学出版社出版。该书核心宗旨是：每个孩子身上都有潜能，而这潜能需要阅读来开发并且发挥，由此每个人都能成为更好的自己。

　　作为新教育实验发起人、国家全民阅读形象代言人、2020年首届国际儿童读物联盟（IBBY）iRead 爱阅人物奖得主，朱永新一直关注研究教育与阅读、儿童与学校、儿童与家庭，提出了许多新的理论创见和实践方案。

　　在日前的新书发布会上，朱永新回顾了《每朵乌云背后都有阳光》的出版过程。"要传播新教育思想，以一个教育家的身份出版教育学的学术专著，其实不如用一个文学的方式能让更多读者接受。所以经过几年的思考，我认真编选了这本随笔集。"朱永新称，这本书中有大量他写给新教育者的书信，这是他与广大教育工作者的一次沟通，是最能表达感情、交流思想的沟通方式。

　　在他看来，阅读是推进社会进步、推进社会公平最有效的利器。把阅读的事情做好了，也就离成功的教育不远了。一个人，上不上学、上什么学校并不是最重要的，而读不读书、读了什么、学了什么才最重要。

　　同时，朱永新表示，人是需要榜样激励的，每个人的生命都是一个故事，每个人都应该去寻找生命的原型，"父母应该和孩子通过阅读共同去发现、去寻找属于他的原型。我们要用多元的榜样的力量去教育年轻人，在他的成长过程中，让真正鼓舞年轻人成长的榜样进驻到他的心灵里，成为推动他永远前行的力量。"他希望这本书能够让读者明白阅读的真正含义，能通过阅读寻找到幸福的真谛，能够发挥自身潜能，成为更好的自己。

中国教育学会名誉会长顾明远指出，《每朵乌云背后都有阳光》的出版意义在于其所倡导的新教育理念，很重要的一个思想就是"儿童第一"。朱永新的新教育理念和读书、阅读是结合在一起的，目的就是要让孩子们拥有幸福的童年。

第十三届全国政协文化文史和学习委员会副主任叶小文表示，教育应该是对人的灵魂的教育，不是单纯的理智、知识或认识的堆积，这是教育久远而宏大的终极秩序。否则知识越多，对人类、对生命的危害就越大，这方面的教训太沉重了。"从朱永新的书中我体悟到，我们有许多具体工作要做，有许多课业要抓，但培养学生良好的思想品质、人文情怀更是重要的事，其中最基础、最根本、最重要的一点是唤醒学生尊重生命的良知。"

国际儿童读物联盟主席张明舟称，鲁迅讲国家要创新、创造、创意，什么是"创"？其实跟阅读很有关系，创意是住在童心里的，呵护童心就是呵护创造力，阅读本身特别是儿童阅读，它就是涵养童心的。

著名作家王蒙、金波、冯骥才、梁晓声、曹文轩以视频方式对朱永新的新书出版表示了祝贺。

《每朵乌云背后都有阳光》是朱永新有关教育、阅读的随笔集，分为五个专辑：教育是最强有力的武器、把生命读成传奇大书、孩童是巨人、我们正在涨潮的海上、享受着教育幸福。

（发表于 2021 年 6 月 14 日中国新闻网，记者：应妮）

《人民政协报》：朱永新：行走，未有穷期

朱永新：现任第十三届全国政协常委兼副秘书长，第十四届民进中央委员会副主席，中国陶行知研究会会长。博士，教授。曾任第十届全国政协常委，第十一届全国人大常委会委员，第十二届全国政协常委兼副秘书长，第十二届、第十三届民进中央委员会副主席，中国教育学会副会长，苏州市副市长等。2020年获得国际儿童读物联盟首届"IBBY-iRead""爱阅人物奖"。

如今生活在海边的许多人或许并不清楚，当年开垦滩涂的辛苦——

先种上耐盐碱的草，待草长成，将土皮掀起，连同植被一起倒盖、犁平，等待土壤一天一天地沤出肥力，仿佛粮食在闷热的甑里一点一点地渗出酒滴。这个过程，如同作家笔下所形容的："每一个脚印都滋滋作响地烙进泥土，实在没有省力取巧的门路。"

读书的辛劳，实在可堪与耕种并论。

20世纪60年代，黄海之滨的一座小城里，在一户三间红瓦平房的普通人家里，每天5点，这家的读书郎都会被父亲从被窝里叫醒，坐在书桌前，临摹柳公权帖，无论酷暑盛夏，无论寒冰严冬。

多年习惯成自然，没成为书法家的朱永新到底养成了早起的自觉：早晨5点左右，睁眼即起。

"直到如今，每天早晨5点左右，当人们还在梦中酣睡时，我已经挑灯早读了；当人们起床洗漱时，我已经工作了两个多小时。"

若干年后，年过六旬的朱永新在电视采访中，回忆起父亲的不

近人情时，言辞感动地称其为"父亲的礼物"。

把父亲戏称为《半夜鸡叫》里的"周扒皮"，是朱永新在少年岁月的一种宣泄。多年后他复又提起这一比喻时，严肃宽厚的嘴唇轻轻弯起，咧出了童心未泯的弧度。

唤起童心童趣更多的，是在阅读时刻。

临睡时分，手捧刘海栖的新书《街上的马》，朱永新不禁被带回那个叫南阳的小镇，想起少年时练武、学画、吹笛子的样子，想起和小伙伴们在小镇街道上像一群小马奔跑的情景……乡镇少年生活的重温，令他心中充满了温情和感动。

尽管，这样表露感情的时刻，在他而言毕竟很少。

行囊里的理想

"你的行囊里什么都可以少，就是不能少了理想……只要你拥有理想，你迟早会找到自己的道路。"

朱永新在写给儿子的几封长信中，谈理想、谈人生，很少谈及生活的琐细。

宏大，是朱永新一贯的叙述基调。无论在社会职业还是家庭教育，他常常充当的是鼓励、鞭策、激发斗志、擘画蓝图的父系角色，而非母亲式的温情角色。

在《用理想规划人生的选择》这封信中，朱永新向儿子坦言自己是现实的理想主义者。他继而旁敲侧击地提醒即将面对人生选择的儿子："如果理想不能踩在现实的大地上，最终恐怕会成为梦幻一场。但是如果没有理想，一个人活着，也不过是行尸走肉。"

做朱永新的儿子，压力肯定很大——因为如山的父亲虽能挡风遮雨，却又时时提醒着自身的渺小和并肩的艰难。而且，两代人对理想的认知和践行总是有很多不同。

在 20 世纪 80 年代成长起来的知识分子当中，相当多是如朱永新这般，抱定改造现实的理想主义者。

而面对现实的磋磨时，朱永新有着更柔韧的坚硬。

曾与朱永新在苏州大学共事多年的王尧说，自己从未见过朱永新灰心、哪怕偶尔颓废的样子。展示人前的，一直是那个自信、昂扬、饱满的理想主义者姿态。

同样，在作家儿子的远望中，"岁月丝毫没有消减他的精力与热情，只是鬓角爬上了几缕淡淡的霜，就像后半夜才悄悄落下的雪……父亲的笑容总是那样温厚，又是那样遥远。"

无论是著书立说成体系地阐述观点，还是借助媒体传播闪烁的思想火花；无论是注重晓理般的严谨，还是偏重动情的文学式恳切，朱永新无不在传播一种更为宏大的阅读观。那当中，自我是洪流中的一朵浪花，他着眼更多的，是阅读背后的家国、民族、精神、文化等的历史意义。

这符合朱永新的一贯理念：政治是有理想的，财富是有汗水的，科学是有人性的，享乐是有道德的。

"一个苏北小镇上的农村孩子背着一个自制的小木箱，怀着欣喜、好奇，甚至还隐隐藏着几分胆怯，踏上了苏州的土地，来到了一所当时叫作江苏师范学院、数年后更名为苏州大学的学校。"

这个孩子，就是 1978 年的朱永新。作为恢复高考的首届大学生，他在苏州大学毕业后留校、娶妻、生子，教书、读书、写书……1987 年任苏州大学教学科学研究室主任；1997 年从高校升至苏州市副市长，分管文教工作；2007 年调入民进中央任职……理想当帆，勤奋作楫，每 10 年一跃，酣畅游历于人生大海之中。

他有一句关于理想的话，被儿子写入《父亲》一文中："人一定要有理想，要在历史上刻下自己的名字，要为了这个理想奋斗，不要等到临死了才后悔年轻时没有努力啊！"

滴石斋

"3 月 7 日，星期日，北京晴。早晨 4 点 45 分醒来。如果是以往，就直接起床工作了。因为昨天睡得晚，就继续睡了一会儿，竟然睡到六点半起来。"

翻看朱永新的"两会"手记，会惊叹于他的勤奋程度。对于时间利用的心得，他也毫不浪费地收入书中，大方地与人分享：时间抓起来就是黄金，抓不起来就是流水。早晨早10分钟起床，可以挤出时间晨读；晚上少看一点电视，翻几页书应该可以做到；节假日休息时，推掉一两个应酬，就有了整段时间。不能小看这10分钟、这几页书，阅读像爬山，不怕慢，只怕站。

面对媒体的文稿邀约，朱永新通常不会拒绝。但写作是耗时的事，每人每天都只有24小时。

"每天比别人多工作两小时，一年就多了730个小时，50年就多了36500个小时，也就是多了整整1520天，差不多延长了4年的生命！这是每一分钟都有效的生命！"

从5点开始的清晨，耕耘进行得静谧而充实。等坐到早餐桌前，朱永新有时会忍不住向家人炫耀："看，我都已经写好一篇约稿了。"

在儿子朱墨的文章里，专门提到了儿时家中兼做客厅的父亲的书房。"清晨醒来，父亲的书桌上就已经亮起了萤火似的橘黄灯，在迷瞪的眼中飘飘然地游移，像是蠕动的温暖的小兽，从梦里一直爬进我的心间。我端着小板凳坐在水泥砌的阳台上，大声地读着英文课本，金色的曦光在不远处的檐瓦上粼粼地荡漾。"

这个房间，就是朱永新每每文章末尾出现的那个"滴石斋"。

苏州有个滴石斋，北京有个滴石斋。朱永新走到哪里，哪里就有滴石斋。滴石斋，是朱永新为自己精神驰骋的书写之地的命名。

50余年滴水穿石中，有他不肯冷却抑或松弛的强韧。有时，他也像一个普通父母那样，在反复唠叨中揉进了热切的期望："我可能不如你有天分，但是你却连我一半的勤奋都没有。""蛮好的，要继续写啊。"

29岁从苏州大学助教破格当上了副教授，组织上开始把朱永新往行政方向培养，历任过教研室主任、系主任、教务处处长。"后来听说要调到省里，苏州市给留了下来。"1997年底，朱永新成了苏州市分管文化、教育、科技、卫生、妇女儿童等工作的副市长。一上任就赶上了苏州市创建国家卫生城市，一年跑坏了他两双鞋。"那一年比我在苏州近20年走的路还多。"

"转变对我而言是很大的，从小学到大学我没当过干部，是工作以后才开始做管理工作。"从学者走上仕途，一次次角色的交替，朱永新靠着阅读、写作来完成转变。最早期，朱永新并不是研究教育，他研究的是心理学，写过一部 80 万字的书，并因此成为中国心理学会常务理事。

后来做了教务处长，朱永新转向教育，开始研究大学教育管理。到了市政府，因为分管教育，他又转而研究基础教育。他后来发起的"新教育实验"，也是从研究基础教育这里发轫的。

今天，仅是朱永新教育作品集就已出版了 16 卷，他的教育类畅销书更是数次再版，"我的工作支持了我的研究，反过来，研究又支持了我的工作。"

雁过留声，是朱永新的行事风格。包括在作为全国政协委员、全国人大代表履职的 18 年里，他践行的也是自己这套"用研究的精神做工作，用工作的动力去做研究"的理论。起初的节奏是 5 年一本，从 2013 年开始变成了每年一本，履职实录的频次加快，厚度也在增加。

50 万字，60 万字，130 万字……18 年中，留下了 300 余万字的履职手记。

他说："这是一个人的叙事，也是这个时代的叙事。这是中国人的政治生活的叙事，也是中国共产党领导的多党合作和政治协商制度的叙事。"

我见

每天清晨，在路上，行色匆匆的，很多是学生。

步行也好，乘车也罢，学生总是那么急吼吼地，想赶在上课的铃声响起之前到达学校。

每一节课，每一个学生，不管愿意不愿意，不管对讲课的内容熟悉不熟悉，都要循规蹈矩地坐在教室里，一坐就是整整 45 分钟。下课之后，上个厕所，短短 10 分钟，接着又是一节课，周而复始。

每年 9 月，一批同年的新生跨入校门。

每年 7 月，一群同年的毕业生离开校园。铁打的校园，流水的学生。

书本，翻来覆去。学生，人来人往。

每逢寒暑，师生都有寒假、暑假。"刀枪入库"，各自安排。

这，就是我们熟悉得不能再熟悉的学校生活。

在《未来学校：重新定义教育》一书中，朱永新描述了他对当今学校生活的观察。这为他探讨未来教育的发展趋势，提供了前置条件。

"我相信，今天的学校会被未来的学习中心取代。"在他的描绘中，未来，物理形态的学校，钢筋水泥，砖瓦花木，依然如故，但学校不再是唯一的学习场所。未来的学习中心，没有固定的教室，可以在社区，可以在大学校园，没有以"校长室"为中心的领导机构，没有统一的教材，没有上学放学时间，教师可能变成了自由职业者，但却是每一个人自主学习的指导者、陪伴者。

提出这样极具颠覆性的设想，朱永新不止一次面对质疑，但他并不认为这是教育的乌托邦："与其说未来学校是未来存在的，不如说是我们现在要去努力筑造的学校。"

他选择从更现实的角度出发，解释他对未来的描绘是为了梳理出一条行动的路径，呼吁更多人走上行动的道路。

可这样的未来到底有多远？"通往未来的教育趋势，不会像社会革命一样一夜之间风云突变。相反，它润物无声，如同一天天长长的指甲，几年间变白的头发。如果天天盯着看，什么也看不见，但是，它在变。"朱永新将自己这本出版于 2019 年的书中每一章，视为对当前教育改革的建议书。

2020 年，经济合作与发展组织（OECD）发布了《回到教育的未来：经合组织关于学校教育的四种图景》。香港大学原副校长程介明看了以后说，"永新，没有一点点超出你的判断。"一部分人的赞肯，增强了他继续传播的勇气。

过去的很多时候，站在教育浪头的朱永新，关注的是更为前瞻的方向，行动中也颇有先锋的意味。他是中国"新教育实验"和推广全民阅读的发起人、推动者，也是颇有声名的"激情演讲家"。

从朱永新嘴里出来的很多名句，也于网络之中广泛传播——"最

好的学区房是家里的书房""幸福比成功更重要""成人比成才更重
要""父母的陪伴是最好的教育""父亲是男人最重要的工作"……

高产写作、高频建言中，充满着大量的阅读。

作为提倡全民阅读的发起人，朱永新认为，个别阅读是"一个
人在战斗"，共同阅读不但能实现集体智慧的碰撞，更蕴含了现代社
会必须掌握的分享及合作意识。

近年来，共同阅读在各类社会、经济组织当中迅速得到推广。

在 2020 年新冠肺炎疫情期间，全国政协在移动履职平台成立了
"防控疫情读书群"，朱永新是读书群的首任"群主"。这件事得到了
同样酷爱读书的全国政协主席汪洋的支持和推动。如今，委员读书活
动已经成为建言资政、凝聚共识的一种新途径。

2021 年 3 月 8 日，全国政协举行了 2020 年委员优秀履职奖颁奖
仪式。这是 70 多年来全国政协首次对委员进行表彰。朱永新也在受
表彰委员当中。

他的颁奖词这样写道："'耕好读书田，书香伴履职。'他是全国
政协委员读书活动的探索者，首位群主，引导委员投身'书香政协'
建设，调研途中，笔耕不辍，记录下泥土芳香的基层民情。他把履职
的点滴心得集合成册，成为政协委员履职的参考书。"

荣誉带来的是更大的动力，令朱永新更加朝着中国知识分子的
最高期许方向去要求自己："'为天地立心，为生民立命，为往圣继绝
学，为万世开太平'……用所学专业报效国家，在政协平台参政为
民，是我作为一位民主党派政协委员的人生理想。"

问及如何看待政协委员的责任，朱永新的观点颇为恭敬："14 亿
人中，每 5 年的一届中就选出这么 2000 多位全国政协委员，平均下
来，每个人的背后，都是 60 多万人，你要对他们负责。委员的很多
建议都会影响决策，所以当然得用心。"话听到此，忽然发现，"用
心"与"永新"竟是如此相似。

在现实与理想中，朱永新穿梭而行，自觉行走，一直在往自己
心中所想的方向走去。因为，滴石斋的灯光依然亮着。

（发表于 2021 年 6 月 22 日《人民政协报》，记者：韩雪）

澎湃新闻：全国政协常委兼副秘书长朱永新参观《致敬战"疫"英雄》主题作品展（摘要）

　　近日，《讲好中国故事——从丝路金桥到舒勇每日一画致敬战"疫"英雄》主题作品全国巡回展继民族文化宫展览后，在民进中央开明画院继续展览，时值建党100周年，本次展览从致敬战"疫"英雄对中国态度和中国力量的诠释，到每日一画的家国情怀，是一场与时代同频共振的艺术活动，为建党100周年献礼。

　　近日，全国政协常委兼副秘书长、民进中央副主席朱永新参观了展览，民进会员、中国美术家协会理事、湖南省政协委员舒勇进行了画作讲解。

　　参观中，朱永新得知，从去年疫情发生以来，舒勇就坚持每天用一幅画来记录世界和中国的抗疫情况，形成了一道特别的风景，他十分认可并提到，每日一画所呈现出的战"疫"伟大画卷，可以说是一部活生生的美育教材，在其中，有无数感动的人物，感人的画面值得我们去寻找、去思索、去品味。放在历史的长河来审视，舒勇那种坚持的精神与力量，在这场席卷全球的灾难中具有了愚公移山、水滴石穿的精神力量。相信这批诞生于新冠肺炎灾难的作品，也必将成为中国画发展历程中最具创造力的变法作品，筑起新的文艺高峰，不断攀升精神与审美的高度。

　　这是一个与疫情的拉锯战，也是对舒勇意志的一个考验。同时，舒勇向朱永新介绍了自己正在创作的建党100周年主题雕塑——《命运之舟》，这是舒勇继《丝路金桥》之后又一件重要的作品。在谈到最新作品《命运之舟》时，舒勇表示：这件作品是以人类命运共同体精神为指引，用艺术把红船、巨轮、龙舟、方舟、飞船等不同舟船的象征意义与形态，概括提炼成为简洁国际化的新图腾标识雕塑作品，这是人类命运共同体之舟，承载着红色革命精神、抗疫精神，以及和平文化。朱永新对舒勇的这件心血之作表示了极大的鼓励与支持，希望舒勇可以继续以新作品讲好中国故事，为我国文化事业的发展贡献自己的力量。

在这场疫情防控的人民战争、总体战、阻击战中，讲好中国抗疫故事同样是一项很重要的工作。全国巡展多站的成功举办，生动展示了疫情期间全国广大党员干部群众守望相助、共克时艰的战疫历程，进一步弘扬和传承了伟大抗疫精神，提振同心抗疫、同舟共济的力量勇气，坚定了夺取疫情防控和经济社会发展双胜利的信心决心，同时这场主题书画展全国巡回展是拓展新时代民进展开社会工作的一次生动实践、一个文化范例。抗疫故事为中国制度、中国精神注入了更为丰富厚重、生动深刻的内涵。

（发表于 2021 年 6 月 23 日澎湃新闻）

《中华读书报》：朱永新与他的"新教育实验"：理想主义者的远征

　　时代呼唤适合中国土壤，具有中国智慧的教育理论，教育期待着"精神立国"。

　　21 年前，当朱永新先生发起"新教育实验"的时候，他或许连自己都没有料到，这场理想主义者的远征，一走就是 21 年。作为一场民间发起的草根实验，新教育缘何具有如此强大持久的生命力？作为新教育实验的发起人，朱永新又如何铸造了自己的传奇人生？我想，眼前的这本书，或许可以给出最好的答案。

　　拜读朱永新的文字由来已久，时常感动于他的真诚与坦荡。在他众多的教育作品中，"新教育"是绝对的高频词汇。作为朱永新先生的弟子，我有幸亲眼见证并亲身经历了新教育实验 21 年的光辉岁月。先生温良敦厚，是千万一线校长、老师和家长、孩子心中敬慕爱戴的"朱老师"；先生心忧天下，是学界和媒体眼中举足轻重的"影响力人物"。看到新书封面上，先生大气坦荡的"标志性"笑容，顿觉世界清朗，脑海中掠过苏子的词句："一点浩然气，千里快哉风。"

　　《朱永新与新教育实验》一书主体分为 5 章，以新教育实验为核心，结合朱永新的个人心路历程，从"成长的历程""理论与实践""参与的感悟""学界的评价"和"媒体的报道"5 个角度，全方位展示了朱永新与新教育实验的一路"情缘"。

　　了解朱永新的人，无不感佩于他对中国教育深沉的使命感与执着的担当精神。诚如已故教育家陶西平先生所言："教育家既要勇于对规律进行把握，又要勇于对规律进行探索。永新先生正是有着这种教育家的担当。这种担当，就是高度的责任感，就是面对矛盾勇于迎难而上。这种担当，体现着胸怀、勇气和格调。"朱永新之所以发起新教育实验，之所以在这条理想主义者的道路上愈挫愈勇，渐行渐远，与他半生的经历息息相关。他在开篇便写道："回顾自己从懵懵懂懂地对学问的自发热爱，到怀揣教育梦想把学问作为改革教育、改造社会、贡献祖国的自觉追求，我用近 40 年的时间实现了从学问的教育学到行动的教育学的转变。"

朱永新向来主张教师用生命叙事的方式记录生活，反思教育，他认为，教师应"书写自己的生命传奇"，生命应保持一种"思与诗的状态"，从而实现对教育生活的理解与超越。在本书第一章"成长的历程"里，朱永新便现身说法，以生命叙事的方式，呈现了自己波澜壮阔的半生经历：从习武学文的翩翩少年，到激情燃烧的执着青年；从追忆恩师教诲，到感念友人砥砺；从发起新教育实验，推动民间教育变革，到参政议政，以学术报效国家……最后，在改革开放 40 年的宏大背景中，完成了对自我生命叙事的总结与升华。

在生命叙事的过程中，朱永新的文字是朴素简洁的，情感却是丰沛充盈的。特别是对父亲的追忆与思念，读之令人动容。"文革"期间，朱永新的父亲担任一所乡村小学的校长。"星期天，他带我到他的学校去，我因看到校园里贴满了批判他的'大字报'而惊恐万分，他却不动声色。他那如山般的静默与沉稳，让我也在不知不觉中镇定下来。"接下来，朱永新用了最美好的文字描写那个温存的夜晚："晚上，校园里就剩下我们父子俩，这时我听到了父亲的歌声。他虽然不再操琴，但开心时仍会情不自禁地唱歌。半夜里，我还听到了'猫叫'，我呼唤父亲，他却开心地笑了起来。说是他在吓唬房间里的老鼠。我从此也学会了这一招，还曾经用猫叫来'吓唬'我的儿子。"何其艰辛而温柔的岁月，在朱永新的笔下熠熠生辉，缓缓流淌。父亲如山，父亲赋予了少年朱永新最难忘的严爱与恩慈。朱永新坦言，少年的他，曾怨过父亲的过分严苛，因为自上学起，无论寒冬酷暑，父亲都会雷打不动地喊他 5 点起床练字，让他倍感痛苦，他在心底还把父亲比作《半夜鸡叫》里的"周扒皮"。而正是这种持久"残酷"的训练，练就了他"睁眼即起"的功夫，使他受益终身。朱永新说：

"现在看来，这是父亲给我人生最大的财富。如果每天比别人多工作2小时，一年就多了730小时，50年就多了36500小时，也就是多了整整1520天，差不多延长了4年多的生命！而且这是每一分钟都有效的生命！我后来的许多著作，都是在早晨四五点钟时完成的。"在外界眼中，朱永新是"超人"，本职工作已是忙碌万分，还能每天笔耕不辍，坚持几十年如一日，著作等身，成果颇丰，同时主持新教育实验，对一线老师关怀备至，为基础教育奔走疾呼。这一切是怎么发生的？原来这是父亲馈赠的生命礼物。如今，朱永新的父亲已驾鹤西归，而这份生命的馈赠已然化为绵长的思念，伴随他坚定而辽远的人生。

纵观全书，生命叙事如一条绵延不断的精神主线，贯穿始终。在"理论与实践"一章中，汇聚了新教育的发展历程、理论构架、教师成长、卓越课程、理想课堂、完美教室等诸多新教育年会主题，几乎每个主题中都蕴含着新教育人真实朴质的生命叙事，从实践层面论证了新教育理论的合理性与适切性。在"参与的感悟"一章中，体现得更为直接。本章以时间为轴，以一群资深新教育人自述的方式，呈现了一组感人至深的生命叙事。如："1999年：奚亚英的遇见""2000年：李镇西的网络""2002年：储昌楼的行动""2003年：徐新海的故事""2005年：陈东强的走进""2008年：郭明晓的改变"……叙事主体既有普通教师，也有教研员、校长、教育局局长……作者何其用心，将一群曾经为新教育披肝沥胆的榜样人物集聚一堂，以鲜活的生命故事，邀请读者入场，共赴新教育的心灵盛宴。这群朴素而执着的新教育人，用生命写就的传奇故事，不仅是外在人生姿态的呈现，更是内在精神的追溯，它为读者呈现的，不仅是生命的故事，更是生命的气象，是一个个勇敢灵魂的远征。"新教育实验"之所以会发生，与朱永新之理想、境界息息相关；"新教育实验"之所以会前行，与万千新教育人之信念、行动息息相关。这一切，在本书中皆以生命叙事的方式得以呈现，为身处一线的教师读者群提供了最直接的借鉴。所以，朱永新与新教育人的生命叙事，其本质是反思，是对话，是对内在生命的虔诚观照与真实言说，是"内在精神的叙事"。正是在这样的生命历程追溯中，万千新教育人实现了自我对教育价值的确认与维护，从而于现实的困境中找到生命发展的朝向，以持续的教育激情与内力，坚守着新教育的信仰。

教育自始至终都是一个宏大的命题，它的存在样态，直接关乎运行其中的生命个体的价值走向。在当下中国教育内卷化日趋严重的今天，对教育本质的反思尤为重要。时代呼唤适合中国土壤，具有中国智慧的教育理论，教育期待着"精神立国"。诚如顾明远先生在本书总序中所言："可以预见，中国教育将发生深刻的变革，将从'中国制造'向'中国创造'转变……我们的教育要向'中国创造'飞跃，必然要首先创造属于我们自己的教育理论，而不是'言必称希腊'或者老是贩卖欧美的教育理论。"21 年来，"新教育一直致力于成为中国素质教育的一面旗帜，全力打造植根于本土的新教育学派"（朱永新语）。朱永新和他的新教育团队勤耕不辍，始终将问题导向与使命导向相结合，以开阔的视野与胸襟，将教育理想植根于中国大地，植根于校园，植根于教师发展，"让师生过一种幸福完整的教育生活"。新教育理念所折射出的思想性与生命性自然交织，融合了当下中国教育应有的生命关怀与生命诉求。从这个角度而言，新教育实验无疑提供了一个面向世界，扎根本土的"中国创造"的理想范本。

21 年的新教育历程，要完整呈现实属不易。强烈的问题意识伴随着深刻的现实关怀，严谨的逻辑论证辅之以清新的语言表达，是本书带给读者的最直观感受。朱永新分别以"理论与实践""参与的感悟""学界的评价"和"媒体的报道"为标题，层层递进，为读者全方位地了解新教育提供了合理的阅读支架。"理论与实践"以历届新教育年会的主报告为核心，着重体现新教育的发展历程与理论架构，使读者对新教育有整体全面的认知；"参与的感悟"则重在呈现新教育榜样人物的生命叙事；"学界的评价"和"媒体的报道"则融合了业内权威人士及权威媒体对新教育的客观评价，以观察者、访谈者的视角，为读者提供了深度理解新教育的有效路径。

无论基于哪个层面，读者都能通过书中娓娓道来的文字，去感受新教育这一"中国创造"理想范本的真实性与独特性。诚如"学界的评价"一章中，国家督学成尚荣先生的表达："新教育实验不断开掘、不断完善、不断发展，深入探索立德树人的实现方式，逐步完善了新教育的育人范式。与此同时，朱永新以他的实践哲学与美学方式，影响着学校，影响着中国基础教育改革，彰显着重要的引领作用。"

　　谈到理想，朱永新曾这样描绘未来："政治是有理想的，科学是有人性的，财富是有汗水的，享乐是有道德的。如果我们在未来的孩子身上能够看到这些，我相信我们的国家就是有力量的。"成尚荣认为，"这不是他个人的理想，而是国家强大、民族振兴的理想照亮下的教育理想，将个人的、教育的理想编织进国家的理想框架与愿景中"。而当下中国最缺失的，正是像朱永新和他的新教育团队这样"扎根大地的教育理想主义者"。谈到新教育的价值取向——过一种幸福完整的教育生活，成尚荣将其归结于"价值大原"。他认为，新教育的价值大原十分"简单"朴素，内涵却十分丰富，其可贵之处，正是"让素质教育触及生活的主语与主体。……其一，生活是教育的主语。其二，学生是生活的主体。其三，幸福是生活的核心。其四，完整是幸福生活的基础、前提与关键"。在谈到新教育的理论构建与创新时，成尚荣将其归纳总结为"中国美学精神照耀，回归与变革相统一的实践哲学"，认为"新教育有种理论自信""新教育有着自己的理论解释""新教育有着自己的理论框架"。这些评价与观点，与顾明远对中国本土教育理论学派的期待遥相呼应。

　　（发表于 2021 年 6 月 30 日《中华读书报》第 16 版，作者：苏静）

《团结报》：跟共产党走　在正道上行

——专访民进中央副主席朱永新

中国共产党是一个有着百年历史、9000多万名党员的大党，由小到大、从弱到强，团结带领中国人民创造了一个又一个彪炳史册的人间奇迹。中国共产党为什么能？百年党史带给我们什么启示？如何学好党史？近日，本报记者就中共党史学习教育有关话题采访了民进中央副主席朱永新。

记者：今年是中国共产党成立100周年。在您看来，中国共产党在百年中带领中国人民取得辉煌成就，主要原因是什么？

朱永新：第一，中国共产党最根本的宗旨是全心全意为人民服务，始终坚持以人民为中心。这是中国共产党不同于世界上很多政党的一个根本特征。第二，中国共产党有一个重要的法宝就是统一战线。中国共产党能够团结各民主党派、全国各族人民，在凝聚人心、团结力量方面做了大量卓有成效的工作。第三，中国共产党之所以能够长期执政，是因为中国共产党人有一张蓝图绘到底的优势和磅礴力量。在奔向中华民族伟大复兴的长征路上，在几代中共领导人的带领下，跑好"接力赛"。第四，中国共产党是一个有着不断自我净化、自我完善、自我革新、自我提高能力的政党。中国共产党能够同人民群众紧密结合在一起，始终保持蓬勃朝气，从胜利走向胜利。

记者：各民主党派中央高度重视党史学习教育，将学习"四史"和多党合作史作为一项重要的政治任务贯彻落实。您作为一名民主党派成员，又是全国政协读书群的群主，在党史学习教育中有何体会？

朱永新：中国共产党成立百年来的历史，既是共产党的奋斗史，也是一部多党合作史。可以说，中国共产党领导的多党合作历史，本身就是中共党史的重要组成部分。学习党史，不仅是中共党员的重要政治任务，也是民主党派成员的重要政治任务。

早在民进正式成立前，民进的很多杰出先贤就长期参与爱国民主运动，并与中国共产党人有着密切的交往合作。比如，马叙伦曾经智救中共主要创始人李大钊，民进的成立也得到了上海地下党组织的支持和帮助。这样的故事数不胜数、感动人心。

回望历史，民进始终与中国共产党风雨同舟、通力合作，铸成了坚持中国共产党领导的优良传统。多年来，民进人牢记马叙伦先生"只有跟着共产党走，才是在正道上行"的政治嘱托，不断加强自身建设，坚持与时俱进，已发展成为拥有 18 万会员、充满朝气与活力的中国特色社会主义参政党。

教育、文化、出版、传媒是民进的界别特色。民进一直在努力发挥自身的优势，紧跟时代步伐，同中国共产党想在一起、站在一起、干在一起，为夺取全面建设社会主义现代化国家新胜利、实现中华民族伟大复兴的中国梦贡献力量。

今年，我们将迎来中国共产党成立 100 周年。正如民进中央主席蔡达峰所说，民进要通过学习历史，增强思想的力量、信仰的力量、道德的力量、实践的力量，以思想认识新提高带动履职尽责新作为。

记者：在这次中共党史学习教育中，尤其强调抓好青少年学习教育，让红色基因、革命薪火代代传承。您作为全民阅读推广人，一直很关注青少年阅读，对青少年学中共党史有何建议？

朱永新：儿童时代，我们是看着《英雄儿女》这样的电影，看着《红岩》《可爱的中国》这样的书成长起来的。成年后回望，才懂得正是儿童时代的耳濡目染，造就了我们的红色基因。所以，阅读对青少年学习中共党史是非常重要的。今年 5 月刚刚出版的《先锋与少年》（红色经典阅读丛书），是根据中央广播电视总台为献礼中国共产党成立 100 周年而策划的节目编写的，我应邀担任了这套丛书的总主编。该丛书汇聚了影响数代中华儿女的红色经典作品，如《可爱的中国》《谁是最可爱的人》《白洋淀纪事》等，希望对于中小学生学史明理，培养爱国主义情怀具有一定的作用。

同时，我还应大连出版社邀请，主编了一套关于中国红色精神的儿童文学图书，像"红船精神"、两弹一星精神、延安精神、抗疫精神等，以中国精神为主线，用儿童文学的形式写给孩子们看。我觉得中国共产党人的理想信念、不断奋斗的种种精神，对年轻人还是很有教育意义的。

（发表于 2021 年 6 月 25 日《团结报》，记者：陈晓燕、邱凌）

《人民政协报》：让孩子们拥有"面对一丛野菊花而怦然心动的情怀"

——读朱永新《每朵乌云背后都有阳光》

在朱永新《每朵乌云背后都有阳光》新书上市之际，我想谈谈我的阅读体会和我对教育的一些思考。朱永新新书书名叫"每朵乌云背后都有阳光"。依我看，每束阳光前面都有生机。

关于重视教育、创新教育、改革教育

张謇说过："中国今日国势衰弱极矣，国望亏损极矣。""诸君以为可耻否乎！欲雪其耻而不讲求学问则无资；欲求学问而不求国民之教育则无与；欲教育普及国民而不求师则无导。故立学校须从小学始，尤须先从师范始。"

今天，当然早已不是"国势衰弱极矣，国望亏损极矣"了。中华民族站起来、富起来、强起来了。强起来，包括教育强国。

我们的教育事业，发展很快，成绩很大。但离教育强国的目标很有差距，令人焦虑。

正如冯骥才在《每朵乌云背后都有阳光》一书的序言中说："从他的思想里，我们能穿破当代中国教育的困局和僵局看到一片亮闪闪、充满魅力、有希望又无限开阔的空间。""要实现理想，就必须穿过近乎板结的教育的现实。我想过，以他一人之力能够成功吗？""不管我们的理想最终能实现多少，一个社会不能没有人去思

考，前沿的思考，开拓性的思考，破冰的思考。"

而在这本书里，朱永新就做了很多前沿的思考。

关于教育要致力于培养创造性

创造性来自创造力，创造力来自搞活，全民创新来自搞活，改革开放必然搞活，生产力的解放最欢迎搞活，"放手让一切劳动、知识、技术、管理、资本等要素的活力竞相迸发，让一切创造社会财富的源泉充分涌流"，就是最大的搞活。

我们的教育，应该是有助于"搞活"的教育，是培养创造性的教育，是为民族的创造力开发、开拓源泉的教育，是"问渠那得清如许，为有源头活水来"的教育。

陶行知说："处处是创造之地，天天是创造之时，人人是创造之人。""不管在什么地方，从事什么工作。每个人都有机会去创造，都应当去创造。""只要有一滴汗，一滴血，一滴热情，便是创造之神爱住的行宫，就能开创造之花，结创造之果，繁殖创造之森林。"

苏霍姆林斯基的教育核心理念，就是培养个性全面和谐发展的人。他强调，在全面和谐发展的同时，必须使人的多重才能、天资、意向、兴趣、爱好等个性特点得到充分发挥。

关于教育的目的和最高境界

一位美国教师在中国某医学院讲了这么一个故事：在暴风雨后的一个早晨，一位男士在海边散步，注意到沙滩的浅水洼里，有许多被昨夜的暴风雨卷上岸来的小鱼。被困的小鱼尽管近在海边，也许有几百条，甚至几千条，然而用不了多久，浅水洼里的水就会被沙粒吸干，被太阳蒸干，小鱼就会干涸而死。这位男士突然发现海边有一个小男孩不停地从浅水洼里捡起小鱼，扔回大海。男士禁不住走过去："孩子，这水洼里有几百几千条小鱼，你救不过来的。""我知道。"小男孩头也不回地回答。"哦？那你为什么还在扔？谁在乎呢？""这条小鱼在乎！"男孩儿一边回答，一边捡起一条鱼扔还大海。

其实，这个故事恰好对应了泰戈尔的一句话，"教育的目的应当是向人传送生命的气息。"因此，教育之"育"应该从尊重生命开始，使人性向善，使人胸襟开阔，使人唤起自身身上美好的"善根"，也就是让学生拥有"这条鱼在乎"的美丽心境。

一位纳粹集中营的幸存者，当上了美国一所中学的校长，每当一位新教师来到学校，他就会交给那位教师一封信，信中写道："亲爱的老师，我亲眼看到人类不应该见到的情景：毒气室由学有专长的工程师建造；儿童被学识渊博的医生毒死；幼儿被训练有素的护士杀害。看到这一切，我怀疑：教育究竟是为了什么？我的请求是：请你帮助学生成长为有人性的人。只有使我们的孩子在成长为有人性的人的情况下，读写算的能力才有价值。"很显然，人类有兽性的一面和人性的一面。教育者的目的是使人的灵魂得到锻炼，克服兽性而转化向人性的一面。

关乎人类灵魂的塑造，而非单纯的理智知识和认识的堆积，这是教育久远而宏大的终极旨趣。否则，你拥有的知识愈多，对人类，对生命的危害愈大。

教育一旦忽略了学生基本人格、基本道德、基本情感的养成，就会导致有些学生对生命、对世事愈来愈冷淡、冷漠甚至冷酷。

所以，一位教育家说过这样一句话，我们要培养学生"面对一丛野菊花而怦然心动的情怀"，这种情怀就是在乎沙滩上每一条小鱼的生命的男孩所拥有的情怀。否则，视小鱼如草芥，给鲜花以蹂躏，即使其道德评分或许很高，也失去了人的生命价值。对人的尊重，对宇宙的敬畏，最基本的就是尊重生命的存在，知晓生命的不可重复性。

人不应无端地剥夺生命，即使是非常低级的生命。当一个人对低级的生物或动物毫无怜爱之情时，你能指望他尊重高级的生命吗？反之，当一个人充满了对小草、小鱼生命的关怀时，对于高级的生命、对于人的生命，他能不尊重吗？

古人说："哀莫大于心死。"一个对外部世界冷漠无情的人，是没有希望的人。作为教育者，也许有许多具体的工作要做，有许多具体的课业要抓，但培养学生良好的思想品质、人文情怀，其中最基础、最根本、最重要的一点乃是唤醒学生尊重生命的良知。

王阳明说过，"夫心之本体，即天理也。天理之昭明灵觉，所谓良知也。""若是知行本体，即是良知良能。""天地虽大，但有一念向善，心存良知，虽凡夫俗子，皆可为圣贤。"此良知之说，实乃王阳明长年累月积累、历经千辛万苦后的大彻大悟。他说，"一语之下，洞见全体，真是痛快，不觉手舞足蹈。""某与此良知说，从百死千难中得来，不得已与人一口说尽，只恐学着得知容易，把做一种光景玩弄，不实落用处，负此之尔。"（"实落用处"就是要"事上练"）"此良知二字，实千古圣圣相传一点滴骨血也。""种树者必培其根，种德者必养其心。欲树之长，必于始生时删其繁枝；欲德之盛，必于始学时去夫外好……只管培植将去，自然日夜滋长，生气日完，枝叶繁茂。"（王阳明《传习录〈上卷〉》）

呼唤当代的人民教育家

我们要学习陶行知，爱满天下的博大胸怀，乐于奉献的伟大情操，炽烈真诚的教育激情，不屈不挠的刚毅品质，求真务实的思想作风，开拓求新的创造精神。

我最喜欢朱永新这本书中的《教育是一首诗》，似乎又看到了这种胸怀、情操、激情、品质、作风和精神：

教育是一首诗
诗的名字叫青春
在躁动不安的灵魂里
有一个年轻的梦
教育是一首诗
诗的名字叫激情
在春风化雨的课堂里
有一脸永恒的笑

教育是一首诗

诗的名字叫热爱

在每个孩子的瞳孔里

有一颗母亲的心

教育是一首诗

诗的名字叫创造

在探索求知的丛林里

有一面个性的旗

教育是一首诗

诗的名字叫智慧

在写满问题的实践里

有一双发现的眼

教育是一首诗

诗的名字叫未来

在传承文明的长河里

有一条破浪的船

（发表于 2021 年 6 月 23 日《人民政协报》，作者：叶小文，全国政协文化文史和学习委员会副主任）

《人民政协报》：为履职注入家国情怀底色

——读《使命与担当》有感

  近期认真拜读了全国政协常委兼副秘书长、民进中央副主席朱永新的新书《使命与担当：全国政协常委朱永新 2019 年履职实录》，颇让人意犹未尽而不得不掩卷深思。《使命与担当》全书凡 50 余万字，家国情怀无处不在，教育理想和为民情怀浸润其间，朱永新通过"两会"手记、个人提案、调研手记、参政之声、媒体关注、议政网事等方式娓娓道来，用细腻的笔触将自己作为全国政协委员的履职心得一一呈现。正如书本封面上题写的，这既是一个人的叙事，也是政协大家庭的叙事，更是这个伟大时代的叙事。

  常怀家国之思。初识朱永新是 30 多年前的光景，彼时的朱永新是苏州大学一名意气风发的年轻学者，从 1997 年出任苏州市副市长，2003 年开始履职全国政协委员，2008 年担任全国人大代表，2013 年再履职全国政协常委、副秘书长至今。他始终"把自己的工作与家国命运联系在一起，将自己的事业与天下苍生的苦难捆绑在一起，把天下国家纳入自己的视野关注之中"。朱永新至今依旧保持着每天 5 点左右起床的习惯，几十年如一日地阅读、写作、思考。他为推动人民政协制度更加成熟、定型深入思考、积极发声；他呼吁建立国家阅读节，用书香中国重焕文化青春；他积极为中国教育探路，建言民办教育发展。他用务实的履职举措践行着对国家、人民的深情大爱，展现着高度的认同感、归属感、责任感和使命感。

  常系民本之念。人民政协为人民，"民本之念"是做好政协工作的应有之义，回顾 2019 年的建言重点，他格外关注社会民生和弱势群体，涉及盲道建设、乡村教师待遇、薄弱学校改造、残障儿童入学、智力扶贫、艾滋病防治等方方面面，这是他履职的一个鲜明特点，知屋漏者在宇下，知政失者在草野。政协委员只有像朱永新一样善于广泛倾听民声，乐于深入体察民情，把工作根植于民意的泥土上，方能交出有见地、有温度、有实效的履职答卷。

常养浩然之气。"浩然之气"是孟子最富创造性的见解之一，它所代表的刚毅正大、勇担道义、自强不息的内涵，也是这本《使命与担当》凸显的精神气质。浩然之气是一种大智大勇，就像朱永新在教育领域几十年不懈地思考和实践所展现的，他呼吁减少非教学任务，为中小学教师"减负"；在参政之声中倡导用科技助推教育变革；尤其是他"以帮助教师和学生过一种幸福完整的教育生活为目的"的新教育实验正在全国5500所学校火热开展……这些发人深省的声音和振聋发聩的呐喊，都是他专业知识和委员担当的生动体现。在孟子看来，养浩然之气不是神秘莫测的学问，而是在日常生活中的切身实践，这也应成为政协委员修身律己的行动准则和价值追求。

弘扬家国情怀，是政协工作主责中的应有之义，也是政协画出最大同心圆的目标所在。今年是中国共产党成立100周年，也是苏州市相城区建区20周年。在这样一个特殊的历史时刻，相城区政协全面开展"同心向未来·政协委员说"委员履职活动，通过做实"政协委员进网格"、做精"政协委员双月座谈会"、做强"有事好商量"协商议事平台、做优"书相政协·委员阅享"读书分享活动等举措，竭力为全区政协委员履职注入家国情怀底色。就像在前言中朱永新的自勉："让更多人小家幸福，祖国大家庭强大。努力做一名懂政协、会协商、善议政的政协委员。'不驰于空想，不骛于虚声，而唯以求真的态度作踏实的功夫'，用新的答卷完成更好的政协履职报告。"士不可以不弘毅，任重而道远。

（发表于2021年7月5日《人民政协报》，作者：葛宇红，苏州市相城区政协主席）

《中华读书报》：朱永新谈枕边书

《中华读书报》：能谈谈您童年时期的阅读吗？

朱永新：和许多农村的孩子一样，我的童年基本上没有什么阅读生活。虽然父亲是一个小镇的小学老师，但是身处物质匮乏的年代，家里同样几乎没有什么藏书。上小学以后，认识的字多了，就开始主动找书读。能找到的书非常少，又是在偏僻的乡村，找到的大部分是没有封皮、没有结尾的残缺不全的书，但我照样读得津津有味，书中的情节还是强烈吸引着我，甚至因为没有书皮、缺乏结尾，我不由自主地揣摩书名、自编结尾，反倒激起了更多的阅读乐趣。长大以后才大概知道，那些书是《林海雪原》《青春万岁》《钢铁是怎样炼成的》《三国演义》《水浒传》等。

《中华读书报》：您是从什么时候意识到自己喜欢某一类书籍的？

朱永新：真正的阅读从大学开始。我是恢复高考后的第一届大学生，被录取到江苏师范学院（现苏州大学）的政史系。由于中学时代的文学梦想，第一年，我看的最多的是《中国历代诗歌选》，从《诗经》《陆游诗选》读到《龚自珍诗选》，再看普希金、雪莱、泰戈尔，也尝试背诵了一些古代诗词与现代诗歌。大学二年级是我阅读比较自觉的一年。我的同桌刘晓东喜欢泡图书馆，看到什么好书就推荐给我。先是看历史书籍，《光荣与梦想》《第三帝国的兴亡》《世界通史》《中国通史》等，再后来是商务印书馆的那套"西方名著译<u>丛</u>"，卢梭的《爱弥儿》、亚当·斯密的《国富论》、福泽谕吉的《劝学篇》、黑格尔的《精神现象学》……虽然许多著作并没有真正读懂，囫囵吞枣，但毕竟精神充盈。从大二下学期开始，我有意识地阅读了许多教育学、心理学方面的著作。那个时候，基本上都是苏联的教科书，从凯洛夫的《教育学》到列宁夫人的教育文集，看得最多的是马卡连柯的《教育诗》，做了许多笔记。后来学校选择部分学生去上海师范大学进修教育学心理学的时候，我又比较系统地阅读了《尚书》《周易》《论语》《孟子》等中国古代经典，以及顾树森、毛礼锐、陈景磐等人的中国教育史著作，为我 20世纪 90 年代完成近 80 万字的《中华教育思想研究——从远古到当代中国教育科学的成就与贡献》奠定了基础。

《中华读书报》：您在 20 年前就提出建设书香校园，为什么会有这么前瞻的眼光？

朱永新：一是和专业背景有关，我是研究教育的，古今中外，所有伟大的教育家没有一个不重视阅读的，甚至认为阅读是和教育画等号的。二是和我成长过程中阅读所受的影响有很大关系，我自己就是在阅读的过程中不断成长起来的。没有阅读，就没有今天的我。

《中华读书报》：有什么书对您产生了重要影响吗？

朱永新：从新教育的生命叙事理论来看，每个人的生命都是一个故事。有的人能够把自己的故事写成一部伟大的传奇，有的人则是一部平庸的故事，甚至有的人还写成了事故。优秀的人，在叙写自己的生命故事时，往往是有生命的原型的。那些伟大的人物往往就是他们的生命原型、自我镜像。所以，对于我来说，名人传记是案头必备，是我为自己充电的必修课。《林肯传》《拿破仑传》《罗斯福传》、诺贝尔奖获得者系列传记……我在大学时就都读过。在人生成长关键时期，都有书起到重要作用。我曾经在《影响我生活与生命的几本关键书籍》中谈到四本书：第一本是日本医学改革家德田虎雄的自传《产生奇迹的行动哲学》，第二本是《管理大师德鲁克》，第三本是《如何改变世界》，第四本是《从优秀到卓越》。

《中华读书报》：您专注于阅读有什么契机？

朱永新：早在 1993 年担任苏州大学教务处长期间，我就发现大学生不读书的情况比较普遍。甚至中文系的学生连四大名著都没有读过。于是，我在苏州大学推出了学生必读书制度。为了推动这项工作，组织专家开始研制大中小学生的书目。在调查中发现，学生不读书与老师不读书有关系，所以又增加了一个教师书目。新教育实验一开始，我们就把"营造书香校园"作为六大行动之首。随着实验的深入，我们越来越深刻地发现，阅读应该是教育的基础，而阅读的关键就是读什么书。2010 年，我们组建新阅读研究所，开始系统研制各类阅读书目，其中《中国人基础阅读书目》为全民阅读提供了"地图"；《中国中小学学科阅读书目》《中国中小学项目研究阅读书目》和基础书目里的中小学每个书目之中、三大系列之间又形成了由浅入深的阅读梯次，为儿童阅读的后续发展提供了有效的支持。

《中华读书报》：庞大的书目对阅读和不同学科几乎全面覆盖，但有无可能会给学生和家长带来负担？

朱永新：一方面，我们要做减法，学校的课程要把阅读纳入，如许多新教育实验学校开设了"晨诵午读暮省"的课程，就要整合其他课程。另一方面，我们经常低估了学生的阅读能力。很多学校提出一个暑假挑战 100 万字、200 万字甚至更多，很多学生都可以完成。对学生来说，一个学习阶段读 100 种书不多，很多小学生两年就能全部完成。另外还分了 30 种基础书目、70 种备选书目，如果时间不够、阅读有困难，也可以选择基础阅读的书目。

《中华读书报》：我发现同样的阅读，您总是格外有收获。有什么行之有效的阅读方法吗？

朱永新：不同的书有不同的阅读方法。一般的书，总要进行概要性的了解，有难度的还要打"外围战"，看别人的理解，通过自己的阅读验证别人的理解是不是正确。我经常会在书上做批注，经常带着问题去读书。新教育每年开一次大会，每年围绕不同的主题。如今年的主题是书香校园建设，我就阅读了《书籍的历史》《书籍的世界》《什么是博雅教育》等数十种阅读的著作。在阅读中，我要整合经典著作的教育思想、形成思维导图——不仅仅是系统阐述他们的思想，在一定程度上是"六经注我"。近 10 年来，我开启了个人的重读教育经典计划，每天早晨读著名教育家的著作，并且把其中对于父母和教师有启发的观点与大家分享，在个人微博上开设了《新父母晨诵》的专栏，10 年来，先后读完了叶圣陶、陶行知、苏霍姆林斯基、蒙台梭利、杜威等教育家的著作，撰写了100万字左右的读书笔记。

《中华读书报》：您有没有遇到有难度的书？

朱永新：有。比如马克思的《资本论》，比如霍金的《时间简史》。甚至在我自己的专业领域，杜威的著作，也不是轻轻松松阅读的。我虽然系统地把5卷本的《杜威教育文集》读完，还写了几十万字的读书笔记。但是能不能真正把握杜威教育思想的核心理念和精髓？我不敢说。但有些经典是绕不过去的。我们要知道它的存在和重要性，要走近它、理解它、挑战它，另外，对待经典要肯下慢功夫，沉下心读，不能快速浏览。

在我们推荐的书目里是有经典的。需要帮助师生养成和经典对话的能力。但我也反复讲，不能把推荐了也不会看的经典放在里面。

《中华读书报》：在您的教育生涯中，有没有一读再读的书？

朱永新：有。如中国的《论语》《学记》，陶行知、叶圣陶的著作。尤其是《论语》《学记》，从中国教育的角度来说，这两本书是源头活水，我读得多，读得细，一读再读。外国的如蒙台梭利、杜威、苏霍姆林斯基的书，也是放在身边一直在读。

《中华读书报》：读书生活中您有什么喜好吗？

朱永新：我收藏好书，尤其是作者签名的书，大概已经积累了几千本的名家签名本。这几年，我还请名家在他们的书上写一句新教育理念："过一种幸福而完整的教育生活。"一方面是请他们了解新教育的理念，另一方面也是通过他们宣传新教育理念。"幸福而完整的教育生活"，就是我心目中理想的教育的模样。

《中华读书报》：那么您希望阅读能达到什么样的理想模式？

朱永新：希望通过阅读提升全民素质，期待建设成真正的书香中国。我在《我的阅读观》提出的5个阅读理念，也是我的五大阅读理想：一个人的精神发育史就是他的阅读史，一个民族的精神境界取决于这个民族的阅读水平，一个没有阅读的学校永远不会有真正的教育，一个书香充盈的城市才能成为真正的家园，共读共写共同生活拥有共同语言、共同密码、共同价值。也就是说，通过阅读，提高个人素养与国民素质，提高教育品质与城市品位，加强民族凝聚力，推动社会公平。我一直认为，阅读是提高国民素质最有效、最基础、最廉价的路径，对一个国家的文化和文明发展起到非常关键的作用。

《中华读书报》：您的枕边书有哪些？

朱永新：我每天5点起来，早晨有两个小时的读书和写作时间，睡前有一个小时的读书时间。早晨起来读比较严肃的、学术方面的书，以哲学、人文、社会科学、教育为主；睡前读文学类图书。过去喜欢看鲁迅的杂文和文学名著，看畅销榜评价很高的书籍，如《岛上书店》《解忧杂货店》《摆渡人》等；现在一般看好朋友赠送的新书，我曾经开过一个专栏叫"友人赠书"，朋友送的书我都看。还有就是图画书和儿童文学。担任主编的时候，睡前枕边书就是主编的书稿。比如"开明儿童文学书系"精选民进会员的童书作品，比如《给新孩子的中华传统故事》则是和一群专家学者、童书作家共同为新时代的孩子选编、创作的古代杰出人物故事。

《中华读书报》：对您来说，教育和阅读最大的魅力是什么？

朱永新：教育最大的魅力在于无限的可能性。教育不可能用固定的程序和方法，而是充满不确定性，充满挑战。每一个人的潜能都是无限的，通过教育你能够去实现一个人的各种可能性，这是教育最大的魅力。

阅读的魅力则在很大程度上帮你拓展了生活的时间和空间。你可以和任何一个时代的人去对话，可以在任何一个空间生活，甚至不是以旁观者的身份，阅读可以有很强的代入感，融入其中的生活，这种感觉非常享受。

《中华读书报》：如果请您选择带3本书到无人岛，您会选哪3本？

朱永新：很难选。我当时想过这个问题。

《中华读书报》：是吗？什么时候想过？

朱永新：我订了两份《中华读书报》，每期"枕边书"文章我都会关注，看别人作答的同时我想过。一是我肯定会选一本唐诗或宋词，可以每天吟诵品味，或者带上我自己主编的《新教育晨诵》，从幼儿到高中，每天一首。二是可能会把《论语》带上，因为它可以反复阅读，边读边悟，可以写下自己的感受。三是可能会选《资治通

鉴》，一直准备通读而没有时间。当然也可以选一部部头大一点的长
篇小说，曹雪芹、雨果、托尔斯泰都可以，因为时间比较从容。

（根据 2021 年 9 月 1 日《中华读书报》栏目主持人宋庄与朱永新
的对话整理而成）

《中国教育报》：朱永新：以传统文化阅读建立文化自信

　　如果中华传统文化中的优秀基因在今天复活，会成为怎样的美好？如果我们真正继承了优秀的中华传统文化，会孕育出怎样的新文化？如果优秀的文化能够深入内化为人的素养，会呈现出怎样的文明？如果一个人融合288位杰出古人的核心素养，会成长为怎样的人？在近日举办的以"文化自信从阅读传统文化开始"为主题的2021年领读者大会上，全民阅读形象大使朱永新在其以"活出传统中的美好"为主题的主旨发言中提出上述追问，他认为，所有这些"如果"都指向未来，而实现这些"如果"，则是教育的使命。

　　朱永新认为，在多元化的时代背景下，不同思想的滚滚洪流正在冲击着我们每一个人。能够认识、理解、认同中华优秀传统文化，是让我们心灵找到源头，帮助我们在激流中立身之本。朱永新认为，要想全面复兴中华优秀传统文化，从教育上来说，需要从两个方面着手：一是深刻认识中华优秀传统文化的价值，深刻理解教育在其传承中应该承担的特殊使命；一是遵循教育规律，探索科学方法，完整持续推进。前者是价值观，后者是方法论。两者结合，才能深刻有效地推动这项工程。

　　以行动研究为特色的新教育实验，在20多年的探索中发现，只有通过深度阅读、反思写作，才能把知识内化为素养、外化为行动。只有把中华优秀传统文化，通过专业的阅读内容和正确的阅读方法，才能让中华优秀传统文化的根本精神，真正形成一个人一生的重要习惯和品质，内化为一个人的核心素养。

　　为此，新教育人在长期的探索中，将传统文化的复兴与核心素养的培育相结合，推出了新的研究成果"新教育午读"传统文化系列童书——《给新孩子的中华传统故事》系列丛书。该丛书以《中国学生发展核心素养》中的18个要点作为18部图书主题，以现代儿童生命需求为线索，挖掘、梳理中华优秀传统文化中的288位代表人物。以这些杰出人物的人生经历体现中国精神，以杰出人物的真实故事感染读者。丛书邀请了北京大学教育学院原院长文东茅等教育学者、著名儿童文学作家汤素兰等18位作家分别担任18个分册的主编，力图实现以教育主编的视角和体系、优秀作家的文笔和故事，以儿童视角、儿童趣味为切入点，在语言文字、故事节奏等各方面的编写都符合儿童阅读喜好，让优秀传统文化从内容到形式，都能吻合儿童身心发展的需求。

　　会上同时发布了新阅读研究所历时多年研制的《中国中小学学科阅读书目》之小学语文、小学数学、中小学德育三大学科阅读书目，这是新阅读研究所推出的第二批学科阅读书目。首批学科阅读书目包括中学数学、中学语文、中学化学、小学科学等五大学科书目。八大学科阅读书目的推出，将为广大中小学师生开展全学科阅读提供更多便利，也为全民阅读素养和阅读能力的提升提供更多的选择空间和阅读指导。

　　　　　　　　　　　（发表于2021年10月13日《中国教育报》，记者：梁杰）

《人民政协报》：书香有"溢"结硕果

——政协委员读书笔记系列图书首批出版成果作（编）者代表访谈（摘要）

自去年 4 月 23 日委员读书活动启动以来，全国政协主席汪洋对做好委员读书的成果转化，更好发挥委员读书的外溢效应高度重视，多次作出明确指示，要求要进一步拓展读书活动的外溢方式。按照汪洋主席指示精神，全国政协委员读书活动指导组制定了《全国政协委员读书活动读书成果出版工作方案》，协调有关专门委员会、读书群和出版社积极对接，策划陆续推出政协委员读书笔记系列图书。

在 10 月 12 日举行的政协委员读书线下交流会暨政协委员读书笔记图书出版座谈会上，政协委员读书笔记系列图书的第一批成果——《处处书友遍地书》（叶小文著）、《易理人生》（张连珍著）、《家庭教育何为：全国政协委员谈》（朱永新、贺春兰主编）、《读与思》（阎晶明著）、《学好用好民法典（上）》（全国政协社会和法制委员会"学习民法典读书群"导读组著）等五部图书"新鲜出炉"，让委员们在"线上线下相结合、读书履职相促进"中，进一步体会到了读书活动的魅力和作为政协委员的责任。

本刊特别采访以上 5 部书的作者或编者代表叶小文、张连珍、朱永新、阎晶明和吕红兵委员，请他们谈了在委员读书活动和图书编撰中的感悟思考与履职成效。

"政协委员是一个最能读书又善于读书的群体，面对新时代新问题出现本领恐慌时，读书是缓解或解决这一问题的重要途径。"叶小文认为，"2000 多名委员一起读书，借助互联网平台随时随地交流创作，起到了读书通变、边读边干的作用。"

　　带着问题意识的委员读书，不管是读书选题，还是写书内容，都是从小切口透视大时代，看似微观实则反映家国情怀。正如叶小文谈到"委员读书漫谈群"之"漫"时所说的那样，不是胸无点墨之辈的信口开河，更不是"小人长戚戚"的唠叨碎语，而是"读万卷书、行万里路"的委员们归来的心系天下之言，是各地翘楚、精英们的"聚会讲坛"，自然常常是直抒胸臆而纵横捭阖，厚积薄发又信手拈来。

　　随着委员读书活动的深化，带着问题意识读书，让读书群里不仅有讨论还有辩论，不仅有交流还有交锋。去年年底，全国政协常委、民进中央副主席朱永新在"委员读书漫谈群"中，就中国家庭教育热点、难点问题主持的大讨论，就是一次难得的试水，也是发挥协商民主、凝聚委员共识的生动实践。"学校教育和家庭教育哪个对孩子影响更大""寄宿制管理的利与弊""隔代教育的利与弊""应不应该让孩子接触网络游戏"等特别受关注的议题，在正反方辩论中展开。这次长达数日的"辩论"，有多达数百位委员发言，20余位委员深度参与。《家庭教育何为：全国政协委员谈》就是此次辩论的重要成果，真实地呈现了委员们的教育观点、系统思考与家庭教育故事。随着10月23日《中华人民共和国家庭教育促进法》的公布，全国政协委员、中华全国律师协会副会长吕红兵体会到，以上辩论的小问题背后，其实都是关乎家庭幸福与社会和谐、培养德智体美劳全面发展的社会主义建设者和接班人的大事。

　　在此次辩论中，朱永新看到，委员们在交流交锋中迸发思想火花的同时，也进一步凝聚了共识，他相信读者能够通过《家庭教育何为：全国政协委员谈》一书，"从委员的家庭教育理念和实践中得到启发，看到优秀何以炼成，优秀又何以传承，亦可从委员们围绕家庭教育的辩论中感受到协商文化的魅力。"

　　"作为政协委员，我们不仅应该自己热爱读书，也应该成为全民阅读的模范。"朱永新表示，政协委员多是各行业的领导和精英，一举一动广受关注，委员们热爱读书，成为大众身边的"阅读推广大使"，将会在全社会引领阅读风尚。同时，通过出版各类政协委员读书笔记等固化读书成果的活动，让大众既能直观了解委员们读书的过程，也能领略委员们因读书而产生的深邃的思想、智慧的火花，这会对大众产生强烈的引领、示范和带动作用，对于推动全民阅读、建设书香社会具有重要的作用。令他欣慰的是，全国各地读书活动已经蔚然成风，委员读书成为全民阅读中一道非常亮丽的风景线，书香远播，熏陶着社会书香。

委员读书活动的外溢效应，不仅在于其本身，还在于其转化成果在社会上传播所产生的影响。

不同主题的读书活动，形成、传播的成果各不相同。《家庭教育何为：全国政协委员谈》对于推动全社会形成教育共识、传播教育常识具有重要作用。"当下社会对于教育的焦虑，很大程度上是因为大家没有把一些教育的常识变成共识。期待这本书能够被更多父母、老师、教育管理者读到，其中观点，哪怕大家能认可五六、做到一二，也是委员读书活动非常可观的外溢效应了。"编者代表朱永新说。

（发表于 2021 年 11 月 1 日《人民政协报》，记者：王小宁、张丽）

《民主》：思想的散文
——朱永新散文集序

　　比起作家的散文，学者的散文有什么特殊与不同？说这个话题得拿出一个上好的例子——那么，读读朱永新的散文就知道了。

　　其实，就散文的本质说，学者们的散文并非另类。散文是性情文字，心灵诉说，审美表达。张中行、季羡林的散文莫不如是，与作家们的散文何有两样？

　　永新是一个真实又鲜明的人。热情饱满，精力充沛，热心公益，关切多多。由于天性中抗压能力强，脸上总带着笑容。我是在做全国文化抢救时与他相识于苏州，那时他是苏州市分管文化和教育事业的副市长。然而，我对他最初的印象却很特别；尽管他是地道的江苏人，但看上去更像是个北方人，体魄壮实有力，性情开朗爽快，说话中气十足，从他身上找不到一点印象中江南人的温文尔雅，也找不到一点市长们常带在身上的自我尊贵。官员总是习惯用一种矜持与你拉开距离，以保持自己的身份。他却放松随便。尤其是总想和你深谈，这是一种学者的气质。而且我看得出来，他所做的有关教育和文化的工作，没夹杂着任何个人政绩的诉求，完全出于一种责任与挚爱，才尽心去扶助。进而我还发现，只要与他聊天，他就会借机"宣传"他的"新教育"理念。他是这一理念的创建者和推动者。他有能力叫你很快信服他的理念。这不仅由于他对教育的热诚，更因为从他的思想中，我们能穿破中国当代教育的困局与僵局看到一片亮闪闪、充满魅力、有希望又无限开阔的空间。那时，他正与他的同道者一起，致力为孩子们构建这样一个幸福的学习生活的蓝图，并已经开始推行一系列生动鲜活、富于创造性和可操作的方式，来对这种全新的教育理念进行实验与实践了。

他是一个知行合一的人！我从认识他第一天就没把他当成市长。他是我在教育界、知识界的一个能够深谈的朋友。

我觉得他的想法、做法和遭遇的困难，与我当时倡导和推动的文化遗产抢救很相像，因而我非常能够感受到他身上有一种知识分子特有的纯真的理想主义，还有激情。凡是激情、感情、理想、无功利的付出过多过强的人，在社会交往中，人情世故中，事物的感触中，时时都会产生一些被触动的、有意味的、情意深长的细节与片段，并不知不觉进入了笔管。偶有题旨，转化为文字。这种文字便是散文。

读一读他这本集子中写到的先辈、家人、朋友、各色人物及其各种故事，不都是充溢着独到的发现、深刻的感悟、真情的流泻和精神的火花吗？这不就是一些人物散文的佳作？

可是，学者究竟是另一类人。

他们生活在自己的专业里。他们有特定的生命的内容、目标、追求、路途；而学者们的思维又是纯理性的、逻辑的、思辨的、探究的。只要下笔为文，自然自成一体，自具特色，自有其精神、个性及思想的内涵。这思想的内涵应是学者散文最重要的价值。

尽管永新的为人为文都有很感性的一面，但他行文之间，还是无处不见他的思考。这些思考在他阅读时，在他推广阅读的行动中，在他像武训那样苦苦推行新教育理念的实践中，在面对坚如壁垒一般积重难返的教育体制面前，也在与友人们侃侃而谈中。他的思考是开阔的、雄辩的、深究的，也是执着的、坚韧的、绝不放弃。我读他的散文时常常被他字里行间这种精神所感动。我从他的散文中吸取这种精神。

永新是一个理想主义者，知识分子都是理想主义者。理想是要在未来实现的目标。理想也是要对未来负责。所以他用笔勾画出心中教育的理想国——《未来学校》。可是，要实现理想，就必须穿过已经板结的教育体制的现实。我想过，以他一人之力能够成功吗？这也是身陷在文化抢救泥淖中的我常常遇到的问题。然而，不管我们的理想最终能实现多少，一个社会不能没有人去思考；前沿地思考，开拓性的思考，破冰的思考。知识分子是社会的大脑，思考是知识分子的天职，也是社会进步之原动力。

在这本书中，永新开篇就把他所推崇的曼德拉的一句话摆了出来："教育是最强有力的武器，你能用它来改变世界。"改变世界的根本在于教育吗？这是最具根本意义的话题。由此，我看到永新对教育的社会功能和未来价值理解之深刻、透彻。教育直接关系着国家乃至人类社会的文明之本，兴亡之本；也关切到每一个活生生的人成长年代心灵的幸福。正是站在这个思想的高度上，面对着太多现实困难的永新，依然是乐观的、进取的，乐此不疲地去做每一件必须做好的事。不在乎困难是一个有志者最佳的心态。

我们无法从这本散文集里，纵观他对新教育系统的思考，他已经出版许多这方面的专著。然而我们却能从这些自由自在散文的篇章中，从他有情有义的状物述人、谈文论道中，被他种种思想的片段、心灵的偶得、精神的探究所触动所启发，跟随着他一起饶有兴趣地感知生活，咀嚼事理，思索未来。这便是这本散文集送给我们的礼物。

最美好的礼物是精神的礼物，所以我们阅读。

初读此书，偶有所感，捉笔写下，且为序言。

（发表于 2021 年《民主》第 1 期，作者：冯骥才）

《名人传记》：朱永新的书房——滴石斋：过一种幸福完整的教育生活

认识朱永新先生已经很多年了，大概是他发起"中国童书榜"时结缘的，我应邀参与评委工作，在"新阅读研究所"办公室，很多童书专家在一起，为首届"中国童书榜"精选年度好童书。"给最美丽的童年选最美好的童书"是童书榜的口号，也是评委们的评选准则。作为发起人，朱永新先生也参与了讨论。

以后交往频繁，朱永新先生也经常参加我们的雅集，每次都会赠送他刚出版的新书。在一次雅集上获赠他的《未来学校》时，就预约着造访他家书房。疫情一年多后，终于在一个浅夜敲开朱永新先生家门。

首先被客厅一墙整齐的书架吸引，永新先生介绍说，这一墙都是他写或编的书，听他给我一一介绍。总量多少已经无法细数，仅外文版本就有 28 种语言。其中，人教社版十六卷《朱永新教育作品》更是该社唯一为在世教育家出版文集，在教育界影响深远。此外，像《致教师》已发行近 50 万册，《未来学校》也已发行 15 万册。

其中一列书架，从上到下插着整整齐齐的《滴石集》，这是他自 1979 年以来发表于报刊文章的简报合集，已经 40 多年了，每年都结集。我非常惊讶于永新先生这样的用心和坚持。从这一细节，我便体会到这么多年朱永新先生在教育和阅读两个领域的孜孜耕耘，他笔端的勤勉，思想的沉稳，以及对事业的坚持不懈，那股"水滴石穿"的精神。

从当选全国政协委员的 2003 年起，到现在参政议政 18 年间，围绕"阅读"问题，朱永新先生提出过40多个提案与建议。有些提案已经落实，有些还在继续优化，不断补提。在他的书房里，活跃着不同主题的研究和创见，有些转化成提案，有些书写成著作。

"过一种幸福完整的教育生活"既是朱永新先生的教育理念，也是他日常生活的一部分。为此，他邀请很多书法家、画家、文化人题写这句话，也让赠书给他的作者，在书扉页上题签这句话，看他从书架上拿下来一本又一本签有"过一种幸福完整的教育生活"的书，我感觉，在这样的书房里，真是一种"幸福完整的阅读生活"。

绿茶：刚才看了您的著作陈列，惊叹于您的高产，您是怎么做到的？

朱永新：这得益于我父亲，他是一名小学老师，一开始在家乡小镇教书，后来到乡村小学担任校长。父亲师范毕业的，基本素质很好。大概从小学一年级开始，父亲每天早晨五点半就会准时把我从床上拖起来，做一件我很讨厌的事：习字。无论是酷热难熬的夏日，还是滴水成冰的冬天，都要千篇一律地临摹柳公权帖。有心练字字未练好，却养成了一个好习惯——早起。当人们还在梦中酣睡时，我已经挑灯早读了。这是父亲留给我人生最大的财富。早起的习惯保持至今，我现在每天5点左右起床，开始读书、写作，每天就比别人多出两三个小时。

绿茶：您书架上的《滴石集》委实壮观，每年都整理自己的作品发表集吗？

朱永新：对，我的书房叫"滴石斋"，所以，每年都会把发表的作品整理成册，就叫《滴石集》，最早从1979年开始，已经40多年了。这个工作挺有意义的，让自己的写作和发表很有条理，也促使自己始终保持这样的状态。这是自己思想的延续，从中可以看出自己这么多年来的思想和行为动态。当时做这件事情可能只为了便于检索，现在看来的确意义很大，但凡编书或者回顾自己的过往，很方便、清晰。

绿茶："滴石斋"有什么说头吗？

朱永新：没有特别的，"水滴石穿"嘛，就是表达我的一种人生态度——坚持。我在苏州的家还有一个书房，"滴石斋"牌匾就在那个书房里。深圳的坪山图书馆，做了一些大家书房，给我也做了一个书房，我捐了一些书过去。把一件"滴石斋"的砖雕也捐过去了。老家大丰还建有一个乡村童书馆。常州一所小学和盐城一所大学也有一个我的书屋，都叫永新书屋，收藏我的书为主。现在的书房，基本上根据当下的研究主题来摆放，还有两个书库用来放书。光签名本就有好几千本，都放在书库里。

绿茶：我看到，您很多签名本书上，作者都签有"过一种幸福完整的教育生活"，这是行为艺术吗？

朱永新："过一种幸福完整的教育生活"是我们新教育的宗旨，也是教育最根本的目标，教育要让人幸福，幸福同样是人生的最终目的。我们现在的教育太功利化，考上北大、清华这样的名校，不一定就能获得幸福，将来毕业找到好的工作或有好的收入，也不一定能幸福，幸福是一种能力，应该在教育过程中培养这种能力，让每个学生能享受到教育的乐趣，整个教育过程是幸福的，未来才能具备享受幸福的能力。

现在的教育，把所有的一切都想象成是为未来的幸福做准备，其实教育不是一个准备的过程，而应该讲究教育本身就是幸福的。教育就是要培养一个完整的人，而不是培养一个片面或者异己的人，现在教育总是在补短，不断地补短就是不断摧毁人自信的过程，教育应该是培养人对自信的自信，教育应该不断地让人去寻找自己身上突出的基因和密码，是一个扬长的过程，而不是补短的过程。

这句话的内涵是非常丰富的。所以，这些年，我邀请了很多书法家、画家以及各界名家，给我题写了"过一种幸福完整的教育生活"，这批书法、绘画作品有 140 幅，包括吴为山、言恭达、孙晓云、杨明义等艺术大家，我曾在老家大丰做了一场展览，现在这批书画集已由商务印书馆出版。同时，不同作者赠我签名本时，也都让他们签下这句话，签有这句话的签名本已经有好几十本，王蒙、莫言、贾平凹、格非、李洱等，未来也会结集或展览。我试图通过这种形式彰显"过一种幸福完整的教育生活"的教育理念，让全社会都能从教育中走向幸福生活的最终目标。也通过这些书画家和文化名人，来传播新教育

"过一种幸福完整的教育生活"的理念。

绿茶：您是国家全民阅读形象代言人，多年来在阅读推广路上披荆斩棘，提交了很多提案，推动了很多阅读实践的落地，能谈谈您个人的阅读史吗？

朱永新：我的童年和少年基本是图书稀缺的时代。记不清从几岁开始，我突然迷上了读书，而且与许多喜欢连环画的小伙伴不同，迷上的是厚厚的大书。那时候，乡村文化站书架上孤零零的几十本书，早已不能满足我的需要。当时我母亲在镇上的招待所工作，我们全家住在招待所，于是我向住在招待所的过往客人借书读。

真正的阅读从大学开始。1978 年，我从苏北小镇来到了苏州，成为江苏师范学院（后来的苏州大学）政史系一名大学生。第一年的时候，看得最多的是《中国历代诗歌选》，从《诗经》《陆游诗选》读到《龚自珍诗选》，再看普希金、雪莱、泰戈尔，也尝试背诵了一些古代诗词与现代诗歌。第二年，开始比较自觉地阅读了。为了准备成为一名优秀的中学老师，基本读完了学校图书馆收藏的所有教育学、心理学书籍。而人文、历史类书籍也是大学其中主要的精神食粮，尤其是名人传记，《林肯传》《拿破仑传》《罗斯福传》《居里夫人传》《马克思传》《海伦·凯勒传》……从每一个伟大人物身上汲取精神的力量，成为为自己充电的必修课。后来，我又读完了学校图书馆里所有的诺贝尔奖获得者传。

绿茶：你们那一代大学生的确是阅读饥渴的一代，除了自主的阅读习惯，还受了什么人影响吗？

朱永新：我的同桌刘晓东很喜欢读书，经常逃课泡图书馆。他告诉我，读书比听课效率高，而且收获大。我不敢逃课，但是经常读他借来的书，从福泽谕吉的《文明论》，到《第三帝国的兴亡》；从《国富论》到《光荣与梦想》，从卢梭的《爱弥儿》到黑格尔的《精神现象学》，后来自己去图书馆借书，几乎两三天换一批书，与图书馆的老师们混得很熟，经常多借几本回去。那是我一生最充实、最幸福的阅读时光。刘晓东同学对我阅读兴趣的影响，是至为关键的。他让我从对课堂学习的关注，对分数考试的兴趣，转移到浩瀚无边的书籍中。

1980 年上半年，学校急需补充教育心理学教师，决定在大三学生中选拔 5 人送上海师范大学教育心理学研修班深造。我幸运地成为其中一员。同年 9 月，在新的大学我又交到了新的朋友，其中袁振国是最特殊的一位。

袁振国比我小一岁，中文系出身，那优美的文笔让我们羡慕不已。那时，我们可以说是无所畏惧，豪气满怀。我们疯狂地读书，疯狂地写作。我们以两个人的名义在《中国青年报》和《南京日报》等报刊开设了专栏，我们在《心理学探新》《苏州大学学报》等刊物联合发表论文，我们的第一本书《心理世界窥探》也由江苏科技出版社正式出版。当时我们还都是 20 多岁的年轻人。袁振国后来先后担任教育部社会科学司与师范教育司副司长、中国教育科学研究院院长。我们共同发起了中国教育 30 人论坛，为中国教育改革与发展建言谋策。

刘晓东和袁振国，一个在阅读方面，一个在写作方面，对我有重大的影响。

除了同学，我的人生中还有许多重要的老师。尤其是上海的两年，给我们开课的都是大师级的教授，特别是上海师范大学燕国材教授，把我带进了中国心理学历史的领域。那两年，我比较系统地阅读了从《尚书》《周易》《论语》《孟子》《春秋繁露》《论衡》《韩愈集》《柳宗元集》到《二程集》《张载集》《陆九渊集》《朱子语类》《四书集注》《陈亮集》《叶适集》《王船山全书》《戴震集》等中国古代经典，为我 1990 年完成 80 万字的《中华教育思想研究——从远古到当代中国教育科学的成就与贡献》一书奠定了基础。

虽然每一位老师有不同的研究领域、不同的处世风格，但从他们身上，我能够呼吸到崇高，感受到慈爱，体验到责任；我也学会了怎么去做老师，去影响自己的学生。燕国材教授、同济大学沈荣芳教授和复旦大学苏东水教授，这三位老师在我学习的不同时期，从做学问到做人，都给我非常深刻的影响。

绿茶：生命中的良师益友的确可遇不可求，而读到什么好书却是自己可求的，能分享一些对您影响大的书吗？

朱永新：最好的阅读，当然是活学活用。因此对于我来说，最好的书，就是那些曾经深刻影响到我的思想和行为的书。除了教育著作、心理学著作，还有文学名著、社科经典、名人传记等实在太多了，精选三本来说一说。

第一本是《产生奇迹的行动哲学》。

这是一本点燃我生命的理想与激情的书。我还很清楚地记得这本书的封面红黄相间，中间是一个大大的金色拳头。我买这本书时花了9毛7分。这本书讲的是日本医学改革家德田虎雄的故事。书中有一个细节我记得很清楚：他每天早晨照镜子，就想象着镜子里的"我"不是今天的"我"，而是成为医生的"我"，是一个成为早稻田大学医学院学生的"我"，是一个成为医学改革家的"我"。他以此不断地激励自己，不断地用未来、用理想去激励自己。

那时的我也很年轻，当时这本书告诉我理想是人生最重要的一盏明灯，人是被理想牵引着走的，如果没有理想，一定是走不远的。这是一本书很薄很小的书，不是什么了不起的名著，但的确对我产生了一生的影响。后来我能够做一点事情，能够有这样一点抱负，能够把新教育实验作为我一生的追求，可能与这本书对我的影响有关。

第二本是《管理大师德鲁克》。

这本书帮助我用行动的精神走进教育生活。1997年底，我从苏州大学调到苏州市人民政府担任副市长，开始涉猎一些管理学著作。这本书里面有一个故事令我印象深刻，说的是：1950年元旦，德鲁克去看望老师熊彼特，熊对自己的学生说，"我现在已经到了这样的年龄了，知道仅仅靠自己的书和理论而流芳百世是不够的，除非你能够改变人们的生活，否则就没有什么重大的意义。"这不仅是一个管理大师的忠告，更是一位老师对自己最得意的门生的嘱咐，是在他行将就木之前给自己学生讲的肺腑之言。一周后，熊彼特去世。德鲁克把老师的这句话作为衡量自己一生成就的基本标准，他不再以发表作品和写作本身作为自己的人生目标。

熊彼特这句话，也是直接导致我发起新教育实验的重要精神来源，它使我下决心走进教室，走进教师的生活。2000年，我写了一本《我的教育理想》，可以说就是在德鲁克这本书的感召下写出来的。

第三本是《如何改变世界》。

　　这本书激励我有勇气努力去改变教育生活。作者是大卫·波因斯坦，书中提到一个很重要的概念——社会企业家。过去我们只知道企业家是以赚钱，以资本运作和追求利润为主要目标。但社会企业家不是这样，社会企业家是被理想驱动、有创造力的个体，他们试图改变现状，拒绝放弃，最终要重新创造一个更美好的世界。所以当时读了这本书以后，我意识到，这就是我们在做的事业。新教育就是从改变一个老师，改变一间教室，到改变几个孩子开始的。这么多年来也的确如此，新教育实验在悄悄地影响着很多区域的教学事业。

　　读完这本书我写了一篇关于新教育的文章，叫《我们也可以改变世界》。所以，这种悄悄地改变，只要你做了它就会出现。用我们新教育人的话来说叫行动就有收获，坚持才有奇迹。

　　绿茶：谢谢朱永新先生，我相信在您的大胆创新和不懈努力下，一切奇迹都会发生。也希望我们每个人都能过上一种幸福完整的教育生活。

　　朱永新：谢谢绿茶。

（发表于 2021 年《名人传记》第 4 期，撰文：绿茶）

后　记

　　这些年来，每年的政协履职报告，几乎都是在新年的爆竹声中完成的。今年虽然北京全域不允许放鞭炮了，但是我仍然喜欢把这件重要的工作，安排在这个特别的时刻，让它更有一种仪式感。

　　疫情状态下第三个春节的大年初一清晨，我像往年一样，在电脑上打开了这本书稿的文档。

　　按照我的工作计划，应该在春节期间杀青完工。因为北京疫情的原因，按照"非必要不离京"的要求，今年有更多的人留在北京，未能回家乡与亲人团聚。还有数万人在为即将到来的冬奥会辛勤忙碌。

　　而我自己，则是在北京四环边的小书房中为完成这本小书做最后的冲刺。

　　但是，今年春节期间没有如期完成这一任务。因为，收集的资料与文本超过了60万字，大大超出了本书的容量。所以，只能一遍遍地筛选。忍痛割爱了许多文章，如全国"两会"期间在《人民政协报》《新京报》和中国网开设的手记专栏，《中国日报》的两篇英文版专访等。尤其是参政之声与媒体关注，很多媒体报道与提案、手记重复的文字，都要做许多删减和压缩的工作。断断续续，从大年初一忙到正月底。终于在正式上全国"两会"前，完成了书稿。

　　严格地说，政协委员的履职报告，不是写出来的，而是干出来的，走出来的。这本书的字里行间，透露出来的是行走与思考的印记，是协商与交流的印记。我一直认为，只有活得精彩、做得精彩，才能写得精彩。只要行动，就有收获；只有坚持，才有奇迹。期待这本小书，能够为讲好政协故事，讲好党派故事，做一点小小的贡献。

感谢团结出版社的梁光玉社长和责任编辑李可同志。这本反映中国共产党领导的多党合作与政治协商制度的生动实践的小书，在民主党派的出版社出版，可谓"门当户对"。他们的热情、严谨和效率，都给我留下了深刻印象。

感谢民进中央蔡达峰主席、刘新成常务副主席和各位副主席对我履职的大力支持和帮助，感谢民进中央参政议政部的全体同人和李宗主同志，无论是策划、主持和参加各种调研、论坛、会议，还是准备、撰写、修订各种提案、建议、社情民意，包括在整理这本书的过程之中，都得到了他们的许多帮助。

最后，要特别感谢全国政协常委、著名雕塑家、中国美术馆馆长、全国政协委员优秀履职奖获得者吴为山先生，他在百忙之中拨冗为这本书撰写了热情洋溢的序言。为山先生与我同乡，是我非常敬佩的乡贤。他对艺术的追求，他对履职的热情，他对学问的执着，都给我留下了深刻的印象，也是我学习的榜样。

朱永新

2022 年 2 月 27 日晨完稿于北京滴石斋

2022 年 3 月 26 日晨定稿于北京滴石斋